THE NEW ENGLISH-GAELIC DICTIONARY

Compiled and edited by

DERICK S. THOMSON M.A., B.A., F.R.S.E.

Professor of Celtic, University of Glasgow

GAIRM PUBLICATIONS
Glasgow
1986

Published by
GAIRM
29 Waterloo Street, Glasgow G2 6BZ, Scotland

First Impression   1981
Second Impression (with Errata page) 1986

Printed by
Clark Constable
Edinburgh and London

ISBN 901771 65 1 (Cased)
ISBN 901771 66 x (Limp)

Thug An Comann Leabhraichean cuideachadh don
Fhoillsichear le cosgais a' chlò-bhualaidh seo.

THE NEW ENGLISH-GAELIC DICTIONARY

PREFACE

The need for an up-to-date English-Gaelic Dictionary has been a pressing one for a long time. Those currently in use are Mackenzie's, dating from 1845, and Maclennan's, dating from 1925, both recently reprinted without alteration or addition. Neither has been adequate for a long time, and both miss entirely the explosive expansion of new concepts and terms that are characteristic of the last fifty years. Just as importantly, both fail to distinguish adequately between the separate senses that many English words have, and this lack of close definition has proved a pitfall for many learners of Gaelic. A recent pocket dictionary, *Abair*, has a selection of up-to-date words and usages, but the range of items is restricted by the size.

In another sense, *The New English-Gaelic Dictionary* comes at an opportune time. The Examination Board, through its Gaelic Panel and a specialist Sub-committee on Orthography, has recently approved new recommendations for Gaelic spelling: the new orthography will come into use in the Board's examination papers in 1985, and has already been adopted by such organisations as the Historical Dictionary of Scottish Gaelic, the National Bible Society of Scotland (in the new translation of *Mark*) and Gairm Publications, including the influential quarterly *Gairm.* This new system is used in the present Dictionary, which thus uses only the grave accent as a mark of length, signals the class of the consonant by the class of the adjacent vowel, introduces some simplification of consonant groups, uses clearly defined conventions for vowel representations, makes greater use of the hyphen to signal non-initial stress, restricts the use of the apostrophe, and tidies up the spelling conventions for borrowed words. (For example, we use *fèin* rather than *féin*, *togte* rather than *togta* and *taigh* rather than *tigh*, *coithional* rather than *coimhthional* and *buaghallan* rather than *buadhghallan* (occasionally two forms are featured, as *bliadhna* and *blianna* for 'year'), *boireann* rather than *boirionn* and *turas* rather than *turus*, *a-mach* and *a-nis* rather than *a mach* and *a nis*, *chan cil* and *nuair* rather than *chan 'eil/cha n-eil* and *'n uair*, and we write borrowed words such as *dìoro*, *nàidhlean*, *tacsaidh*, *soircas*, *poileasaidh* (giro, nylon, taxi, circus, policy) according to Gaelic conventions). Both *à/às* and *á/ás* survive in this work, for 'out, out of, ex-, dis-' etc.

Each head-word is followed by an abbreviation indicating the part of speech involved, and the Gaelic equivalent(s), nouns being followed by an indication of their gender (when variable this is indicated also). Semantic categories are separated by the use of a semi-colon, while both [/] and [,] indicate closer alternatives or synonyms. Illustrative phrases are sometimes given at the end of the article. Thus 'ham *n* (meat) hama *f*; sliasaid *f*, ceathramh *m* deiridh', where the items after the semi-colon do not refer to meat, and *sliasaid* and *ceathramh deiridh* both refer to a part of the

v

anatomy (human or animal). Although, by using these conventions of the semi-colon, comma and oblique, and on occasion further explanatory English glosses, the Gaelic equivalents of different senses of English words are set out, it will sometimes be advisable to follow up different Gaelic words in more detail than can be given here; in such cases *Dwelly's Illustrated Gaelic Dictionary* should be consulted, and its wealth of examples considered.

Both literature and speech have been freely drawn on for the purposes of this dictionary, and various dialect forms feature e.g. *bocsa* and *bucas* (box), *muidhe/crannag* (churn), *leòbag/léabag* (flounder), *ciont(a)* (blame). Alternative stresses may be indicated e.g. *ion-mholta, ionmholta*. Gaelic equivalents for modern, technical and abstract terms have been culled from writing, speech and imagination, and adaptations of various kinds (*cainb-lus* 'cannabis', *caisgeas* 'impedance') are used as well as borrowings (*siolandair* 'cylinder', *taidhr* 'tyre', *cuango* 'quango'); various international scientific terms are adapted lightly or not at all (*quantum, Freudail* 'Freudian'). A considerable number of commoner proper names (personal, place, institutional) is included. Existing dictionaries have been used, and Tomás de Bhaldraithe's *English Irish Dictionary* (1959) has often been a source of stimulation and guidance. A few word lists have been consulted e.g. John Paterson's *The Gaels have a Word for it* (1964), the Examination Board's 'List of Linguistic and Literary Terms', the 'Business Vocabulary' produced by the Gaelic Educational Materials Unit, Nicolson Institute, Mackie's list of musical terms (*Gairm* No. 78, 1972) and the Glossary in *Bith-eòlas* (1976).

A significant number of new words and usages came into currency through the pages of *Gairm* since 1952, and so it is particularly appropriate that Gairm Publications should be publishing this Dictionary. I wish to thank my colleagues Donald J. Maclean and Robert Ferguson and Mary Mackenzie for their help in launching and distributing the book, and the many contributors to *Gairm* over the last thirty years for the stimulation they have contributed.

August, 1981, Aberfeldy   Derick S. Thomson

ABBREVIATIONS

a	— adjective	*med*	— medical
abstr	— abstract	*metaph*	— metaphorical
adv	— adverb	*mil*	— military
anat	— anatomical	*mus*	— musical
biol	— biological	*n*	— noun
c	— case	*naut*	— nautical
coll	— collective	*past part*	— past participle
comm	— commercial	*phot*	— photographic
concr	— concrete	*phr*	— phrase
conj	— conjunction	*phys*	— physical
eccles	— ecclesiastical	*pl*	— plural
exclam	— exclamation	*pol*	— political
f	— feminine	*poss a*	— possessive adjective
fig	— figurative	*pr*	— pronoun
fin	— financial	*pref*	— prefix
foll	— followed	*prep*	— preposition
gen	— genitive	*pres part*	— present participle
gram	— grammatical	*pron*	— pronoun
indep	— independent	*psych*	— psychological
int	— interjection	*punct*	— punctuation
intrans	— intransitive	*rel*	— religious
leg	— legal	*sing*	— singular
ling	— linguistic	*temp*	— temporal
lit	— literary	*trans*	— transitive
m	— masculine	*v*	— verb

A

a *indef art* No Gaelic equivalent. A single noun, when not preceded by the *def art*, is indefinite
abandon *v* trèig, fàg
abandoned *a* trèigte
abashed *a* air a/mo *etc.* nàrachadh; fo iongnadh
abate *v* lùghdaich
abatement *n* lùghdachadh *m*
abbey *n* abaid *f*
abbreviate *v* giorraich
abbreviation *n* giorrachadh *m*
abdicate *v* leig dhe; *the king a. the crown*, leig an rìgh dheth an crùn
abdication *n* leigeil *m* dhe
abdomen *n* balg *m*
abduction *n* toirt *m* air falbh
abed *adv* anns an leabaidh
aberration *n* mearachadh *m*
abet *v* cuidich, brosnaich
abeyance *n* stad *m* dàil *f*; *the matter is in a.*, tha a' chùis 'na stad
abhor *v* is lugha air; *I a. him*, is lugha orm e; tha gràin agam air
abhorrence *n* gràin *f*
abhorrent *a* gràineil
abide *v* fuirich, stad
abiding *a, pres part* leantainneach (*a*); a' fuireach (*pres part*)
abject *a* truagh; dìblidh
ability *n* comas *m*; *mental a.*, comas inntinn
able *a* comasach; *I am a. to*, is urrainn dhomh; *are you a. to (can you)?* an urrainn dhut?, an tèid agad air?
able-bodied *a* fallain; corp-làidir
abnormal *a* mì-nàdurra, mì-ghnàthach; ás a' chumantas; meangach
abnormality *n* mì-ghnàthas *m*; meang *f*
aboard *adv* air bòrd
abode *n* àite còmhnaidh *m*
abolish *v* cuir ás
abolition *n* cur *m* ás
abominable *a* gràineil
abomination *n* cùis-ghràin *f*
aborigine *n* prìomh fhear-àiteachaidh

m, prìomh luchd-àiteachaidh *pl*
abortion *n* breith an-abaich *f*
abortive *a* an-abaich
abound *v* is/tha ——— lìonmhor
about *prep* mu; mu dheidhinn; mu thimcheall; mun cuairt air; timcheall air; *about me, you, him, her etc.*, umam, umad, uime, uimpe, umainn, umaibh, umpa
about *adv* timcheall; mun cuairt; (*on the point of*) gus
above *prep* os cionn; *above all*, gu h-àraidh
above *adv* shuas; gu h-àrd
above-board *a* onorach
abrasive *a* sgrìobach
abreast *adv* ri taobh a chèile
abridge *v* giorraich
abridged *a* giorraichte
abroad *adv* thall thairis, an cèin (= *overseas*); ma sgaoil
abrogate *v* ais-ghoir
abrogation *n* ais-ghairm *f*
abrupt *a* cas; aithghearr
abruptness *n* caise *f*
abscess *n* niosgaid *f*
abscond *v* teich, teich air falbh
absence *n* neo-làthaireachd *f*; *in the a. of*, ás eugmhais; *a. of mind*, dearmad inntinne
absent *a* nach eil an làthair, gun a bhith an làthair
absolve *v* saor (o); sgaoil (o)
absolute *a* iomlan, làn (*before nouns*); *a. power*, làn chumhachd
absolutely *adv* gu tur, gu h-iomlan
absolution *n* saoradh *m*, fuasgladh *m*
absorb *v* sùgh, deoghail
absorbent *a* sùghach
absorption *n* sùghadh *m* a-steach; (*mental a.*) dian-ùidh *f*
abstain *v* na buin (ri)
abstemious *a* stuama
abstemiousness *n* stuaim *f*
abstinence *n* stuamachd *f*, measarrachd *f*

1

abstract *n* ás-tharraing *f*
abstract *v* ás-tharraing, tarraing á, thoir á
abstract *a* beachdail
abstraction *n* cùis-bheachd *f*
absurd *a* gòrach, amaideach
absurdity *n* gòraiche *f* amaideas *f*
abundance *n* pailteas *m*
abundant *n* pailt
abuse *n* mì-ghnàthachadh *m*; (*verbal a.*) càineadh *m*, ana-cainnt *f*
abuse *v* mì-ghnàthaich; (*verbally*) càin, dèan ana-cainnt; *a. trust etc.*, meall
abyss *n* àibheis *f*
academic *n and a* oilthigheach *m*
academic *a* sgoileireach
academy *n* àrd-sgoil *f*; (*national A.*) Acadamh *f*
accelerate *v* luathaich, greas
acceleration *n* luathachadh *m*, greasad *m*
accent *n* (*linguistic*) blas *m*; (*stress*) buille *f*; (*diacritic*) stràc *m*
accept *v* gabh; (*intrans*) gabh ri
acceptable *a* furasda gabhail ri/ris *etc.*
access *n* (*physical*) rathad *m*, bealach *m*; (*mental*) taom *m*
accessible *a* so-ruighinn
accessory *n* (*person*) fear-cuideachaidh *m*; (*thing*) treallaich *f*
accident *n* sgiorradh *m*, tubaist *f*
accidental *a* tubaisteach
accommodate *v* gabh; *the house will a. four*, gabhaidh an taigh ceathrar; *they will a. themselves to these views*, gabhaidh iad ris na beachdan sin
accommodation *n* (*physical*) rùm *m*, àite-fuirich *m*; còrdadh *m*; *they made an a.*, thàinig iad gu còrdadh
accompaniment *n* leasachadh *m*; (*musical*) compàirt *f*; *piano a.* piàno-chompàirt
accompanist *n* compàirtiche *m*
accompany *v* rach/theirig còmhla ri; (*musical*) compàirtich, dèan compàirt do
accomplish *v* coimhlion, thoir gu buil
accomplished *a* coimhlionta, deas
accord *n* aonta *m*, co-chòrdadh *m*, rèite *f*
accordeon *n* bocsa-ciùil *m*

according (to) *adv*, *prep phr* a-rèir
accordingly *adv* mar sin
accost *v* còmhlaich
account *n* cùnntas *m*; *of a.* (*e.g. of a person*) urramach, inbheil; (*story, description*) cùnntas *m*, tuairisgeul *m*; *a. book*, leabhar cùnntais *m*; *accounts*, cùnntasan
account *v* thoir cùnntas air; *a. for, explain*, mìnich
accountancy *n* cùnntasachd *f*
accountant *n* cùnntasair *m*
account-book *n* leabhar-cùnntais *m*
accrue *v* tàrmaich, fàs; *a. to*, fàs ri, thig gu
accumulate *v* cruinnich
accumulation *n* co-chruinneachadh *m*
accuracy *n* cruinneas *m*, grinneachd *f*
accurate *a* cruinn, grinn, neo-mhearachdach
accusation *n* casaid *f*
accuse *v* dèan casaid
accustomed *a* gnàthach; àbhaist; *I am a. to do this*, is àbhaist dhomh seo a dhèanamh
ace *n* an t-aon *m*
ache *n* goirteas *m*, pian *f*, cràdh *m*
ache *v* tha pian/cràdh ann
achieve *v* coimhlion, thoir gu buil
achievement *n* euchd *m*, toirt *m* gu buil
acid *n* searbhag *f*
acid *a* searbh, geur
acidity *n* searbhachd *f*
acknowledge *v* aidich
acknowledgment *n* aideachadh *m*; (*reply*) freagairt *f*
acquaintance *n* fear-eòlais *m*; *pl* luchd-e.
acquainted *a* eòlach; *I am a. with him*, tha mi eòlach air/tha eòlas agam air
acquire *v* faigh, buannaich
acquit *v* fuasgail
acre *n* acaire *f*
across *adv* tarsainn, thairis
across *prep* tarsainn air, thairis air, thar
act *n* gnìomh *m*; cleas *m*; (*of a play*) earrann *f*; (*legal*) achd *f*
act *v* obraich, dèan gnìomh; (*conduct oneself*) giùlain; (*in a play*) cluich
action *n* gnìomh *m*; *man of a*, fear gnìomha; (*legal*) cùis *f*

activation *n* cur-thuige *m*
active *a* deas, èasgaidh, gnìomhach; (*gram*) spreigeach
activity *n* gnìomhachd *f*; obair *f*
actor *n* cleasaich *m*, actair *m*
actress *n* bana-chleasaich *f*, bana-actair *f*
actual *a* dearbh, fìor
Adam's apple *n* meall-an-sgòrnain *m*
adapt *v* fàs suas ri, dèan freagarrach
adaptable *a* freagarrach; so-ghluaiste
add *v* cuir ri, meudaich, leasaich
adder *n* nathair *f*
addict *n* tràill *f*
addict *v* tha fo bhuaidh; *he is a. to tobacco*, tha e fo bhuaidh an tombaca
addicted *a* fo bhuaidh
addiction *n* tràilleachd *f*
addition *n* meudachadh *m*, leasachadh *m*; (*sum*) suimeadh *m*; *in a. to*, a bharrachd/thuilleadh air
additional *a* a bharrachd, a thuilleadh; *an a. one*, fear a bharrachd
address *n* (*on letter*) seòladh *m*; (*talk*) òraid *f*
address *v* (*letter*) cuir seòladh air; (*talk*) dèan òraid ri, labhair ri
adenine *n* adenin *m*
adequate *a* leòr, freagarrach
adhere *v* lean (ri)
adherent *n* fear leanmhainn *m*
adhesive *n* stuth leanmhainn *m*
adjacent *a* fagas, dlùth
adieu *int* soraidh, slàn, soraidh slàn
adjective *n* buadhair *m*; *demonstrative a.*, buadhair sònrachaidh; *numeral a.*, cunntair *m*; *poss a.*, buadhair seil-bheach
adjudication *n* breitheamhnas *m*
adjust *v* ceartaich, rèitich
adjustment *n* ceartachadh *m*, rèit-eachadh *m*
administer *v* riaghlaich
administration *n* riaghladh *m*
administrative *a* riaghlach
administrator *n* fear-riaghlaidh *m*
admirable *a* ionmholta
admiration *n* meas *m*
admire *v* tha meas air; *I a. it*, tha meas agam air; saoil mòran dhe; *I admire her*, tha mi saoilsinn mòran dhi
admission *n* (*physical*) cead *m* tighinn a-steach; (*mental*) aideachadh *m*
admit *v* (*let in*) leig a-steach; (*confess*) aidich
admix *v* measgaich
admixture *n* co-mheasgadh *m*
ado *n* othail *f*
adolescent *n* òigear *m*
adopt *v* uchd-mhacaich
adoption *n* uchd-mhacachd *f*
adore *v* trom-ghràdhaich
adorn *v* sgeadaich
adrift *adv* leis an t-sruth
adulation *n* sodal *m*
adult *n and a* inbheach *m*
adulterate *v* truaill
adulteration *n* truailleadh *m*; (*sexual*) adhaltranas *m*
adulterer *n* adhaltraiche *m*
adultery *n* adhaltranas *m*, truailleadh *m*
advance *n* dol *m* air adhart; ceum *m* air thoiseach; (*of money*) eàrlas *m*; *he made an a. to her*, thug e ionnsaigh *m*, *f* oirre
advance *v* rach air thoiseach, rach air adhart; (*of money*) thoir eàrlas; (*of rank*) àrdaich
advanced *a* adhartach
advancement *n* àrdachadh *m*
advantage *n* tairbhe *f*, buannachd *f*; *he got the a. of me*, fhuair e làmh-an-uachdair *f* orm; *he took a. of me*, ghabh e fàth *m* orm
advantageous *a* tairbheach, buann-achail
adventure *n* tachartas *m*
adventurous *a* dàna, deuchainneach
adverb *n* co-ghnìomhair *m*
adverse *a* an aghaidh, nàimhdeil
adversity *n* cruaidh-chàs *m*, teinn *f*
advertise *v* thoir/cuir sanas
advertisement *n* sanas, sanas-reic *m*
advice *n* comhairle *f*
advise *v* comhairlich; *be advised*, gabh comhairle
adviser *n* comhairleach *m*
advocacy *n* tagradh *m*
advocate *n* fear-tagraidh *m*
advocate *v* tagair
adze *n* tàl *m*
aegis *in phr, under the a. of*, fo chùmh-nant *m*

3

aerial n aer-ghath m
aeronaut n speur-sheòladair m
aeroplane n pleuna f, itealan m
affable a suairce, ceanalta
affair n gnothach m, cùis f
affect v drùidh air; leig air, e.g. he
  affected to be blind, leig e air gu robh e
  dall; thoir buaidh air
affection n gaol m, spèis f, càil f; (of
  illness) galar m, eucail f
affectionate a gaolach, teò-chridheach
affinity n dàimh, m, f
affirm v dearbh, daingnich
affirmative a aontach
affix n iar-leasachan m
afflict v goirtich, sàraich
affliction n doilgheas m; sàrachadh m
affluence n beairteas m, saidhbhreas
  m
affluent a beairteach, saidhbhir
afford v ruig air; I couldn't a. a car, cha
  ruiginn air càr; faod; you could a. to
  say that, dh'fhaodadh tu sin a ràdh.
affront n masladh m, maslachadh m
afloat adv air bhog
afoot adv air chois, air bhonn
aforesaid a roimh-ainmichte
afraid a fo eagal, eagalach. It is worth
  noting that eagalach can also be used
  as equivalent to English 'very, ter-
  ribly'.
afresh adv as ùr, rithist
after prep an dèidh
after adv. an dèidh làimhe; a. all, an
  dèidh a h-uile càil, an dèidh sin 's 'na
  dhèidh
afternoon n feasgar m; tràth-nòin m
after-thought n ath-smuain f
afterwards adv an dèidh sin
again adv a-rithist; uair eile
against prep an aghaidh; fa chomhair
age n aois f; (time) ùine f; (period) linn
  m
aged a sean, aosda
age v fàs aosda
agency n cead m reic; (through the a. of
  ———) tre oibreachadh m
agenda n clàr-gnothaich, clàr m
agent n fear-ionaid m; (means) dòigh f;
  a. noun, ainmear-obraiche m
aggregate n an t-iomlan m; meall m

aggression n ionnsaigh, m, f; (psych.)
  miann m, f còmhraig
agile a lùthmhor, fuasgailte
agitate v. gluais, cuir troimh-a-chèile
agitation n gluasad m, luasgadh m.
  inntinne
ago adv o chian; five years a., o chionn
  còig bliadhna; long a., o chionn fhada;
  a short time a., o chionn ghoirid
agog adv air bhiod
agony n dòrainn f
agree v aontaich; còrd; they agreed
  about the price, dh'aontaich iad mun
  phrìs; (= they found each other agree-
  able) chòrd iad ri chèile.
agreeable a. taitneach, ciatach
agreed a aontaichte, suidhichte
agreement n còrdadh m, rèite f
agricultural a àiteachail
agriculture n àiteachd f, tuathanachas m
aground adv an sàs
ah! int A, Och
ahead adv air thoiseach
ajar adv leth-fhosgailte
aid n cuideachadh m, còmhnadh m
aid v cuidich
ailment n tinneas m, galar m
ailing a tinn, euslainteach
aim n (with gun etc.) cuimse f; (mental)
  rùn m
aim v cuimsich, amais
air n àile m; (mus) fonn m; (of appear-
  ance) aogas m
air v leig an àile gu
airmail n post-adhair m
airport n port-adhair m
aisle n trannsa f
akin a càirdeach, an càirdeas
alacrity n sùrd m, sùnnd m
alarm n caismeachd f, rabhadh m
alarming a eagalach
alas int Och; mo thruaighe
albinism n ailbineachd f
album n leabhar-chuimhneachan m
alcohol n alcol m
alder n fearna f
ale n leann m
alert a furachail, deas
algal a algach
algebra n ailgeabra f
alias adv air mhodh eile, fo ainm eile

4

alien *n* Gall *m*, coigreach *m*
alien *a* Gallda, coigreach
alight *v* teirinn
alike *adv* co-ionnan, coltach ri chèile
alimony *n* airgead *m* sgaraidh
alive *a* beò; beothail
alkali *n* salann-na-groide *m*
all *a* uile, na h-uile, iomlan, gu h-iomlan, gu lèir, an t-iomlan; *all/everyone came*, thàinig a h-uile duine, thàinig na daoine gu lèir, thàinig na h-uile, thàinig iad gu h-iomlan; *a. who were at home*, na h-uile a bha aig an taigh, gach duine a bha *etc.*
all-powerful *a* uile-chumhachdach
allay *v* caisg, ciùinich
allegation *n* cur *m* ás leth; *he made an a.*, chuir e ás leth
allegiance *n* ùmhlachd *f*
allegorical *a* samhlachail
allegory *n* samhla *m*
alleviate *v* aotromaich, lùghdaich
alleviation *n* aotromachadh *m*, lùghdachadh *m*
alliance *n* càirdeas *m*
alligator *n* ailigeutair *m*
alliteration *n* uaim *f*
allotment *n* (*croft*) lot *f*; roinn *f*, cuid *f*
allow *v* leig le, ceadaich
allowable *a* ceadaichte
allowance *n* cuibhreann *f*
allusion *n* iomradh *m* (air); *he made an a. to the rain*, rinn e iomradh air an uisge
ally *n* caraid *m*; (*military*) co-chòmhragaiche *m*
almighty *a* uile-chumhachdach
Almighty *n* An t-Uile-chumhachdach *m*
almost *adv.* gu ìre bhig; *he a. lost his voice*, chaill e a ghuth gu ìre bhig, cha mhòr nach do chaill e a ghuth; *I am a. ready*, tha mi gu bhith deiseil; *he a. died*, theab a bàsachadh
alms *n* (*abstr*) dèirce *f*; (*concr*) dèircean *pl*
aloft *adv* gu h-àrd, shuas
alone *a* aonarach, aonaranach; 'na aonar, *e.g. he was a.*, bha e 'na aonar; *she was a.*, bha i 'na h-aonar
along *adv* air fad; *a. with*, maille ri, còmhla ri, cuide ri, le

alongside *adv* ri taobh
aloud *adv* gu h-àrd-ghuthach
alphabet *n* aibidil *f*
alphabetical *a* aibidileach
already *adv* mar thà, cheana
also *adv* cuideachd, mar an ceudna
altar *n* altair *f*
alter *v* atharraich, mùth
alteration *n* atharrachadh *m*
alternative *a* eile
alternative *n* roghainn *m* eile
although *conj. See* **though**
altitude *n* àirde *f* (os cionn fairge)
altogether *adv* gu lèir, uile gu lèir, gu h-iomlan; *sing a.*, seinnibh còmhla ri chèile
always *adv* an còmhnaidh, daonnan; (*ref. to past*) riamh, a-riamh
am *See* **be**
amalgamate *v* cuir le chèile; measgaich
amateur *a* neo-dhreuchdail
amaze *v* cuir iongnadh air
amazement *n* iongantas *m*, iongnadh *m*
amazing *a* iongantach
ambassador *n* tosgaire *m*
amber *n* òmar *m*
ambidextrous *a* co-dheaslamhach
ambiguity *n* dà-sheaghachas *m*
ambiguous *a* dà-sheaghach
ambit *n* cuairt *f*
ambition *n* glòir-mhiann *m*, *f*; strì *f*
ambitious *a* glòir-mhiannach
ambush *n* feallfhalach *m*
ameliorate *v* dèan nas fheàrr
amen *int* amen, guma h-amhlaidh (bhitheas)
amenable *a* fosgailte (ri, do)
amend *v* leasaich, atharraich
amendment *n* leasachadh *m*
amenity *n* goireas *m*
amiable *a* coibhneil, càirdeil
amicable *a* càirdeil
amid, amidst *prep* a-measg, a meadhan
amiss *adv* gu h-olc
ammunition *n* connadh làmhaich *m*
amnesty *n* mathanas *m* coitcheann
among(st) *prep* a-measg, air feadh
amorous *a* gaolach, leannanach
amount *n* suim *f*, meud *m*, uimhir *f*; *What amount of money did you have?*, dè 'n t-suim de airgead a bh'agad?;

they showed the same amount of kind-ness, sheall iad a cheart uimhir de choibhneas

amphibian *n* muir-thìreach *m*

amphibious *a* dà-bhitheach, muir-thìreach

ample *a* mòr, tomadach

amplification *n* meudachadh *m*

amplify *v* meudaich

amputate *v* geàrr air falbh, teasg

amputation *n* gearradh *m* air falbh, teasgadh *m*

amuse *v* toilich; (*move to laughter*) thoir gàire air

amusement *n* greannmhorachd *f*; (*concr*) caitheamh-aimsire *m*

amusing *a* greannmhor, èibhinn

anachronism *n* ás-aimsireachd *f*

anagram *n* anagram *m*

analogous *a* co-fhreagarrach

analogy *n* co-fhreagarrachd *f*

analyse *v* mion-sgrùdaich, mìnich; (*gram*) bris sìos, eadar-sgaraich

analysis *n* mion-sgrùdadh *m*, anailis *f*

analyst *n* mion-sgrùdaire *m*

anarchy *n* ainn-riaghailt *f*

anatomical *a* bodhaigeach, anatomach

anatomy *n* (*science of*) eòlas *m* bodhaig; (*bodily structure*) bodhaig *f*

ancestor *n* sinnsear *m*

ancestry *n* sinnsearachd *f*

anchor *n* acair *f* (luinge)

anchorage *n* acarsaid *f*

anchored *a* air acair

ancient *a* àrsaidh

and *conj* agus, is, 's

anecdote *n* naidheachd *f*

anew *adv* as ùr, a-rithist

angel *n* aingeal *m*

angelic *a* mar aingeal

anger *n* fearg *f*

anger *v* cuir fearg air; *it angered me,* chuir e fearg orm

angle *n* uilinn *f*

angle *v* iasgaich (le slait)

angler *n* iasgair *m* (slaite)

angling *n* iasgachd *f* (slaite)

angry *a* feargach

anguish *n* dòrainn *f*, àmhghar *m*

animal *n* ainmhidh *m*, beathach *m*, brùid *f*

animate *v* beothaich

animated *a* beothaichte; (*lively*) beothail

animation *n* beothachadh *m*; (*liveliness*) beothalachd *f*

animosity *n* gamhlas *m*

ankle *n* adhbrann *f*

annex *n* ath-thaigh *m*

annihilate *v* dìthich, cuir ás

annihilation *n* lèirsgrios *m*

anniversary *n* cuimhneachan *m* bliadhnach

announce *v* cuir an cèill

annoy *v* cuir dragh air, buair

annoyance *n* dragh *m*, buaireas *m*

annoyed *a* diombach

annual *a* bliadhnail, biannail; *a. report,* iomradh *m* bliadhnail

annually *adv* gach bliadhna/blianna

annuity *n* suim *f* bhliadhnail/bhliannail

annul *v* cuir ás, dubh a-mach

anoint *v* ung

anointing *n* ungadh *m*

anon *adv* a dh'aithghearr

anonymous *a* neo-ainmichte, gun ainm, gun urrainn

another *pron* fear/duine eile; *taking one thing with a.,* eadar gach rud a bh'ann; *love one a.,* biodh gràdh agaibh da chèile

another *a* eile

answer *n* freagairt *f*, freagradh *m*

answer *v* freagair, thoir freagairt; (*is suitable, 'does the trick'*), dèan an gnothach

answerable *a* fo smachd

ant *n* seangan *m*

antagonist *n* nàmhaid *m*; cèile *m* còmhraig

antecedent *n* roimh-fhacal *m*

antediluvian *a* roimh 'n Tuil

anthem *n* laoidh *m*

anthology *n* (*of verse*) duanaire *m*; taghadh *m*

anthropology *n* daonn-eòlas *m*

antibiotic *n* antibiotaic *f*

antibody *n* anticorp *m*

anticipate *v* sùilich

anticipation *n* sùileachadh *m*

antidote *n* urchasg *m*

antipathy *n* fuath *m*

antiquary n àrsair m
antique n seann-rud m
antique a seann-saoghlach
antler n cabar (fèidh) m
anvil n innean m
anxiety n iomagain m, imcheist f
anxious a iomagaineach, fo imcheist
any a and pron (a) sam bith, air bith, idir; (pron) aon/fear sam bith; aon; gin; anyone, neach sam bith; anything, rud sam bith; anywhere, àite sam bith
apace adv gu luath, an cabhaig
apart adv air leth; o chèile
apartment n seòmar m; taigh m
apathy n cion m ùidhe
ape n apa f
ape v dèan atharrais air
apex n binnean m, bàrr m
apiece adv an t-aon, gach aon
apologise v dèan/thoir leisgeul
apology n leisgeul m
apostle n abstol m
apostrophe n ascair m
appal v cuir uabhas air
apparatus n uidheam m, acainn f
apparel n aodach m, trusgan m
apparent a soilleir
apparition n taibhse f
appeal n tarraing f: (leg) ath-agairt m
appeal v tarraing; (leg) ath-agair
appear v nochd; thig am fianais/ fradharc; he appeared to be an old man, bha e, a-rèir coltais, 'na sheann duine
appearance n taisbeanadh m; teachd m an làthair; according to appearances, a-rèir coltais; (phys) dreach m
appease v rèitich, sìthich
append v cuir ri
appendage n sgòdan m
appendix n ath-sgrìobhadh m eàrr-ràdh m; (body organ) aipeandaig f
appetite n càil f, càil bidhe; miann m, f
applause n àrd-mholadh m, bas-bhualadh m
apple n ubhal m
applicable a freagarrach
application n cur m an sàs; (written or verbal a.) iarratas m
apply v cuir a-steach, cuir; a. your mind

to it, leag d'inntinn air
appoint v suidhich
appointment n suidheachadh m
apportion v dèan roinn air
apposite a iomchaidh, freagarrach
appraise v meas
appreciate v cuir luach air, luachaich, tuig gu math; (financial) àrdaich (an luach)
appreciation n luachachadh m
apprehend v thoir fa-near; (catch) glac
apprehensive a eagalach
apprentice n preantas m
approach n modh-gabhail f
approach v dlùthaich
approbation n deagh bharail f
appropriate v gabh seilbh air
appropriate a cubhaidh, dòigheil
approval n sàsachadh m, toileachadh m
approve v gabh beachd math air
approximation n dlùthachadh m
April n An Giblean m
apron n aparan m
apropos adv a thaobh
apt a deas, ealamh; (inclined) buail-teach
aptitude n sgil m; buailteachd f
Arabic a Arabach; A. numerals, figearan Arabach
arable a àitich; a. land, talamh àitich
arbitrary a neo-riaghailteach
arbitration n eadar-bhreith f
arch n stuagh f
archaeologist n àrsair m
archaeology n àrsaidheachd f
archaic a àrsaidh
archbishop n àrd-easbaig m
archetype n prìomh-shamhla m
architect n ailtire m
architecture n ailtireachd f
archive(s) n tasg-lann f
ardent a dian, bras
arduous a dian, deacair
are See be
area n farsaingeachd f; lann f
argue v connsaich, dearbh
argument n connsachadh m, argamaid f
argumentative a connsachail, arg-amaideach
arid a loisgte, ro-thioram
aright adv gu ceart

arise v èirich suas
arithmetic n cùnntas m, àireamhàchd f
ark n àirc f
arm n gàirdean m
arm v armaich
armful n achlasan m, ultach m
armour n armachd f
armpit n achlais f, lag na h-achlaise
army n arm m, armailt m, feachd f
around adv and prep (prep foll. by gen.)
   timcheall, mu chuairt; (adv) mun
   cuairt
arouse v dùisg, mosgail
arrange v rèitich, còirich
arrangement n rèiteachadh m; (mus)
   rian m
array v cuir an òrdugh, sgeadaich
arrear(s) n fiachan m gun dìoladh
arrest v cuir an làimh, cuir an sàs
arrival n teachd m
arrive v ruig, thig
arrogance n dànadas m, ladarnas m
arrogant a dàna, ladarna
arrow n saighead f
arsenal n arm-lann f
art n ealdhain, ealain f; alt m, dòigh f;
   (cunning) seòltachd f
artery n cuisle f
artful a (resourceful) innleachdach;
   (crafty) seòlta, carach
arthritis n tinneas m nan alt
article n alt m; a. of clothing, ball m
   aodaich
articulate a pongail
artificial a brèige
artisan n fear-ceàirde m
artist n fear-ealain m
artistic a ealdhanta
as conj mar; ceart mar; (temp) nuair
as adv cho ——— ri, cho ——— is; as
   tall as he, cho àrd ris; as long as you
   like, cho fada is a thogras tu; the same
   ——— as, an aon ——— ri
ascend v dìrich, streap
ascent n dìreadh m, dol m suas
ascertain v lorg; faigh fios
ascribe v cuir ás leth
ascription n cur m ás leth
ash, ashes n luath f, luaithre f
ash (tree) n uinnseann m
ashame v nàraich

ashamed a nàraichte
ashore adv air tìr
ashtray n soitheach-luaithre m, f
Asia n An Asia f
aside adv a thaobh, a leth-taobh, air leth
ask v (ask for) iarr; (ask about) faigh-
   nich, feòraich
askew adv càm, claon, air fhiaradh
asleep adv an cadal; he was a., bha e 'na
   chadal, they were a., bha iad 'nan
   cadal
asparagus n creamh m na muice
   fiadhaich
aspect n snuadh m, aogas m, sealladh
   m
aspen n critheann m
asperity n gairbhe f, geurachd f
aspirate v analaich
aspiration n (ling) analachadh m; (am-
   bition) dèidh f
aspire v iarr, bi an dèidh air
ass n asal f
assail v thoir ionnsaigh air
assailant n fear-ionnsaigh m, fear a thug
   ionnsaigh
assassin n mortair, murtair m
assassinate v moirt, muirt, dèan
   mort/murt
assassination n mort, murt m
assault n ionnsaigh m, f
assemble v cruinnich
assembly n mòrdhail m, mòr-
   chruinneachadh m; (of Presbyterian
   Church) àrd-sheanadh m
assent n aonta m, aontachadh m
assert v tagair
assertion n tagradh m
assertive a tagrach; dian-bhriathrach
assess v meas; (for rating) meas a thaobh
   cìs
assessment n meas m, breith f; (for
   rating) meas a thaobh cìs
assessor n measadair m
asset n taic f; maoin f; (assets) maoin,
   so-mhaoin f
assiduity n dùrachd f
assiduous a dùrachdach, leanmhainn-
   each
assign v cuir air leth, sònraich
assignation n cur m air leth, sònrachadh
   m; (of lovers) coinneamh-leannan f

assignment *n* obair *f* shònraichte, dleasdanas *m* sònraichte
assimilate *v* gabh a-steach; (*make like*) dèan cosmhail ri
assist *v* cuidich
assistance *n* cuideachadh *m*, cobhair *f*
assistant *n* fear-cuideachaidh *m*
associate *n* companach *m*
associate *v* theirig am pàirt; (*of ideas*) cuir as leth, ceangail
association *n* comann *m*, co-chuideachd *f*, caidreabh *m*; ceangal *m*
assonance *n* fuaimreagadh *m*
assortment *n* measgachadh *m*
assuage *v* caisg, lùghdaich
assuagement *n* lùghdachadh *m*, faothachadh *m*
assume *v* gabh air; (*take possession of*) glac sealbh air; *he assumed a new name*, thug e ainm ùr air fhèin
assumption *n* (*of office*) gabhail *m* (air); *unproven a.*, barail *f* gun dearbhadh
assurance *n* dearbhachd *f*; (*insurance*) urras *m*; (*self-a.*) dànachd *f*
assure *v* dearbh; dèan cinnteach do
assuredly *adv* gun teagamh
asterisk *n* reul *f*
astern *adv* an/gu deireadh na luinge/a' bhàta
asthma *n* a' chuing *f*
astonish *v* cuir (mòr) iongnadh air
astonishment *n* (mòr) iongnadh *m*
astray *adv* air seachran
astride *adv* casa-gobhlach
astringent *a* ceangailteach; (*of taste*) geur is tioram
astrologer *n* speuradair *m*
astrology *f* speuradaireachd *f*
astronomer *n* reuladair *m*
astronomical *a* reul-eòlasach; (*very large etc.*) thar àireamh
astronomy *n* reul-eòlas *m*
asunder *adv* air leth, as a chèile
asylum *n* (*lunatic a.*) taigh-chaoich *m*; àite-dìon *m*
at *prep* aig; *a. me etc.*, agam *etc.*; *a. all*, idir
atheism *n* neo-dhiadhachd *f*
atheist *n* neo-dhiadhaire *m*
atheistical *a* neo-dhiadhach
athletic *a* (*of person*) lùthmhor; (*of*

game, feat) lùthchleasach
athwart *adv* trasd
atlas *n* atlas *m*, leabhar *m* chlàr-dùthcha
atmosphere *n* àile *m*
atom *n* dadam *m*, smùirnean *m*
atomical *a* dadamach, smùirneanach
atone *v* dèan/thoir èirig
atonement *n* rèite *f*
atrocious *a* uabhasach, eagalach
atrocity *n* buirbe *f*
attach *v* ceangail, greimich
attached *a* an lùib, ceangailte
attachment *n* dàimh *m*, *f*; gràdh *m*
attack *n* ionnsaigh *m*, *f*
attack *v* thoir ionnsaigh
attain *v* ruig, buannaich, faigh
attainable *a* so-ruighinn
attainment *n* ruigsinn *m*; (*ability, skill etc.*) sgil *m*
attempt *n* oidhirp *f*
attempt *v* dèan oidhirp, feuch/fiach
attend *v* fritheil, *a. to*, thoir (an) aire
attendance *n* frithealadh *m*, freasdal *m*
attendant *n* fear-frithealaidh *m*
attention *n* aire *f*; frithealadh *m*; *pay a. to*, thoir an aire do
attentive *a* furachail
attenuate *v* tanaich, lùghdaich
attest *v* thoir fianais, tog fianais
attestation *n* teisteas *m*
attire *n* aodach *m*, trusgan *m*
attitude *n* seasamh *m*, beachd *m*
attract *v* tarraing, tàlaidh
attraction *n* adhbhar *m*/comas *m* tàlaidh
attractive *a* tarraingeach, tàlaidheach
attribute *v* cuir ás leth
attrition *n* caitheamh *m*, bleith *f*
attune *v* gleus
attuned *a* a' freagairt (ri)
auburn *a* buidhe-ruadh
auction *n* reic-tairgse *f*
audible *a* àrd-ghuthach, ri chluinntinn
audience *n* luchd-èisdeachd *m*; èisdeachd *f*
audio- *a*, *pref* clàistinn; *a.-typist*, clò-sgrìobhaiche clàistinn
audit *n* sgrùdadh *m*
audit *v* sgrùd
auditor *n* sgrùdaire *m*
augment *v* meudaich

augury *n* tuar *m*
August *n* Lùnasdal *m*
aunt *n* piuthar athar/màthar *f*
aurora borealis *n* Na Fir Chlis
auspicious *a* fàbharach, rathail
austere *a* teann, cruaidh
austerity *n* teanntachd *f*
Australia *n* Astràilia *f*
Austria *n* An Ostair *f*
authentic *a* fìor, cinnteach
authenticity *n* fìrinn *f* dearbhachd *f*, cinnteachd *f*
author *n* ùghdar *m*
authorise *v* thoir ùghdarras, ceadaich
authoritative *a* ùghdarrasail
authority *n* ùghdarras *m*. barrantas *m*
autobiography *n* fèin-eachdraidh *f*
autumn *n* (Am) Foghar *m*
auxiliary *n* fear-cuideachaidh *m*
auxiliary *a* taiceil
avail *v* dèan feum, foghainn
available *a* ri fhaotainn, mu choinn-eamh; *there are chairs a. for all*, tha cathraichean (ann) mu choinneamh gach neach

avarice *n* sannt *m*
avaricious *a* sanntach
avenge *v* dìol
average *n* meadhan *m*
average *a* gnàthach
aversion *n* fuath *m*, gràin *f*
avid *a* gionach
avoid *v* seachainn
await *v* fuirich ri
awake *v* dùisg, mosgail
award *n* duais *f*; (*leg*) binn *f*
award *v* thoir duais
aware *a* fiosrach
away *adv* air falbh
awful *a* eagalach, uabhasach
awhile *adv* tacan
awkward *a* cearbach, slaodach
awl *n* minidh *m*
awry *a* càm, claon
axe *n* tuagh *f*, làmhthuagh *f*
axiom *n* fìrinn *f* shoilleir
axle *n* aiseal *f*
ay *int* seadh
aye *adv* gu bràth

B

babble, babbling *n* glagais *f*,
gagaireachd *f*
babe *n* naoidhean *m*
baby *n* leanabh *m*
bachelor *n* fleasgach *m*, seana-ghille *m*
back *n* cùl *m*, cùlaibh; (*b. of a person*)
druim *m*
back *adv* air ais, an coinneamh a chùil
etc.; (*command to a horse*) peig
(< '*back*')
back *v* theirig air ais; (*support*) seas,
cuidich; (*b. a horse*) cuir airgead air
each
backbiting *n* cùl-chàineadh *m*
backgammon *n* tàileasg *m*
backside *n* tòn *f*, màs *m*
backsliding *n* cùl-sleamhnachadh *m*
backward(s) *adv* an coinneamh a chùil
etc
backward *a* (*unprogressive*) fad air ais;
(*shy*) diùid
bacon *n* muicfheòil *f*
bacteria *n* bacteria (*pl only*)
bacterial *a* bacteridheach
bad *a* dona; olc
badge *n* suaicheantas *m*
badger *n* broc *m*
baffle *v* fairtlich air; (*trans*) dèan a' chùis
air, cuir an teagamh
bag *n* poca *m*; (*suitcase, briefcase*)
màileid *f*
baggage *n* treallaichean *f pl*
bagpipe *n* pìob *f* (Ghaidhealach), a'
phìob (mhòr)
bail *n* fuasgladh *m* air urras; (= *the sum
paid as bail*) urras *m*
bail *v* thoir urras air
bailiff *n* bàillidh *m*
bait *n* maghar *m*; biadhadh *m*; baoit *f*
bait *v* biadh, cuir biadhadh/maghar air;
(*annoy*) sàraich
bake *v* (*of bread*) fuin; bruich ann an
àmhainn
bakehouse *n* taigh-fuine *m*
baker *n* fuineadair *m*, bèicear *m*
balance *n* (*the article*) meidh *f*; (*ab-*

stract) cothrom *m* (*financial*) còrr *m*,
fuidheall *m*; *b. of payments* coth-
romachadh *m* malairt
balance *v* cothromaich; cuir air mheidh;
the account balanced, bha dà thaobh
a' chùnntais cothrom
balcony *n* for-uinneag *f*
bald *a* maol, le sgall
balderdash *n* treamsgal *m*
baldness *n* maoile *f*, sgailc *f*
bale *n* bèile *f*; bathar *m* truiste
ball *n* ball *m*; cèise-ball *m*
ballad *n* bailead *m*
ballast *n* balaiste *f*
balloon *n* bailiùn *m*
ballot *n* tilgeadh *m* chrann; bhòtadh *m*
balm *n* ìocshlaint *f*
bamboo *n* cuilc *f* Innseanach
bamboozle *v* cuir an imcheist
ban *n* toirmeasg *m*, bacadh *m*
ban *v* toirmisg, bac
banana *n* banàna *m*
band *n* bann *m*; (*of people*) còmhlan *m*;
(*mus*) còmhlan (ciùil) *m*
bandage *n* bann *m*, stìom-cheangail *f*
bandy *v* malairt; tilg a-null 's a-nall
bandy-legged *a* camachasach
baneful *a* nimheil, puinnseanta
bang *n* cnag *f*; bualadh *m*
bang *v* buail; cnag
banish *v* fògair, fuadaich
banishment *n* fògradh *m.*, fuadach(adh)
m
bank *n* (*of river etc.*) bruach *f*; (*peat-b.*)
poll *m* (mònach), bac *m*; (*money*)
banca *m*; *B. of Scotland*, Banca na
h-Alba; *Royal B. of S.*, Banca
Rìoghail na h-Alba; *Clydesdale B.*,
Banca Srath-Chluaidh
bank *v.* cuir sa' bhanca; (*b. on*) theirig
an urras air
bank-draft *n* tarraing-banca *f*
bank-rate *n* riadh *m* a' bhanca
banker *n* bancair *m*; (*in gaming*) fear *m*
a' bhanca
banker's order *n* òrdugh *m* banca

banking n bancaireachd f
bankrupt n fear m a bhris
bankrupt a briste; (go b.) bris
bankruptcy n briseadh m
banner n bratach f
bannock n bonnach m, breacag f
banquet n fèisd f, fleadh m
banqueting n fleadhachas m
banter n tarraing-ás f
baptism n baisteadh m
Baptist n Baisteach m
baptize v baist
bar n crann m, crann-tarsainn m; (hindrance) starradh m; (harbour b.) sgeir-bhàite f; (leg, hotel b.) bàr m
bar v crann, bac
barb n gath m, frioghan m
barbarian n duine m borb
barbaric a borb
barbarism n buirbe f
barbed a gathach
barber n borbair m, bearradair m
bard n bàrd m
bardic a bàrdail, na bàrdachd
bare a lom, rùisgte, ris
barefaced a ladarna
barefooted a casruisgte
bareheaded a ceannruisgte
bargain n cùmhnant m, bargan m, f
bargain v dèan cùmhnant/bargan
bark n rùsg m; (boat) bàrca f; (of dog) comhart m
bark n (of dog) dèan comhart; (of nets) cairt; (of shin etc.) rùisg
barking n comhartaich f
barley n eòrna m
barm n beirm f, deasgainn f
barn n sabhal m
barn-yard n iodhlann f
barometer n gloinne f (sìde)
barrack n taigh-feachd m
barrel n baraille m
barren a seasg, fàs
barrenness n seasgachd f
barricade n balla-bacaidh m
barrier n bacadh m, cnap-starraidh m
barrow n bara m
barter n malairt f
barter v malairtich, dèan malairt
base n stèidh f, bonn m, bun m, bunait m, f

base a şuarach, neo-luachmhor
bashful a nàrach, diùid
bashfulness n nàire f, diùide f
basin n (utensil) mias f
basis n bun m, bunait f
bask v blian
basket n bascaid f
bass a beus
bastard n duine m dìolain
bastard a dìolan; (met) truaillidh
bat n (creature) ialtag f; (stick etc.) bata m
batch n grùnn m, dòrlach m
bath n amar-ionnlaid m
bathe v ionnlaid, failc
bathroom n seòmar-ionnlaid m
baton n batan m
battalion n cath-bhuidheann f
batter v pronn, slac
battery n bataraidh m
battle n cath m, blàr m, batail m
bawl v glaodh
bay n bàgh m, camas m
bayonet n beugaileid f
be v bi; bi beò. The verb 'to be' is used both as a copula (e.g. that is good, is math sin, it was a great pity, bu mhòr am beud, John is his name, is e Iain an t-ainm a th'air) and as a substantive verb (e.g. he is here, tha e ann a seo, God exists, tha Dia ann, it is big, tha e mòr). It is also used widely as an auxiliary v. (e.g. I was going, bha mi a' dol, will you sell it? am bi thu ga reic?)
beach n tràigh f, cladach m, mol m
bead n grìogag f; (prayer b.) paidirean m
beak n gob m
beaker n biocar m
beam n (of house) sail f; (of loom) gàrmainn f; (of light) gath m, boillsgeadh m
beam v deàlraich; (of smiling) faitich
bean n pònair f (normally used as coll.)
bear n mathan m
bear v beir; giùlain; (e.g. of pain) fuiling
beard n feusag f; (of grain-crop) calg m
bearer n fear-giùlain m
bearing n giùlan m
beast n beathach m, biast f, ainmhidh m
beat n buille f

beat *v* thoir buille; (*be victorious over*)
faigh buaidh, dèan a' chùis air
beating *n* gabhail *m*, *f* air
beautiful *a* bòidheach, rìomhach
beauty *n* maise *f*, bòidhchead *f*
beauty-spot *n* ball-seirce *m*
because *conj* do bhrìgh, a chionn, air-
son; (*with indep. form of v*) oir
beckon *v* smèid air
become *v* fàs, cinn
bed *n* leabaidh *f*
bed-clothes *n* aodach leapa *m*
bed-room *n* seòmar *m* leapa/cadail
bee *n* seillean *m*, beach *m*
beech *n* faidhbhile *f*
beef *n* mairtfheoil *f*
beer *n* leann *m*
beet *n* biotais *m*
beetle *n* daolag *f*; (*for washing*) fairche
m
befit *v* freagair
before *prep* roimh, air beulaibh, am
fianais; *b. me etc.*, romham *etc.*; *adv.*
(*of time*) roimhe; *the day b. that*, an là
roimhe sin; (*of space*) air thoiseach;
conj. mus, mas, gus(a): *I spoke to him
b. he left*, bhruidhinn mi ris mus do
dh'fhalbh e; *it will be some time b. we
see him*, bithidh ùine ann gusa
faic/gus am faic sinn e.
beforehand *adv* roimh làimh
befriend *v* bi càirdeach ri; gabh mar
charaid
beg *v* iarr; guidh; (*for alms*) dèan
faoighe
beget *v* gin
beggar *n* dèirceach *m*
begin *v* tòisich
beginning *n* toiseach *m*, tòiseachadh *m*,
tùs *m*
beguile *v* meall
behalf *in phr, on behalf of* ás leth
behave *v* giùlain
behaviour *n* giùlan *m*; modh *f*
behead *v* thoir an ceann dhe
behind *adv* air chùl, an dèidh, air
deireadh; *prep* air c(h)ùl (*foll. by
gen.*), an dèidh
behind-hand *adv* an dèidh làimhe
being *n* bith *f*; (*person*) creutair *m*,
neach *m*

belch *v* brùchd (a-mach)
belie *v* breugaich, breugnaich
belief *n* creideamh *m*
believe *v* creid, thoir creideas do
believer *n* creidmheach *m*
bell *n* clag *m*
bellow *n* beuc *m*, geum *m*
bellow *v* dèan beuc/geum
bellowing *n* beucaich *f*, geumnaich *f*,
bùirich *f*
bellows *n* balg-sèididh *m*
belly *n* brù *f*, broinn *f*
belong *v* buin
beloved *a* gràdhach, gràdhaichte
below *adv* (*of rest*) shìos, a-bhos; (*of
motion*) sìos; *prep*, fo, nas ìsle na
belt *n* crios *m*
bench *n* being *f*
bend *n* lùb(adh) *m*, fiaradh *m*
bend *v* lùb, crom, aom, flaraich
beneath *prep* fo
benediction *n* beannachadh *m*
benefaction *n* tabhartas *m*; deagh-
ghnìomh *m*
benefactor *n* taibheartach *m*
beneficent *a* deagh-ghnìomhach
beneficial *a* tairbheach; luachmhor
benefit *n* sochair *f*, leas *m*
benevolence *n* deagh-ghean *m*
benevolent *a* coibhneil, làn deagh-
ghean
benign *a* suairc; (*med*) neo-aillseach
bent *a* lùbte, fiar
bent *n* rùn-suidhichte *m*, togradh *m*
benumb *v* meilich
bequeath *v* tiomnaich, fàg mar dhìleab
bequest *n* dìleab *f*, tiomnadh *m*
bereave *v* thoir air falbh, rùisg
berry *n* dearc *f*, dearcag *f*, subh *m*
beseech *v* dèan guidhe
beside *prep* ri taobh, làmh ri
besides *adv* a bhàrr air, a bharrachd air,
a thuilleadh air; co-dhiù
besiege *v* dèan sèisd air
besmear *v* smeur, salaich
best *n* rogha *m*, tagha *m*
best *a and adv* (as) f(h)eàrr
bestial *a* brùideil
bestir *v* gluais, mosgail
bestow *v* builich
bet *v* cuir geall

13

betray v brath, dèan feall
betrayer n brathadair m, mealltair m
betroth v rèitich
better a nas/na bu f(h)eàrr
between prep eadar; adv eadar; b. them, eatorra; san eadraiginn
bewail v caoidh, dèan tuireadh
beware v thoir an aire, bi air t'fhaiceall
bewilder v cuir iomrall
bewitch v cuir fo gheasaibh
beyond prep air taobh thall, thar; (of time) seachad air; (surpassing) os cionn; (except) a thuilleadh air; ach; adv thall.

bias n leathtrom m; claonadh m
bib n brèid-uchd m; uchdan m
bible n bìoball m
biblical a sgriobturail
bicycle n bàidhsagal m, rothair m
bid n tairgse f
bid v thoir tairgse
bidden a air mo chuireadh/do chuireadh etc
bidding n tairgse f; (invitation) cuireadh m
bide v fuirich; gabh còmhnaidh
biding n fuireachd f
bi-ennial a dà-bhliannach
bier n carbad m, giùlan m, eileatrom m
big a mòr, tomadach; (pregnant) torrach
bigamy n dà-chèileachas m
bigot n dalm-bheachdaiche m
bigotry n dalm-bheachd m
bile n domblas m
bill n (of a bird) gob m; (account) bileag f; cùnntas m; (Parl) bile m
billet-doux n litir-leannanachd f
billion n billean m
billow n tonn m, f, sumainn f
bin n bine f
binary a càraideach
bind v ceangail, cuibhrich, naisg
binding n ceangal m, cuibhreachadh m, nasgadh m
biochemical a bith-cheimiceach
biochemist n bith-cheimicear m
biochemistry n bith-cheimiceachd f
biographer n beath-eachdraiche m
biography n beath-eachdraidh f
biological a bith-eòlasach

biology n bith-eòlas m
biped n dà-chasach m
birch n beithe f
bird n eun m
birth n breith f; sinnsireachd f
birthright n còir-bhreith f
biscuit n briosgaid f
bisect v geàrr sa' mheadhan
bishop n easbaig m
bit n mìr m, pìos m, criomag f, bìdeag f; (horse's b.) cabstair m
bitch n galla f, soigh f
bite n bìdeadh m; (of food) grèim m
bite b bìd, thoir grèim á
biting n bìdeadh m, teumadh m
bitter a geur, searbh; (of speech, mental attitude) guineach, nimheil
bitterness n searbhachd f, nimh f
black a dubh, dorch; (of mood) gruamach
blackbird n lon-dubh m
blackboard n bòrd-dubh m
blackguard n blaigeard m
blacken v dubh, dèan dubh; (of reputation) mill cliù
blackness n duibhead m
blacksmith n gobha m
bladder n (organ) aotroman m; (man-made) balg m
blade n (of grass etc.) bileag f; (of weapon) lann f, iarunn m; (of a person) lasgaire m
blamable a coireach, ciontach
blame n coire f
blame v coirich, faigh cron do
blameless a neo-choireach, neo-chiontach
blanch v gealaich, fàs bàn
bland a caoin, mìn
blank a bàn
blanket n plaide f, plangaid f
blasphemy n toibheum m
blast n sgal m
blast v sgrios, mill
blate a diùid
blaze n teine m lasrach
blaze v las
bleach v todhair, gealaich
bleak a lom, fuar, gruamach
blear-eyed a prab-shuileach
bleat v dèan mèilich, dèan miogadaich

bleed v leig fuil, caill fuil
blemish n gaoid f
blend n coimeasgadh m
blend v coimeasgaich
bless v beannaich
blessed a beannaichte, naomha
blessing n beannachd f, beannachadh m
blight n fuar-dhealt m, f; seargadh m
blind n sgàil(e) f
blind a dall
blindness n doille f
blink v caog, priob
bliss n aoibhneas m
blissful a aoibhneach
blister n leus m, bolg/balg m
blister v (trans) thoir leus air; (intrans) thig leus air
blithe a aoibhinn, ait
bloat v bòc, sèid suas
block n ploc m, cnap m, sgonn m, ceap m
block v caisg, dùin
blockhead n bumailear m, ùmaidh m
blonde n te f bhàn
blood n fuil f
blood-group n seòrsa m fala
blood-transfusion n leasachadh-fala m
bloodshed n dòrtadh m fala
bloody a fuileach, fuilteach
bloom n blàth m, ùr-fhàs m
blossom n blàth m
blot n dubhadh m
blot v dubh a-mach
blotting-paper n pàipear m sùghaidh
blow n buille f, bualadh m, beum m
blow v sèid
blubber n saill f muice-mara
blue a gorm, liath
blueness n guirme f, guirmead m
blunder n iomrall m
blunt a maol
blunt v maolaich
bluntness n maoilead m
blur v dèan doilleir
blush n rudhadh (gruaidhe) m
bluster v bagair
boar n torc m, cullach m
board n bòrd m. clàr m, dèile f
board v rach air bòrd
boast n bòsd m
boast v dèan bòsd

boaster n bòsdair m
boastful a bòsdail
boat n bàta m; (small b., rowing b.) eithear m
bobbin n iteachan m
bodiless a neo-chorporra
body n corp m, bodhaig f; (person) neach m, creutair m; (of men etc.) buidheann f, còmhlan m, cuideachd f
bog n boglach f, fèithe f
bog-cotton n canach m
boggle v bi an teagamh
boil n neasgaid f
boil v (of liquid) goil; (of food) bruich
boisterous a stoirmeil; (of a person) iorghaileach
bold a dàna, ladarna; fearail
boldness n dànadas m, tapachd f
bolster n babhstair m
bolster v cùm taice ri, misnich
bolt n crann m; babht m
bolt v glais, cuir crann air; (of vegetable growth) laom
bomb n bom m
bomb v leag bom air
bombast n earraghlòir f
bombastic a earraghlòireach
bond n ceangal m, bann m; gealladh m
bondage n braighdeanas m, daorsa f
bone n cnàmh m
boneless a gun chnàimh
bonfire n tein-aighear m, tein-èibhinn m
bonnet n bonaid m, f
bonny a maiseach
bony a cnàmhach
book n leabhar m
bookbinder n fear m còmhdach leabhraichean
book-keeper n fear m chumail leabhraichean
book-keeping n leabhar-chùnntas m
bookcase n lann f leabhraichean
bookseller n leabhar-reiceadair m
boon n tiodhlac m
boor n amhasg m
boorish a amhasgail
boorishness n amhasgachd f
boot n bròg f
booth n bùth f, bothan m
bootless a (unprofitable) neo-thairbheach

booty n cobhartach m, f
booze n stuth m òil
booze v rach air mhisg, òl
border n crìoch f; oir m, bruach f, iomall m
borderer n fear m àiteach nan crìoch
bore v cladhaich, dèan toll, toll; leamhaich
born past part air a bhreith
borne past part air a ghiùlan
borrow v faigh/iarr/gabh iasad
borrower n fear m gabhail iasaid
bosom n uchd m, broilleach m
boss n cnap m; (person in charge) ceann m
botanist n luibh-eòlaichè m
botany n luibh-eòlas m
botch v dèan obair gun snas
both a and pron araon, le chèile, an dà; he caught the rope with b. hands, rug e air an ròp le a dhà làimh; (of people) an dithis
both adv le chèile; b. you and I, mise agus tusa le chèile; both—— and, eadar —— agus/is
bother n sàrachadh m, bodraigeadh m
bother v sàraich, cuir dragh air
bottle n botal m, buideal m, searrag f
bottom n ìochdar m, bonn m; (of sea) grùnnd m; (of person) màs m
bottomless a gun ghrùnnd
bough n geug f, meanglan m
bought past part ceannaichte, air a cheannach
bound n sìnteag f
bound v cuir crìoch ri; (jump) thoir leum
bound past part ceangailte
boundary n crìoch f
bountiful a fialaidh
bow n bogha m; (archery) bogha-saighde; (rainbow) bogha-frois; (of ship) toiseach m; (bending in salutation) ùmhlachd f
bow v crom, lùb
bowel(s) n innidh f
bowl n çuach f, bobhla m
bowlegged a camachasach
bowsprit n crann-spreòid m
bowstring n taifeid m
box n bocsa m, bucas m, ciste f; (blow) buille f

box v cuir am bocsa etc.; (fight) dèan sabaid, bocsaig
boxer n fear-sabaid m, bocsair m
boy n balach m, gille m
brace n ceangal m, teannachadh m; (pair) dithis m, càraid f
brace v teannaich, daingnich
bracken n raineach f
bracket n camag f; square brackets, camagan ceàrnach
brae n bruthach f
brag n bòsd m, spaglainn f
brag v dèan bòsd
braid v dualaich, cuir an duail
brain n eanchainn f
brain v cuir an eanchainn á
brake n casgan m, breic f
bramble n (berry) smeur f; (bush) dris f
bran n garbhan m, bran m
branch n meangan m, meur f, geug f; earrann f, sliochd m
branch v sgaoil
brand n (of fire) aithinne m; seòrsa m
brand v loisg, fàg lorg
brandish v beartaich, crath
brandy n branndaidh f
brass n pràis f
brat n isean m, droch isean!
brave a gaisgeil, calma
bravery n misneachd f, gaisge f, gaisgeachd f
brawl n còmhstri f, stairirich f
brawl v dèan còmhstri/stairirich
brawny a tomaltach
bray n sitir f, beuc m
braze v tàth le pràis
brazen a pràiseach; (metaph) ladarna
breach n briseadh m, bealach m, beàrn f
breach v dèan briseadh/bealach/beàrn
bread n aran m
breadth n leud m, farsaingeachd f
break n briseadh m; sgaradh m
break v bris; sgar
breakfast n biadh-maidne m, bracaist f
breast n uchd m, broilleach m; (individual b.) cìoch f
breath n anail f, deò f
breathe v (b. out) leig anail, (b. in) tarraing anail
breathless a goirid san anail, plosgartach

breeches n briogais f, triubhas m
breed n seòrsa m, gnè f, sìol m
breed v tarmaich, gin, brid
breeding n oilean m, ionnsachadh m; modh f
breeze n tlàth-ghaoth f, oiteag f, soir-bheas m
brethren n bràithrean pl
brevity n giorrad m
brew v (of beer etc.) tog, dèan grùdaireachd; (of tea) tarraing (in-trans); dèan
brewer n grùdaire m
brewery n taigh-grùide m
bribe n and v brìb f; brìb
bribery n brìbeireachd f
brick n breice f
bricklayer n breicire m
bridal a pòsda
bride n bean-bainnse f, bean-na-bainnse f, bean nuadh-phòsda f
bridegroom n fear-bainnse m, fear-na-bainnse m
bridesmaid n maighdean-phòsaidh f
bridge n drochaid f
bridle n srian f
bridle v cùm srian air, ceannsaich
brief n (leg) geàrr-sgrìobhadh m (cùise)
brief a goirid, geàrr; (of time esp.) aithghearr
briefness n giorrad m, aithghearrachd f
brier n dris f
brigand n spùinneadair m
bright a soilleir; (clean) glan; (of intellect) geur, tuigseach
brighten v soillsich
brightness n soilleireachd f
brilliant a boillsgeach, lainnireach; (of intellect) air leth geur
brim n oir m, bile f
brimstone n pronnasg m
brine n sàl m
bring v thoir, beir
brink n oir m, bruach f
brisk a beothail, sùnndach, sgairteil
brisket n mìr-uchd m
briskness n beothalachd f, sùnndachd f, smioralachd f
bristle n calg m, frioghan m
bristle v cuir calg air, tog frioghan air
bristly a calgach, frioghanach

British a Breatannach
Briton n Breatannach m
brittle a brisg
brittleness n brisgealachd f
broach v toll, leig ruith le; (b. a topic) tog, cuir an cèill
broad a leathann, farsaing; (of stories etc.) mì-stuama
broadness n leud m, farsaingeachd f
brogue n bròg f èille; (of language) dual-chainnt f
broil n sabaid f, caonnag f
broil v bruich
broken past part briste
broker n fear-gnothaich m
brokerage n duais f fir-gnothaich
bronchial a sgòrnanach
bronchitis n at m sgòrnain
bronze n umha m
bronzed a (of complexion) lachdann
brooch n bràiste f
brood n àl m, sìol m, sliochd m, linn f
brood v àlaich, guir
brook n alltan m, sruthan m
broom n (bush) bealaidh m; (brush) sguab f
broth n eanraich f, brot m
brothel n taigh-siùrsachd m
brother n bràthair m
brotherhood n bràithreachas m
brotherly a bràithreil
brow n (eyebrow) mala f; bathais f
browbeat v co-èignich
brown a donn
brownness n duinne f
browse v criom; (among books) thoir ruith air
bruise n pronnadh m, bruthadh m, pat m
bruise v pronn, brùth
brunette n te f dhonn
brunette a donn
brunt n (an) ceann m trom
brush n sguab f; clothes b., sguab/bruis f aodaich
brush v sguab
brusque a goirid
brutal a brùideil, garg
brutality n brùidealachd f
brute n brùid m, beathach m
brutish a brùideil, borb

bubble *n* builgean *m*, gucag *f*
bubble *v* *It is bubbling*, tha builgeanan a' tighinn air
bubbly *a* builgeanach
buck *n* boc *m*
bucket *n* cuinneag *f*, bucaid *f*
buckle *n* bucall *m*
buckram *n* bucram *m*
buckskin *n* leathar *m* fèidh
bud *n* gucag *f*
budge *v* caraich, gluais
budget *n* màileid *f*; (*fin*) càin-aisneis *f*
buffet *n* (*of food*) clàr *m* bìdh
buffoon *n* glaoic *f*
buffoonery *n* glaoiceireachd *f*
bug *n* (*med. slang*) galar *m*; (*of person*) big *b*., urra *m* mòr
bugle *n* dùdach *f*
build *v* tog; (*b. up*) neartaich, cuir ri chèile
builder *n* fear-togail *m*
building *n* togalach *m*, aitreabh *m*
bulb *n* bolgan *m*
bulge *v* dèan bolg
bulk *n* meudachd *f*, tomad *m*
bulky *a* mòr, tomadach
bull *n* tarbh *m*
bulldog *n* tarbh-chù *m*
bullet *n* peileir *m*
bulletin *n* cùirt-iomradh *m*
bullock *n* tarbh *m* òg
bully *n* pulaidh *m*
bum *n* màs *m*
bump *n* (*protuberance*) meall *m*; (*impact*) bualadh *m*, slaic *f*
bumper *n* (*of car*) bumpair *m*
bun *n* buna *m*, bonnach *m*, aran *m* milis
bunch *n* bagaid *f*
bunchy *a* bagaideach
bundle *n* pasgan *m*, ultach *m*
bung *n* àrc *f*, àrcan *m*
bungle *v* dèan gu cearbach
bungler *n* cearbaire *m*
buoy *n* put *m*
buoy *v* cùm an uachdar
buoyancy *n* aotromachd *f*, fleodradh *m*
buoyant *a* aotrom, fleodrach
burden *n* eallach *m*, *f*, uallach *m*
burden *v* uallaich, luchdaich
burdensome *a* doilgheasach, cudthromach

burgess *n* bùirdeasach *m*
burgh *n* borgh *m*
burgher *n* borgh-fhear *m*
burglar *n* gadaiche-taighe *m*
burglary *n* gadachd-taighe *f*
burial *n* adhlacadh *m*, tiodhlacadh *m*
burlesque *n* sgeigeireachd *f*
burly *a* tapaidh, dòmhail
burn *n* losgadh *m*; (*stream*) alltan *m*
burn *v* loisg, bi a' losgadh; *b. into*, fàg lorg air; *b. down*, loisg gu talamh
burnish *v* lìomh, lainnrich
burrow *v* cladhaich
burst *v* spreadh (as a chèile); sgàin
bury *v* adhlaic, tiodhlaic
bush *n* preas *m*, dos *m*, bad *m*
bushy *a* preasach, dosach
business *n* gnothach *m*, obair *f*, malairt *f*; *he is in b. for himself*, tha e ag obair air a cheann fhèin; *b. hours*, uairean obrach
bust *n* broilleach *m*; (*sculpture*) ceann is guaillean
bustle *n* othail *f*, drip *f*
busy *a* trang, dèanadach, dripeil
busybody *n* gobaire *m*
but *conj, adv, prep* ach; *I never go there b. I think of you*, cha teid mi uair a sin nach smaoinich mi ort/gun smaoineachadh ort; *but for that*, mura b'e sin; (*however*) gidheadh
butcher *n* feòladair *m*, bùidsear *m*
butcher *v* casgair; dèan bùidsearachd
butchery *n* feòladaireachd *f*, bùidsearachd *f*
butler *n* buidealair *m*
butt *n* (*cask*) baraill(e) *m*, togsaid *f*; (*in archery etc.*) targaid *f*; (*of ridicule etc.*) cùis-bhùirt *f*; (*of gun*) stoc *m*; *b.-end*, bun *m*
butt *v* sàth
butter *n* ìm *m*
butter *v* cuir ìm air
buttercup *n* buidheag-an-t-samhraidh *f*
butterfly *n* dealan-dè *m*
buttermilk *n* blàthach *f*
buttery *a* ìmeach
buttock *n* màs *m*, tòn *f*
button *n* putan *m*
button *v* putanaich, dùin na putanan
buttress *n* balla-taice *m*; taice *f*

buxom *a* tiugh
buy *v* ceannaich
buyer *n* ceannaiche *m*, fear-ceannachd *m*
buzz *n* srann *f*, crònan *m*
buzzard *n* clamhan *m*
by *prep* (*near*) faisg air, ri taobh; (*with agent*) le; *b. himself;* leis fhèin; (*of authorship*) le; *e.g. go b. boat,* rach air a' bhàta; *b. the hour,* air an uair; *b. degrees,* uidh air n-uidh; *b. day,* troimh 'n là; *b. now,* thuige seo, roimhe seo; *b. sight,* ri fhaicinn

by *adv* an dara taobh; seachad; *I put by £100,* chuir mi £100 an dara taobh; *he went b.*, chaidh e seachad
by and by *adv* a dh'aithghearr
bye-law *n* lagh-baile *m, f,* fo-lagh *m, f*
by-name *n* frith-ainm *m,* farainm *m*
bystander *n* fear-amhairc *m*
by-election *n* frith-thaghadh *m*
by-pass *n* seach-rathad *m*
by-product *n* far-stuth *m*
by-word *n* frith-fhacal *m*
byre *n* bàthach *f*

19

C

cabaret *n* cabaret *m*
cabbage *n* càl *m*
cabin *n* seòmar *m* luinge, cèaban *m*
cabinet *n* cabanat *m*
cable *n* càball *m*
cackle *n* glocail *f*
cacophany *n* searbh-ghlòr *m*
cadaverous *a* cairbheach
cadence *n* dùnadh *m*
cadger *n* fear *m* faoighe
cage *n* eun-lann *f*, cèidse *f*
cairn *n* càrn *m*
cajole *v* breug, meall
cake *n* breacag *f*, bonnach *m*, aran-milis *m*
calamitous *a* dosgainneach
calamity *n* dosgainn *f*, mòr-chall *m*
calcareous *a* cailceach
calculate *v* meas, tomhais
calculation *n* meas *m*, tomhas *m*
calculator *n* (*person*) fear-àireimh *m*; (*machine*) àireamhair *m*
Calculus *n* Riaghailt-àireimh *f*
Caledonian *a* Albannach
calendar *n* mìosachan *m*
calf *n* laogh *m*; (*of leg*) calpa *m*
calibre *n* (*of gun*) meudachd *f* baraille; (*of character etc.*) stuth *m*
calk *v* calc
calker *n* fear-calcaidh *m*
call *v* goir, glaodh, gairm; (*of banns etc.*) èigh; (*visit*) theirig a chèilidh air; *call the doctor*, cuir fios air an doctair; *we'll c. it 20p*, canaidh sinn fichead sgillinn; *the train calls ———*, tha an trèana a' stad ——
call-box *n* bocsa-fòn *m*
calligraphy *n* làmh-sgrìobhaidh *f*; snas *m* sgrìobhaidh
calling *n* èigheachd *f*; (*vocation etc.*) dreuchd *f*, gairm *f*
calliper *n* cailpear *m*
callous *a* cruaidh-chridheach
calm *a* ciùin, sèimh; (*of weather*) fèathach
calm *n* (*of weather*) fèath *m*, *f*; ciùine *f*

calorific *a* teasach
calumniate *v* cùl-chàin
calumniation *n* cùl-chàineadh *m*
calumnious *a* cùl-chàineach
Calvary *n* Calbharaigh
calve *v* beir laogh
calyx *n* cailis *f*
camber *n* druim *m*
camel *n* càmhal *m*
camera *n* camara *f*
camera-man *n* fear-camara *m*
camouflage *n* breug-riochd *m*
camouflage *v* cuir breug-riochd air
camp *n* càmpa *m*
campaign *n* còmhrag *f*, iomairt *f*
can *n* canastair *m*
can *v* faod, (an) urrainn; *can you come today?*, am faod thu thighinn an diugh?; *can you see that?*, an urrainn dhut sin fhaicinn?
Canada *n* Canada
Canadian *a* Canèideanach
canal *n* clais-uisge *f*, canàl *m*
canary *n* canèiridh *f*
cancel *v* dubh a-mach
cancellation *n* dubhadh *m* a-mach
cancer *n* aillse *f*
cancerous *a* aillseach
candid *a* neo-chealgach
candidate *n* fear-iarraidh *m*
candle *n* coinneal *f*
Candlemas *n* Fèill *f* Brìghde
candlestick *n* coinnlear *m*
candour *n* neo-chealgachd *f*, fosgarrachd *f*
candy *n* candaidh *m*
cane *n* bata *m*, cuilc *f*
canine *a* conail
canker *n* cnuimh *f*, cnàmhainn *f*
cannabis *n* cainb-lus *m*
cannibal *n* canabail *m*
canny *a* cùramach
cannon *n* canan *m*, gunna *m* mòr
canoe *n* curach *f* Innseanach
canon *n* riaghailt *f*, lagh *m*, *f*, reachd *m* eaglaise

canonical *a* riaghailteach, laghail
canonization *n* cur *m* an àireamh nan naomh
canonize *v* cuir an àireamh nan naomh
canopy *n* sgàil-bhrat *m*
cant *n* dubh-chainnt *f*
cantata *n* cantata *f*, òran-nan-car *m*
canteen *n* can-tion *m*, biadhlann *f*
canter *n* trotan *m*
canto *n* earrann *f*
canton *n* roinn *f* (dùthcha), canton *m*
canvas *n* canabhas *m*
canvass *v* beachd-rannsaich, iarr bhòtaichean
canvasser *n* sireadair *m*
cap *n* còmhdach *m* cinn, bonaid *m, f*, ceap *m*
cap *v* còmhdaich; thoir bàrr air
cap-à-pie o mhullach gu bonn
capability *n* cumhachd *m*, comas *m*
capable *a* comasach
capacious *a* farsaing, luchdmhor
capacity *n* comas *m*; na ghabhas (rud); *what is its c.?* dè na ghabhas e?
cape *n* rubha *m*, maol *m*; (*cloak*) cleòc *m*
caper *n* leum *m, f*, sùrdag *f*
caper *v* leum, geàrr sùrdag
capital *n* ceanna-bhaile *m*, prìomh-bhaile *m*; (*c. letter*) corr-litir *f*; (*fin*) calpa *m*
capital *a* prìomh
capitalism *n* calpachas *m*
capitalist *n* calpaire *m*
capitation *n* cùnntas *m* cheann
capitulate *v* strìochd
capitulation *n* strìochdadh *m*
capon *n* coileach *m* spothte
caprice *n* neònachas *m*
capricious *a* neònach
capsule *n* capsal *m*
capsulate *v* capsalaich
captain *n* caiptean *m*, ceann-feachd *m*
caption *n* tiotal *m*; fo-thiotal *m*
captive *n* ciomach *m*, bràigh *m, f*
captivity *n* ciomachas *m*, braighdeanas *m*
capture *n* glacadh *m*
capture *v* glac
car *n* càr *m*, carbad *m*
caramel *n* carra-mheille *f*

carat *n* carat *m*
caravan *n* carabhan *m*
caraway *n* lus-Mhic-Chuimein *m*
carbohydrate *n* gualaisg *m*
carbon *n* gualan *m*; (*paper*) pàipear-gualain *m*
carbon dioxide *n* carbon *m* dà-ocsaid
carbuncle *n* (*gem*) carrmhogal *m*; guirean *m*
carburettor *n* càrbradair *m*
carcass *n* cairbh *f*, closach *f*
card *n* cairt *f*; (*for wool*) càrd *f*
card *v* càrd, cìr
cardboard *n* cairt-bhòrd *m*
cardiac *a* cridhe; *c. illness*, tinneas cridhe
cardigan *n* càrdagan *m*
cardinal *a* prìomh
cardinal *n* (*R.C. dignitary*) càirdineal *m*
card-index *n* clàr-amais *m* chairt
care *n* cùram *m*, aire *f*, faiceall *f*, iom(a)gain *f*; *take c.*, thoir an aire; *be careful about it*, gabh cùram dheth; *he walked with c.*, choisich e le faiceall; *she was full of c.*, bha i fo iomgain
care *v* gabh cùram, gabh sùim; bi faiceallach
career *n* rèis *f*, cùrsa *m*
careful *a* cùramach, faiceallach, iom-gaineach
careless *a* mì-chùramach, mì-fhaiceallach, coma
carelessness *n* mì-chùram *m*
caress *v* cnèadaich, cionacraich
care-taker *n* fear-aire *m*
care-taker *a* c. Government, Riaghaltas sealadach
cargo *n* luchd *m*, cargu *m*
caricature *n* dealbh-magaidh *m, f*
carnage *n* àr *m*, casgradh *m*
carnal *a* feòlmhor, corporra
carnality *n* feòlmhorachd *f*
carnival *n* fèill *f*, càrnabhail *m*
carnivorous *a* feòil-itheach
carol *n* caroil *m*
carousal *n* fleadh *m*
carp *n* carbhanach *m*
carp *v* coirich, bleid
carpenter *n* saor *m*
carpet *n* brat-ùrlair *m*
carriage *n* giùlan *m*, carbad *m*

carrier *m* fear-giùlain *m*
carrion *n* ablach *m*
carrot *n* curran *m*
carry *v* giùlain, iomchair, thoir; *c. (e.g. pipes under road)* thoir; *c. into effect*, thoir gu buil; *he carried all before him*, sguab e leis gach nì; *c. a point*, buannaich puing
cart *n* cairt *f*, càrn *m*
cart *v* giùlain le cairt
carter *n* cairtear *m*
cartilage *n* maoth-chnàimh *m*
cartoon *n* dealbh-èibhinn *m, f*
cartridge *n* catraisde *f*; roidhleag-urchrach *f*
carve *v* (*of meat*) geàrr; (*of wood*) snaigh
carving *n* gearradh *m*; gràbhaladh *m*, snaigheadh *m*
cascade *n* eas *m*, cas-shruth *m*
cash *n* airgead *m* ullamh
case *n* còmhdach *m*; (*suitcase*) ceus *m*; (*abstr*) staid *f*, cor *m*; (*leg*) cùis *f*; (*gram*) tuiseal *m*; *e.g. Nominative c*, tuiseal ainmneach; *Acc. c.*, t. cuspaireach; *Gen. c.*, t. seilbheach; *Dat. c.*, t. tabhartach; *Voc. c.*, t. gairmeach; *if that is the c.*, mas ann mar sin a tha; *in any c.*, co-dhiù
cash-account *n* cùnntas-airgid *m*
cash-book *n* leabhar-airgid *m*
cash-register *n* inneal-cùnntaidh *m* airgid
cashier *n* gleidheadair *m* airgid
cask *n* buideal *m.*, baraille *m*
casserole *n* casaroil *m*
cassock *n* casag *f*
cast *n* (*of weapon*) urchar *f*, cur *m*; (*of mind*) seòrsa *m*; (*of eye*) fiaradh *m*, claonadh *m*
cast *v* tilg (air falbh), cuir; (*of metal*) leagh-dhealbh; *c. loose*, sgaoil
caste *n* dual-fhine *f*
castigate *v* cronaich
castigation *n* cronachadh *m*
casting *a c. vote*, vòta rèitich
castle *n* caisteal *m*
castrate *v* spoth
castration *n* spoth *m*, spothadh *m*
casual *a* tuiteamach, tubaisteach
casualty *n* leòinteach *m*

cat *n* cat *m*
cat's-eye *n* sùil-cait *f*
catalogue *n* ainm-chlàr *m.*, catalog *m*
catalyse *v* cruth-atharraich
catalytic (*function*) *n* comas-saoraidh *m*
catapult *n* tailm *f*, lungaid *f*
cataract *n* (*of water*) eas *m*; (*of the eyes*) meamran *m* sùla
catarrh *n* an galar *m* smugaideach
catarrhal *a* smugaideach, ronnach
catastrophe *n* droch thubaist *f*
catch *n* glacadh *m*, grèim *m*; (*song*) luinneag *f*
catch *v* glac, beir, greimich
catching *n* glacadh *m* breith *f*
catchy *a* tarraingeach
catechise *v* ceasnaich
catechism *n* leabhar-cheist *m*, leabhar *m* nan ceist
catechist *n* ceistear *m*
categorical *a* làn-chinnteach
category *n* gnè *f*, seòrsa *m*, dream *m*
cater *v* faigh biadh, solair
caterpillar *n* burras *m*
caterpillar *a* burrasach
cathedral *n* cathair-eaglais *f*
Catherine *n* Caitrìona, Cotrìona
Catholic *n and a* Caitligeach, Pàpanach
catholic *a* coitcheann
Catholicism *n* an creideamh *m* Caitligeach
cattle *n* sprèidh *f*, crodh *m*
cattle-show *n* fèill *f* a' chruidh
caught *past part* glacte
cauldron *n* coire *m* mòr
cauliflower *n* colag *f*, càl-colaig *m*, càl-gruthach *m*
caulk *v* calc
causal *a* adhbharach
cause *n* adhbhar *m*, fàth *m*; (*leg*) cùis *f*
cause *v* dèan, thoir gu buil; *causes*, is adhbhar do
causeless *a* gun adhbhar
causeway *n* cabhsair *m*
caustic *n* a' chlach *f* loisgeach
caustic *a* loisgeach; (*of wit*) geur, beur
caution *n* cùram *m*, faiceall, faicill *f*, mòr-aire *f*; rabhadh *m*
caution *v* thoir rabhadh, cuir air fhaicill
cautious *a* cùramach, faiceallach
cavalry *n* marc-shluagh *m*

cave n uamh f
caveat n rabhadh m
cavern n talamh-toll m, uamh f
cavity n lag m, f, sloc m
cease v stad, caisg, sguir, cuir stad air
ceaseless a gun stad, gun allsadh
cedar n seudar m
cede v gèill, thoir suas
ceiling n mullach m (an taighe etc)
celebrate v (observe) glèidh, cùm; (praise) mol; (carouse) bi subhach
celebrity n neach m iomraiteach
celery n soilire m
celestial a nèamhaidh
celibacy n aontamhachd f
celibate a aontamhach
cell n (church) cill f; (biol) cealla f; c. division, cealla-roinn f; (prison) prìosan m
cellar n seilear m
cello n beus-fhidheall f
cellophane n ceallafan m
cellular a ceallach
celluloid n ceallaloid m
cellulose n ceallalos m
cellulose a ceallalosach
Celt n Ceilteach m
Celtic a Ceilteach
cement n saimeant m
cement v tàth, cuir ri chèile
cemetery n cladh m
censor n caisgire m
censor v caisg, cronaich
censorship n caisgireachd f
censorious a cronachail, cànranach
censure n coire f, achmhasan m
censure v coirich, cronaich
census n cùnntas-sluaigh m
cent n seant m, ceudamh m
centenary n ceud m, ceud blianna, cuimhneachan m nan ceud blianna
centennial a ceud-bhliannach
centimetre n ciadameatair m
central a anns a' mheadhan; he occupies a c. position, tha àite aige anns a' mheadhan; the Central Bank, Am Prìomh Bhanca
centre n meadhan m
centre v cuir sa' mheadhan
centrifugal a meadhan-sheachnach
centripetal a meadhan-aomachail

century n ceud m, ceud blianna, linn m, f; he reached his c., ràinig a an ceud; the 18th c., an t-ochdamh linn deug
cereal n gràn m
cerebral a eanchainneach
ceremonial n deas-ghnàth m
ceremonious a deas-ghnàthach
ceremony n deas-ghnàth m
certain a cinnteach, dearbhta
certainly adv gu cinnteach, gu deimhinn; dha-rìribh
certainty n cinnt f, dearbhadh m
certificate n teisteanas m, barantas m
certify v teistich
cessation n stad m, clos m
cession n gèilleadh m
cesspool n poll-caca m
chaff n moll m, càth f
chaffinch n breac-an-t-sìl m
chagrin n mìghean m, droch-fhonn m
chain n slabhraidh f, cuibhreach m
chain v cuibhrich, cuir air slabhraidh
chain-smoker n sìor-thoitear m
chain-store n bùth-sreatha f
chair n cathair f, suidheachan m, seuth-ar m; armchair, cathair ghàirdeanach
chairman n fear-cathrach m, fear-na-cathrach m
chalk n cailc f
chalk v comharraich/sgrìobh le cailc
chalky a cailceach
challenge n dùbhshlan/dùlan m
chamber n seòmar m
chambered a seòmrach
chamberlain n seumarlan m
champ v cagainn, teum
champagne n siaimpèan m
champion n gaisgeach m, curaidh m
championship n urram m gaisgeachd f; they won the c., thug iad a-mach a' bhuaidh
chance n tuiteamas m, cothrom m; I had the c. of meeting him, fhuair mi cothrom coinneachadh ris
chancellor n seansailear m
changeable a caochlaideach, neo-sheasmhach
changeless a neo-chaochlaideach
channel n amar m, clais f, caolas m
chant v sianns, seinn

chanter n (of pipes) feadan m, sionnsair m

chaos n eucruth m, mì-riaghailt f

chapel n caibeal m

chapter n caibideil m, f

character n beus f, mèinn f, càileachd f, comharradh m; (c. in story) pearsa m; (typographical) litir f

characteristic n feart m

characteristic a coltach; that was a c. thing for him to do, bha e coltach ris a rud a dhèanadh e

charcoal n gual-fiodha m

charge n earbsa f; ionnsaigh m, f; prìs f, cosgais f. See also sub **charge** v

charge v (trust) earb; (in battle) thoir ionnsaigh, theirig sìos; (ask payment for) cuir; (c. battery) dealan-neartaich; take c of, gabh os làimh

charitable a coibhneil; (almsgiving) dèirceach

charity n gràdh m, seirc f, coibhneas m, carthannas m; (alms) dèirc f; (abstr) dèirceachd f

Charles n Teàrlach

Charlotte n Teàrlag

charm n ortha f, seun m; (personal c.) mealladh m

charm v seun, cuir fo dhraoidheachd; meall

charming a taitneach, meallta

chart n cairt-iùil f

charter n (leg.) cairt f, còir-fearainn f; fasdadh m

charter v fasd

chary a faiceallach

chase n sealg f, faghaid f

chase v ruith, ruaig, fuadaich

chaste a geanmnaidh, fìorghlan

chastity n geanmnachd f

chat n còmhradh m

chat v dèan còmhradh

chatter n cabaireachd f

chatter v dèan cabaireachd

chauffeur n dràibhear m

cheap a saor; air bheag prìs

cheapen v lùghdaich prìs

cheapness n saoiread m

cheat n fear-foille m, mealltair m

cheat v meall, dèan foill air

check v caisg, bac; lorg, faigh cinnt air

check n casg(adh) m, bacadh m

checkmate n tul-chasg(adh) m

cheek n gruaidh f

cheeky a you are very c., 'sann ort tha 'n aghaidh

cheer v brosnaich

cheerful a ait, suilbhir

cheerfulness n sùrd m, suigeart m

cheerless a dubhach, trom

cheery a ait, aoibhneach

cheese n càise m

chemical a ceimiceach

chemist n ceimicear m; (pharmacist) fear-chungaidhean m

chemistry n ceimic f, ceimiceachd f

cheque n seic f

cheque-book n seic-leabhar m

change n atharrachadh m, mùthadh m; (of money) iomlaid f

change v atharraich, caochail

cherry n sirist f

chess n tàileasg m

chest n ciste f; (human) cliabh m, broilleach m

chew v cagainn, cnàmh

chick, chicken n isean m, eireag f

chickenpox n a' bhreac-òtraich f

chide v cronaich, trod

chief, chieftain n ceann-feadhna m, ceann-cinnidh m

chief a prìomh, àrd

chilblain n cusp f

child n leanabh m, pàisde m

child-bed n leabaidh-shiùbhla f

childhood n leanabas m

childish a leanabail

childishness n leanabachd f

childless a gun sliochd

children n clann f

Chile n An t-Sile

chill a fuar, fuaraidh

chill v fuaraich

chime n co-sheirm f, co-chòrdadh m

chimney n luidhear m, similear m

chimpanzee n siompansaidhe m

chin n smig m, smiogaid m

China n Sìna

Chinaman, Chinese n Sìneach m

Chinese a Sìneach

chink n sgoltadh m, sgàineadh m

chip n mìr m, sgealb f

chip *v* sgealb, snaigh
chirp *n* bìog *f*, bìogail *f*
chirp *v* dèan bìogail
chisel *n* sgeilb *f*, gilb *f*
chlorine *n* clòirin *m*
chloroform *n* cloroform *m*
chlorophyll *n* clorofail *m*
chocolate *n* teòclaid *f*
choice *n* roghainn *m*, taghadh *m*
choice *a* taghta
choir *n* còisir-chiùil *f*
choke *v* tachd, mùch
choose *v* tagh, roghnaich
chop *n* staoig *f*
chop *v* sgud, geàrr le buille
choral *a* co-sheirmeach
chord *n* còrda *f*; teud *m*, *f*
chore *n* obair *f* neo-inntinneach
chorus *n* sèist *f*, co-sheirm *f*
chosen *past part* taghta
Christ *n* Crìosd
christen *v* baist
Christendom *n* a' Chrìosdachd *f*
christening *n* baisteadh *m*
Christian *n* Crìosdaidh *m*
Christian *a* Crìosdail
Christianity *n* Crìosdalachd *f*, an
  creideamh *m* Crìosdaidh
Christian name *n* ainm *m* baistidh
Christmas *n* Nollaig *f*
Christmas Eve *n* Oidhche *f* Nollaig
Christopher *n* Crìstean
chromatic *a* dathach
chromatid *n* cromataid *m*
chromium *n* cròmium *m*
chromosome *n* cromosom *m*
chronic *a* leantalach
chronicle *n* eachdraidh *f*
chronological *a* eachdraidheach
chum *n* companach *m*
church *n* eaglais *f*; *C. of Scotland,*
  Eaglais na h-Alba; *Free (Presbyterian)*
  C., An Eaglais Shaor (Chlèireachail);
  Catholic C., An Eaglais Chaitligeach;
  Episcopal C., An Eaglais Eas-
  baigeach
churchman *n* pears-eaglais *m*, fear-clèir
  m
churchyard *n* cladh *m*, cill *f*, rèilig *f*
churlish *a* mùgach, iargalta
churlishness *n* iargaltas *m*, gruaim *f*,

doicheall *m*
churn *n* muidhe *m*, crannag *f*
cider *n* leann-ubhal *m*
cigar *n* siogàr *m*
cigarette *n* toitean *m*
cinder *n* èibhleag *f* loisgte
cinema *n* taigh-dhealbh *m*
cine-projector *n* dealbh-thilgear *m*
cinnamon *n* caineal *m*
cipher *n* neoini *m*; sgrìobhadh *m*
  dìomhair
circle *n* cearcall *m*, cuairt *f*, buaile *f*;
  (*group*) co-thional *m*, còmhlan *m*
circle *v* iadh, cuairtich
circuit *n* cuairt *f*
circuitous *a* mòr-chuairteach
circular *n* cuairt-litir *f*
circular *a* cruinn, cuairteach
circulate *v* cuir mun cuairt
circulation *n* cuartachadh *m*
circumcise *v* timcheall-gheàrr
circumcision *n* timcheall-ghearradh *m*
circumference *n* cuairt-thomhas *m*
circumlocution *n* cuairt-chainnt *f*
circumnavigate *v* seòl mun cuairt
circumscribe *v* cuingealaich
circumspect *a* faiceallach
circumstance *n* cùis *f*, cor *m*, staid *f*
circus *n* soircas *m*
cistern *n* tanca *f*
cite *v* gairm, òrdaich
citizen *n* fear-àiteachaidh *m*
city *n* cathair *f*, baile-mòr *m*
civic *a* cathaireach
civil *a* sìobhalta; rianail, modhail; *the*
  Civil Service, An t-Seirbheis *f*
  Shìobhalta, Seirbheis na Stàite
civilian *n* sìobhaltair *m*, duine nach eil
  san Arm
civility *n* sìobhaltachd *f*; modh *m*
civilization *n* sìobhaltachd *f*
civilize *v* sìobhail, teagaisg
claim *n* tagairt *f*
claim *v* tagair, agair
claimant *n* fear-tagraidh *m*
clam *n* feusgan *m*
clamber *v* streap
clamour *n* gàir *m*, gaoir *f*, gleadhraich *f*,
  gliongraich *f*
clan *n* fine *f*, cinneadh *m*
clang *n* gliong *m*

25

clanship *n* cinneadas *m*, fineachas *m*
clap *n* buille *f*, faram *m*, brag *m*; bas-bhualadh *m*
clap *v* buail ri chèile, bas-bhuail
claret *n* clàireat *m*
clarinet *n* clàirneid *f*
clarity *n* soilleireachd *f*
clash *v* dèan glagadaich; *their views clashed*, cha robh an smuaintean a' tighinn a-rèir a chèile
clasp *n* cromag *f*, dubhan *m*
class *n* buidheann *f*, clas *m*; seòrsa *m*
class *v* roinn, seòrsaich
classic, classical *a* clasaiceach
classification *n* seòrsachadh *m*
classify *v* seòrsaich
clatter *n* straighlich *f*, gleadhraich *f*
clause *n* roinn *f*
claw *n* iongna *f*, spuir *m*
clay *n* criadh *f*, crè *f*
claymore *n* claidheamh-mòr *m*
clean *v* glan
clean *a* glan
clean-shaven *a* air a bhearradh
cleanness *n* gloinead *m*
clear *a* soilleir, so-thuigsinn
clear *v* soilleirich, soillsich; rèitich; (*free*) saor
clearances *n* fuadaichean
clearness *n* soilleireachd *f*
clearing-bank *n* banca *m* rèitich
cleave *v* sgoilt, spealg
cleaver *n* sgian-sgoltaidh *f*
cleft *n* sgoltadh *m*
cleg *n* creithleag *f*
clemency *n* iochd *f*, truas *m*
clement *a* iochdmhor, caoin, tròcaireach
clench *v* dùin
clergy *n* clèir *f*
clergyman *n* pears-eaglais *m*
clerical *a* clèireachail
clerk *n* clèireach *m*
clerkship *n* clèirsneachd *f*
clever *a* tapaidh, deas, clis
cleverness *n* tapachd *f*, cliseachd *f*
click *v* cnag; thig ri chèile
client *n* fear-dèilig *m* (*pl* luchd-dèilig)
cliff *n* creag *f*, sgùrr *m*
climate *n* clìomaid *f*
climax *n* àirde *f*

climb *v* dìrich, streap
climber *n* streapaiche *m*, fear-streapaidh *m*
climbing *n* dìreadh *m*, streap(adh) *m*
clinch *v* daingnich, teannaich, dùin
cling *v* slaod (ri), toinn mun cuairt
clinic *n* clionaic *f*
clinical *a* clionaiceil
clink *v* thoir gliong
clip *v* geàrr, beàrr, rùisg; giorraich
clipper *n* gearradair *m*, bearradair *m*
clipping *n* gearradh *m*, bearradh *m*, rùsgadh *m*
cloak *n* falluinn *f*, brat *m*, cleòc *m*
cloak *v* còmhdaich; cleith
clock *n* uaireadair *m*, cloc *m*
clockwork *n* uidheam *f* uaireadair; *going like c.*, a' dol cho rèidh ri uaireadair
clod *n* ploc *m*, fòd *f*, sgrath *f*
clog *n* bròg-fhiodha *f*
clog *v* tromaich, bac, tachd
cloister *n* clabhstair *m*
close *n* (*closure*) dùnadh *m*, crìoch *f*, ceann *m*; (*of tenement*) clobhsa *m*
close *v* dùin; crìochnaich; *the days are closing in*, tha an là a' giorrachadh
close *a* (*near*) faisg, teann, dlùth; (*of atmosphere*) dùmhail; (*ling.*) dùinte; *it was a c. result*, bha iad (*etc.*) glè fhaisg air a chèile
close up *n* teann-dhealbh *m*, *f*
close-fisted *a* spìocach
close-fitting *a* caol
closeness *n* faisge *f*, giorrad *m*
closet *n* seòmar-uaigneach *m*, clòsaid *f*
closing *n and a* dùnadh *m*; *c. date*, ceann-latha *m*
closure *n* dùnadh *m*, crìoch *f*, ceann *m*
clot *n* meall *m*; (*of person*) ùmaidh *m*
cloth *n* aodach *m*, clò *m*; *dish-c.*, tubhailt-shoithichean *f*; *table-c.*, tubhailt-bùird *f*
clothe *v* còmhdaich, sgeadaich
clothes, clothing *n* aodach *m*, trusgan *m*
clothes-peg *n* cnag-aodaich *f*
cloud *n* neul *m*, sgòth *f*
cloud *v* neulaich, dorchnaich
cloudburst *n* dìle *f* bhàite
cloudy *a* neulach, sgòthach, doilleir

clout n (cloth) clùd m, luideag f; (blow) sglais f
clove n clòbha f
cloven a sgoilte
clover n clòbhar m, seamrag f
clown n amadan m, cleasaiche m
clownish a gòrach
cloy v sàsaich, cuir gràin air
club n (stick) cuaille m, lorg f; (for playing) caman m; (association of people) club m
cluck v dèan gogail
clue n boillsgeadh m
clump n tom m
clumsiness n cearbachd f, luidealachd f
clumsy a cearbach, luideach
cluster n bagaid f, cluigean m
clutch n grèim m, glacadh m; (of car) put m
clutch v greimich, glac
clutter n gànrachadh m
clutter v gànraich
coach n coidse f
coach v ionnsaich
coadjutor n fear-cuidich m
coagulate v binndich
coagulation n binndeachadh m
coal n gual m
coal-mine n mèinn(e) f guail
coal-fish n ucas, ucsa m
coalesce v aonaich, tàthaich
coalition n aonachadh m, tàthadh m; c. government, riaghaltas m aonaichte
coarse a (of texture) garbh; (of manners etc.) gàrg, drabasda
coast n oirthir f, costa m
coast-guard n freiceadan-oirthire m
coastline n iomall-fairge m
coat n còta m; c. of mail, lùireach f
coat v cuir brat air, cuir peant air
coax v breug, tàlaidh
co-axial a co-aisealach
cobalt n còbalt m
cobbler n greusaiche m
cobweb n eige f, lìon m (an damhain-allaidh)
cochineal n càrnaid f
cock n coileach m; haycock, goc m feòir
cock v sgrog
cock-crow n gairm f a' choilich
cockle n coilleag f, srùban m

Cockney n Lunnainneach m, Cocnaidh m
cockpit n sloc m a' choilich
cocksure a làn-chinnteach
cocktail n earball m a' choilich (also used of drink)
cocoa n còco m
cod n trosg m
code n riaghailt f, còd m
codicil n leasachadh m tiomnaidh
coerce v ceannsaich
coercion n ceannsachadh m, smachd m
coeval a co-aimsireach
coexist v bi beò le
coexistence n co-bhith f
coexistent a co-bhitheach
coffee n cofaidh m
coffer n ciste f
coffin n ciste f, ciste-laighe f
cog n fiacaill f (rotha)
cogency n cumhachd f
cogent a làidir, cumhachdach
cogitation n smuain f, beachdachadh m
cognate a gaolmhor
cognomen n leas-ainm m
cog-wheel n roth m fiaclach, cuibhle f fhiaclach
cohabitation n co-fhuireachd f
cohere v lean (ri chèile)
coherent a so-leantainn, so-thuigse, pongail
cohesion n co-leantainn m
cohesive a so-leanta
coif n beannag f
coil n cuibhleachadh m, cuairteag f; (of hair) fàinne f
coil v cuibhlich, còrnaich
coin n bonn m (airgid)
coin v buail; (of wealth) càrn
coinage n cùinneadh m
coincide v co-aontaich, co-thuit
coincidence n co-thuiteamas m
coiner n fear-cùinnidh m
coke n còc m
cold n fuachd m; head c. etc., cnatan m; I have a c., tha an cnatan orm
cold a fuar; to give a person the c. shoulder, uileann/uilinn a chur ann an duine
cold chisel n sgeilb f chruaidh
coldness n fuairead m

colic *n* grèim-mionaich *m*

collaborate *v* co-oibrich

collapse *v* tuit am broinn a chèile; (*of a person*) leig roimhe

collapsible *a* so-sheacaich

collar *n* coilear *m*; *horse-c.*, braighdean *m*

collar-bone *n* ugan *m*, cnà(i)mh an uga

collate *v* coimeas, cuir an coimeas

collateral *a* co-thaobhach

colleague *n* co-oibriche *m*, companach *m*

collect *v* cruinnich, tionail; (*of going round to collect money*) tog

collection *n* tional *m*, cruinneachadh *m*

collective *a* co-choitcheann; *c. noun*, ainmear *m* trusaidh

collector *n* fear-tionail *m*

college *n* colaisde *f*

collier *n* gualadair *m*

collision *n* co-bhualadh *m*, brag *m*

colloquial *a* (*of speech*) coitcheann

collision *n* co-rùn *m*

colon *n* (*anat.*) caolan *m* mòr; (*punct.*) dà-phuing *f*

colonel *n* còirnealair *m*, còirneal *m*

colony *n* tìr-imrich *f*; (*of group*) luchd-imrich *m*

colour *n* dath *m*; *c. bar*, dath-bhacadh *m*; *c.-blind*, dath-dhall; *c.-vision*, dath-fhradharc *m*; *c.-blindness*, dath-dhoille *f*; *in its true colours*, mar a tha e; (*of complexion*) lì *f*; (*colours, i.e. flag etc.*) bratach *f*; *lend c. to a story*, cuir dreach na firinne air sgeul

colour *v* dath, cuir dath air; (*blush*) rudhadh, *e.g.* he blushed, thàinig rudhadh 'na ghruaidh

colt *n* searrach *m*

Columba Colum Cille

column *n* colbh *m*; *the fifth c.*, an còigeamh colbh

coma *n* trom-neul *m*

comb *n* cìr *f*; *tooth-c.*, cìr-mhìn *f*; (*cock's c.*) cìrean *m*; *honeycomb*, cìr-mheala *f*

comb *v* cìr

combat *n* còmhrag *f*

combatant *n* fear-còmhraig *m*

combination *n* co-aontachadh *m*; *a c. of circumstances*, grùnn rudan a' tighinn gu chèile

combine *v* co-aontaich

combustible *a* so-loisgeach

combustion *n* gabhail *m* (teine)

come *v* thig, trobhad; *where do you c. from?*, co ás a thà thu?; *come now!*, ud, ud; a-nis, a-nis; *a week c. Friday*, seachdain Dihaoine seo tighinn; *if it comes to the bit*, ma thig e gu h-aon 's gu dhà; *the life to c.*, a' bheatha ri teachd; *c. about*, tachair; *the rain came down heavily*, thuit an t-uisge gu trom, thainig an t-uisge ''na thuil; *c. on*, tugainn

comedian *n* cleasaiche *m*

comedy *n* cleas-chluich *f*

comely *a* eireachdail

comet *n* reul-chearbach *f*

comfort *n* cofhurtachd *f*

comfortable *a* cofhurtail, socrach

comic *a* àbhachdach, coimic

coming *n* teachd *m*, tighinn *m*

comma *n* cromag *f*; *inverted commas*, cromagan turrach

command *n* òrdugh *m*; ùghdarras *m*, ceannas *m*

command *v* thoir òrdugh (seachad); bi an ceann

commander *n* ceannard *m*

commandment *n* òrdugh *m*; (*Bibl.*) àithne *f*

commemorate *v* cuimhnich

commemoration *n* cuimhneachadh *m*, cuimhneachan *m*

commence *v* tòisich

commencement *n* tòiseachadh *m*

commend *v* mol; *c. to his care*, cuir fo a chùram; *it did not c. itself to me*, cha do chòrd e rium

commendable *a* ri a mholadh

commendation *n* moladh *m*, cliù *m*

commensurate *a* co-chuimseach, coltach

comment *n* facal *m*, abairt *f*

comment *v* thoir tarraing, dèan luaidh; *c. on a text*, mìnich

commentary *n* *running c., etc.*, cùnntas *m*; *textual c.*, mìneachadh *m*

commentator *n* fear-cùnntais *m*

commerce *n* malairt *f*

commercial *a* malairteach

commiserate *v* co-bhàidhich

commiseration n bàidh f, co-bhàidh f
commissariat n biadh-roinn f
commission n ùghdarras m; barrantas m; in c., air a chur an sàs; (monetary) roinn-phàigheadh m
commit v earb; c. to prison, cuir an làimh
committee n comataidh f; comhairle f
commodious a luchdmhor
commodity n badhar m
common a coitcheann, cumanta
commonness n coitcheannas m
Commons n House of C., Taigh m nan Cumantan
Commonwealth n Co-fhlaitheas m
commotion n ùbraid f, aimhreit f
communicant n comanaiche m, fear/bean-comanachaidh/ch. m/f
communicate v com-pàirtich, aithris, thoir seachad
communication n com-pàirteachadh m; in c. with each other, a' còmhradh/ sgrìobhadh gu chèile
communications n eadar-cheangal m
communion n comann m; (eccles.) comanachadh m
communist n co-mhaoineach m
communist a co-mhaoineach
communism n co-mhaoineas m
community n pobal m, sluagh m; co-chomann m
commute v malairtich; (by car, train etc.) triall
compact n co-chòrdadh m
compact a teann, daingeann
companion n companach m
company n cuideachd f, comann m, companaidh f
comparable a co-ionnan
comparative a coimeasach
compare v coimeas, dèan coimeas air/eadar
comparison n coimeas m
compartment n earrann f; seòmar m
compass n (naut.) combaist f, cairt-iùil f; cuairt f, meud m/leud m
compass v cuairtich.
compassion n truas m, iochd f
compassionate a truacanta, iochdmhor
compatible a co-fhulangach, co-chòrdail, freagarrach (do)
compatriot n co-fhear-dùthcha m

compel v co-èignich
compendious a geàrr-bhrìgheach
compensate v dìol, ìoc, cuidhtich
compensation n cuidhteachadh m
compete v strì
competence n comas m
competent a comasach
competition n co-fharpais f
competitive a strìtheach
competitor n farpaiseach m
compilation n co-chruinneachadh m
compile v cuir ri chèile, co-chruinnich
compiler n fear-cruinneachaidh m
complacency n somaltachd f
complacent a somalta
complain v gearain, dèan casaid
complainer n fear-gearain m
complaint n gearan m, casaid f; (med.) galar m
complement n làn m, co-làn m
complementary a coiliontach
complete a iomlan, coilionta
complete v dèan iomlan, lìon; he had completed his century, bha e air an ceud a ruighinn/air ceud blianna a dhùnadh
completeness n iomlanachd f
completion n coilionadh m
complex n iomadh-fillteachd f; housing c., mòr-thogalach f
complex a co-thoinnte, iomadh-fhillte, casta
complexion n tuar m, neul m, dreach m
complexity n camadh m, eadar-fhillteachd f
compliance n gèilleadh m, strìochdadh m
compliant a strìochdach, aontach
complicate v cuir troimh-a-chèile, dèan nas dorra
compliment n moladh m, beul-bòidheach m; with compliments, le deagh dhùrachd f
compliment v dèan moladh air/beul-bòidheach ri
complimentary a moltach
comply v thig/dèan a-rèir, gèill ri
component n co-phàirt f
compose v cuir ri chèile, sgrìobh; c. (oneself), socraich; (typog.) cuir clò an òrdugh

composed *a* socraichte
composer *n* (*mus.*) fear-sgrìobhaidh *m* ciùil; (*lit.*) ùghdar *m*
composition *n* (*lit., mus.*) sgrìobhadh *m*; (*essay*) aiste *f*
compositor *n* ceàrd-clò *m*
compost *n* mathachadh *m* gàrraidh
composure *n* suaimhneas *m*
compound *n* co-thàth *m*
compound *a* co-thàthach, co-phàirteach; fillte
comprehend *v* tuig
comprehension *n* tuigse *f*
comprehensive *a* farsaing; *c. education*, foghlum *m* mòr-chuairteach
compress *v* dlùthaich, teannaich
compression *n* teannachadh *m*
compromise *n* co-rèiteachadh *m*
compromise *v* co-chòrd, thig gu co-rèiteachadh
compulsion *n* èigneachadh *m*
compulsory *a* èigeantach
compunction *n* imcheist *f* (cogais)
computation *n* àireamh *f*, meas *m*
compute *v* meas, dèan àireamh
comrade *n* companach *m*
concave *a* fo-chearclach
conceal *v* ceil, cleith, falaich
concealment *n* cleith *m*, f, falach *m*
concede *v* gèill, aontaich, aidich
conceit *n* beachd *m* (math), mòrchuis *f*
conceited *a* mòrchuiseach
conceivable *a* so-shaoilsinn
conceive *v* saoil, tuig; *I cannot c. why* ———, chan eil mi a' tuigsinn carson; (*biol.*) fàs torrach
concentrate *v* co-chruinnich
conception *n* (*biol.*) gineamhainn *m*; (*of thought*) beachd *m*
concentric *a* aon-mheadhonach
concentration *n* co-chruinne *m*
concept *n* bun-bheachd *m*
concern *n* gnothach *m*; (*care*) cùram *m*
concern *v* gabh gnothach; (*be anxious*) gabh cùram; *the letter is concerned with John's house*, tha an litir mu thaigh Iain
concerning *prep* mu, mu thimcheall, mu dheidhinn
concert *n* cuirm-chiùil *f*
concert-grand (*piano*) *n* mòr-phiàno *m*

concert-hall *n* talla-ciùil *m*
concerto *n* concerto *f*
concession *n* ceadachadh *m*; (*of argument*) gèilleadh *m*
conciliate *v* rèitich
conciliation *n* rèiteachadh *m*
concise *a* pongail, geàrr
conclude *v* co-dhùin
conclusion *n* co-dhùnadh *m*
conclusive *a* deimhinn
concoct *v* dèan an-àird
concoction *n* measgadh *m*
concord *n* co-chòrdadh *m*
concordance *n* co-chòrdachd *f*
concrete *n* saimeant *m*
concrete *a* de saimeant; (*opp. of 'abstract'*) rudail, nitheil
concubine *n* coileapach *m*
concur *v* aontaich
concurrence *n* co-aontachd *f*
concussion *n* co-thulgadh *m*
condemn *v* dìt
condemnation *n* dìteadh *m*
condensation *n* co-dhlùthachadh *m*
condense *v* co-dhlùthaich
condenser *n* co-dhlùthaire *m*
condescend *v* deònaich
condescension *n* uasal-chàirdeas *m*
condiment *n* annlan *m*
condition *n* cùmhnant *m*; (*state*) cor *m*, staid *f*
conditional *a* air chumha, air chùmhnant
condole *v* dèan co-bhròn le
condolence *n* co-bhròn *m*
condone *v* maith
conduct *n* giùlan *m*, caithe-beatha *f*
conduct *v* treòraich, stiùir, giùlain; *conducting cells*, ceallan giùlain
conductor *n* fear-iùil *m*; stuth-giùlain *m*
conductress *n* bean-iùil *f*
cone *n* còn *m*; (*pine c.*) durcan *m*
confection *n* mìlsean *m*
confederation *n* co-chaidreamh *m*
confer *v* (*grant*) builich; (*take counsel etc.*) theirig an comhairle
conference *n* còmhdhail *f*
confess *v* aidich; faoisidich
confession *n* aidmheil *f*, faoisid *f*
confessor *n* fear-aidmheil *m*; athair/sagart-faoisid *m*

confidant n fear-rùin m
confide v earb (ri)
confidence n earbsa f; dànadas m
confident a earbsach, cinnteach; dàna
confidential a fo rùn
confine(s) n crìoch(an) f
confine v cùb; cùm a-staigh
confinement n cùbadh m, braighdeanas
m; (of pregnancy) bhith air leabaidh-
shiùbhla, bhith ri breith-cloinne
confirm v daingnich
confirmation n daingneachadh m
confiscate v arfuntaich
confiscation n arfuntachadh m
conflagration n mòr-lasadh m
conflict n strì f, còmhrag f
confluence n comar m
conform v co-aontaich, gèill, theirig
a-rèir
conformity n co-aontachadh m
confound v cuir troimh chèile, faigh
buaidh air
confront v seas/thig mu choinneimh
confuse v cuir troimh chèile
confused a troimhe-chèile
confusion n breisleach m
confute v breugnaich
congeal v reòdh
congenial a co-ghnèitheach, còrdail; we
have c. tastes, tha na h-aon rudan a'
còrdadh ruinn
conger n easgann-mhara f
conglomeration n ceirtleachadh m
congratulate v dèan co-ghàirdeachas ri
congratulation(s) n co-ghàirdeachas m
congratulatory a co-ghàirdeachail
congregate v tionail
congregation n coithional m
congress n còmhdhail f
congruent a co-fhreagarrach
conical a cònach
conifer n craobh-durcain f
conjectural a baralach
conjecture n barail f, tuairmeas m
conjecture v thoir barail, dèan tuair-
meas
conjugal a pòsta
conjugate v co-naisg
conjugation n co-nasgadh m; verbal c.,
clàr gnìomhair
conjunction n co-nasg m, naisgear m

conjure v cuir ìmpidh air; cuir fo
gheasaibh
connect v ceangail
connected a ceangailte
connection n ceangal m
connive v dùin sùil air (rud), caog
connoisseur n fear-eòlach m
connotation n ciall f
conquer v ceannsaich, cìosnaich
conqueror n ceannsaiche m
conquest n buaidh f, ceannsachadh m
conscience n cogais f, cuinnseas f
conscientious a cogaiseach
conscious a mothachail
consciously adv le mothachadh
consciousness n mothachadh m
conscript v co-sgrìobh
conscription n co-sgrìobhadh (airm) m
consecrate v coisrig
consecrated a coisrigte
consecration n coisrigeadh m
consecutive a leanmhainneach
consensus n co-aonta m
consent n aonta m
consent v aontaich
consequence n toradh m, buaidh f, buil
f; it is of no c., chan eil diofar m ann
consequently adv uime sin
conservation n gleidheadh m, dion m
Conservative n Tòraidh m
conservative a caomhnach; (pol.)
Tòraidh
conserve v taisg, glèidh, dìon
consider v smaoinich, beachdaich,
cnuasaich
considerable a math, cudromach
considerate a tuigseach
consideration n tuigse f; beachd-
smaoineachadh m; take into c., cuir
san àireamh; I will do it for a c., nì
mi air duais e; the question is under c.,
thathas a' beachdachadh air a' cheist
consign v thoir seachad
consignment n lìbhrigeadh m
consist v that is what it consists of, 'se sin
a th'ann
consistency n seasmhachd f, co-
chòrdadh m
consistent a seasmhach, co-chòrdach
consolation n sòlas m, furtachd f
console v furtaich

consolidate v daingnich, co-dhlùthaich

consonance n co-sheirm f, co-chòrdadh m

consonant n co-fhoghar m, connrag f

consort n cèile m, f

conspicuous a faicsinneach

conspiracy n co-fheall f

conspirator n co-fhealltair m

conspire v dèan co-fheall

constable n conastapal m, maor-sìthe m

constancy n seasmhachd f, neo-chaochlaidheachd f

constant a seasmhach, daingeann

constellation n reul-bhad m

consternation n uabhas m

constipation n teannachadh-innidh m

constituency n roinn-taghaidh f

constituent n co-phàirt f; (electoral) fear-taghaidh m

constitution n dèanamh m, nàdar m; (pol.) bonn-stèidh m; (hist.) reachdan

constitutional a laghail, reachdail

constrain v co-èignich

constriction n teannachadh m

construct v tog, dèan, cuir ri chèile

construction n togail f, togalach m, cur-ri-chèile m; (gram.) gleus m, f; under c., ga thogail, gan togail etc.; put a good c. on, meas gu math

consul n consal m

consular a consalach

consult v theirig an comhairle le, gabh comhairle; I consulted him about a house, ghabh mi a chomhairle mu thaigh; the doctor consults at 5-6 p.m., tha an dotair a' toirt seachad comhairle aig 5-6 p.m.

consultation n comhairle f

consume v caith, dèan feum de; he is consumed with anger, tha e air a lìonadh le feirg

consumer n fear-caitheamh m, pl luchd-c.

consummate v crìochnaich, coilion

consummation n crìochnachadh m, coilionadh m

consumption n caitheamh f; (med.) a' chaitheamh f

contact v suath ann; cuir flos gu

contact-lens n gloinneachan-suathaidh

contagious a gabhaltach

contain v cùm; (hold in) caisg

container n bocsa-stòraidh m; c. base, ionad m stòraidh

contaminate v truaill

contamination n truailleadh m

contemplate v beachd-smuainich, meòmhraich

contemplation n meomhrachadh m

contemporary n co-aois m

contemporary a co-aoiseach, co-aimsireil

contempt n tàir f, tarcais f

contemptible a tàireil, suarach

contemptuous a tarcaiseach

contend v cathaich, dèan strì

content(ed) a toilichte, sàsaichte

contention n strì f, connspaid f

contentious a connspaideach

contentment n toileachas-inntinn m

contents n na tha ann, na tha am broinn ---; (of a book) clàr-innse m, clàr m

contest n strì f

context n co-theacs m

continence n smachd m; (sex.) geanm-nachd f

Continent n Mòr-thìr f, Mòr-roinn f

Continental a Mòr-thìreach, Mòr-roinneach

contingent a tuiteamach

continual a sìor, daonnan

continually adv gu sìor, a-ghnàth, gun sgur

continuation n leantainn m

continue v lean (air)

continuity n leanailteachd f

contort v fiaraich, snìomh

contour n loidhne f (àirde)

contra adv and n an aghaidh; per c., air an taobh thall

contraband n stuth m toirmisgte

contraception, contraceptive n casg-gineamhainn m

contraceptive a casg-gineamhainneach

contract n cùnnradh m, cùmhnant m

contract v teannaich; (leg.) rèitich, dèan ceangal

contractile a seacach

contractual a cùnnradhach

contraction n teannachadh m, giorr-achadh m

contractor n cùnnradhair m

contradict v cuir an aghaidh
contradiction n cur m an aghaidh, breugnachadh m
contradictory a neo-chòrdail
contralto n contralto f
contrary a an aghaidh
contrast n eadar-dhealachadh m, iomsgaradh m
contrast v cuir an aghaidh (a chèile), eadar-dhealaich, dèan iomsgaradh
contravene v bris, thig an aghaidh
contribute v cuir ri, cuidich le
contribution n cuideachadh m, tabhartas m
contrite a aithreachail
contrivance n innleachd f, beart f
contrive v dèan innleachd
control n (abstr.) smachd m, ùghdarras m; (concr.) uidheam-smachd f
control v ceannsaich; stiùir
controller n fear-riaghlaidh m
controversial a connsachail
controversy n connspaid f, strì f
controvert v cuir an aghaidh
contusion n bruthadh m, pronnadh m
conundrum n tòimhseachan m
convalescence n iar-shlànachadh m
convalescent a iar-shlànach, iar-shlàinte
convene v tionail, gairm
convenience n goireas m
convenient a goireasach
convent n clochar m
convention n co-chruinneachadh m
conventional a gnàthach
converge v co-aom
conversant a fiosrach (mu), mioneòlach (air)
conversation n còmhradh m
converse n (opposite) frith-bheachd m
converse v dèan còmhradh
conversion n (rel.) iompachadh m; (of a building) atharrachadh m
convert n iompachan m
convert v iompaich
convertible a so-thionndaidh
convex a os-chearclach
convexity n os-chearclachd f
convey v giùlain, iomchair
conveyance n seòl-iomchair m; (leg.) còir f sgrìobhte

conveyancer n sgrìobhadair m chòirichean
conveyer n fear-giùlain m
convict n ciomach m
convict v dearbh, dìt
conviction n dearbhadh m, dìteadh m
convince v dearbh (air, do)
convivial a cuideachdail
convolution n co-fhilleadh m
convoy v dìon air turas
convulsion n criothnachadh m
coo v dèan dùrdail
cook n còcaire m, ban-chòcaire f
cook v deasaich, bruich
cooker n cucair m
cookery n còcaireachd f
cool a fionnar; (of temperament) measarra
cool v fuaraich, fionnaraich
coolness n fionnarachd f
coop v dùin suas, cùb
cooper n cùbair m
co-operate v co-oibrich
co-operation n co-oibreachadh m
co-opt v co-thagh
co-ordinate a co-inbheach
co-ordinate v co-eagraich
copartner n fear-compàirt m
copartnership n compàirteachas m
cope v dèan an gnothach
coping n clach-mhullaich f
copious a pailt, lìonmhor
copper n copar m
copper a copair
coppersmith n ceàrd-copair m
copula n copail m
copulate v cuplaich
copulation n cuplachadh m
copy n lethbhreac m
copy v ath-sgrìobh
copyright n dlighe-sgrìobhaidh f
coquette n gogaid f, guanag f
coral n corail m
cord n còrd m, ball m
cordial a càirdeil, teò-chridheach
cordiality n carthannas m, teòchridheachd f
corduroy a còrd; c. trousers, briogais chòrd
core n cridhe m, eitean m
cork n àrc f, corcais f

cork *v* cuir àrc/corcais ann
corkscrew *n* sgriubha *m* àrc
cormorant *n* sgarbh *m*
corn *n* coirce *m*; (*ripe c.*) arbhar *m*; (*on foot etc.*) còrn *m*
corncrake *n* traon *m*
cornea *n* còirne *f*
corner *n* oisean *m*/oisinn *f*; cùil *f*
cornflakes *n* bleideagan coirce
cornice *n* bàrr-mhaise *m*
Cornish *a* Còrnach
cornucopia *n* adharc-shaidhbhreis *f*
Cornwall *n* A' Chòrn *f*
corollary *n* co-thoradh *m*
coronary *a* coronach
coronation *n* crùnadh *m*
coroner *n* crùnair *m*
corporal *n* corpailear *m*
corporal *a* corporra
corporation *n* comann *m*
corps *n* buidheann *f* airm
corpse *n* corp *m*, marbhan *m*
corpulence *n* sultmhorachd *f*
corpulent *a* sultmhor
corpuscle *n* corpag *f*
correct *v* ceartaich, cronaich
correct *a* ceart
correction *n* ceartachadh *m*, cronachadh *m*
correctness *n* ceartachd *f*
correlate *v* co-shamhlaich, co-cheangail
correlation *n* co-shamhlachadh *m*, co-cheangal *m*
correlative *n* co-dhàimhear *m*
correspond *v* co-fhreagair
correspondence *n* co-sgrìobhadh *m*; samhlachas *m*
correspondent *n* co-sgrìobhair *m*
corridor *n* trannsa *f*
corrie *n* coire *m*
corroborate *v* co-neartaich, co-dhearbh
corroboration *n* co-dhearbhadh *m*
corrode *v* meirgnich
corrosion *n* meirg *f*, meirgeadh *m*
corrosive *a* meirgeach
corrugated *a* preasach; *c. iron*, iarann lurcach
corrugation *n* preasadh *m*
corrupt *a* grod, breun, truaillte
corrupt *v* grodaich, truaill
corruption *n* truailleachd *f*

cosmetic *n* cungaidh *f* maise
cosmonaut *n* cosmo-sheòladair *m*
cosmopolitan *a* os-nàiseanta
cost *n* cosgais *f*, luach *m*
costive *a* teann, dùinte
costly *a* cosgail, daor
costume *n* culaidh *f*
cosy *a* seasgair
cot *n* leabaidh *f* bheag, cot *f*
coterie *n* pannal *m*
cottage *n* bothan *m*
cotton *n* cotan *m*, canach *m*
cotton-wool *n* snàth-cotain *m*
couch *n* uirigh *f*
cough *n* casd *m*
cough *v* dèan casd
coulter *n* coltar *m*
council *n* comhairle *f*
councillor *n* comhairliche *m*
counsellor *n* fear-comhairle *m*, bean-chomhairle *f*
count *v* cùnnt, dèan àireamh
countenance *n* gnùis *f*
counter *n* clàr-malairt *m*, cuntair *m*
counter *adv* an aghaidh
counteract *v* cuir bacadh air
counter-clockwise *a* tuathal
counterfeit *n* feall-chùinneadh *m*
counterfeit *a* feall-chùinneach
counterfoil *n* co-dhuilleag *f*
countermotion *n* frith-ghluasad *m*
countersign *v* cuir ainm ri
countess *n* ban-iarla *f*
countless *a* do-àireamh
country *n* dùthaich *f*, tìr *f*
countryman *n* fear-dùthcha *m*
county *n* siorrachd *f*, siorramachd *f*
couple *n* càraid *f*, dithis
couplet *n* rann *f* dà-shreathach
coupon *n* cùpon *m*
courage *n* misneach(d) *f*, cruadal *m*
courageous *a* misneachail
courageousness *n* misneach(d) *f*
courier *n* teachdaire *m*
course *n* slighe *f*, seòl *m*
court *n* cùirt *f*, mòd *m*
court *v* dèan suirghe
court-house *n* taigh-cùirte *m*
courteous *a* cùirteil, suairce
courteousness *n* cùirtealachd *f*, suairceas *m*

courtesan *n* strìopach *f*, siùrsach *f*
courtesy *n* modh *f*, modhalachd *f*
courtly *a* cùirteil
courtship *n* suirghe *f*, leannanachd *f*
cousin *n* co-ogha *m*
cove *n* bàgh *m*, camas *m*
covenant *n* cùmhnant *m*
Covenanter *n* Cùmhnantach *m*
cover, covering *n* còmhdach *m*, brat *m*
cover *v* còmhdaich
coverlet *n* cuibhrig *f*, brat-uachdair *m*
covet *v* sanntaich
covetous *a* sanntach
cow *n* bò *f*, mart *m*
cow *v* cuir fo eagal
coward *n* gealtaire *m*, cladhaire *m*
cowardice *n* geilt *f*, cladhaireachd *f*
cowardly *a* gealtach
cowherd *n* buachaille *m*
cowl *n* currac *m*
coy *a* nàrach, màlda
crab *n* partan *m*, crùbag *f*
crabbed *a* greannach, dranndanach
crack *n* sgàineadh *m*
crack *v* sgàin
cradle *n* creathail *f*
craft *n* ceàird *f*; (*cunning*) seòltachd *f*; (*boat*) bàta *m*
craftsman *n* fear-ceàirde *m*
crafty *a* carach
crag *n* creag *f*, sgòrr *m*
craggy *a* creagach
cram *v* dinn
cran *n* (*of herring*) crann *m*
crane *n* corra-mhonaidh *f*; (*for lifting*) crann *m*
crank-shaft *n* crom-fhearsaid *f*
crannog *n* crannag *f*
cranny *n* cùil *f*, sgàineadh *m*
crash *n* stàirn *f*, bualadh *m*
crash-helmet *n* clogaid-bualaidh *f*
crate *n* cliath-bhocsa *m*
craving *n* miann *m*, *f*
crawl *v* snàig, crùb
crayon *n* cailc *f* dhathte
craze *v* cuir ás a chiall
crazy *a* ás a chiall
creak *n* dìosgan *m*
creak *v* dèan dìosgan
cream *n* uachdar *m*, bàrr *m*, cè *m*
crease *n* filleadh *m*, preasag *f*

create *v* cruthaich; dèan de/á
creation *n* cruthachadh *m*; *Creation*, An Cruthachadh
creative *a* cruthachail
Creator *n* Cruthaighear *m*, Cruithear *m*
creature *n* creutair *m*, dùil *f*, bith *f*
credence *n* creideas *m*
credentials *n* teisteas *m*, litrichean teisteis
credibility *n* creideas *m*
credible *a* creideasach
credit *n* creideas *m*; (*good name, good opinions*) cliù *m*; *sell on c.*, reic air dhàil; *he took the c. for that*, chuir e sin ás a leth fhèin
credit *v* creid
creditable *a* teisteil, measail
creditor *n* fear-fèich *m*
credulity *n* ro-chreidmheachd *f*
credulous *a* ro-chreidmheach
creed *n* creud *f*; creideamh *m*
creek *n* geodha *m*, camas *m*
creep *v* snàig, èalaidh
creeper *n* iadh-lus *m*
cremate *v* loisg
crematorium *n* taigh-losgaidh *m*
crescent *n* corran-gealaich *m*, leth-chearcall *m*
cress *n* biolar *f*
crest *n* cìrean *m*
crested *a* cìreanach
crest-fallen *a* fo sprochd, mì-mheanmnach
crevice *n* sgoltadh *n*, sgàineadh *m*
crew *n* sgioba *m*, *f*
crib *n* prasach *f*
crick *n* crapadh *m*
crier *n* fear-èigheachd *m*
crime *n* eucoir *f*
criminal *n and a* eucoireach *m*
crimson *n and a* crò-dhearg *m*
cringe *v* crùb, strìochd
cripple *n* crioplach *m*, bacach *m*
crisis *n* gàbhadh *m*
crisp *a* (*of edibles*) brisg; (*of weather, air*) fionnar
criterion *n* slat-tomhais *f*
critic *n* sgrùdair *m*
critical *a* sgrùdach, breitheach
criticism *n* sgrùdadh *m*, breithneachadh *m*; *adverse c.*, cronachadh *m*

criticize v dèan sgrùdadh, thoir breithneachadh
croak v dèan gràgail
croaking n gràgail f
crock n crogan m, soitheach-crèadha m
crocodile n crogall m
crockery n soithichean-crèadha
croft n croit f, lota m
crofter n croitear m
crook n cromag f; (of person) cruc m
crooked a cam, crom, fiar
crookedness n caime f, fiarachd f
Cromwell n Crombail
croon n crònan m
crop n (of grain) bàrr m; (of a bird) sgròban m; (haircut) bearradh m
crop v beàrr, geàrr, buain
crosier n bachall m
cross n crois f; c. of crucifixion, crann m ceusaidh; the Red 'Cross, a' Chrois Dhearg; (cross-breed) cros m
cross a (irritable) crosta, doirbh
cross v rach tarsaing, cuir tarsaing; c. (oneself) dèan comharradh na croise; c. a cheque, cros seic
cross-bar n babht-tarsaing m
cross-bencher n cros-bheingire m
cross-breed n cros m, tair-bhrid m
cross-examine v ath-cheasnaich
cross-eyed a fiarshuileach
cross-fertilization n tair-thorrachadh m
crossing n crosadh m
cross-legged a e.g. they sat c., shuidh iad casa-gobhlachan
crossness n crosdachd f
cross-roads n crois f a' rothaid
cross-section n tair-dhealbh m, f
crossword (puzzle) n tòimhseachan-tarsainn m
crotch n gobhal m
crotchet n (mus.) dubh-nota m
crouch v crom, crùb
crow n (bird) feannag f; (sound) gairm f
crowbar n geimhleag f
crowd n sluagh m; (pejorative) gràisg f
crowd v dòmhlaich, teannaich
crown n crùn m, coron m; (of the head) mullach m, bàrr m; (coin) bonn m chòig tasdain
crown v crùn

crucial a e.g. the c. point was ———, b'e cnag na cùise ———
crucible n soitheach-leaghaidh m
crucifix n crois f
crucifixion n ceusadh m
cruciform a crasgach
crucify v ceus, croch ri crann
crude a amh
cruel a an-iochdmhor, neo-thruacanta
cruelty n an-iochdmhorachd f, neo-thruacantachd f
cruise n cùrsa m mara
crumb n criomag f, sprùilleag f; crumbs, sprùilleach m
crumble v rach 'na chriomagan
crumple v rocaich
crunch v cnag
Crusade n Cogadh m na Croise; crusade, cogadh-croise m
crush v pronn; (fig.) ceannsaich
crust n plaosg m, rùsg m
crustaceous a sligeach
crutch n crasg f, croitse f
crux n cnag (na cùise) f
cry n èigh f, glaodh m, gairm f
cry v èigh, glaodh, gairm; (shed tears) guil
crying n èigheachd f; (shedding tears) gal, gul m
crystal n criostal m
cub n cuilean (sometimes isean) m
cube n ciùb m
cubic a ciùbach
cuckoo n cuach f, cuthag f
cucumber n cularan m
cud n cìr f; chewing the c., a' cnàmh na cìre
cuddle v cionacraich; c. down, laigh sìos
cudgel n bata m, cuaille m
cue n feaman m; (on stage) sanas m
cuff n sgailc f; (of sleeve) bun-duirn m
cufflink n lùb f bun-dùirn
cuisine n seòl m còcaireachd
cul-de-sac n bealach m caoch
culinary a cidsineach; (of plants) ion-chòcaireachd
culpable a ciontach, coireach
culprit n ciontach m
cultivate v àitich
cultivation n àiteach m

culture n saothrachadh m, togail f; (*mental etc.*) cultur m
cultural a culturach
culvert n saibhear m
cumbersome a trom, liobasda
cunning n seòltachd f
cunning a seòlta, carach
cup n copan m, cupan m, cùp m
cup-final n faidhneil m a' chopain
cupboard n preas m
cupidity n sannt f
cur n madadh m
curable a so-leigheas
curator n fear-coimhead m
curb v ceannsaich, bac
curdle v binndich
curds n slaman m
cure n leigheas m; (*specific*) cungaidh-leigheis f
cure v leigheis, slànaich; (*of meat etc.*) sàill, ciùraig
curer n ciùrair m
curious a fiosrach, faighneach; (*odd*) neònach
curl n bachlag f, cam-lùb f
curl v bachlaich, caisich
curled a bachlach, camagach
curlew n guilbneach m
currant n dearc f, dearcag f
currency n sgaoileadh m; (*of money*) airgead m
current n sruth m, buinne f
current a gnàthaichte, làithreach; c. *account*, ruith-chùnntas m
curriculum n cùrsa m, clàr-oideachais m
curry n coiridh m
curse n mallachd f
curse v mallaich; (*swear*) mionnaich
cursed a mallaìchte
cursory a neo-chùramach
curtail v giorraich
curtain n cùrtair m, cùirtean m
curtain-rod n slat-cùrtair f
curtsy n beic f
curvature n caime f

curve v crom, lùb
curvilinear a càm-sgrìobach
cushion n pillean m
custard ughagan m
custody n cùram m; he was put in c., chuireadh an làimh e
custom n àbhaist f, gnàths m; (*duty*) cusbainn f; Customs House, Taigh Chusbainn
customary a àbhaisteach, gnàthach
customer n gnàth-cheannaiche m; he is an odd c., 'se cinneach neònach a th'ann
cut n gearradh m, sgathadh m; (*wound*) leòn m; short c., ath-ghoirid f; a c. above, beagan os cionn
cut v geàrr, sgath; c. and run, dèan ás; c. wages, ìslich tuarasdal; his work is c. out for him, tha a leòr aige ri dhèanamh
cuticle n craiceann-uachdrach m; (*biol.*) cneas-fhilm m
cutlass n claidheamh-cutach m
cutlery n uidheam-ithe f, sgeanan is forcaichean is spàinean
cutting n sliseag f, gearradh m
cycle n cuairt f, cùrsa m; (*bicycle*) baidhsagal m
cyclist n baidhsaglair m
cygnet n isean m eala
cylinder n siolandair m
cylindrical a siolandrach, uile-chuairteach
cymbal n tiompan m
Cymric a Cuimreach
cynical a searbhasach
cynosure n sgàthan-sùla m
cypress n cuipreas f
cyst n ùthan m
cytoplasm n citoplasm m
cytosine n citosin m
Czar n Sàr m
Czech a Seiceach
Czechoslovakia n An t-Seic f

D

dab *n* cnapag *f*; (*touch*) suathadh *m*
dab *v* suath
dabble *v* crath uisge air; *he dabbles in*
——, tha làmh aige ann ———
dad, daddy *n* dadaidh *m*, boban *n*
daddy-longlegs *n* breabadair *m*
daffodil *n* lus-a-chrom-chinn *m*
daft *a* gòrach
dagger *n* biodag *f*
Dail (*Irish Parliament*) *n* Dàil Eireann
m
daily *adv* gach là, gu làitheil
daily *a* làitheil
dainty *a* mìn, ciatach
dairy *n* taigh-bainne *m*
dairy-farm *n* tuathanachas *m* bainne
dairymaid *n* banarach *f*
dais *n* àrd-ùrlair *m*
daisy *n* neòinean *m*
dale *n* dail *f*, gleann *m*
dalliance *n* sùgradh *m*, beadradh *m*
dam *n* dàm *m*
damage *n* dochann *m*, beud *m*
damage *v* dochainn, mill
dame *n* baintighearna *f*
damn *v* (*trans.*) dìt; (*intrans.*) dammit,
daingit
damnable *a* damaichte, mallaichte
damnation *n* dìteadh *m* (sìorraidh)
damned *a* damaichte, mallaichte
damning *n* damanadh *m*
damp *a* tais
damp *v* taisich
damp-course *n* dìon-chùrsa *m* taiseachd
damp-proof *a* taise-dhìonte
dance, dancing *n* dannsa *m*
dance *v* danns, dèan dannsa
dancer *n* dannsair *m*
dandelion *n* beàrnan-brìde *m*
dandle *v* luaisg, caidrich
dandruff *n* càrr *f*
danger *n* cunnart *m*, gàbhadh *m*
dangerous *a* cunnartach
dangle *v* bi/cuir air bhogadan
Danish *a* Danmhairceach
dank *a* tungaidh

dapper *a* speiseanta
dappled *a* ball-bhreac
dare *v* gabh air, dùraig; *don't d*, na gabh
ort; (*challenge*) thoir dùlan
daring *a* dàna, neo-sgàthach
dark *a* dorch, doilleir; *the Dark Ages*, na
Linntean Dorcha
darken *v* (*trans.*) dorchaich, (*intrans.*)
dorchnaich
darkness *n* dorchadas *m*, duibhre *f*
darling *n* annsachd *f*, eudail *f*, luaidh *m*,
f
darling *a* gaolach, gràdhach
darn *v* càirich
dart *n* gath *m*, guin *m*; sitheadh *m*
dash *n* ruith *f*, leum *m*; (*punct.*)
strìochag *f*, sgrìob *f*
dash *v* spealg, buail air; *d. to pieces*,
spealt; (*run*) ruith, leum
data *n* dàta *m*
date *n* (*temp.*) ceann-latha *m*; (*fruit*,
assignment) deit *f*; *up-to-date*, nuadh-
aimsireach; *to d.*, gu ruige seo; *d.
stamp*, seula *m* latha
date *v* cuir là air, comharraich an là;
(*grow old-fashioned*) fàs seanfhasanta
dative *a* tabhairteach
daub *v* smeur
daughter *n* nighean *f*; *d. cell*, mac-
chealla *f*
daughter-in-law *n* ban-chliamhain *f*
daunt *v* geiltich
dauntless *a* neo-sgàthach
David *n* Dàibhidh *m*
dawn *n* camhanach *f*, briseadh-latha
m
day *n* là *m*
daybreak *n* briseadh-latha *m*
daylight *n* solas *m* an latha, là *m* geal
daze *v* cuir bho mhothachadh
dazzle *v* deàrrs, boillsgich
de rigueur *a* do-sheachanta
de trop *a* gun iarraidh
deacon *n* deucon *m*
dead *a* marbh; (*as noun*, '*the dead*') na
mairbh; *d. centre*, ceart mheadhan

dead-beat *a he is d.*, tha e gu leigeil thairis
dead-lock *n* glasadh *m*
deadly *a* marbhtach
deaf *a* bodhar; *d.-mute*, balbh-bhodhar
deafen *v* bodhair, dèan bodhar
deafness *n* buidhre *f*
deal *n* (*commercial*) cùnnradh *m*; *a square d*, cùnnradh ceart; (*board*) dèile *f*; *whose d. is it?*, cò tha cur a-mach nan cairtean?; *a great d.*, tòrr *m* mòr, mòran
deal *v* dèilig; dèan gnothach ri; (*cards etc.*) cuir a-mach, riaraich
dealer *n* fear-malairt *m*; fear-roinn *m*
dealing *n* gnothach *m*, dèiligeadh *m*
dean *n* deadhan *m*
dear *a* gaolach, gràdhach, ionmhainn, gràidh; (*expensive*) daor
dearness *n* daoire *f*
dearth *n* gainne *f*, dìth *m*
death *n* bàs *m*, eug *m* aog *m*, caochladh *m*
death-bed *n* leabaidh *f* bhàis
death-blow *n* buille *f* bàis
death-duty *n* dligheachd *f* bàis
death-warrant *n* barrantas *m* bàis
deathless *a* neo-bhàsmhor
deathlike *a* aog-neulach
debar *v* bac, cùm air ais
debase *v* truaill, ìslich
debate *n* deasbad *f*, deasbaireachd *f*, conspaid *f*, connsachadh *m*
debate *v* deasbair, connsaich
debauch *n* misg *f*, neo-mheasarrachd *f*
debauch *v* truaill
debauchery *n* mì-gheanmnachd *f*, geòcaireachd *f*
debenture *n* bann-sgrìobhaidh *m*
debilitate *v* fannaich, lagaich
debility *n* laige *f*, anmhainneachd *f*
debit *n* fiach-shuim *f*
debit *v* cuir fiach-shuim (an aghaidh)
debris *n* sprùilleach *m*
debt *n* fiachan *pl*; comain *f*
debtor *n* fèichear *m*
debunk *v* mì-chliùthaich, thoir beum sìos gu
début *n* ciad theachd-a-mach *m*
decade *n* deichead *m*
decadence *n* claonadh *m*

decadent *a* air claonadh
decamp *v* dèan imrich
decant *v* taom
decanter *n* searrag *f* ghlainne
decapitate *v* dì-cheannaich
decapitation *n* dì-cheannadh *m*
decarbonization *n* di-ghualanachadh *m*
decarbonize *v* di-ghualanaich
decay *n* crìonadh *m*, seargadh *m*, lobhadh *m*
decay *v* caith, crìon, searg
decease *n* bàs *m*, eug *m*, caochladh *m*
deceit *n* cealg *f*, foill *f*
deceitful *a* cealgach, foilleil
deceive *v* meall, breug
deceiver *n* mealltair *m*, cealgàire *m*
December *n* An Dùbhlachd *f*, December
decency *n* beusachd *f*, loinn *f*
decennial *a* deich-bhliannail
decent *a* ciatach, lionneil, còir, beusach
decentralization *n* sgapadh *m*
decentralize *v* sgap
deception *n* mealladh *m*, foill *f*
deceptive *a* meallta, cealgach
decide *v* socraich (air); thoir breith, co-dhùin
deciduous *a* seargach
decimal *a* deicheach
decimation *n* deachamh *m*
decipher *v* mìnich, fuasgail
decision *n* breith *f*, co-dhùnadh *m*
decisive *a* dearbh, cinnteach
deck *n* clàr-uachdair *m*, bòrd-luinge *m*
deck *v* còmhdaich, sgiamhaich
declaration *n* dearbhadh *m*, cur *m* an cèill
declare *v* cuir an cèill, innis
declension *n* cromadh *m*, teàrnadh *m*; (*gram.*) di-chlaonadh *m*, clàr-ainmeir *m*
declinable *a* so-chlaonaidh
decline *n* cromadh *m*, aomadh *m*, crìonadh *m*
decline *v* crom, aom, crìon; (*gram.*) claoin
declivity *n* teàrnadh *m*, leathad *m*
declutch *v* di-phut
decompose *v* lobh
decompression *n* di-bhruthadh *m*

decorate v sgeadaich, maisich; (d. with medal etc.) cuir suaicheantas air
decoration n sgeadachadh m; suaicheantas m
decorous a cubhaidh, beusach
decorum n stuaim f, deagh-bheus f
decoy n culaidh-thàlaidh f, beul-snaoisein m
decoy v meall, tàlaidh
decrease n lùghdachadh m
decrease v lùghdaich, beagaich
decree n òrdugh m, breith f
decree v òrdaich, thoir breith
decrepit a breòite, fann
decrepitude n breòiteachd f
decry v càin
dedicate v coisrig; ainmich air
deduce v dèan a-mach; tuig
deduct v beagaich, thoir air falbh bho
deduction n beagachadh m, toirt m air falbh
deed n gnìomh m, euchd m; (leg.) gnìomhas m
deem v meas, saoil
deep n doimhne f
deep a domhainn; (mental) domhainn, diamhair
deepen v doimhnich
deep-freeze n cruaidh-reodhadair m
deer n fiadh m
deerskin n craiceann/bian m fèidh
deface v mill
defamation n tuaileas m, mì-chliù m
defamatory a tuaileasach
defame v cùl-chàin
default n dearmad m; cionta m
defaulter n fear-dearmaid m; ciontach m
defeat n call m, gabhail m air
defeat v gabh air, faigh buaidh (air)
defeatism n diombuaidheachas m
defect n easbhaidh f, uireasbhaidh f, gaoid f
defective a easbhaidheach, ciorramach
defence n dìon m, dìdean f; leisgeul m; d. mechanism, uidheam-dìon f
defenceless a gun dìon, lom
defend v dìon, seas
defendant n fear-dìona m
defender n fear-dìona m
defensible a so-dhìonta

defensive a dìona
defer v cuir air dàil, dàilich
deference n ùmhlachd f, urram m
deferment n dàil f
defiance n dùlan m
deficiency n easbhaidh f, dìth m
deficient a easbhaidheach
deficit n easbhaidh f
defile v salaich, truaill
defilement n truailleadh m
definable a sonnrachail
define v sonnraich
definite a comharraichte, deimhinne; the d. article, an t-alt m comharrachaidh
definiteness n deimhinneachd f
definition n comharrachadh m, sonnrachadh m; (optical) gèire f
definitive a deimhinnte
deflect v aom, claon
deflection n aomadh m, claonadh m
deflower v truaill
deform v cuir á cumadh
deformity n mì-chumadh m, mì-dhealbh m, f, eu-cruth m
defraud v feallaich
defray v ìoc, pàigh
defreeze v di-reodh
deft a ealamh, deas
defunct a marbh
defy v thoir dùlan do
degeneracy n claonadh n, tuiteam m bhuaithe
degenerate v tuit bhuaithe, meath
degenerate a air tuiteam bhuaithe, meathaichte, mì-dhùthchasach
degradation n truailleachd f
degrade v ìslich, truaillich
degree n inbhe f, àirde f, ìre f; (scholastic) ceum m; (of temperature) puing f; to some d, ann a seagh; by degrees, beag air bheag; (gram.) ceum m
dehydration n sgreubhadh m
dejection n smuairean m
deification n dèanamh m dia de/dhe
deify v dèan dia de/dhe
deign v deònaich
deity n Dia m, diadhachd f
dejected a fo bhròn/phràmh
delay n dàil f, maille f
delay v cuir dàil/maille ann/air; cùm air ais

delectable *a* sòlasach
delegate *n* fear-ionaid *m*, teachdaire *m*
delegate *v* thoir ùghdarras do
delegation *n* luchd *m* tagraidh
delete *v* dubh as/a-mach
deleterious *a* dochannach
deletion *n* dubhadh *m* as/a-mach
deliberate *v* meòraich
deliberate *a* a dh'aon ghnothaich; mall
deliberation *n* meòrachadh *m*
deliberative *a* meòrachaidh; *d. assembly*, mòrdhail meòrachaidh
delicacy *n* mìlseachd *f*; finealtas *m*
delicate *a* finealta; lag, fann
delicious *a* ana-bhlasta
delight *n* aighear *m*, aoibhneas *m*
delight *v* toilich, dèan aoibhneach
delightful *a* aoibhneach, sòlasach
delimit *v* cuir crìochan air
delineate *v* dealbh, dealbhaich
delineation *n* dealbh *m, f,* dealbhachadh *m*
delinquency *n* coire *f*, ciontachd *f*
delinquent *n and a* coireach *m,* ciontach *m*
delirious *a* breisleachail
delirium *n* breisleach *f*
deliver *v* saor, fuasgail, teàrn; liubhair; (*of childbirth*) asaidich; *d. a blow,* thoir buille; (*give up*) thoir suas
deliverance *n* saorsa *f*, fuasgladh *m*, teàrnadh *m*; liubhairt *m*; asaid *f*
deliverer *n* fear-saoraidh *m*
delivery *n* teàrnadh *m*; toirt *m* suas; lìbhrigeadh *m*; (*of mail*) post *m*; (*childbirth*) asaid *f*
dell *n* lagan *m*
delta *m* delta *f*
delude *v* meall, dall
deluge *n* tuil *f*, dìle *f*
delusion *n* mealladh *m*, dalladh *m*
delusive, delusory *a* mealltach
delve *v* ruamhair, àitich
demagnetize *v* di-tharraingich
demagogue *n* ceannard-gràisge *m*
demand *n* tagradh *m,* iarrtas *m*; *d. notice,* bileag *f* iarrtais
demand *v* tagair, iarr; *the matter demands an answer, tha a' chùis ag iarraidh freagairt*
demean *v* ìslich

demeanour *n* giùlan *m,* beus *f*
demented *a* air bhoile
dementia *n* boile *f,* troimhe-chèile *m*
demerit *n* lochd *m*
demi- *pref.* leth-
demigod *n* leth-dhia *m*
demilitarize *v* di-mhìleantaich
demise *n* bàs *m,* eug *m*
demisemiquaver *n* letheach-lethchaman *m*
demit *v* leig dhe
demobilize *v* di-fheachdaich
democracy *n* sluagh-fhlaitheas *m*
democrat *n* sluagh-fhlaithear *m*
democratic(al) *a* sluagh-fhlaitheach
demolish *v* sgrios
demolisher *n* sgriosadair *m*
demolition *n* sgrios *m,* leagail *f* (gu làr)
demon *n* deamhan *m*
demoniac *a* deamhnaidh
demonstrable *a* so-dhearbhte
demonstrate *v* seall, soilleirich
demonstration *n* taisbeanadh *m,* soilleireachadh *m*; (*public d.*) sluagh-dhearbhadh *m*
demoralization *n* do-mheanmnachadh *m*
demoralize *v* do-mheanmnaich
demote *v* ìslich, thoir ceum a-nuas
demur *v* cuir teagamh ann
demure *a* stuama
den *n* saobhaidh *m,* garaidh *m,* faiche *f,* còs *m*; (*room*) seòmar *m* obrach
denationalize *v* di-nàisinnich
deniable *a* so-àicheadh
denial *n* àicheadh *m*; (*withholding*) diùltadh *m*
denigrate *v* dèan dìmeas air
denim *a* denim
denizen *n* bùirdeasach *m*
Denmark *n* An Danmhairg *f*
denominate *v* ainmich
denomination *n* ainm *m*; (*rel.*) seòrsa *m,* buidheann *f*
dénouement *n* crìoch *f* an sgeòil
denounce *v* càin; rach an aghaidh
dense *a* tiugh, dlùth, dùmhail; (*of mental powers*) maol
density *n* dlùths *m*
dent *n* lag *m, f*
dent *v* dèan lag ann

dental *a* fiaclach, deudach
dentist *n* fiaclaire *m*, lèigh-fhiaclan *m*
dentistry *n* fiaclaireachd *f*
denture *n* deud *m*, deudach *m*, fiaclan fuadain
denude *v* rùisg, lomair
denunciation *n* càineadh *m*, cronachadh *m*
deny *v* àicheidh; diùlt, cùm bho
depart *v* imich, falbh, triall
department *n* roinn *f*
departure *n* falbh *m*, fàgail *f*
depend *v* d. *on (someone)*, cuir earbsa ann, earb á; *that depends on what you do*, tha sin an crochadh air dè nì thu; *you can d. on it that* ———faodaidh tu bhith cinnteach gu(n) ———
dependence *n* eisimealachd *f*
dependent *a* eisimealach, an eisimeil air, an crochadh air
dependent(s) *n* fear- *m*/bean- *f*/luchd-eisimeil
depict *v* dealbh, tarraing dealbh
depletion *n* falmhachadh *m*
deplorable *a* truagh, muladach
deplore *v* caoidh; *I d. what he did*, tha e a' cur bròn orm an rud a rinn e
depopulate *v* fàsaich, dèan bàn
depopulation *n* fàsachadh *m*
deport *v* fuadaich, cuir ás an tìr
deportment *n* giùlan *m*, caitheamh-beatha *f*
depose *v* cuir ás oifig, ìslich
deposit *n* tasgadh *m*
deposit *v* taisg
depositor *n* taisgear *m*
depository *n* taigh-tasgaidh *m*
depot *n* depot *f*
depravation *n* truailleadh *m*
deprave *v* truaill
depraver *n* fear-truaillidh *m*
depravity *n* truailleachd *f*
deprecate *v* bi mì-thoilichte le
depreciate *v* cuir an dìmeas; ìslich (luach)
depreciation *n* dìmeas *m*; ìsleachadh *m*, tuiteam *m* (ann an luach)
depredation *n* spùinneadh *m*
depress *v* brùth sìos; ìslich; cuir fo sprochd
depressant *n* ìocshlaint ìsleachaidh *f*

depression *n* ìsleachadh *m*, ìsle *f*; sprochd *m*
deprivation *n* easbhaidh *f*; toirt *m* air falbh
deprive *v* thoir air falbh o
depth *n* doimhneachd *f*, ìochdar *m*
deputation *n* buidheann *f* tagraidh
depute *v* sonnraich, sònraich
deputy *n* fear-ionaid *m*
deputy- *a* leas-
derail *v* cuir bhàrr an rèile
derangement *n* breisleach *f*, seachran *m* (-inntinn)
derate *v* di-ràtaich
derelict *a* trèigte
deride *v* dèan fanaid air
derision *n* fanaid *f*, sgeig *f*
derisive *a* sgeigeil
derivation *n* sìolachadh *m*; (*ling.*) freumhachadh *m*, bun *m*
derivative *a* sìolach; (*ling.*) freumhach
derive *v* sìolaich; (*ling.*) freumhaich, bunaich
dermatology *n* eòlas-craicinn *m*
derogate *v* lagaich, lùghdaich
derogatory *a* tarchuiseach, lùghdachail
descant *n* fonn *m*
descant *v* lean air
descend *v* teirinn
descendant *n* fear *m*/tè *f* de shliochd
descent *n* teàrnadh *m*, teachd *m* a-nuas
describe *v* thoir tuairisgeul air
description *n* tuairisgeul *m*
desecration *n* mì-naomhachadh *m*
desert *n* fàsach *m*, *f*, dìthreabh *f*
desert *n* (*what is deserved*) toillteanas *m*
desert *v* trèig, dìobair; (*from army etc.*) teich, ruith
deserter *n* fear-teichidh *m*, fear *m* a theich
desertion *n* trèigsinn *m*, teicheadh *m*
deserve *v* toill, bi airidh air
deserving *a* toillteanach
dessicate *v* tiormaich, traogh
desideratum *n* (rud *m*) ri mhiann-achadh; *it is a d.*, tha e ri mh.
design *n* rùn *m*; (*art.*) deilbh *f*; *by d.*, a dh'aon ghnothaich; *he had designs on him*, bha e ag iarraidh thuige
design *v* rùnaich, cuir roimh; (*art.*) deilbh

designate v sonnraich, ainmich
designation n sonnrachadh m, ainmeachadh m
designedly adv a dh'aon rùn
designer n fear-dealbhaidh m, feardeilbh m
desirable a ion-mhiannaichte
desire n miann m, f, dèidh f
desire v miannaich
desirous a miannach, dèidheil (of, air)
desist v stad, sguir
desk n deasg/dasg m
desolate a (of place) fàsail; (of persons) trèigte
despair n eu-dòchas m
despair v leig thairis dòchas/a dhòchas etc
despatch n (message) teachdaireachd f; (haste) cabhag f
desperate a eu-dòchasach; a d. character, duine damainnte
desperation n eu-dòchas m
despicable a suarach
despise v dèan tàir air; I d. him, chan eil meas sam bith agam air, tha mi ga chur suarach
despite prep a dh'aindeoin
despoil v spùinn, creach
despondency n mì-mhisneachd f, eu-dòchas m
despondent a eu-dòchasach
despot n aintighearna m
despotism n aintighearnas m
dessert n mìlsean m
dessert-spoon n spàin-mìlsein f
destination n ceann-uidhe m
destiny n dàn m
destitute a falamh, lom
destitution n airc f
destroy v mill, sgrios
destroyer n sgriosadair m
destructible a so-sgriosadh
destruction n milleadh m, sgrios m, lèirsgrios m
destructive a millteach, sgriosail
desuetude n ana-cleachdadh m
desultory a neo-leantainneach
detach v dealaich, cuir air leth
detachment n (physical) sgaradh m; (mental) neo-shuim f; (mil.) cuideachd (airm) f

detail n mion-chùnntas m, mion-phuing f
detail v thoir mion-chùnntas air
detain v bac, cùm air ais
detect v lorg, faigh a-mach; thoir an aire
detection n lorg (a-mach) f
detective n lorg-phoileas m
detector n lorgaire m
détente n di-theannachadh m
detention n cumail m air ais; (imprisonment) cumail an làimh
deter v bac, cùm air ais
detergent n stuth-glanaidh m
deterioration n dol m am miosad, tuiteam m bhuaithe
determinate a suidhichte, sònraichte
determination n diongbhaltas m, cruaidh-bharail f
determine v socraich air, cuir roimh; he determined to do it, chuir e roimhe a dhèanamh
determinism n cinnteachas m
deterrent n casg m
detest v fuathaich, gràinich
detestable a fuathach, gràineil
detestation n fuath m, gràin f, sgreamh m
dethrone v cuir bhàrr cathair
detonate v toirm-spreadh
detonation n toirm-spreadhadh m
detour n bealach m; they made a d., ghabh iad bealach
detract v thoir air falbh (bho); cùl-chàin
detriment n dolaidh f
detrimental a dolaidheil
deuce n (two) dithis m; (devil) diabhal m; what the d., dè 'n donas
devalue v di-luachaich
devaluation n di-luachadh m
devastate v lèir-sgrios, dèan lèir-sgrios air
devastation n lèir-sgrios m
develop v (trans.) leasaich, thoir gu ìre; (intrans.) fàs, èirich
development n leasachadh m, toirt m gu ìre; fàs m; leathnachadh m
deviate v claon
deviation n claonadh m
device n innleachd f, cleas m; leave him to his own devices, leig leis
devil n diabhal m, deamhan m, donas m

devil-may-care *a* coma-co-dhiù
devilish *a* diabhlaidh, deamhnaidh
devious *a* seachranach, carach
devise *v* innlich
devoid *a* falamh, ás eugmhais
devolve *v* cuir/thig fo chùram; thoir seachad cumhachd; *it devolved on me;* thuit e ormsa
devolution *n* sgaoileadh-cumhachd *m*
devote *v* coisrig
devotion *n* (*rel.*) cràbhadh *m*; ùrnaigh *f*; (*emotional*) teas-ghràdh *m*
devour *v* sluig, ith gu glàmach
devout *a* cràbhach
dew *n* dealt *m*, *f*, drùchd *m*
dewdrop *n* cùirnean *m* (drùchd)
dewlap *n* sprogaill *f*
dewy *a* dealtach, drùchdach
dexterity *n* deisealachd *f*, teòmachd *f*
dexterous *a* deiseil, teòma
diabetes *n* (an) ruith-fhual *f*
diabetic *n and a* ruith-fhualach *m*
diabolical *a* diabhlaidh
diadem *n* mionn *m*, *f*, coron *m*, fleasg *f*
diagnose *v* breithnich
diagnosis *n* breithneachadh (-lèigh) *m*
diagonal *n* trasdan *m*
diagonal *a* trasd, trasdanach
diagram *n* diagram *m*
dial *n* aodann *m*; *sun-d.*, uaireadair-grèine *m*
dialect *n* dualchainnt *f*
dial *v d. a number,* comharraich àireamh
dialogue *n* còmhradh *m* (eadar dithis)
diameter *n* meadhon-thrasdan *m*
diametrical *a* meadhon-thrasdanach
diamond *n* daoimean *m*
diaphragm *n* sgairt *f*
diarrhoea *n* a' bhuinneach *f*, sgàird *f*
diary *n* leabhar-latha *m*
diatom *n* dà-dhadam *m*
diatonic *a* diatònach
dice *n* dìsnean *pl*; *also sing m*
dictate *n* riaghailt *f*
dictate *v* deachd; òrdaich
dictation *n* deachdadh *m*, òrdachadh *m*; *d. machine,* inneal *m* deachdaidh
dictator *n* deachdaire *m*
dictatorial *a* ceannsalach
dictatorship *n* deachdaireachd *f*
diction *n* labhradh *m*

dictionary *n* faclair *m*
dictum *n* breith-bhriathran (*pl*)
didactic *a* oideachail
die *n* dìsne *f*
die *v* bàsaich, eug, caochail
diesel *n* dìosail *m*
diet *n* riaghailt *f* bidhe
differ *v* eadar-dhealaich; *they d. greatly,* tha iad glè ao-coltach ri chèile/ (*disagree*) tha eas-aonta mòr eatorra
difference *n* eadar-dhealachadh *m*, caochladh *m*
different *a* eadar-dhealaichte; air leth
differential *a* diofarail
differentiate *v* diofaraich, eadar-atharraich
differentiation *n* eadar-dhealachadh *m*
difficult *a* duilich, doirbh
difficulty *n* duilgheadas *m*, dorradas *m*
diffidence *n* amharas *m*, eu-dànachd *f*
diffident *a* amharasach, eu-dàna
diffused *a* sgaoilte
diffusion *n* sgaoileadh *m*
dig *v* cladhaich, ruamhair; *d. up,* tog; *d. in* (*trans.*) sàth a-steach, (*intrans.*) daingnich; *d. out* (*e.g. information*) solaraich
digest *v* cnàmh, cnuasaich
digestible *a* so-chnàmh, meirbheach
digestion *n* (an) cnàmh *m*
digestive *a* cnàmhaidh; *d. system,* rian cnàmhaidh
digit *n* meur *f*; (*number*) meur-àireamh *f*
digital *a* meurach
dignified *a* urramaichte, urramach
dignify *v* àrdaich, urramaich
dignity *n* urram *m*, inbhe *f*
digress *v* rach a thaobh
digression *n* claonadh *m*
digs *n* taigh-loidsidh *m*
dilate *v* leudaich, sgaoil a-mach
dilatory *a* màirnealach
dilemma *n* imcheist *f*
dilettante *n* dilettante *m*
diligence *n* dìcheall *m*
diligent *a* dicheallach, dèanadach
dilute *v* tanaich, lagaich
dilution *n* tanachadh *m*, lagachadh *m*
dim *v* doilleirich, duibhrich
dimension *n* tomhas *m*, meud *m*

diminish *v* lughdaich, beagaich
diminution *n* lùghdachadh *m*
diminutive *n* meanbhair *m*
diminutive *a* meanbh, bìodach
dimness *n* doilleireachd *f*
dimple *n* tibhre *m*
din *n* toirm *f*, othail *f*
dine *v* gabh dìnnear
dingy *a* salach, luideach
dining-room *n* seòmar-bidhe *m*
dinner *n* diathad *f*, dìnnear *f*
dinner-dance *n* dìnnear *f* is dannsa *m*
dinner-jacket *n* seacaid *f* dìnneireach
dinner-service *n* soithichean-dìnneir
dinner-time *n* tràth *m* dìnneireach
dinosaur *n* dìneosor *m*
dint *n* buille *f*; *by d. of repeating it*, le
bhith ga ath-aithris
diocese *n* sgìreachd-easbaig *f*
dioxide *n* dà-ocsaid *f*
dip *n* tumadh *m*; (*sheep-d.*) dup *m*
dip *v* tum, bog, dup
diphtheria *n* diptiria *f*
diphthong *n* dà-fhogharach *m*
diphthongization *n* dà-fhogharachadh
m
diploid *a* dùbailte
diploma *n* teisteas *m*
diplomacy *n* seòltachd *f*
diplomat *n* seòltaire *m*
diplomatic *a* seòltach
dipsomania *n* miann-daoraich *m*, *f*
dire *a* eagalach, uabhasach
direct *a* dìreach
direct *v* seòl, stiùir
direction *n* seòladh *m*; (*point of com-
pass*) àird *f*
directional *a* àirdeach
directive *n* òrdugh *m*
directly *adv* air ball, dìreach
director *n* fear-stiùiridh *m*
directory *n* leabhar-seòlaidh *m*
dirge *n* tuireadh *m*
dirk *n* biodag *f*
dirt *n* salchar *m*
dirty *a* salach, neòghlan
dirty *v* salaich, truaill
disability *n* neo-chomas *m*
disabuse *v* fosgail sùil(ean), cuir ceart
disadvantage *n* mì-leas *m*
disaffect *v* dèan mì-thoilichte

disaffected *a* mì-thoilichte
disagree *v* rach an aghaidh; *I disagreed
with what he said*, cha deach mi leis na
thubhairt e
disagreeable *a* neo-thaitneach, eas-
aontach
disagreement *n* eas-aonta *f*, mì-
chòrdadh *m*
disallow *v* diùlt, bac
disappear *v* rach á sealladh
disappoint *v* meall
disappointment *n* mealladh *m*,
briseadh-dùil *m*
disapproval *n* coireachadh *m*
disapprove *v* coirich; *I disapproved of
that*, cha robh mi dol le sin
disarm *v* di-armaich
disarmament *n* di-armachadh *m*
disarray *n* mì-riaghailt *f*
disaster *n* mòr-thubaist *f*, calldach *m*
disband *v* sgaoil, leig ma sgaoil
disbelief *n* ás-creideamh *m*
disbelieve *v* na creid
disbeliever *n* ás-creidmheach *m*
disburse *v* caith/cosg (airgead)
disc *n* clàr *m*
discard *v* cuir dhe, leig dhe
discern *v* faic, thoir fa-near
discernible *a* so-fhaicinn
discerning *a* beachdail, tuigseach
discernment *n* tuigse *f*, aithne *f*
discharge *n* (*of goods*) di-luchdachadh
m; (*of liquid etc.*) sgaoileadh *m*,
taomadh *m*; (*of tension*) fuasgladh *m*;
(*of debt*) ìoc *m*, pàigheadh *m*
discharge *v* (*of goods*) di-luchdaich, cuir
a-mach; (*of debts etc.*) ìoc, pàigh,
coilion; *d. from office*, cuir á dreuchd,
saor a dhreuchd
disciple *n* deisciobal *m*, fear-
leanmhainn *m*
discipleship *n* deisciobalachd *f*
discipline *n* smachd *m*; (*schol.*) foghlam
m
discipline *v* smachdaich; foghlaim
disclaim *v* àicheidh, cuir cùl ri
disclose *v* foillsich, leig ris
disclosure *n* taisbeanadh *m*, foill-
seachadh *m*, leigeil *m* ris
discolour *v* mill dath
discomfit *v* ceannsaich, cuir bacadh air

discomfort n anshocair f
disconcert v cuir troimhe-chèile, buair
disconnect v sgaoil, geàrr
disconsolate a brònach, dubhach
discontent n mì-thoileachadh m
discontented a mì-thoilichte
discontinue v leig seachad, sguir de
discord n mì-chòrdadh m, aimhreit f; (mus.) dì-chòrda m
discordance n neo-fhreagarrachd f, eas-aonta f
discordant a neo-fhreagarrach, eas-aontach, neo-chòrdail
discover v lorg; nochd, leig ris
discovery n lorg f; nochdadh m
discount n lasachadh m (prìse)
discount v lasaich
discourage v mì-mhisnich; he was discouraged, chaill e a mhisneachd
discouragement n mì-mhisneachadh m
discourse n còmhradh m, conaltradh m
discourteous a mì-mhodhail
discourtesy n mì-mhodh m
discredit n mì-chliù m
discreet a cùramach, faiceallach
discrepancy n diofar m, mì-rèite f
discretion n cùram m, faiceall f; I'll leave it to your own d., fàgaidh mi agad fhèin e
discriminate v eadar-dhealaich; d. in favour of, gabh taobh; d. against, rach an aghaidh/thoir breith an aghaidh
discrimination n eadar-dhealachadh m, breith f
discursive a falbhach, seachranach
discuss v deasbair (mu), dèan còmhradh (air), beachdaich
discussion n deasbaireachd f, còmhradh m, cnuasachadh m
disdain n tàir f, dìmeas m
disdain v cuir suarach
disdainful a tàireil, tarcaiseach
disease n euslaint f, galar m
diseased a euslainteach, galarach
disembark v rach/cuir air tìr
disembowel v dì-innidhich
disengage v dealaich, cuir fa sgaoil
disentangle v fuasgail, rèitich
disestablishment n di-bhunachadh m
disfavour n mì-fhàbhar m
disfigure v mill, cuir á cruth

disfranchise v thoir vòta air falbh bho
disgrace n masladh m, tàmailt f
disgrace v maslaich, nàraich
disgraceful a maslach, nàir
disgruntled a cànranach
disguise n breug-riochd m
disguise v cuir breug-riochd air
disgust n gràin f, sgreamh m
disgust v gràinich, sgreamhaich
disgusting a gràineil, sgreamhail
dish n (porcelain) soitheach m; (large, or of metal) mias f
dish-cloth n tubhailt f shoithichean
dish-washer n nigheadair-shoithichean m
dishearten v mì-mhisnich
dishonest a mì-onorach
dishonesty n mì-onair f
dishonour n eas-onair f, eas-urram m
dishonourable a mì-chliùiteach
disillusion n call m misneachd, fosgladh m sùla
disinclination n mì-thoil f, leisge f
disinclined a neo-thoileach, leisg (gu)
disinfectant n di-ghalaran m
disingenuous a carach, sligheach
disinherit v buin còir-bhreith o
disinter v ath-chladhaich
disinterested a neo-fhèinchuiseach
disjoint v cuir ás an alt
disjointed a an-altaichte
disjunction n dealachadh m
disk n clàr m
dislike n mì-thaitneamh m
dislocate v cuir á àite
dislocation n cur m á(s) àite; (of body) cur/dol m á alt/ás an alt
dislodge v cuir á àite
disloyal a neo-dhìleas
disloyalty n neo-dhìlseachd f
dismal a dubhach, neo-shuilbhir
dismantle v thoir ás a chèile
dismay n uabhas m
dismember v spìon o chèile
dismiss v cuir air falbh, cuir á dreuchd
dismount v teirinn, tùirling
disobedience n eas-ùmhlachd f
disobey v bi eas-umhail do, rach an aghaidh
disorder n mì-riaghailt f, buaireas m, troimhe-chèile m

disorderly *a* mì-riaghailteach
disown *v* àicheidh, na gabh ri
disparagement *n* tàir *f*
disparate *a* diofaraichte, neo-ionnan
disparity *n* neo-ionnanachd *f*
dispassionate *a* stòlda, neo-bhuaireasach
dispatch *n* cur *m* air falbh; *with d.*, le cabhaig
dispel *v* sgaoil, fògair
dispensary *n* ìoc-lann *m*
dispensation *n* riarachadh *m*; *d. from*, cead *m* o
dispense *v* riaraich, dèan an-àird cungaidh; *d. with*, dèan ás aonais
disperse *v* sgap, sgaoil
dispersal, dispersion *n* sgapadh *m*, sgaoileadh *m*
displace *v* cuir á àite
display *n* taisbeanadh *m*, foillseachadh *m*
display *v* taisbean, foillsich
displease *v* mì-thoilich
displeasure *n* diomb *m*
disposal *n* riarachadh *m*, cur *m* an dara taobh; *with the means at my d.*, leis na tha ri mo làimh
dispose *v* suidhich, iomchair, cuir an dara taobh
disposition *n* suidheachadh *m*, riarachadh *m*; (*natural*) mèin *f*, aigne *f*
dispossess *v* cuir á seilbh
dispossession *n* cur *m* á seilbh
dispraise *n* diomoladh *m*
dispraise *v* di-moil
disproof *n* breugnachadh *m*
disproportion *n* neo-ionnanachd *f*
disproportionate *a* neo-fhreagarrach
disprove *v* breugnaich
disputant *n* connspoidiche *m*
disputation *n* connsachadh *m*
disputatious *a* connsachail
dispute *n* connsachadh *m*
dispute *v* connsaich, tagair
disqualification *n* neo-iomchaidheachd *f*
disqualify *v* dèan neo-iomchuidh
disquiet *n* imnidh *f*
disregard *v* dèan dìmeas air, cuir an neo-shuim
disrepair *n* droch-chàradh *m*

disreputable *a* neo-mheasail
disrepute *n* mì-chliù *m*
disrespect *n* eas-urram *m*
disrobe *v* cuir (aodach) dheth
disrupt *v* bris, reub
disruption *n* briseadh *m*; *the Disruption*, Briseadh na h-Eaglaise
dissatisfaction *n* mì-thoileachadh *m*, mì-riarachadh *m*
dissatisfy *v* mì-thoilich
dissect *v* sgrùd; geàrr
dissection *n* sgrùdadh *m*; gearradh *m*
dissemble *v* cluainich
disseminate *v* craobh-sgaoil
dissemination *n* craobh-sgaoileadh *m*
dissention *n* aimhreit *f*
dissent *n* eas-aonta *m*
dissent *v* eas-aontaich, mì-chòrd
dissenter *n* fear-dealachaidh *m*, eas-aontaire *m*
dissentient *a* eas-aontach
dissertation *n* tràchd *f*
disservice *n* droch-chomain *f*
dissimilar *a* eu-coltach
dissimilarity *n* eu-coltas *m*
dissimulation *n* cluain *f*
dissipate *v* sgap, caith
dissipation *n* ana-caitheamh *m*
dissociate *v* eadar-sgar
dissoluble *a* so-leaghadh
dissolute *a* drùiseil
dissolution *n* (*of matter*) leaghadh *m*, eadar-sgaoileadh *m*; fuasgladh *m*, sgaoileadh *m*
dissolve *v* (*of matter*) leagh, eadar-sgaoil; fuasgail, sgaoil
dissonance *n* di-shoineas *m*, seirbhe-ciùil *f*
dissonant *a* searbh, neo-fhonnmhor
dissuade *v* comhairlich an aghaidh
distaff *n* cuigeal *f*
distance *n* (*space*) astar *m*, fad *m*; (*time*) ùine *f*
distant *a* de astar, fad air falbh, cèin; (*of manner*) fad ás; (*of relationship*) fad a-mach
distaste *n* droch bhlas *m*; *I felt a d. for him*, ghabh mi blas a' chnagain dheth
distasteful *a* neo-bhlasta
distemper *n* (*illness*) galar *m*
distend *v* sèid

47

distil v tarraing
distillation n tarraing f
distiller n grùdair m
distillery n taigh-staile m
distinct a soilleir; (*clearly different*) eadar-dhealaichte
distinction n (*difference*) eadar-dhealachadh m; (*of achievement, character*) cliù m, òirdheirceas m
distinctive a so-aithnichte, eadar-dhealaichte
distinguish v eadar-dhealaich, dèan dealachadh eadar
distinguished a òirdheirc, cliùiteach
distort v fiaraich
distortion n fiaradh m, ath-chumadh m
distract v tarraing aire o, buair
distracted a air a bhuaireadh; (*of wits*) air bhoile, breathalach
distraction n buaireadh m, breathal m
distrain v glac, cuir an grèim
distress n àmhghar m, teinn f, sàrachadh m
distress v sàraich, claoidh
distressed a àmhgharach
distribute v roinn, riaraich, compàirtich
distribution n roinn f, compàirteachadh m
distributive a compàirteach
distributor n fear-sgaoilidh m, (*pl.*) luchd-s.; (*of engine*) uidheam-s. f
district n ceàrn m
district nurse n banaltram f sgìreachd
distrust n mì-chreideas m, an-earbsa f
distrustful a mì-chreideasach, an-earbsach
disturb v cuir dragh air, buair
disturbance n buaireas m, aimhreit f
disunite v eadar-sgar, dealaich
disunity n eadar-sgaradh m, eas-aonachd f
disuse n mì-chleachdadh m; *it fell into d.*, chaidh e á cleachdadh
disyllabic a dà-shiollach
disyllable n dà-shiollach m
ditch n clais f, dìg f
ditto adv *and* n an nì ceudna
ditty n luinneag f, duanag f
diurnal a làitheil
dive v daoibhig, rach fon uisge
diver n daoibhear m

diverge v iomsgair
divergent a iomsgaireach
diverse a eugsamhail, eadar-mheasgte
diversification n eugsamhlachd f; sgaoileadh m
diversify v sgaoil
diversion n claonadh m; (*pastime*) fearas-chuideachd f
diversity n eugsamhlachd f, iomadachd f
divert v claon, tionndaidh air falbh
divest v roinn, pàirtich
divide v roinn, pàirtich
dividend n earrann f, roinn f
divider(s) n roinneadair m
divination n fàistneachd f
divine n diadhaire m
divine a diadhaidh
divine v dèan a-mach
divinity n diadhachd f
divisible a so-roinn
division n roinn f, pàirteachadh m, dealachadh m
divorce n dealachadh m (pòsaidh)
divorce v dealaich ri
divulge v foillsich, taisbein, leig ris
dizziness n tuainealaich f
dizzy a tuainealach; a *d. height*, àirde mhìorbhaileach
do v dèan; *he did two miles on foot*, rinn e dà mhìle de choiseachd; *how d. you d.?* ciamar a tha thu?; *d. into* (*translate*) eadar-theangaich; (*cheat*) thoir an car á; *I am done with it*, tha mi ullamh dheth; *the day is done*, tha an là seachad; *he writes better than I d.*, sgrìobhaidh e nas fheàrr na mise; *d. you like tea? I d.* an toigh leat teatha? Is toigh (leamsa); *d. away with*, cuir crìoch air; *d. in*, marbh
docile a ceannsa
dock n (*plant*) copag f; (*shipping etc.*) port m, doca m
dock v geàrr
dockyard n long-lann m, doca m
docker n docair m
doctor n (*med.*) lighiche m, doctair m; (*learned d.*) ollamh m
doctorship n ollamhachd f
doctrinaire a rag-bharaileach
doctrine n teagasg m
document n sgrìobhainn f

documentary *a* aithriseach
dodge *n* cleas *m*
dodge *v* (*avoid*) seachainn; falbh o thaobh gu taobh
doe *n* maoiseach *f*
doer *n* fear *m* math gu dèanamh
doff *v* cuir dhe
dog *n* cù *m*, madadh *m*
dog *v* lean (air lorg)
dogdays *n* Iuchar *m*
dog-fish *n* biorach *f*
dog-tired *a* cho sgìth ris a' chù
dogged *a* doirbh, leanailteach
doggerel *n* rabhdaireachd *f*
dogma *n* gnàth-theagasg *m*
dogmatic *a* dìorrasach
dogmatism *n* dìorras *m*; gnàth-theagasgachd *f*
dole *n* dòil *m*
dole *v* roinn, riaraich
doleful *a* brònach, dubhach
doll *n* liùdhag *f*, dola *f*
dollar *n* dolair *m*
dolorous *a* muladach, doilgheasach
dolt *n* burraidh *m*, ùmaidh *m*
domain *n* tighearnas *m*; (*ling*) raon *m*
domestic *n* searbhanta *m*
domestic *a* teaghlachail; dìomhair
domesticate *v* càllaich
domesticity *n* teaghlachas *m*
domicile *n* fàrdach *f*
dominant *a* smachdail
dominate *v* ceannsaich, smachdaich
domination *n* ceannsachadh *m*, smachdachadh *m*
domineer *v* sàraich
dominie *n* maighstir-sgoile *m*
dominion *n* uachdranachd *f*
donate *v* thoir tabhartas/tiodhlac
donation *n* tabhartas *m*, tiodhlac *m*
done *past part* dèante
Donegal *n* Dùn nan Gall
donkey *n* asal *f*
donor *n* tabhartaiche *m*
doom *n* binn *f*, dìteadh *m*, dàn *m*
doom *v* dìt
doomsday *n* latha-luain *m*
door *n* doras *m*; (*the door valve*) còmhla *f*
door-bell *n* clag *m* an dorais
door-handle *n* làmh *f* an dorais

doorpost *n* ursainn *f*
dope *n* druga(ichean) *f* (*pl*)
dormant *a* 'na chadal, dìomhair
dormitory *n* seòmar-cadail *m*
dormouse *n* dall-luch *f*
dorsal *a* druimneach
dose *n* tomhas *m*
dossier *n* fiosrachadh *m*
dot *n* puing *f*
dotage *n* leanabachd *f* na h-aoise
dote *v* bi an trom ghaol
double *n* dùbladh *m*, dùblachadh *m*; uimhir eile *f*; *doubles* (*games*) cluiche *f* ceathrar
double *a* dùbailte, dà-fhillte; *d.* (*the amount*) a dhà uimhir
double *v* dùblaich; dèan/thoir uimhir eile
double-barrelled *a* dà-bharaille
double bass *n* prò-bheus *m*
double chin *n* sprogan *m*, sprogaill *f*
double-dealer *n* cealgair *m*
double-decker *n* (bus *m* etc.) dà-ùrlair
doublet *n* peitean *m*, siosacot *m*
doubt *n* teagamh *m*, imcheist *f*
doubt *v* cuir an teagamh, cuir teagamh ann
doubtful *a* teagmhach, mì-chinnteach, amharasach
doubtless *adv* gun teagamh, gu cinnteach
dough *n* taois *f*
doughty *a* gaisgeil, calma
dour *a* dùr
dove *n* calman *m*
dovetail(ing) *n* amladh *m*; gròbadh *m*
dowdy *a* sean-fhasanta, sgleòideach
down *n* clòimh-iteach *m*
down *prep* shìos, sìos, a-nuas; *he was d.*, bha e shìos; *he came d.*, thàinig e a-nuas; *d. with you*, sìos leat
down *v* leag sìos
downcast *a* smuaireanach, dubhach
downfall *n* tuiteam *m*, leagadh *m*
downhill *adv* sìos an leathad, leis a' bhruthach
downpour *n* dìle *f* (bhàite)
downright *a* dìreach
downright *adv* air fad, gu tur, glan
downstairs *adv* (*rest in*) shìos staidhre; (*motion towards*) sìos staidhre

downward *a* sìos, le bruthach
downwards *adv* sìos, a-nuas; *going d.*, a'
  dol sìos; *coming d.*, a' tighinn a-nuas
downy *a* clòimh-iteach, mìn
dowry *n* tochradh *m*
doze *n* clò-chadal *m*
doze *v* rach an clò-chadal; *he dozed off*,
  chaidh e 'na chlò-chadal, thàinig clò-
  chadal air
dozen *n* dusan *m*
dozy *a* cadalach
drab *a* (*of colour*) lachdann; (*of experi-*
  ence etc.) neo-chridheil
draff *n* dràbhag *f*
draft *n* (*payment*) bann *m* (airgid);
  (*mil.*) foireann *m*
drag *v* slaod, tarraing
dragnet *n* lìon *m* sgrìobaidh
dragon *n* dràgon *m*, nathair-sgiathach *f*
dragonfly *n* tarbh-nathrach *m*
drain *n* clais *f*, drèana *f*
drain *v* sìolaidh, traogh
drainage *n* drèanadh *m*
drake *n* dràc *m*, ràc *m*
dram *n* dràm *m*, drama *m*
drama *n* dràma *m*
dramatic *a* dràmatach
dramatist *n* dràmaire *m*
draper *n* ceannaiche *m* aodaich
draught *n* (*of liquid*) tarraing *f*, strùbadh
  m; (*of air*) gaoth *f* troimh tholl
draught-beer *n* leann *m* baraille
draught-board *n* bòrd-dàmais *m*
draughts *n* dàmais *f*
draughtsman *n* fear-tarraing *m*
draw *v* tarraing, dragh, slaod; (*of liquid*)
  deoghail; *d. out*, sìn; (*with pencil, pen*)
  dèan dealbh, tarraing dealbh; *d. lots*,
  cuir croinn
drawer *n* drabhair *m*
drawing-board *n* clàr-tarraing *m*
drawl *n* còmhradh *m* slaodach
drawl *v* labhair gu slaodach
drawn *a* tàirnte
dread *n* oillt *f*, eagal *m* beatha; *I had a d.*
  of that, bha eagal mo bheatha orm
  roimhe sin/mu dheidhinn sin
dread *v* oilltich
dreadful *a* eagalach
dream *n* aisling *f*, bruadar *m*
dream *v* bruadair, faic aisling

dreamer *n* bruadaraiche *m*, aislingiche
  m
dreary *a* tiamhaidh, dòrainneach
dredge *v* glan grùnnd (aibhne, loch *etc.*)
dregs *n* druaip *f*, grùid *f*
drench *v* dèan bog-fliuch; *she was*
  drenched, dhrùidh e oirre
drenched *a* bog-fliuch
dress *n* aodach *m*, dreasa *f*
dress *v* cuir aodach air, sgeadaich; *d. up*,
  sgeadaich, spleogaig
dresser *n* (*furniture*) dreasair *m*
dressing *n* (*agric.*) leasachadh *m*;
  (*med.*) ìoc-chòmhdach *m*; *salad d.*,
  annlan *m*
dressing-room *n* seòmar-sgeadachaidh
  m
dressing-table *n* bòrd-sgeadachaidh *m*
dribble *n* beag-shileadh *m*
dribble *v* sil; (*of football*) drioblaig
drift *n* siabadh *m*; *sand-d.*, *sea-spray*,
  siaban *m*; *snow-d.*, cuithe *f* sneachd;
  (*of argument etc.*) cùrsa *m*, brìgh *f*
drift *v* siab, cuir le gaoith, cuir 'na
  chuithe
drifter *n* (*boat*) driftear *m*
drill *n* snìomhaire *m*; *army d.*, drile *f*;
  vegetable d., sreath *m*
drill *v* drilich
drink *n* deoch *f*
drink *v* òl, gabh
drinkable *a* so-òl
drinker *n* fear-òil *m*
drip *n* sileadh *m*, snighe *m*
drip *v* sil, snigh
drive *v* greas, iomain, ruag; (*of a car*)
  stiùir, dràibh(ig)
drivel *n* còmhradh *m* amaideach
driven *past part* air iomain, ruagte
driver *n* fear *m* iomain, dràibhear *m*
driving *n* dràibheadh *m*, dràibhigeadh *m*
driving-wheel *n* cuibhle *f* stiùiridh
drizzle *n* ciùthran *m*, ciùthranaich *f*
droll *a* neònach, ait
drollness *n* neònachas *m*
dromedary *n* dromadair *m*
drone *n* (*bee*) seillean *m* dìomhain; (*of a*
  person) leisgean *m*; (*of bagpipes*) dos
  m; (*of sound*) torman *m*
droop *v* searg, crom, aom
drop *n* boinne *f*, braon *m*

drop v leig ás, leig seachad, tuit, cuir; (*of liquid*) sil; (*give birth to*) beir; *he dropped the book*, leig e ás an leabhar; *you had better d. that*, 's fheàrr dhut sin a leigeil seachad; *he dropped dead*, thuit e marbh; *the price dropped*, thuit a' phrìs; *d. into the habit of*, dèan cleachdadh de; *d. a letter into the box*, cuir litir sa' bhocsa; *d. a line*, cuir sgrìobag

dropsical a meud-bhronnach
dropsy n a' mheud-bhronn f
dross n smùr m, sal m
drove n treud m, dròbh m
drover n dròbhair m
drought n turadh m, tiormachd f; (*extreme thirst*) tart m
droughty a tioram, tartmhor
drown v (*trans*) bàth; (*intrans*) bi air bàthadh; *he was drowned*, bha e air a bhàthadh; *she was drowned*, bha i air a bàthadh
drowsy a cadalach, trom-cheannach
drub v ludraig, slac, slacainn
drudge n tràill f, dubh-chosannach m
drudgery n dubh-chosnadh m, tràill-ealachd f
drug n droga f, cungaidh-leighis f
drugget n drògaid f
druggist n drogadair m
druid n draoidh m
druidical a draoidheil
druidism n draoidheachd f
drum n druma f
drum-major n màidsear-druma m
drummer n drumair m
drumstick n bioran-druma m
drunk a air mhisg; *he was d.*, bha e air mhisg, bha an daorach air
drunkard n misgear m
drunkenness n misg f, daorach f
dry a tioram; (*thirsty*) ìotmhor
dry v tiormaich
dry-clean v tioram-ghlan
dry-dock n doca-gràbhalaidh m
dry-rot n crìon-lobhadh m
dryer n tiormadair m
dryness n tiormachd f
dual a dùbailte
dub v (*of sound track*) dùblaich; (*of knighthood*) dèan

dubious a neo-chinnteach, teagmhach
Dublin n Baile Atha Cliath
Duchess n ban-diùc f
duck n tunnag f, lach f
duck v (*put under water*) tum; (*bend*) crùb
ducking n tumadh m
duct n pìob-ghiùlain f
ductile a sùbailte, so-ghluaiste
dud n rud m gun fheum
due n còir f, dlighe f, fiach m
due a dligheach, cubhaidh; (*of debt*) ri phàigheadh; *he is d. his brother ten pounds*, tha deich notaichean aig a bhràthair air
duel n còmhrag-dithis f
duet n òran-dithis m, òran-càraid m, dìsead m
duffel, duffle n and a dufail m
dug n sine f
duke n diùc m
dulcet a binn, fonnmhor
dull a trom-inntinneach, smuaireanach; (*of intellect*) maol, tiugh
dull v maolaich, tromaich
dulness n truime f, maoile f
dulse n duileasg m
duly adv gu riaghailteach
dumb a balbh, tosdach
dumbness n balbhachd f, tosdachd f
dummy n (*male*) fear-brèige m, (*female*) breugag f
dump n òcrach, òtrach m
dump v caith air falbh, càrn
dumpling n turraisg f, duff m
dumps n airtneal m
dun a ciar, lachdann, odhar
dun v tagair fiachan
dunce v ùmaidh m
dung n innear f, buachar m, todhar m
dung v mathaich, leasaich, inneirich
dungaree n dungairidhe m
dungeon n toll-dubh m
dunghill n dùnan m, sitig f
duodecimal a dà-dheugach
duodenal a duo-dìneach
dupe v meall, thoir an car á
duplicate n dùblachadh m, mac-samhail m
duplicate v dùblaich, dèan mac-samhail de

duplicator *n* dùblaichear *m*
duplicity *n* dùbailteachd *f*
durable *a* maireannach, buan
durability *n* maireannachd *f*
duration *n* fad *m*, rè *f*
during *prep* rè, air feadh
dusk *n* eadar-sholas *m*, duibhre *f*
dusky *a* ciar, dorcha
dust *n* dust *m*, duslach *m*, stùr *m*; (*of corpse*) dust *m*, luaithre *f*
dust *v* glan stùr dhe; crath stùr air
dust-jacket *n* seacaid *f*
dustbin *n* biona-stùir *m*
duster *n* dustair *m*
dusty *a* dustach
Dutch *a* Duidseach
Dutchman *n* Duidseach *m*
dutiful *a* umhail
duty *n* dleasdanas *m*, dleasnas *m*; (*excise etc.*) diùtaidh *m*
duty-free *a* saor o dhiùtaidh
dux *n* dux *m*

dwarf *n* troich *m*, *f*, luchorpan *m*, luchraban *m*
dwarfish *a* troicheil
dwell *v* gabh còmhnaidh ann, tuinich
dweller *n* fear-àiteachaidh *m*, fear-còmhnaidh *m*
dwelling *n* taigh-còmhnaidh *m*, fàrdach *f*
dwindle *v* lùghdaich, crìon, caith air falbh
dye, dying *n* dath *m*
dye *v* dath
dyer *n* dathadair *m*
dying *n* bàsachadh *m*
dyke *n* gàrradh *m*
dynamic *a* fiùghantach
dynamics *n* dinimic *m*
dynamite *n* dinimit *m*
dynamo *n* dìneamo *m*
dynasty *n* rìgh-shliochd *m*
dysentery *n* an sgàird *f*, a' bhuinneach *f*
dyspepsia *n* an do-chnàmh *m*

E

each *a* gach, gach aon; *pron* gach aon; an duine, an ceann; a chèile; *we paid 20p e.*, phàigh sinn fichead sgillinn an duine; *they came close to e. other*, thàinig iad faisg air a chèile
eager *a* dealasach, dùrachdach
eagerness *n* dealas *m*, dùrachd *f*
eagle *n* iolaire *f*, fioreun *m*
eaglet *n* isean *m* iolaire
ear *n* cluas *f*; (*of corn*) dias *f*
ear-mark *n* comharradh *m* (cluaise)
ear-mark *v* cuir comharradh air
ear-phone *n* cluasan *m*
ear-shot *n* èisdeachd *f*
earl *n* iarla *m*
earldom *n* iarlachd *f*
early *a* tràth, moch; (*of potatoes*) luathaireach
earn *v* coisinn
earnest *n* eàrlas *m* (*also* àirleas); *in e.*, da-rìribh
earnest *a* dùrachdach, dìoghrasach
earning(s) *n* cosnadh *m*, tuarasdal *m*
ear-ring *n* cluas-fhail *f*
earth *n* talamh *f*; (*soil*) ùir *f*
earth-worm *n* cnuimh-thalmhainn *f*, daolag *f*, baoiteag *f*
earthenware *n* soitheach *m*/soithichean criadha
earthquake *n* crith-thalmhainn *f*
earthly *a* talmhaidh
earwig *n* fiolan *m*, fiolan-gòbhlach *m*, gòbhlag *f*
ease *n* fois *f*, socair *f*
ease *v* faothaich, lasaich
easeful *a* socrach
easel *n* dealbh-thaic *f*
easement *n* furtachd *f*, faothachadh *m*
east *n* ear *f*, an àirde *f* an ear
Easter *n* Càisg *f*, A' Chàisg *f*
easterly *a* an ear, on ear
easy *a* furasda, soirbh; (*of clothes' fit*) farsaing
eat *v* ith
eatable *a* so-ithe
eaves *n* anainn *f*

eavesdropper *n* fear-farchluaise *m*
ebb *n* tràghadh *m*
ebb *v* tràigh
eccentric *a* mì-riaghailteach, iomrallach
eccentricity *n* mì-riaghailteachd *f*, iomrallachd *f*
ecclesiastic *n* pears-eaglais *m*
ecclesiastic *a* eaglaiseil
echinoderm *n* echinodairm *m*
echo *n* mac-talla *m*
echo *v* aithris, ath-aithris
eclectic *a* roghainneach
eclipse *n* dubhadh *m* grèine/gealaich
ecology *n* eag-eòlas *m*
economic *a* eaconomach
economical *a* cùramach
economics *n* eaconomachd *f*
economist *n* eaconomair *m*
economise *v* caomhain
economy *n* eaconomaidh *m*; banas-taighe *f*; caontachd *f*
ecstacy *n* àrd-èibhneas *m*
ecstatic *a* àrd-èibhneach
ectoderm *n* eactodairm *m*
ectodermal *a* eactodairmeach
ecumenical *a* uil-eaglaiseil
eczema *n* eacsama *f*
eddy *n* saobh-shruth *m*
eddy-wind *n* iomaghaoth *f*
Eden *n* Eden
edge *n* (*of road etc.*) oir *m*, iomall *m*, bruach *f*; (*of knife etc.*) faobhar *m*
edge *v* dèan oir/iomall; *e. away*, siab air falbh
edgewise *adv* air oir
edible *a* ion-ithe
edict *n* reachd *m*
edification *n* oileanachadh *m*, togail *f* suas
edifice *n* aitreabh *m*, togalach *m*
edify *v* teagaisg, caoin-ionnsaich
Edinburgh *n* Dun Eideann
edit *v* deasaich
edition *n* deasachadh *m*, clò-bhualadh *m*, eagran *m*
editor *n* fear-deasachaidh *m*

editorial *a* deasachaidh
educate *v* foghlaim, teagaisg
education *n* foghlam *m*, oideachas *m*
educational *a* oideachail
Edward *n* Eideard, Iomhar
eek *v* e. *out*, cuir ri
eel *n* easgann *f*
efface *v* dubh a-mach, mill
effect *n* buaidh *f*, buil *f*, toradh *m*
effect *v* thoir gu buil, coilion
effective *a* èifeachdach, buadhach
effectively *adv* gu h-èifeachdach, le èifeachd
effectless *a* neo-èifeachdach
effectual *a* èifeachdail; e. *calling*, a' ghairm èifeachdach
effeminacy *n* boireanntachd *f*
effeminate *a* boireannta
effervescent *a* bruichneach
efficacious *a*.èifeachdach
efficacy *n* èifeachd *f*
efficient *a* èifeachdach, comasach
effigy *n* ìomhaigh *f*
efflorescence *n* tighinn *m* fo bhlàth
effluent *n* sruthadh *m*
effort *n* ionnsaigh *m, f*, dìcheall *m*
effrontery *n* bathais *f*, ladarnas *m*
effusion *n* dòrtadh *m*
effusive *a* so-labhairteach
egg *n* ugh *m*
egg *v* e. *on*, spreag
egg-cup *n* gucag-uighe *f*
egg-powder *n* pùdar-uighean *m*
egg-shell *n* plaosg-uighe *m*
egg-spoon *n* spàin-uighe *f*
ego *n* ego *m*
egotism *n* fèin-spèis *f*
egotist *n* fèin-spèisiche *m*
egotistical *a* fèin-spèiseach
Egypt *n* An Eiphit *f*
Egyptian *n and a* Eiphiteach *m*
eight *n* ochd
eight people *n* ochdnar; e. *men*, ochdnar fhear
eighth *a* ochdamh
eighteen *n* ochd-deug
eighthly *adv* anns an ochdamh àite
eighty *n* ceithir fichead, ochtad
eisteddfod *n* eisteddfod *m*, mòd *m*
either *a, pron, conj, adv on* e. *side of him*, air gach taobh dheth; e. *you or I*, an

dara cuid thusa no mise; e. *of them*,, an dara/dàrna fear dhiubh; *I don't believe* e. *of you*, chan eil mi a' creidsinn fear seach fear agaibh; *he isn't here* e., chan eil e an seo a bharrachd
ejaculate *v* cuir a-mach
eject *v* cuir a-mach, tilg a-mach
ejection *n* cur *m* a-mach, fuadach *m*
elaborate *a* saothraichte
elaborately *adv* le mòr shaothair
elapse *v* rach seachad
elastic *n* lastaic *f*
elastic *a* sùbailte, sìnteach
elasticity *n* sùbailteachd *f*, so-shìnteachd *f*
elate *v* tog suas, dèan aoibhneach
elbow *n* uileann *f*
elbow *v* uinnlich
elbow-joint *n* alt *m* na h-uillne
elbow-room *n* cothrom *m* gluasaid
elder *n* (*in church*) eildear *m*, foirfeach *m*; (*tree*) droman *m*
elder *a* nas/as sine
elderly *a* sean, aosmhor
elders *n* seanairean, athraichean
eldership *n* dreuchd *f* eildeir/foirfich
elect *v* tagh
elect, elected *a* air a thaghadh, taghte
election *n* taghadh *m*
electioneering *n* taghadaireachd *f*
elective *a* taghach
elector *n* taghadair *m*
electoral *a* taghaidh
electorate *n* luchd-taghaidh *m*
electric, electrical *a* dealain
electrician *n* dealanair *m*
electricity *n* dealan *m*
electrification *n* dealanachadh *m*
electrify *v* dealanaich
electro- dealan-
electro-chemistry *n* dealan-cheimiceachd *f*
electrocute *v* dealan-mharbh
electron *n* eleactron *m*
electronic *a* eleactronach
electro-plate *v* dealan-airgidich
electrostatic *a* eleactro-stadach
elegance *n* grinneas *m*, eireachdas *m*
elegant *a* grinn, eireachdail
elegiac *a* caointeach

elegy n marbhrann m, tuireadh m
element n dùil f, eileamaid f
elemental a dùileach
elementary a bun-, bunasach; e. school, bun-sgoil f
elephant n ailbhean m
elevate v àrdaich, tog suas
elevation n (process) àrdachadh m; (state) àirde f; (plan) dealbh m, f
eleven a and n aon ——— deug, e.g. e. men, aon duine deug; a h-aon deug, e.g. e. of them, a h-aon deug dhiubh
elicit v faigh, lorg a-mach
eligible a ion-tagha
eliminate v geàrr ás
elision n bàthadh m
elixir n ìocshlaint f
Elizabeth n Ealasaid
elk n lon m
ell n slat f Albanach
Ellen n Eilidh
ellipse n eilips f
elliptical a eilipseach
elm n leamhan m
elocution n deas-chainnt f, uirgheall m
elongate v fadaich, sìn a-mach
elongation n fadachadh m, sìneadh m a-mach
elope v teich, ruith air falbh
eloquence n deas-bhriathrachd f
eloquent a deas-bhriathrach, fileanta
else a and adv eile e.g. is there anyone e. at home? bheil duine eile aig an taigh?; anywhere e., an àite sam bith eile; or e., air neo
elucidate v soilleirich
elucidation n soilleireachadh m
elude v seachainn, èalaidh ás
elusive a èalaidheach
Elysian a pàrrasach
emaciation n seargadh m
emancipate v saor, fuasgail
emancipation n saorsa f, fuasgladh m
emasculate v meataich; spoth
embalm v spìosraich
embargo n bacadh m, long-chasgadh m
embark v cuir air bòrd, rach air bòrd
embarrass v cuir troimhe chèile, beag-nàraich
embarrassment n beag-nàrachadh m
embassy n tosgaireachd f

embellish v sgeadaich, brèaghaich
embellishment n sgeadachadh m, brèaghachadh m
ember n èibhleag f
embezzle v dèan maoin-èalachadh
embezzlement n maoin-èalachadh m
embitter v dèan searbh
emblem n suaicheantas m
emboss v gràbhail
embrace v iath an glacaibh
embrocation n acainn-suathaidh f
embroider v cuir obair-ghrèis air
embroidery n obair-ghrèis f
embroil v buair, aimhreitich
embryo n suth m
emendation n leasachadh m, ceart-achadh m
emerald n smàrag f
emerge v thig an uachdar
emergency a bàlanaich m, cruaidh-chàs m
emergent a tighinn am follais
emery n èimear m
emetic n purgaid f
emigrant n eilthireach m
emigrate v dèan eilthireachd
eminence n àirde f, mòr-inbhe f
eminent a àrd, inbheil
emissary n teachdaire m
emission n leigeil m fa-sgaoil
emit v leig a-mach/fa-sgaoil
emolument n tuarasdal m
emotion n tòcadh m
emotional a tòcail
emperor n ìompaire m
emphasis n cudrom m
emphatic a neartmhor, làidir
empire n ìompaireachd f
empirical a deuchainneach
employ v fasdaich, thoir obair do
employment n obair f
employer n fastaidhear m
employee n fear-obrach m
empoverish v dèan bochd
empower v thoir comas/ùghdarras do
empress n ban-iompaire f
emptiness n falamhachd f
empty a falamh, fàs
empty v falmhaich, fàsaich
emulate v dèan strì ri
emulation n strì f

emulous *a* farmadach
en bloc *adv* ann an cnap
en route *adv* air an t-slighe
enable *v* dèan comasach
enact *v* coilion, òrdaich
enamel *n* cruan *m*
encage *v* cuir an cèidse
encamp *v* càmpaich
encampment *n* càmpachadh *m*
encash *v* faigh airgead air
enchain *v* geimhlich
enchant *v* cuir fo gheasaibh
enchantment *n* draoidheachd *f*, aoibh-neas *m*
encircle *v* cuartaich
enclose *v* cuartaich, iadh mun cuairt
enclosure *n* crò *m*, iathadh *m*; (*of documents etc.*) (rud a tha) a-staigh
encomium *n* moladh *m*
encore *n* encore *m*; *exclam.* a-rithist
encounter *n* coinneachadh *m*
encounter *v* coinnich, tachair
encourage *v* misnich, brosnaich
encouragement *n* misneachadh *m*, bros-nachadh *m*
encroach *v* thig a-steach, rach thar crìch
encumber *v* luchdaich
encumbrance *n* uallach *m*
encyclopedia *n* leabhar *m* mòr-eòlais
end *n* deireadh *m*, crìoch *f*, ceann *m*; *the e. of the story*, deireadh/crìoch an sgeòil; *the `e. of the week/year*, ceann na seachdanach/blianna; *the far e.*, an ceann thall; *from e. to e.*, o cheann gu ceann; *man's chief e.*, crìoch àraidh an duine; *two hours on e.*, dà uair slàn; *we will never hear the e. of it*, cha chluinn sinn a chaoidh a dheireadh
end *v* cuir crìoch air, thoir gu ceann
endanger *v* cuir an cunnart
endear *v* tarraing spèis
endearment *n* facal *m* mùirn
endeavour *n* ionnsaigh *m*, *f*, spàirn *f*
endemic *a* dùthchasach
endless *a* neo-chrìochnach, gun cheann, sìorraidh
endorse *v* `cùl-sgrìobh
endorsement *n* cùl-sgrìobhadh *m*
endow *v* bronn
endowment *n* bronnadh *m*
endurance *n* fulang *m*

endure *v* fuiling, fuilig; fuirich
enemy *n* nàmhaid *m*
energetic *a* brìoghmhor
energize *v* cuir brìogh ann
energy *n* brìogh *f*, neart *m*, spionnadh *m*, lùths *m*
enervate *v* lagaich, meataich
enfold *v* fill
enforce *v* co-èignich, spàrr; thoir gu buil
enforcement *n* co-èigneachadh *m*
enfranchise *v* saor; thoir còir vòtaidh/taghaidh do
enfranchisement *n* saoradh *m*; còir *f* vòtaidh/taghaidh
engagement *n* gealladh *m* (-pòsaidh), gealltanas *m*, cùmhnant *m*
engender *v* gin
engine *n* inneal *m*, uidheam *f*, beairt *f*, einnsean *m*
engineer *n* innleadair *m*; *chief e.*, prìomh innleadair; *sub-e.*, fo-i.; *electrical e.*, innleadair-dealain; *mechanical e.*, uidheam-i.; *civil e.*, i.-thogalach
engineer *v* innlich
engineering *n* innleadaireachd *f*
England *n* Sasainn *f*
English *n* Beurla (Shasannach) *f*
English *a* Sasannach
Englishman *n* Sasannach *m*
Englishwoman *n* Ban-Shasannach *f*
engrave *v* gràbhail
engraver *n* gràbhalaiche *m*
enhance *v* meudaich, tog an luach
enigma *n* dubhfhacal *m*
enigmatical *a* dubhfhaclach
enjoin *v* òrdaich, earalaich
enjoy *v* meal, gabh tlachd ann, còrd; *congratulations* (*lit. enjoy your news*) meal do naidheachd; *they enjoyed the trip*, chòrd an turas riutha; *he enjoys good health*, tha deagh shlàinte aige
enjoyment *n* toil-inntinn *f*, toileachas *m*, tlachd *f*
enkindle *v* fadaidh, beothaich, dùisg
enlarge *v* meudaich, leudaich
enlargement *n* meudachadh *m*, leudachadh *m*; (*phot.*) meudachadh *m*
enlarger *n* (*phot.*) uidheam-meudachaidh *f*
enlighten *v* soillsich, soilleirich

enlist v (*mil.*) liostaig; *he enlisted the help of the neighbours*, dh'iarr/thug e air na nàbaidhean a chuideachadh
enliven v beothaich
enmity n nàimhdeas m, mì-rùn m
ennoble v uaislich, àrdaich
ennoblement n uaisleachadh m, àrdachadh m
ennui n airtneal m, fainne f
enormity n uabhas m, cùis-ghràin f
enormous a uabhasach, ana-mhòr
enough a and n (gu) leòr; *he had enough money*, bha airgead gu leòr aige; bha a leòr airgid aige; *did you get e.?*, an d'fhuair thu do leòr?; *e. is as good as a feast*, fòghnaidh na dh'fhòghnas
enquire v feòraich, faighnich
enrage v feargaich
enrich v dèan saidhbhir
enrol v clàraich
enrolment n clàrachadh m
enshrine v taisg
ensign n bratach f
enslave v tràillich
enslavement n tràillealachd f
ensue v lean
ensure v dèan cinnteach
entail v (*leg.*) cuir fo chòir dhligheach; *that entailed his making a long journey*, thug sin air turas fada a dhèanamh
entangle v rib, cuir an sàs
entente n càirde m
enter v rach/thig a-steach, inntrig; *e. into*, rach an sàs ann
enterprise n·ionnsaigh m, f; *he shows e.*, tha cur-leis m ann; *free e.*, cur-leis saor
enterprising a ionnsaigheach
entertain v (*domestically*) thoir aoigheachd; (*musically etc.*) dèan fearas-chuideachd, oirfidich
entertainer n oirfideach m
entertainment n aoigheachd f; oirfideas m
enthusiasm n dìoghras m
enthusiast n fear m dealasach
enthusiastic a dìoghrasach
entice v meall, tàlaidh, thoir a thaobh
entire a iomlan, slàn, uile
entirely adv gu lèir

entitle v thoir còir; (*of a book*) thoir tiodal do/cuir t. air; *he is entitled to do that*, tha còir aige sin a dhèanamh
entity n bith f
entrails n mionach m, caolain m pl; (*esp. of animals*) greallach f
entrance n dol/teachd m a-steach, inntrigeadh m; *main e.*, doras m mòr, prìomh dhoras; *e. examination*, deuchainn f inntrigidh; *e. fee*, tàille f inntrigidh
entrap v rib, cuir an sàs
entreat v guidh
entreaty n guidhe m, f
entrepreneur n fear-tionnsgain m
entrust v cuir air cùram, cuir cùram (*gen. of thing entrusted*) air
entry n teachd m a-steach, inntrigeadh m; (*in a ledger etc.*) clàrachadh m
entwine v imfhill
enumerate v àirmhich
enumeration n àireamh f, cùnntas m
enunciate v cuir an cèill, aithris
enunciation n cur m an cèill, aithris f
envelop v còmhdaich, cuartaich
envelope n cèis f (litreach)
enviable a airidh air farmad
envious a farmadach
environment n coimhearsnachd f
envoy n tosgair m
envy n farmad m, tnù m
envy v dèan farmad; *I envied him*, bha farmad agam ris
enzyme n beirmear m
ephemeral a geàrr-shaoghlach
epic n eipic f, euchd-dhàn m
epicure n eipiciùr m
epidemic n galar m sgaoilte
epidermis n epideirmios m
epiglottis n claban m an sgòrnain
epigram n geàrr-fhacal m, dàn-fhacal m
epilepsy n an tinneas m tuiteamach
epileptic a tuiteamach
epilogue n iar-fhacal m
Epiphany n Fèill f an Taisbeanaidh
episcopacy n easbaigeachd f
episcopal a easbaigeach
Episcopalian n Easbaigeach m
episode n tachartas m, eadar-sgeul m, f
epistle n litir f

epitaph *n* leac-sgrìobhadh *m*
epithalamium *n* dàn-bainnse *m*
epithet *n* buadhair *m*
epitome *n* brìogh *f*
epoch *n* tùs-aimsir *f*, aimsir *f*
equable *a* cothrom, socair
equal *n* seise *m*
equal *a* ionann, co-ionann
equality *n* co-ionannachd *f*
equalize *v* dèan co-ionann; (*sport*) ruig an aon àireamh
equanimity *n* rèidhe-inntinn *f*
equation *n* co-ionannas *m*
equator *n* meadhan-chearcall *m* (na talmhainn)
equidistant *a* co-fhad air falbh
equilateral *a* co-shliosach
equilibrium *n* co-chothrom *m*
equinox *n* co-fhreagradh *m* nan tràth
equip *v* uidheamaich
equipment *n* uidheam *f*, acainn *f*
equitable *a* ceart, cothromach
equity *n* ceartas *m*; (*market e.*) stoc-roinn *f*
equivalent *a* co-ionann
equivocal *a* dà-sheaghach
era *n* linn *f*
eradicate *v* spìon à freumhaichean
erase *v* dubh às
erect *v* tog (suas)
erect *a* dìreach
erection *n* togail *m*, èirigh *f*; (*of a structure*) togalach *m*
erode *v* meirg
erosion *n* meirg *f*; cnàmh *m*
erotic *a* drùis-mhiannach
err *v* rach iomrall, rach air seachran
errand *n* gnothach *m*, ceann-gnothach *m*
errata *n* errata
erratic *a* iomrallach
erring *a* mearachdach
erroneous *a* mearachdach, iomrallach
error *n* mearachd *f*, iomrall *m*
eructation *n* brùchd *m*
erudition *n* àrd-fhoghlam *m*
eruption *n* brùchdadh *m*
erysipelas *n* ruaidhe *f*
escape *n* èaladh *m*, teicheadh *m*; *fire-e.*, staidhre-èalaidh *f*
escape *v* teich, tàrr ás

escapism *n* èalachas *m*
eschew *v* seachainn
escort *n* coimheadachd *f*
escort *v* coimheadaich
Eskimo *n* Easciomach *m*
esoteric *a* ás an rathad
especial *a* àraidh, sònraichte
espionage *n* feall-shireadh *m*
esplanade *n* àilean *m*
espousal *n* pòsadh *m*
espouse *v* dèan ceangal pòsaidh
espy *v* faic
esquire *n* (*in title on letter etc.*) uasal *m*
essay *n* aiste *f*
essayist *n* aistear *m*
essence *n* gnè *f*, brìogh *f*, sùgh *m*
essential *a* riatanach
establish *v* suidhich, stèidhich
established *a* suidhichte, stèidhichte; *the E. Church*, An Eaglais Stèidhichte
establishment *n* suidheachadh *m*, stèidheachadh *m*
estate *n* oighreachd *f*
esteem *n* meas *m*, miadh *m*
esteem *v* meas, miadhaich
estimable *a* luachmhor, miadhail
estimate *n* meas *m*
estimate *v* meas, cuir luach air
estimation *n* meas *m*; (*opinion*) barail *f*, breith *f*
estrange *v* dèan fuathach, dèan 'na choigreach
estuary *n* inbhir *m*
etching *n* searbhag-dhealbhadh *m*
eternal *a* bith-bhuan, suthainn, sìorraidh, maireannach
eternity *n* sìorraidheachd *f*, bith-bhuantachd *f*
ether *n* èatar *m*
ethereal *a* nèamhaidh
ethical *a* modhannach
ethics *n* modhannan, lagh *m* nam beus
Ethiopia *n* An Aetiòp *f*
ethnic *a* cinnidheach
ethos *n* gnè *f*
etiquette *n* modh *f*
etymological *a* facal-fhreumhail
etymology *n* facal-fhreumhachd *f*
etymon *n* freumh-fhacal *m*
Eucharist *n* Suipear *f* an Tighearna

eulogize v cliùthaich
eulogy n moladh m
eunuch n caillteanach m
euphemism n maoth-fhacal m
eurhythmic a so-ruithimeach
Europe n An Roinn Eòrpa f
European a Eòrpach
evacuate v falmhaich, fàsaich
evacuation n falmhachadh m
evade v seachainn, faigh air falbh o
evaluate v meas, luachaich, cuir luach
  air
evaluation n meas m, luachadh m
evanescent a diomain
evangelical a soisgeulach
evangelist n soisgeulaiche m
evaporate v deataich
evaporation n deatachadh m
evasion n seachnadh m; leisgeul m
Eve n Eubha f
even a rèidh, còmhnard; (of spacing
  etc.) cothrom; (of temperament)
  socair; e. number, àireamh cothrom
even adv eadhon; fèin, fhèin; (just,
  exactly) dìreach
evening n feasgar m
eveness n rèidhe f
event n tuiteamas m, tachartas m, cùis f;
  at all events, co-dhiù
eventually adv mu dheireadh thall
ever adv aig àm sam bith, idir; (ref. to
  past) riamh; (ref. to fut.) (a) chaoidh;
  for e., gu bràth, gu sìorraidh; he was as
  fast as e., bha e cho luath 's a bha e
  riamh
evergreen a sìor-uaine
everlasting a sìorraidh, bith-bhuan,
  maireannach
evermore adv gu bràth, o seo a-mach
every a gach (aon), na h-uile
everyday a làitheil
everyone pron gach duine
everything pron gach nì
everywhere pron (anns) gach àite
evict v cuir á seilbh, fuadaich
eviction n cur m á seilbh, fuadachadh m
evidence n fianais f, teisteanas m
evident a soilleir, follaiseach, dearbhte
evil n olc m, aingidheachd f
evil a olc, aingidh
evince v seall, dèan soilleir

evocation n dùsgadh m, .toirt m gu
  cuimhne
evolution n mean-fhàs m
evolve v thoir gu bith/crìch
ewe n othaisg f
exacerbation n feargachadh m
exact a ceart, dìreach, pongail
exact v buin (bho)
exactness n cruinne f, pongalachd f
exaggerate v cuir am meud, cuir ris (an
  fhìrinn)
exaggeration n cur m am meud
exalt v àrdaich
exaltation n àrdachadh m
examination n ceasnachadh m,
  sgrùdadh m, deuchainn f
examine v ceasnaich, sgrùd, rannsaich
examiner n fear-ceasnachaidh m, fear-
  sgrùdaidh m
example n eisimpleir m, ball-sampaill
  m
exasperate v feargaich, leamhaich
exasperation n feargachadh m,
  leamhachadh m
excavate v cladhaich
excavation n cladhach m, cladhachadh
  m
excavator n (machine) uidheam f
  cladhach
exceed v rach thairis air
exceedingly adv glè, anabarrach
excel v thoir barr, faigh buaidh
excellence n feabhas m
excellent a barrail
except v fàg a-mach, cuir an dara taobh
except prep ach (a-mhàin); e. for, saor o
exception n fàgail f a-mach; with the e.
  of, ach a-mhàin; everyone without e., a
  h-uile duine riamh; take e. to, cuir an
  aghaidh
exceptional a ás an t-sreath
excerpt v tagh á(s)
excess n anbharr m, tuilleadh m 's a'
  chòir
excessive a anabarrach, ana-measarra
exchange v malairtich
exchange n malairt f, iomlaid f
exchequer n stàitchiste f; Roinn f an
  Airgid
excisable a buailteach do chìs
excise n cìs f

excise v geàrr ás
exciseman n cìs-mhaor m, gàidsear m
excision n gearradh m ás
excite brosnaich, gluais
excitement n brosnachadh m, breisleach m, spreagadh m
exclaim v glaodh
exclamation n glaodh m, grad-ghlaodh m; e. mark, clisg-phuing f
exclude v dùin a-mach, toirmisg
exclusion n dùnadh m a-mach, toirmeasg m
exclusive a toirmisgeach; dlùth
excommunicate v coinneal-bhàth
excommunication n coinneal-bhàthadh m
excrement n cac m, inneir f
excrescence n forfhàs m, fluth m
excruciate v cràidh, claoidh
exculpate v saor
excursion n cuairt f, sgrìob f
excusable a so-leisgeulach
excuse n leisgeul m
excuse v gabh/thoir leisgeul, math
execrable a mallaichte
execrate v mallaich
execute v cuir an gnìomh; geàrr an ceann de
execution n cur m an gnìomh; cur m gu bàs
executive n fear-gnìomha m
executive a gnìomhach
executor n fear-cùraim m tiomnaidh
executrix n bean-chùraim f tiomnaidh
exemplar n eisimpleir m
exemplary a eisimpleireach; deagh-bheusach
exemplify v mìnich le eisimpleirean
exempt v saor
exemption n cead m dol saor
exercise n eacarsaich f, gnìomhachadh m
exercise v obraich, gnàthaich, cleachd
exert v dèan spàirn/dìcheall
exertion n spàirn f, dìcheall m
exhaust n (of car etc.) pìob f thraoghaidh
exhaust v falmhaich, traogh, feuch
exhaustion n traoghadh m; (physical) claoidheadh m
exhaustive a iomlan, mion
exhibit v taisbean

exhibition n taisbeanadh m, fèill f taisbeanaidh
exhilarate v aoibhnich
exhort v earalaich
exhortation n earalachadh m
exile n fògarrach m
exile v fògair
exist v bi, bi beò
existence n bith f, beatha f
existential a bitheil
exit n (àite m) dol m a-mach
exodus n triall m a-mach á
exonerate v saor, fìreanaich
exoneration n saoradh m, fìreanachadh m
exorbitant a ana-cuimseach
exotic a coimheach, eil-thìreach
expand v sgaoil, meudaich
expansion n sgaoileadh m, meudachadh m
expansive a sgaoilteach
expatriate a ás-dhùthchach
expect v bi dùil aig (ri); he expects to get a holiday, tha dùil aige ri saor-làithean
expectancy n dùil f, dòchas m
expectant a dòchasach; an e. mother, boireannach is dùil aice pàisde fhaighinn/boireannach trom
expectation n dùil f, dòchas m
expectorate v cuir a-mach smugaid
expediency n feumalachd f
expedient a coltach, iomchaidh
expedite v luathaich
expedition n turas m; (quickness) cabhag f
expeditious a grad, cabhagach
expel v fògair, fuadaich
expend v caith, cosg
expenditure n caiteachas m
expense n cosgais f
expensive a cosgail, daor
experience n eòlas m, cleachdadh m, fiosrachadh/fèin-fhiosrachadh m
experience v mothaich, fairich, fiosraich
experiment n deuchainn f, probhadh m
experimental a probhail
expert a ealanta, teòma
expertness n teòmachd f
expire v analaich; (die) bàsaich; crìochnaich
explain v mìnich

explanation *n* mìneachadh *m*

explanatory *a* mìneachail

explicit *a* soilleir, fosgailte

explode *v* spreadh; (*of a theory etc.*) cuir an neo-shuim

exploit *n* euchd *m*

exploit *v* thoir brìogh á, dèan feum de

explore *v* rannsaich, lorg a-mach

explosion *n* spreadhadh *m*

export *n* eas-tharraing *f*; *e. duty*, cìs *f* eas-tharraing

export *v* cuir thairis, eas-tharraing

expose *v* nochd, leig ris

exposition *n* mìneachadh *m*

expositor *n* fear-mìneachaidh *m*

expostulate *v* reusonaich

exposure *n* nochdadh *m*, leigeil *m* ris

expound *v* mìnich, soilleirich

express *v* cuir an cèill; (*send quickly*) luathaich

express *a* luath; *e. train*, luath-thrèana; *by e. purpose*, a dh'aon ghnothaich

expression *n* dòigh *f* labhairt *f*, uirgheall *m*; (*facial*) fiamh *m*; *e. of opinion*, cur *m* an cèill baralach

expressive *a* brìoghor

expressly *adv* a dh'aon ghnothaich, a dh'aon bheum

expropriate *v* di-shealbhaich

expulsion *n* fògradh *m*

expunge *v* dubh ás

exquisite *a* òirdheirc

extant *a* maireann; (*of inanimate things also*) an làthair

extemporary *a* gun ullachadh

extemporise *v* labhair gun ullachadh

extend *v* sìn, leudaich, ruig

extension *n* sìneadh *m*, leudachadh *m*

extensive *a* farsaing, leathann

extent *n* farsaingeachd *f*, leud *m*

extenuate *v* lùghdaich, beagaich (coire)

extenuation *n* lùghdachadh *m*, leisgeul *m*

exterior *n* taobh *m* a-muigh

exterior *a* air an taobh a-muigh

extermination *n* sgrios *m*, milleadh *m*

external *a* air/bho an taobh a-muigh

extinct *a* crìochnaichte; bàthte

extinction *n* cur *m* ás, smàladh *m*, bàthadh *m*, sgrios *m*

extinguish *v* cuir ás, smàl, mùch, sgrios

extinguisher *n* smàladair *m*

extirpation *n* toirt *f* o fhreumhan, spìonadh *m* ás

extol *v* àrd-mhol

extort *v* thoir air falbh air èiginn

extortion *n* toirt *f* air falbh air èiginn

extra *a* fìor, ro-; (*additional*) a chòrr; *adv* a bharrachd, a thuilleadh

extract *v* tarraing/thoir á

extrajudicial *a* seach-laghail

extramural *a* seachtrach

extraneous *a* coimheach

extraordinary *a* neo-ghnàthach, ana-barrach

extravagance *n* ana-measarrachd *f*, ana-caitheamh *m*

extravagant *a* ana-caiteach, strùidheil

extreme *n* iomall *m*, ceann *m* thall

extreme *a* fìor, ro-, anabarrach

extremity *n* iomall *m*, ceann *m* thall; (*of danger etc.*) teinn *f*

extricate *v* saor, fuasgail

extrovert *n* duine *m* fosgarra

exuberance *n* braise *f*, cur-thairis *m*

exuberant *a* bras

exult *v* dèan lùghair

exultant *a* lùghaireach

exultation *n* lùghair *m*

eye *n* sùil *f*; (*of a needle*) crò *m*; *in the e. of the wind*, an coinneamh na gaoithe

eye *v* seall, thoir sùil air, beachdaich

eyeball *n* clach *f* na sùla

eyebrow *n* mala *f*

eyed, eying *a* sùileach

eyelash *n* fabhra *m*, rosg *m*

eyeless *a* gun sùilean

eyelid *n* sgàile *f* sùla, fabhra *m*

eyeshade *n* dubhar-sùla *m*

eyesight *n* fradharc/radharc *m*, lèirsinn *f*

eyesore *n* cùis *f* mhì-thlachd

eyetooth *n* fiacaill-crìche *f*

eyewitness *n* fianais-shùl *f*

eyry *n* nead *m* (iolaire *etc.*)

F

fable *n* uirsgeul *m*, sgeulachd *f*
fabric *n* (*textile*) aodach *m*, eige *f*; (*of a building etc.*) togalach *m*, dèanamh *m*
fabricate *v* tog, cuir ri chèile; breugaich
fabricator *n* fear-togail *m*; fear-brèige *m*
fabulous *a* uirsgeulach; ('*terrific*') iongantach
facade *n* aghaidh *f*
face *n* aghaidh *f*, gnùis *f*, aodann *m*
face *v* cuir/thoir aghaidh air; bi mu choinneamh
face-powder *n* pùdar *m* aodainn
face-towel *n* tubhailt *f* aodainn
facet *n* taobh *m*
facetious *a* magail
facile *a* furasda, ao-domhainn
facilitate *v* soirbhich
facility *n* èasgaidheachd *f*, soirbheachd *f*
facsimile *n* mac-samhail *m*
facing *n* aghaidh *f*, còmhdach *m*
facing *pres. part.* mu choinneamh
fact *n* beart *n*; firinn *f*; *is that a f.?*, an e an fhìrinn tha sin?; *apart from the f. that* ———, a thuilleadh air (gu bheil etc.)
faction *n* buidheann *f*
factor *n* seumarlan *m*, bàillidh *m*; (*math.*) factar *m*; *a f. in their decision was* ———, b'e aon de na rudan a thug orra a dhèanamh ———
factory *n* taigh-ceàirde *m*, taigh-tionnsgain *m*
faculty *n* comas *m*, cumhachd *m*, buaidh *f*; (*e.g. Arts F.*) Dàmh *f* nan Ealdhain
fad *n* àilleas *m*
fade *v* searg, crìon, meath
fade-in *n* gealadh *m*
fade-out *n* dorchadh *m*
fading *n* seargadh *m*, crìonadh *m*, meath *m*
fag *n* (*cigarette*) fag *m*, toitean *m*
faggot *n* cual *f* chonnaidh
fail *v* dìobair, fàillig, leig roimhe
failing *n* fàillinn *f*, fàillneachadh *m*
failure *n* fàillinn *f*, fàilligeadh *m*
faint *n* neul *m*, laigse *f*

faint *v* fannaich, fanntaig
faint *a* fann, lag; neo-smiorail; neo-shoilleir
faint-hearted *a* lag-chridheach, meata
fair *n* fèill *f*
fair *a* maiseach; bàn, fionn; ceart, cothromach; *f. copy*, ceart-chopaidh *m*, ath-sgrìobhadh *m*
Fair Isle *n* Eilean *m* nan Caorach
fair play *n* cothrom *m* na Fèinne
fairly *adv* an ìre mhath, gu math; *it is f. warm*, tha e gu math blàth
fairness *n* maisealachd *f*; bàinead *f*; ceartas *m*, cothromachd *f*
fairway *n* (*naut.*) raon *m* seòlaidh; (*golf*) prìomh-raon *m*
fairy *n* sìdhiche *m*; bean-shìdh *f*
fairy *a* sìdh
faith *n* creideamh *m*; (*trust etc.*) muinghinn *f*, earbsa *f*, creideas *m*
faithful *a* dìleas, treibhdhireach
faithfulness *n* dìlseachd *f*, treibhdhireas *m*
faithless *a* mì-dhìleas
faithlessness *n* mì-dhìlseachd *f*
fake *n* rud *m* brèige
fall *n* tuiteam *m*; (*water f.*) eas *m*
fall *v* tuit; (*of liquid level*) sìolaidh
fallacious *a* mearachdach
fallacy *n* saobh-chiall *f*
fallible *a* buailteach do mhearachd
falling *n* tuiteam *m*
fallow *a* bàn
false *a* meallta, fallsa
falsehood *n* breug *f*
falsify *v* breugnaich
falter *v* lagaich, tuislich
fame *n* cliù *m*, ainm *m*, alladh *m*
famed *a* cliùiteach, ainmeil, allail
familiar *a* càirdeil; eòlach (air)
familiarity *n* eòlas *m*; saorsa *f* còmhraidh
familiarize *v* dèan eòlach, gnàthaich
family *n* teaghlach *m*
famine *n* goirt *f*, gorta *f*
famous *a* ainmeil, iomraiteach

fan *n* gaotharan *m*
fan *v* fionnaraich; (*stir up*) sèid
fanatic *n* eudmhoraiche *m*
fanatical *a* eudmhorach
fanaticism *n* eudmhorachd *f*
fanciful, fancy *a* guanach; *f. goods*, bathar aotrom; *f. dress*, aodach brèige
fancy *n* guanachas *m*
fancy *v* smaoinich, beachdaich; miann-aich *m*
fang *n* stòr-fhiacail *m*, nimh-fhiacail *m*
fanged *a* stòr-fhiaclach
fanlight *n* uinneag *f* àrd-dorais
fantastic *a* ro-iongantach
fantasy *n* sgeul *m* guaineis
far *a and adv*, fada, fas ás, cian; (*much more*) tòrr
far-fetched *a* ràbhairteach
far-reaching *a* fad-ruigheach
far-sighted *a* fad-fhradharcach
farad *n* farad *m*
farce *n* sgig-chluich *f*
fare *n* (*on bus etc.*) faradh *m*; (*food etc.*) biadh *m*, lòn *m*
farewell *n* soraidh *m*, slàn *m*, beannachd *f* (le)
farinacious *a* mineach
farm *n* baile-fearainn *m*, tuathanas *m*
farmer *n* tuathanach *m*
Faroe Islands *n* Eileanan Fàro
farrago *n* bruthaiste *f*
farrier *n* dotair-each *m*
fart *n* braidhm *m*; (*soundless f.*) tùd *m*
farther *adv* nas fhaide
farther *a* as fhaide
farthing *n* feòirlinn *f*, fàirdean *m*
fascinate *v* cuir fo gheasaibh
fascination *n* geasachd *f*
fascism *n* faisisteachas *m*
fashion *n* fasan *m*; cleachdadh *m*, gnàths *m*, dòigh *f*
fashion *v* cum, dealbh
fashionable *a* fasanta, nòsail
fast *n* trasg *f*, trasgadh *m*
fast *a* (*quick*) luath; (*firm*) daingeann, teann
fast-day *n* là-trasgaidh *m*, là *m* na traisg
fasten *v* ceangail, teannaich; gabh grèim
fastening *n* ceangal *m*, teannachadh *m*
fastidious *a* àilleasach
fasting *n* trasgadh *m*

fat *n* reamhrachd *f*; saill *f*, sult *m*, geir *f*
fat *a* reamhar, sultmhor
fatal *a* marbhtach
fatalism *n* dàntachd *f*
fatalist *n* dàntaiche *m*
fate *n* dàn *m*
fated *a* an dàn, ro-òrdaichte; *that was f.*, bha siud an dàn
father *n* athair *m*
father *v* bi mar athair, gabh ri mar athair; cuir ás leth
father-in-law *n* athair-cèile *m*
fatherland *n* athardha *m*
fatherless *a* gun athair
fatherly *a* athaireil
fathom *n* aitheamh
fathom *v* tomhais doimhneachd, tomhais, ruig air
fatigue *n* sgìos *f*
fatigue *v* sgìthich, sàraich
fatness *n* reamhrachd *f*, sultmhorachd *f*
fatten *v* reamhraich
fatuous *a* baoth
fault *n* coire *f*, cron *m*, lochd *m*
faultless *a* neo-chiontach, neo-choireach; gun mheang
faulty *a* easbhaidheach
fauna *n* ainmhidhean *pl*
favour *n* fàbhar *m*, bàigh *f*; (*physical token*) suaicheantas *m*
favour *v* bi fàbharach, nochd fàbhar
favourable *a* fàbharach
favoured *a* a fhuair fàbhar, a chaidh a thaghadh
favourite *n* annsachd *f*
fawn *n* mang *f*
fawn *v* dèan miodal/sodal
fear *n* eagal *m*, fiamh *m*
fear *v* gabh eagal, bi fo eagal
fearful *a* eagalach, fiamhail
fearfulness *n* meatachd *f*, eagal *m*
fearless *a* gun eagal, gun athadh
feasible *a* so-dhèanamh
feast *n* fèisd *f*, fleadh *m*
feast *v* dèan fèisd, thoir fleadh
feat *n* euchd *m*, cleas *m*
feather *n* ite *f*, iteag *f*
feather-bed *n* leabaidh-itean *f*
featherbed *v* maothaich
feathered *a* iteach, iteagach**

feature n tuar m, aogas m; comharradh m

February n Feabruari f, An Gearran m

fecund a torrach

federal a feadarail

federalism n feadaraileachd f

fee n duais f, tuarasdal m

fee v tuarasdalaich

feeble a fann, anfhann

feebleness n anfhannachd f

feed n biadh m, lòn m

feed v biath, beathaich

feel v fairich, mothaich; (actively) làimhsich, feuch

feeler n (bot., zool.) iadhaire m

feeling n faireachdainn f, mothachadh m

feign v gabh/leig air

felicitous a sona, sòlasach

felicity n sonas m, sòlas m

feline a mar chat

fell v leag gu làr, geàrr sìos

fellow n companach m, gille m

fellow a co-

fellowship n companas m, caidreamh m

felon n slaoightear m

felony n slaoightearachd f

felt n anart m, teàrr-anart m

female n bean f, boireannach m

female a boireann, baineann; f. child, leanabh mnà

feminine a banail, màlda; (gram.) baineann

feminist n boireann-dhlighiche m

fen n boglach f

fence n lann f, callaid f, feans f

fence v dùin, cuartaich, feansaig

fend v (f. off) caisg; f. for oneself, saothraich

fender n dìonadair m

ferment n brachadh m; troimhe-chèile f

ferment v brach

fermentation n brachadh m

fern n raineach f

ferocious a fraoich, garg

ferocity n gairge f, buirbe f

ferret n feocallan m, neas f

ferret v f. out, lorgaich

ferro-concrete n saimeant-le-iarann m

ferry n aiseag f

ferry v aisig

ferry-boat n bàta-aiseig m

ferryman n fear-aiseig m

fertile a torach

fertility n torachas m

fertilization n torachadh m

fertilize v leasaich, mathaich; toraich

fervent a dian, dùrachdach

fervour n dèine f, dùrachd f, dìoghras m

fester v at

festival n fèill f

festive a fleadhach, cuirmeach

festivity n subhachas m

fetch v faigh, thoir le; f. a good price, tarraing deagh phrìs

fetter n cuibhreach m, geimheal m

fetter v cuibhrich, geimhlich

fettle n òrdugh m

feu n gabhail m, f

feud n falachd f, strì f

feudal a fiùdalach

feudalism n fiùdalachd f

fever n fiabhras m, teasach f

feverish a fiabhrasach

few n beagan m; a f. hens, beagan chearcan

few a beag, tearc, ainneamh, gann; there are f. people left, is ainneamh/gann duine a tha air fhàgail

fewness n teircead m, gainnead m

fib n breug f

fibre n snàithleach m

fibrous a snàthlainneach, freumhagach

fibrositis n fiobrosas m

fibula n cnàimh-caol m na lurgann

fickle a caochlaideach, gogaideach

fickleness n caochlaideachd f

fiction n uirsgeul m

fictitious a uirsgeulach

fiddle n fidheall f, fiodhall f

fiddle v dèan fidhleireachd, cluich air an fhidhill; (be dishonest) foillich

fiddling n (mus.) fidhleireachd f; (improper dealing) foilleireachd f

fiddler n fidhlear m

fiddle-string n teud m fidhle

fidelity n dìlseachd f

fidget v bi gluasadach

field n achadh m, raon m

field-glasses n prosbaig f

field-mouse n luch-fheòir f

fiend n deamhan m

fierce *a* fiadhaich, garg
fierceness *n* gairge *f*
fiery *a* teinnteach, loisgeach; *f. cross,* crann-tàra *m*
fifteen *n* còig-deug
fifth *a* còigeamh, còigeadh
fifthly *adv* sa' chòigeamh àite
fifty *n* leth-cheud, caogad
fiftieth *a* leth-cheudamh
fig *n* fìogais *f*; *f.-tree,* crann *m* fìge
fight *n* còmhrag *f*, sabaid *f*
fight *v* còmhraig, sabaidich, dèan sabaid
fighter *n* fear-còmhraig *m*, sabaidiche *m*
figurative *a* samhlachail
figure *n* dealbh *m*, *f*, cruth *m*, samhla *m*
figure *v* cum, dealbh, samhlaich
figure-head *n* ainm *m*
filament *n* fileamaid *f*
filch *v* goid
file *n* (*tool*) eighe *f*; (*of papers etc.*) còmhlachadh *m*; (*mil*) rang *m*
file *v* lìomh; (*of papers*) còmhlaich
filial *a* macail
filings *n* smùrach *m* eighe
fill *n* làn *m*, sàth *m*
fill *v* lìon, fàs làn
fillet *n* stìom *f*; (*of steak, fish etc.*) colp *m*
fillet *v* colpaich
filling-station *n* stèisean-peatroil *m*
filly *n* loth *m*, *f*
film *n* film *m*, sgannan *m*, sgàile *f*
film-star *n* reul *m*/reultag *f* film
film-strip *n* film-stiall *f*
filter *n* sìolachan *m*, sìoltachan *m*
filter *v* sìolaidh
filth *n* salchar *m*
filthy *a* salach, neòghlan
fin *n* ite *f*
final *a* deireannach
finale *n* crìoch *f*
finalist *n* crìochaiche *m*
finalize *v* thoir gu crìch
finance *n* maoineachas *m*
finance *v* maoinich, pàigh
financier *n* maoiniche *m*
find *v* faigh, lorg
fine *n* ùnnlagh *m*
fine *a* grinn, mìn, glan, math dha-rìribh
fine *v* leag ùnnlagh
fineness *n* grinneas *m*, finealtachd *f*
finery *n* rìomhachas *m*

finesse *n* cleas *m*, cealg *f*
finger *n* meur *f*, corrag *f*
finger *v* làimhsich, cuir meur air
finger-nail *n* ìne *f*
finger-print *n* meurlorg *f*
finish *n* crìoch *f*, ceann *m*
finish *v* crìochnaich
finite *a* crìochach
Finland *n* Suòmi *f*
Finnish *a* Suòmach
finny *a* iteach
fir *n* giuthas *m*
fire *n* teine *m*
fire *v* cuir 'na theine, cuir teine ri
fire-alarm *n* teine-chaithream *m*, *f*
fire-arms *n* airm-theine *pl*
firebrand *n* aithinne *m*
fire-engine *n* einnsean-smàlaidh *m*
fire-lighter *n* fadaire-teine *m*
fire-proof *a* teine-dhìonach
fireside *n* teallach *m*
fireman *n* fear-smàlaidh *m*
firing *n* connadh *m*; (*of gun*) losgadh *m*
firkin *n* buideal *m* (naoi galain)
firm *n* buidheann *f*, companaidh *f*
firm *a* daingeann, teann
firmament *n* iarmailt *f*
firmness *n* daingneachd *f*, seasmhachd *f*, diongmhaltas *m*
first *n* a' chiad duine *m*/rud *m*; *he got a f.* (*1st class honours*) choisinn e an tùs urraim; *at f.,* an toiseach
first *a* ciad, ciadamh, prìomh; *Alexander the First,* Alasdair a h-Aon
first *adv* an toiseach, anns a' chiad àite; *he arrived f.,* thàinig esan air toiseach
first-aid *n* ciad-fhuasgladh *m*
first-born *n* ciad-ghin *m*
first-fruits *n* ciad thoradh *m*
first-hand *a* dìreach
firth *n* caol *m*, caolas *m*
fiscal *n* (*procurator f.*) fioscail *m*
fiscal *a* fioscail; ionmhasail
fish *n* iasg *m*
fish *v* iasgaich, bi ag iasgachd
fisher(man) *n* iasgair *m*
fishery *n* iasgaireachd *f*; *f. cruiser,* bàta-dìon *m* na h-iasgaireachd
fish-cake *n* bonnach-èisg *m*
fish-hook *n* dubhan *m*
fish-market *n* margadh *m* an èisg

fish-slice *n* sliseag *f* èisg
fishing *n* iasgaireachd *f*
fishing-ground *n* grùnnd-iasgaich *m*
fishing-rod *n* slat-iasgaich *f*
fishmeal *n* min *f* èisg
fishmonger *n* ceannaiche *m* èisg
fishy *a* mar iasg; (*peculiar*) neònach
fissile *a* ion-sgoilte
fissure *n* sgoltadh *m*, sgàineadh *m*
fist *n* dòrn *m*
fit *n* taom *m*
fit *a* ion-, iomchuidh, freagarrach
fit *v* dèan freagarrach, cuir an òrdugh/uidheam; feuch
fitful *a* plathach
fitness *n* freagarrachd *f*; (*physical f.*) fallaineachd *f*
fitter *n* fear-uidheam *m*
fitting *a* cubhaidh
five *a and n* còig; *f. persons*, còignear
fivefold *a* còig-fillte
fix *v* suidhich, socraich; dèan teann; (*of dye*) ceangail
fixation *n* dùiread *m*, rag-bheachd *m*
fixture *n* rud *m* socraichte; (*sport*) là *m* cluich, coinneachadh *m*
fizz *n* copraich *f*
flabby *a* bog, plamach
flaccid *a* maoth, so-lùbaidh
flag *n* bratach *f*; (*bot.*) seileasdair *m, f*
flagellated *a* (*biol.*) flaigeallach
flag *v* fannaich, lagaich
flagellation *n* sgiùrsadh *m*
flagrant *a* follaiseach, soilleir
flagstone *n* leac *f*
flail *n* sùist(e) *f*
flair liut *m*
flake *n* bleideag *f*, lòineag *f*, cleiteag *f*; sgealb(ag) *f*
flame *n* lasair *f*
flamy *a* lasrach
flank *n* slios *m*, taobh *m*
flannel *n* cùrainn *f*, flanainn *f*
flap *n* cleitearnach *m*; (*of plane-wing*) clàr *m*
flap *v* crath
flare *n* lasair-bhoillsg *m*
flare *v* deàrrs, boillsg
flash *n* lasair *f*, boillsgeadh *m*, laom *m*
flash *v* deàlraich, boillsg
flash-back *n* iar-bhoillsgeadh *m*

flash-point *n* lasair-staid *f*
flash-light *n* lasair-sholas *m*
flask *n* searrag *f*
flat *n* còmhnard *m*; (*in house*) lobht *m*
flat *a* còmhnard, rèidh, leacach; neo-chridheil; (*mus.*) maol, flat
flatness *n* rèidhe *f*
flatten *v* dèan rèidh, laigh ri; (*mus.*) maolaich
flatter *v* dèan miodal/sodal
flattery *n* miodal *m*, sodal *m*
flatulent *a* gaothmhor, gaothach
flautist *n* cuisleannach *m*
flavour *n* blas *m*
flavour *v* blasaich
flaw *n* gaoid *f*, meang *f*
flax *n* lìon *m*
flay *v* feann
flea *n* deargad *f*, deargann *f*
fleck *n* breacadh *m*
flee *v* teich, ruith, tàrr ás
fleece *n* rùsg *m*
fleece *v* rùisg, lomair
fleecy *a* cloimheach, rùsgach
fleet *n* cabhlach *m*, loingeas *m*
fleet *a* luath, siùbhlach
fleet *v* siubhail gu grad
fleeting *a* siùbhlach, diombuan
fleetness *n* luathas *m*, siùbhlachd *f*
Flemish *a* Flandrach
flesh feòil *f*
flesh-pots *n* poitean feòla
fleshy *a* sultmhor, reamhar
flex *n* fleisg *f*
flexibility *n* sùbailteachd *f*
flexible *a* sùbailte, so-lùbadh
flexion *n* cromadh *m*, lùbadh *m*
flick *v* caith dhe/air falbh
flicker *v* priob
flight *n* teicheadh *m*, ruaig *f*; iteal *m*, itealadh *m*; (*of imagination etc.*) ruathar *m*, siubhal *m*
flighty *a* luaineach
flimsy *a* tana
flinch *v* clisich
fling *v* tilg, caith
flint *n* ailbhinn *f*, spor *m*
flinty *a* ailbhinneach
flippancy *n* beadaidheachd *f*
flippant *a* beadaidh
flirt *n* (*female*) gogaid *f*

flit v èalaidh; (*move house*) dèan imrich
float v snàmh, bi a'/air fleòdradh
flock n (*of sheep*) treud m, (*of birds*) ealta f
flood n tuil f, dìle f
flood v còmhdaich le uisge
flood-gate n tuil-dhoras m
flood-light n tuil-sholas m
floor n làr m, ùrlar m
floor v cuir ùrlar ann; (*overcome in argument etc.*) dèan a' chùis air
floor-board n clàr m ùrlair
floor-polish n lìomh-ùrlair f
floral a flùranach
florid a ruiteach
florin n bonn m dà thasdan
florist n ceannaiche-fhlùran m
flounder n leòbag f, lèabag f
flour n flùr m, min-flùir f
flour-mill n muileann-fhlùir m, f
flourish v fàs (gu math), èirich/theirig (gu math) le; (*brandish*) beartaich
flow n sruth m, sileadh m, pailteas m
flow v ruith, sil
flower n blàth m, flùr m
flowery a flùranach
flu n an cnatan m mòr
fluctuate v luaisg, atharraich
fluctuation n luasgadh m, atharrachadh m
flue n sòrn m
fluency n fileantachd f
fluent a fileanta, deas-labhrach
fluff n mothtan m
fluid n lionn m
fluid a silteach, sruthach
fluidity n silteachd f
fluke n turchairt m; cnuimh f
fluorescent a sruth-shoillseach
fluorine n fluorain m
flurry n cabhag f, othail f
flush n rudhadh m
flush a (*of money*) pailt
flush v fàs dearg; *she flushed*, thàinig rudhadh 'na h-aodann; (*of toilet*) sruthlaich; (*of birds etc.*) dùisg
fluster v cuir gu cabhaig, cuir troimhe chèile
flute n cuislean m, cuisle-chiùil f
flutter v dèan itealaich
flux n sruthadh m, ruith f

fly n cuileag f; (*fishing f.*) maghar m
fly v theirig/falbh air iteig, itealaich; teich
flying n itealaich f, sgiathalaich f
flyer n itlaiche m
foal n searrach m
foam n cop m, cobhar m
foam v cuir cop dhe
foamy a copach, cobharach
focus n cruinn-ionad m, fòcas m
focus v faigh cruinn-shealladh
fodder n fodar m, connlach f
foe n nàmhaid m, eascaraid m
foetus n toircheas m
fog n ceò m, f
foggy a ceòthach
foible n fàillinn f
foil v cuir casg air, bac
fold n buaile f, crò m, mainnir f; (*of cloth etc.*) filleadh m
fold v cuir an crò; (*of cloth etc.*) fill, paisg
foliage n duilleach m
folio n mòr-dhuilleag f, foilio f
folk n muinntir f, sluagh m, poball m
folk-song n mith-òran m
folk-tale n mith-sgeul m
folklore n beul-aithris f
follow v lean, thig an dèidh
follower n fear-leanmhainn m; (*pl*) luchd-l.
folly n amaideachd f, gòraiche f
fond a dèidheil; (*foolish*) amaideach
fondle v cniadaich, tataidh
fondness n dèidh f
font n amar(-baistidh) m
food n biadh m, lòn m
fool n amadan m
fool v meall, thoir an car á
foolhardy a dàna
fool-proof a do-mhillte
foolish a gòrach, amaideach
foolscap n fulscap m
foot n cas f, troigh f; (*of hill, river*) bonn m, bun m; (*unit of length*) troigh f
football n ball-coise m
footing n àite-seasamh m; suidheachadh m, stèidh f
footnote n bonn-nota f
footstep n cas-cheum m
footwear n caisbheart f

for *prep* air, airson, a chionn, an àite, do bhrìgh, air sgàth, ri, gu, fad, do; *he is doing that f. me*, tha e dèanamh sin air mo shon/air mo sgàth; *two f. one*, dhà an àite aon; *he paid f. it*, phàigh e air; *f. sale*, ri reic; *the bus f. Inverness*, am bus gu Inbhir Nis; *stay f. a week*, fuirich (fad) seachdain; *it is f. you*, 'sann dhutsa a tha e

forage *v* solair

forbearance *n* fad-fhulangas *m*

forbid *v* toirmisg

forbidden *past part* toirmisgte

forbidding *a* gruamach

forby *adv* a thuilleadh (air sin)

force *n* neart *m*, cumhachd *m*, èifeachd *f*, brìogh *f*

force *v* co-èignich, thoir a dh'aindeoin; thoir air; *I forced him to leave*, thug mi air falbh

forceful *a* èifeachdach

forceps *a* teanchair *m*

forcible *a* neartmhor, èifeachdach

ford *n* àth *m*; (*between islands*) fadhail *f*

fore *a* roimh-, toisich; *the f. leg*, a' chas toisich

forearm *n* ruighe *m*, *f*

forecast *n* roimh-aithris *f*, roimh-amas *m*

forecast *v* roimh-aithris, dèan amas roimh làimh

forecastle *n* toiseach *m* luinge

forefather *n* sinnsear *m*; *forefathers*, na h-athraichean

forefinger *n* sgealbag *f*

forefront *n* fìor thoiseach *m*

forego *v* trèig, fàg

foregoing *a* roimh-ràite, roimhe seo

foreground *n* roimh-ionad *m*

forehead *n* bathais *f*, maoil *f*

foreign *a* Gallda, coimheach

foreigner *n* Gall *m*, coigreach *m*, eilthireach *m*

forejudge *v* roimh-bhreithnich

foreknow *v* roimh-aithnich

foreknowledge *n* roimh-aithne *f*

forelock *n* dosan *m*

foreman *n* maor *m* (na h-oibre)

foremast *n* crann *m* toisich

forementioned *a* roimh-ainmichte

foremost *a* prìomh, air thoiseach

forenoon *n* roimh mheadhon latha

forensic *a* dligh-eòlach

foreordain *v* roimh-òrdaich

forerunner *n* roimh-ruithear *m*, roimh-theachdaire *m*

foresay *v* roimh-innis

foresail *n* seòl-toisich *m*

foresee *v* faic roimh làimh

foreshorten *v* roimh-ghiorraich

foresight *n* roimh-shealladh *m*; breith-neachadh *m*

forest *n* coille *f*; *deer f*, frìth *f*

forestall *v* faigh air toiseach air

forester *n* forsair *m*

forestry *n* forsaireachd *f*

foretaste *n* roimh-bhlasad *m*

foretell *v* roimh-innis, fàisnich

forethought *n* roimh-smuain *m*

forever *adv* a chaoidh

forewarn *v* cuir air earalas

foreword *n* roimh-ràdh *m*

forfeit *n* èiric *f*

forfeit *v* caill (còir air)

forgather *v* cruinnich

forge *n* teallach *m* ceàrdaich

forge *v* dèan goibhneachd, dealbh

forger *n* fallsaidhear *m*

forgery *n* fallsaidheachd *f*

forget *v* dìochuimhnich

forgetful *a* dìochuimhneach

forgetfulness *n* dìochuimhne *f*

forgive *v* math, thoir mathanas

forgiveness *n* mathanas *m*

forgotten *a* air dìochuimhne

fork *n* greimire *m*, forc *f*; gobhlag *f*

fork *v* fàs gobhlach

forked *a* gobhlach

forlorn *a* aonaranach, truagh

form *n* cumadh *m*, dealbh *m*, *f*, cruth *m*; dòigh *f*, riochd *m*, modh *f*; (*for sitting on*) furm *m*, being *f*

form *v* dealbh, cum

formal *a* riaghailteach, dòigheil

formality *n* deas-ghnàth *m*, riaghailt *f*

format *n* cruth *m*

formation *n* cumadh *m*, eagar *m*

former *a* sean, roimh(-ainmichte); a chaidh seachad, a bha ann

formidable *a* eagalach, cumhachdach

formless *a* gun chruth

formula *n* foirmle *f*

68

formulate v riaghailich
fornicate v dèan strìopachas
fornication n strìopachas f
forsake v trèig, cuir cùl ri
forsaken a trèigte
forsooth adv gu dearbh
fort n daingneach f, dùn m
forth adv a-mach, air adhart; from this time f., o seo suas/a-mach
forthcoming a a' tighinn, ri teachd
forthright a dìreach
forthwith adv gun dàil
fortieth a dà fhicheadaibh
fortification n daingneach f
fortify v daingnich, dèan làidir
fortitude n misneach m, f, cruadal m
fortnight n cola-deug, ceala-deug f
fortress n daingneach f
fortuitous a tuiteamach
fortunate a fortanach
fortune n sealbh m, àgh m, fortan m
fortuneteller n fiosaiche m
forty n and a dà fhichead
forum n fòram m
forward a iarrtach, dealasach, beadaidh
forward, forwards adv air adhart, a-mach; (of football etc.) a-muigh
fossil n fosail f
fossil a fosaileach
foster v altrum, àraich
foster-brother/sister n co-alta m
foster-father n oide m
foster-mother n muime f
fosterage n daltachas m
fosterling n dalta m
foul n fealladh m
foul a salach, mosach, gràineil, breun
foul v salaich; (in games) dèan fealladh
found v stèidhich, suidhich
foundation n stèidh f, bunait m, f
founder n fear-stèidheachaidh m
founder v theirig fodha
foundry n taigh-leaghaidh m
foundling n faodalach m
fount n (of type) foireann m
fountain n fuaran m
four n and a ceithir; f. persons, ceathrar
fourfold a ceithir-fillte
four-footed a ceithir-chasach
fourscore n ceithir fichead
foursome n ceathrach m

fourteen n and a ceithir-deug
fourteenth a ceathramh deug
fourth a ceathramh
fourthly adv sa' cheathramh àite
fowl n eun m
fowler n eunadair m
fowling n eunach m
fox n sionnach m, madadh-ruadh m
foxglove n lus m nam ban sìdh; (f. flower) meuran m na mnatha sìdh
foyer n for-thalla m
fraction n mìr m, bloigh f
fractional a mìreach
fracture n bristeadh m
fracture v bris, bloighdich
fragile a brisg, lag
fragility n brisgead m, breòiteachd f
fragment n fuigheall m
fragrance n cùbhraidheachd f
fragrant a cùbhraidh
frail a lag, anfhann
frailty n laige f, anmhainneachd f
frame n cèis f; f. of mind, inntinn f
franc n franc m
France n An Fhraing f
franchise n saorsa f, còir f
frangible a brisg, pronn
frank a faoilidh, saor, fosgailte
frank v (of letters) saor
frankincense n tùis f
frankness n fosgailteachd f
frantic a air bhoile, air chuthach
fraternal a bràithreil
fraternity n bràithreachas m
fratricide n mort m bràthar
fraud n foill f
fraudulence n cealgaireachd f
fraudulent a foilleil, fealltach
fray n caonnag f, còmhrag f
freak n tuiteamas m, cleas m; culaidh-fhanaid f
freckles n breacadh-seunain m
freckled a breac-bhallach
free a saor; fialaidh; the Free Church, An Eaglais Shaor; (without payment) an asgaidh
free v saor, leig fa sgaoil
free-lance a neo-cheangailte
free-thinker n, **free-thinking** a saor-inntinneach m
free-trade n saor-mhalairt f

free-will *n* saor-thoil *f*
freedom *n* saorsa *f*, saorsainn *f*, cead *m*
freeman *n* duine *m* saor
freemason *n* saor-chlachair *m*
freeze *v* reòdh
freezer *n* reodhadair *m*
freight *n* luchd *m*; (*f. charge*) faradh *m*
French *a* Frangach
French *n the F.*, na Frangaich; (*language*) Fraingis *f*
Frenchman *n* Frangach *m*
Frenchwoman *n* ban-Fhrangach *f*
frenetic *a* air bhoile
frenzy *n* boile *f*
frequency *n* tricead *m*
frequent *a* tric, minig
frequent *v* tadhail, tathaich
frequenter *n* fear-tathaich *m*
frequently *adv* gu tric, gu minig
fresh *a* (*of atmosphere*) fionnar; (*of food etc.*) ùr
freshen *v* ùraich
freshness *n* ùrachd *f*, ùralachd *f*
fret *v* luaisg, bi frionasach
fretful *a* frionasach
fretfulness *n* frionas *m*
Freudian *a* Freudail
friable *a* brisg
friar *n* bràthair-bochd *m*
fricassee *n* smodalan *m*
friction *n* suathadh *m*, eas-aontas *m*
Friday *n* Dihaoine *m*
friend *n* caraid *m*
friendless *a* gun charaid
friendliness *n* càirdeas *m*, dàimhealachd *f*
friendly *a* càirdeil, dàimheil
friendship *n* càirdeas *m*, dàimh *m*, *f*
Friesland *n* An Fhreaslainn *f*
fright *n* eagal *m*, clisgeadh *m*
frightful *a* eagalach, oillteil
frigid *a* fuar
frigidity *n* fuaralachd *f*
frill *n* grinneas *m*, fraoidhneas *m*
fringe *n* fraoidhneas *m*, oir *m*, iomall *m*
Frisian *n and a* Freaslannach *m*
frisk *v* geàrr leum
frisky *a* mear, mireagach
frivolity *n* faoineas *m*
frivolous *a* faoin

fro *adv* air ais; *to and f.*, air ais 's air adhart
frock *n* froca *m*
frog *n* losgann *m*
frogman *n* frogaire *m*
frolic *n* mire *f*, beadradh *m*
from *prep* o, bho, á, aig; *f. it*, uaithe; *f. time to time*, bho/o àm gu àm; *away f. home*, air falbh on taigh; *f. me*, bhuam, *f. you*, bhuat *etc.*
front *n* aghaidh *f*, aodann *m*, toiseach *m*; *in f. of*, air beulaibh
front-door *n* doras *m* mòr
frontier *n* crìoch *f*
frontispiece *n* clàr-aghaidh *m*
frost *n* reothadh *m*
frostbitten *a* reo-sheargte
frosty *a* reòta
froth *n* cop *m*
frothy *a* copach
frown *n* gruaim *f*, sgraing *f*, mùig *m*
frozen *a* reòta
fructify *v* dèan/fàs torach
frugal *a* glèidhteach, caomhntach
frugality *n* glèiteachd *f*, crìontachd *f*
fruit *n* meas *m*, toradh *m*
fruit-cake *n* cèic-mheasan *f*
fruitful *a* torach, sìolmhor
fruitfulness *n* sìolmhorachd *f*
fruition *n* come to f., thig gu buil *f*
fruitless *a* neo-thorach
fruity *a* measach
frustrate *v* mill dùil, cuir a thaobh, bac
fry *v* ròsd
frying-pan *n* aghann *f*
fuck *v* rach air muin, faigh muin; (*Bibl.*) theirig a-steach gu
fuddle *v* cuir/bi air mhisg
fuel *n* connadh *m*
fuel *v* cuir connadh ri/ann
fugitive *n* fògarrach *m*
fugue *n* fiùga *f*
fulcrum *n* bùthal *m*
fulfil *v* coimhlion, coilion
fulfilment *n* coilionadh *m*
full *n* làn *m*
full *a* làn, lìonta
full *v* luaidh, fùc
full-blown *a* fo làn bhlàth
full-grown *a* aig làn fhàs
full-stop *n* stad-phuing *f*; làn stad *m*

full-time *a* làn-aimsireach
fuller *n* fùcadair *m*
fulness *n* lànachd *f*
fumble *v* làimhsich gu cearbach
fume *n* deathach *f*, smùid *f*
fumigate *v* toitrich, smeur
fun *n* fealla-dhà *f*, spòrs *f*
function *n* dreuchd *f*, ceàird *f*
functional *a* gnìomhach
fund *n* maoin *f*, stòr *m*
fundamental *a* bunaiteach
funeral *n* adhlacadh *m*, tiodhlacadh *m*, tòrradh *m*
fungal *a* fungail
fungicide *n* fungas-mharbhaiche *m*
fungous *a* spongach
fungus *n* fungas *m*
funicular *a* càblach
funnel *n* pìob-tharraing *f*
funny *a* sùgach, ait, èibhinn
fur *n* bian *m*
furbish *v* lìomh, sgioblaich
furious *a* air chuthach, air bhàinidh
furl *v* paisg, fill
furlong *n* stàid *f*

furlough *n* fòrladh *m*
furnace *n* fùirneis *f*
furnish *v* uidheamaich; cuir àirneis ann
furniture *n* àirneis *f*
furrier *n* bian-cheannaiche *m*
furrow *n* clais *f*, sgrìob *f*; (*deep wrinkle*) roc *f*
furry *a* molach, ròmach
further *v* cuidich, cuir air adhart
furthermore *adv* rud eile, cho math ri sin, a bhàrr air sin
furthermost *a* as fhaide air falbh
furtive *a* fàillidh
fury *n* cuthach *m*, bàinidh *f*
furze *n* conasg *m*
fuse *v* leagh, gabh leaghadh
fuselage *n* creatlach *f* plèana
fusion *n* leaghadh *m*
fuss *n* ùpraid *f*, broillisg *f*
fusty *a* malcaidh
futile *a* dìomhain, faoin
futility *n* dìomhanas *m*, faoineas *m*
future *n* (an t-) àm *m* ri teachd
future *a* ri teachd

G

gab *n* cab *m*
gable *n* stuadh *f*
gadget *n* uidheam *f*
Gaelic *n and a* Gàidhlig *f*
gag *n* cabsdair *m*
gaiety *n* cridhealas *m*, aiteas *m*
gaily *adv* gu cridheil, gu h-ait
gain *n* buannachd *f*
gain *v* buannaich, coisinn
gainful *a* buannachdail, tarbhach
gait *n* gluasad *m*, siubhal *m*
gainsay *v* cuir an aghaidh
galaxy *n* Slighe *f* Chlann Uisnich
gale *n* gaoth *f* mhòr, gèile *m*
gall *n* domblas *m*
gallant *n* lasgaire *m*
gallant *a* basdalach, flathail
gallantry *n* basdalachd *f*, flathalachd *f*
gallery *n* lobhta *m*
galley *n* birlinn *f*
galley-proof *n* dearbhadh *m* mòir-dhuilleig
gallon *n* galan *m*
gallop *v* luath-mharcaich
Galloway *n* A' Ghall-Ghaidhealtachd *f*
gallows *n* croich *f*, a' chroich *f*
galore *adv* gu leòr
galvanize *v* dealan-chòmhdaich
Galway *n* Gaillimh *f*, A' Ghailmhinn *f*
gamble *v* iomair air gheall, dèan cèarr-achas
gambler *n* cèarraiche *m*
gambling *n* cèarrachas *m*
gambol *v* dèan ruideas
game *n* cluiche *f*; (*of venison etc.*) sitheann *f*
gamekeeper *n* geamair *m*
gamete *n* gamait *f*
gaming *n* cèarrachd *f*
gammon *n* gaman *m*
gander *n* gànradh *m*
gang *n* buidheann *f*, foireann *m*
gangrene *n* morgadh *m*
gangrenous *a* fo mhorgadh
gangway *n* bealach *m*
gannet *n* guga *m*

gaol *n* prìosan *m*
gaoler *n* fear-prìosain *m*
gap *n* bealach *m*, beàrn *f*
gape *v* dèan mèananaich, spleuchd
garage *n* garaids *f*
garage *v* cuir ann an garaids
garb *n* èideadh *m*, earradh *m*
garbage *n* fuighleach *m*
garble *v* cuir ás a riochd
garden *n* lios, *m*, *f*, gàrradh *m*
gardener *n* gàirnealair *m*
gardening *n* gàirnealaireachd *f*
gargle *v* sruthail
garland *n* blàth-fhleasg *f*
garlic *n* creamh *m*
garment *n* bad aodaich *m*
garnet *n* gàirneid *f*
garnish *n* sgeadachadh *m*
garnish *v* maisich, sgeadaich
garrison *n* gearasdan *m*
garrison *v* gearasdanaich
garron *n* gearran *m*
garrulity *n* goileam *m*
garrulous *a* cabach, goileamach
garter *n* gartan *m*, crèibeilt *m*
gas *n* gas *m*
gas *v* mùch le gas, sgaoil gas
gas-cooker *n* cucair *m* gas
gas-fire *n* teine *m* gas
gash *n* gearradh *m*, lot *m* domhainn
gasket *n* gasgaid *f*
gasp *n* plosg *m*
gasp *v* plosg
gassy *a* gasach
gastric *a* meirbheach
gastritis *n* gastraiteas *m*
gastronomic *a* sòghail
gastronomy *n* sòghalachd *f*
gate *n* geata *m*, cachaileith *f*
gather *v* cruinnich, tionail; tog
gatherer *n* fear-cruinneachaidh *m*
gathering *n* cruinneachadh *m*, co-chruinneachadh *m*
gaudy *a* basdalach
gauge *n* tomhas *m*
gauge *v* tomhais

gauger *n* gàidsear *m*
gaunt *a* tana, lom
gauntlet *n* làmhainn *f*
gauze *n* uige *f*
gawky *a* sgleòideach
gay *a* sùnndach, sùgach, aighearach; rìomhach
gaze *v* dùr-amharc
gazette *n* litir-naidheachd *f*, gasaet *m*
gear *n* uidheam *f*, àirneis *f*, maoin *f*; (*of clothes*) trusgan *m*; (*of a car etc.*) gèar *f*
gear-box *n* gèar-bhocsa *m*
gelatine *n* deileatain *m*
geld *v* spoth
gelding *n* gearran *m*
gelid *a* fuar-reòta
gelignite *n* deilignit *m*
gem *n* seud *m*, neamhnaid *f*
gemination *n* dùblachadh *m*
gender *n* gnè *f*, seòrsa *m*
gene *n* gine *f*
gene *a* gineach; *g. constitution*, dèanamh *m* gineach
genealogical *a* sloinnteachail
genealogist *n* sloinntear *m*
genealogy *n* sloinntearachd *f*
general *n* seanailear *m*
general *a* coitcheann, cumanta
generality *n* coitcheannas *m*, cumantas *m*
generalize *v* ginearalaich
generally *adv* am bitheantas
generate *v* gin, tàrmaich
generation *n* (*general, of humans*) àl *m*; (*one g. in a genealogy*) ginealach *m*, glùn *f*; (*age, period*) linn *f*; *vn.* gineamhainn *m*
generative *a* sìolmhor
generator *n* gineadair *m*
generic *a* gnèitheach
generosity *n* fialaidheachd *f*, fiùghantachd *f*
generous *a* fial, faoilidh
genesis *n* gineachas *m*, toiseach *m*; *Book of G.*, Leabhar Ghenesis
genetic *a* ginteil
genetics *n* gintinneachd *f*
Geneva *n* Sineubha
genial *a* coibhneil, dàimheil
genitals *n* buill *pl.* gineamhainn

genitive *n g. case*, a' chùis *f* gheinideach
genius *n* (*of a person*) sàr-ghin *m*; (*of the quality g.*) sàrghineachas *m*; (*g. of the age etc.*) mèin *f*
genotype *n* gineteip *f*
genteel *a* modhail, suairce
genteelness *n* modhalachd *f*, suairceas *m*
gentian *n* lus *m* a' chrùbain
gentile *n* cinneach *m*
gentility *n* uaisle *f*
gentle *a* ciùin, sèimh, soitheamh
gentleman *n* duine *m* uasal
gentleness *n* ciùine *f*, sèimhe *f*
gentlewoman *n* bean *f* uasal
gentry *n* uaislean *pl*
genuflexion *n* lùbadh *m* ghlùn
genuine *a* fìor, dha-rìribh, neo-thruaillte
genus *n* dream *m*
geographer *n* cruinn'-eòlaiche *m*
geography *n* cruinn'-eòlas *m*, tìr-eòlas *m*
geological *a* geòlach
geologist *n* geòlaiche *m*
geology *n* geòlas *m*
geometric *a* geoimeatrach
geometry *n* geoimeatras *m*
George *n* Seòras *m*
germ *n* bitheag *f*; *the g. of the matter*, bun *m* na cùise
German *n* (*person*) Gearmailteach *m*; (*lang.*) Gearmailt *f*
German *a* Gearmailteach
Germany *n* A' Ghearmailt *f*
germinate *v* ginidich
germination *n* ginideachadh *m*
gestation *n* torrachas *m*
gesture *n* gluasad *m*
get *v* faigh, coisinn; (*grow*) fàs; *he got dressed*, chuir e aodach uime; *he has got no friends*, chan eil càirdean aige; *he is getting on for fifty*, tha e a' streap ris an leth-cheud
getting *n* faighinn *f*
ghastly *a* oillteil
ghost *n* taibhse *m*, *f*, tannasg *m*, bòcan *m*; *the Holy G.*, an Spiorad *m* Naomh
ghostly *a* taibhseil; spioradail
giant *n* famhair *m*, fuamhaire *m*, athach *m*
gibber *v* dèan goileam

gibberish *n* goileam *m*
gibbet *n* croich *f*
gibe *n* fochaid *f*, sgeig *f*
giddiness *n* tuainealaich *f*
giddy *a* tuainealach; guanach, faoin
gift *n* tiodhlac *m*, gibht *f*
gifted *a* comasach, tàlantach
gig *n* gige *m*
gigantic *a* fuamhaireil
giggle *v* dèan praoisgeil
giggling *n* praoisgeil *f*
gigot *n* ceathramh *m*
gild *v* òraich
gilding *n* òradh *m*
gill *n* (*measure*) cairteal *m* (pinnte); (*of fish*) giùran *m*
gilt *n* òradh *m*
gilt-edged *a* oir-òrach
gimlet *n* gimileid *f*
gin *n* (*drink*) sine *f*, Sineubhar *f*; (*trap*) ribe *m*
ginger *n* dinnsear *m*
ginger *a* (*of hair*) ruadh; dinnsearach
gingerbread *n* aran-crì *m*
gingerly *adv* gu faiceallach
gipsy *n* giofag *f*
giraffe *n* sioraf *m*
gird *v* crioslaich
girder *n* sail *f*
girdle *n* (*belt*) crios *m*; (*for baking*) greideal *f*
girl *n* caileag *f*, nighean *f*, nìghneag *f*
giro *n* dìoro *m*
girth *n* (*band etc.*) giort *f*; (*of measurement*) timcheall-mheud *m*
gist *n* brìgh *f*
give *v* tabhair, thoir; *g. up*, leig seachad/dhe; *he gave no sign*, cha do leig e air
giving *n* tabhairt *f*, buileachadh *m*
gizzard *n* sgròban *m*
glaciation *n* eighreachadh *m*
glacier *n* eighr-shruth *m*
glad *a* toilichte, aoibhinn
gladden *v* dèan aoibhneach
gladness *n* toil-inntinn *f*, aoibhneas *m*
glamour *n* draoidheachd *f*
glance *n* grad-shealladh *m*, plathadh *m*
glance *v* grad-amhairc
gland *n* fàireag *f*
glandular *a* fàireagach

glare *n* deàrrsadh *m*, dalladh *m*; (*of look*) sùil *f* fheargach
Glasgow *n* Glaschu *f*
glass *n* glainne *f*; (*mirror*) sgàthan *m*
glassy *a* glainneach
glaze *v* còmhdaich le glainne
glazier *n* glainneadair *m*
gleam *n* boillsgeadh *m*
gleam *v* boillsg, soillsich
gleaming *a* boillsgeach
glean *v* dìoghlam
gleaning *n* dìoghlam *m*
glebe *n* glìob *f*
glee *n* mire *f*, cridhealas *m*
glen *n* gleann *m*
Glenlivet *n* (*place and whisky*) Gleann Lìobhait
glib *a* luath-chainnteach, cabanta
glide *v* gluais (gu ciùin)
glimmer *n* fann-sholas *m*
glimpse *n* aiteal *m*, boillsgeadh *m*, plathadh *m*
glint *n* lainnir *f*
glisten *v* deàlraich, boillsg
glister *v* deàrrs, boillsg
glitter *n* lainnir *f*
glitter *v* dèan lainnir/drithleann
gloaming *n* fionnaraigh *f*; *in the g.*, air an fhionnaraigh
global *a* domhanta
globe *n* cruinne *f*
globular *a* cruinn
gloom *n* duibhre *f*, gruaim *f*, smalan *m*
gloomy *a* doilleir, gruamach; smalanach
glorification *n* glòireachadh *m*
glorify *v* glòirich, cliùthaich
glorious *a* glòrmhor, òirdheirc
glory *n* glòir *f*, cliù *m*
glory *v* dèan uaill/bòsd
gloss *n* lìomh *f*; (*explanation*) mìneachadh *m*
gloss *v* lìomh; (*explain*) mìnich
glossary *n* beag-fhaclair *m*
glossiness *n* lìomharrachd *f*
glossy *a* lìomharra
glottal *a* sgòrnanach
glove *n* miotag *f*, làmhainn *f*
glow *n* luisne *f*, blàthachadh *m*
glow *v* deàrrs, luisnich
glower *v* seall fo na mùgan

glucose *n* glùcos *m*
glue *n* glaodh *m*
glue *v* glaodh
glum *a* gruamach
glut *n* cus *m*
glut *v* sàsaich
glutinous *a* glaodhach
glutton *n* geòcaire *m*, craosaire *m*
gluttonous *a* geòcach, craosach
gluttony *n* geòcaireachd *f*, craos *m*
gnarled *a* meallach
gnash *v* gìosg
gnashing *n* gìosgail *f*
gnat *n* còrr-mhial *f*
gnaw *v* creim, cagainn
go *v* falbh, imich, theirig, rach, gabh; *g. before me*, gabh romham; *they went hungry*, bha/dh'fhan iad gun bhiadh; *let him g.*, leig ás e; *g. on/ahead*, siuthad
goad *n* bior-greasaidh *m*
goad *v* greas, stuig
goal *n* crìoch *f*; bàir *f*, tadhal *m*
goal-keeper *n* fear-bàire *m*
goal-post *n* post-bàire *m*
goat *n* gobhar *m*
goblet *n* cuach *f*
goblin *n* bòcan *m*
God, god *n* Dia, dia *m*
goddess *n* ban-dia *f*
godhead *n* diadhachd *f*
godless *a* ain-diadhaidh
god-like *a* mar dhia
godliness *n* diadhachd *f*
godly *a* diadhaidh
goggle *v* spleuchd
going *n* falbh *m*, dol *m* imeachd *f*
goitre *n* ainglis *f*
gold *n* òr *m*
gold, golden *a* òir, òrach, òrdha, òr-bhuidhe
gold-foil *n* òr-dhuille *f*
gold-mine *n* mèinn-òir *f*
goldsmith *n* òr-cheard *m*
golf *n* goilf *m*
golf-club *n* caman *m*/comann *m* goilf
golf-course *n* machair *f* goilf
golfer *n* goilfeire *m*
gonorrhoea *n* a' chlap *f* shilteach
good *n* math *m*, leas *m*
good *a* math; deagh (*used before noun*)

good-bye *n and interj* slàn le, beannachd le; *g.* (*to you*) slàn leat
good-humoured *a* socair, suairc
good-looking *a* brèagh
goodness *n* mathas *m*, deagh-bheus *f*
goodwill *n* gean *m* math, deagh mhèin *f*
goods *n* cuid *f*, maoin *f*; (*for sale*) bathar *m*
goose *n* gèadh *m*, *f*; (*silly female*) òinseach *f*; (*tailor's*) iarann *m* tàilleir
goose-flesh *n* gris *f*
gooseberry *n* gròiseid *f*
gore *n* fuil *f*, gaorr *m*
gore *v* sàth
gorge *n* slugan *m*, craos *m*; clais-mhòr *f*
gorge *v* lìon craos; *I gorged myself*, lìon mi mo chraos
gorgeous *a* greadhnach
gorilla *n* goirilea *m*
gormandize *v* glut
gorse *n* conasg *m*
gory *a* gaorrach
gosling *n* isean *m* geòidh
gospel *n* soisgeul *m*
gossamer *n* lus-chlòimh *m*, lìon an damhain-allaidh *m*
gossip *n* goistidh *m*
gossip *v* bi a' gobaireachd
Gothic *a* Gotach
gouge *n* gilb *f* chruinn
gouge *v* buin á
gout *n* tinneas *m* nan alt, a' ghùt *f*
govern *v* riaghail, seòl; smachdaich
governable *a* so-riaghlaidh
government *n* riaghaltas *m*, riaghladh *m*; *the G.*, an Riaghaltas *m*; (*gram.*) riaghailt *f*
governor *n* riaghladair *m*
gowan *n* neòinean *m*
gown *n* gùn *m*
grab *v* gabh grèim air
grace *n* (*rel., classical*) gràs *m*; (*of personal mein*) loinn *f*, eireachdas *m*; fàbhar *m*
grace *v* sgeadaich, maisich, cuir loinn air
grace-note *n* nota-maise *m*.; (*piping*) nota-altaidh *m*
graceful *a* grinn, maiseach
gracefulness *n* grinneas *m*, eireachdas *m*
graceless *a* gun ghràs, gun ghrinneas
gracious *a* gràsmhor, caomh

graciousness *n* gràsmhorachd *f*, caomhalachd *f*

gradation *n* ceum *m*; rèim *f*

grade *n* ceum *m*, ìre *f*

grade *v* cuir an òrdugh, rangaich

gradient *n* àrdachadh *m*, ìsleachadh *m*; fànachd *f*

gradual *a* **gradually** *adv* beag is beag, a-rèir a chèile

graduate *n* fear-ceuma *m*

graduate *v* gabh ceum

graduation *n* ceumnachadh *m*

graft *n* nòdachadh *m*

graft *v* nòdaich

grain *n* gràinne *f*, gràinnean *m*, sìlean *m*; (*coll.*) gràn *m*, sìol *m*; *a g. of sugar*, gràinnean siùcair

grained *a* strianach

grainy *a* gràineanach

gram, gramme *n* gram *m*

grammar *n* gràmar *m*

grammatical *a* gràmarach

gramophone *n* gramafon *m*

granary *n* sìol-lann *f*

granite *n* clach-ghràin *f*

grand *a* mòr, prìomh, uasal

grandchild *n* ogha *m*

grandeur *n* mòrachd *f*

grandfather *n* seanair *m*

grandiloquence *n* àrd-ghlòir *f*

grandmother *n* seanmhair *f*

grandson *n* ogha *m*

grange *n* gràinnseach *f*

grant *a* tabhartas *m*, ceadachadh *m*

grant *v* ceadaich, deònaich, builich

granular *a* cnapach

granulation *n* gràineachadh *m*

granule *n* gràinean *m*, gràineag *f*

granulous *a* gràineach

grape *n* fìon-dearc *f*

grapefruit *n* seadag *f*

graph *n* graf *m*

graphical *a* grafail

graphite *n* graifit *m*

grapple *v* greimich, glac

grasp *n* grèim *m*, glacadh *m*

grasp *v* dèan grèim air, glac

grass *n* feur *m*

grasshopper *n* fionnan-feòir *m*

grassy *a* feurach

grate *n* cliath-theine *f*, grèata *m*

grate *v* sgrìob, thoir sgreuch air

grateful *a* taingeil, buidheach

grater *n* sgrìoban *m*

gratification *n* toileachadh *m*

gratify *v* toilich

grating *n* cliath *f*

grating *a* sgreuchach, sgreadach

gratis *a* an asgaidh

gratitude *n* taingealachd *f*, buidheachas *m*

gratuity *n* tiodhlac *m*

grave *n* uaigh *f*

grave *v* geàrr, gràbhail

grave *a* stòlda, suidhichte

gravel *n* grinneal *m*, morghan *m*

gravestone *n* leac-uaghach *f*

graveyard *n* cladh *m*

graving *n* gràbhaladh *m*

graving-dock *n* lann-gràbhalaidh *f*

gravitate *v* teirinn

gravitation *n* teàrnadh *m*

gravity *n* (*force of g.*) iom-tharraing *f*; (*specific g.*) dùmhlachd *f*; (*of manner*) stuamachd *f*; (*of an offence etc.*) sòl-aimteachd *f*

gravy *n* sùgh (feòla) *m*

gray *See* **grey**

grayish *a* liathghlas

graze *v* (*eat grass*) feuraich, bi ag ionaltradh; (*touch*) suath (ann)

grazing *n* ionaltradh *m*

grease *n* saill *f*, crèis *f*

grease *v* crèisich, smeur

greasy *a* crèiseach

great *a* mòr, àrd, lìonmhor

great-grandchild *n* iar-ogha *m*

great-grandfather *n* sean-seanair *m*

greatcoat *n* còta-mòr *m*

greatness *n* mòrachd *f*, meudachd *f*

Grecian, Greek *a* Greugach

Greek *n* (*person*) Greugach *m*; (*lang.*) Greugais *f*

Greece *n* A' Ghrèig *f*

greed, greediness *n* sannt *m*, gionaiche *m*

greedy *a* sanntach, gionach

green *a* uaine, gorm, glas

green *n* (dath) uaine *f*; (*grass*) rèidhlean *m*, faiche *f*

greenfly *n* cuileag-ghlas *f*

greengrocer *n* ceannaiche *m*/glasraich

greenhouse *n* taigh-glainne *m*
Greenland *n* A' Ghraonlainn *f*
greenness *n* uainead *m*, guirme *f*; anabaichead *m*
greet *v* fàiltich, beannaich
greeting *n* fàilte *f*, beannachadh *m*
gregarious *a* greigheach
grenade *n* grenèad *m*
grey *a* glas, liath
grey-haired *a* liath
greyhound *n* mìolchu *m*
grief *n* mulad *m*, doilgheas *m*
grid *n* cliath *f*
griddle *n* greideal *f*
grieve *v* cràidh, caoidh
grievous *a* doilgheasach, cràidhteach
grill *n* grìos(achadh) *m*
grill *v* grìosaich
grilse *n* bànag *f*
grim *a* mùgach, gnù
grimace *n* gruaim *f*, mùig *m*
grime *n* salchar *m*
grimness *n* gruamachd *f*
grin *n* braoisg *f*
grin *v* cuir braoisg air
grind *v* meil, bleith; pronn
grindstone *n* clach-gheurachaidh *f*
grip *n* grèim *m*
grisly *a* dèisinneach, oillteil
grist *n* gràn *m* gu bleith
gristle *n* maothan *m*, brisgean *m*
gristly *a* maothanach; eagalach
grit *n* grian *m*, grinneal *m*, garbhan *m*; (*of character*) cruas *m*
grizzled *a* grìsfhionn
groan *n* cnead *m*
groan *v* dèan cnead
groat *n* gròt(a) *m*
grocer *n* grosair *m*
groceries *n* bathar *m* grosaireach
grocery *n* grosaireachd *f*
groin *n* loch-bhlèin *f*
groom *n* gille *m* nan each; (*bridegroom*) fear *m* na bainnse
groove *n* clais *f*, eag *f*
grope *v* fairich, rùraich
gross *n* dà dhusan deug
gross *a* garbh, dòmhail
grossness *n* gairbhead *m*, dòmhlachd *f*
grotesque *a* mì-dhealbhach, mì-nàdurrach

ground *n* grùnnd *m*, talamh *f*, làr *m*, fonn *m*; (*foundation*) (bonn-)stèidh *f*; (*in piping*) ùrlar *m*
ground *v* socraich, stèidhich, suidhich; bun-ionnsaich
groundsel *n* grunnasg *f*
groundwork *n* stèidh *f*, innealadh *m*
group *n* grunnan *m*, còmhlan *m*
grouse *n* eun-fraoich *m*, cearc-fhraoich *f*, coileach-fraoich *m*; (*complaint*) gearan *m*
grouse *v* gearain, dèan gearan
grove *n* doire *m*, *f*, badan *m*
grovel *v* snàig, liùg
grow *v* fàs, cinn, meudaich; (*transit.*) thoir fàs air
growl, growling *n* dranndan *m*, grùnsgal *m*
growl *v* dèan dranndan
growth *n* fàs *m*, cinneas *m*, toradh *m*
grub *n* cnuimh *f*
grudge *n* diomb *m*, doicheall *m*
grudge *v* talaich
gruel *n* brochan *m*
gruff *a* garg; neo-aoidheil
grumble *v* gearain, talaich
grumbler *n* fear-gearain *n*
grumbling *n* gearan *m*
grunt *n* gnòsail *f*
grunt *v* dèan gnòsail
guano *n* guàno *m*
guarantee *n* urras *m*, barrantas *m*
guarantor *n* fear-urrais *m*
guard *n* (*person(s)*) freiceadan *m*; (*abstr*) faire *f*, dìon *m*
guard *v* dìon, glèidh
guardian *n* fear-gleidhidh *m*, fear-dìona *m*
guerilla *a* beag-chogach
guess *n* tomhas *m*, tuaiream *f*, meas *m*
guess *v* tomhais, thoir tuaiream
guest *n* aoigh *m*
guest-house *n* taigh-aoigheachd *m*
guidance *n* seòladh *m*, stiùireadh *m*, treòrachadh *m*
guide *n* fear-seòlaidh/treòrachaidh *m*
guide *v* seòl, treòraich
guide-book *n* leabhar-iùil *m*
guide-lines *n* seòl *m*, seòladh *m*
guild *n* comann *m*
guile *n* foill *f*, cluain *f*

guileful *a* foilleil, cealgach
guileless *a* neo-fhoilleil, neo-chealgach
guillemot *n* eun *m* dubh an sgadain
guilt *n* ciont(a) *m*
guiltless *a* neochiontach
guilty *a* ciontach
guinea *n* gini *m*
guinea-pig *n* (*meta.*) ball-sampaill *m*
guise *n* seòl *m*, modh *f*, dòigh *f*, aogas *m*
guitar *n* giotàr *m*
gulf *n* camas *m*, bàgh *m*
gull *n* faoileag *f*
gull *v* meall, thoir an car á
gullet *n* sgòrnan *m*
gully *n* gil *f*
gulp *n* slugadh *m*, glacadh *m*
gulp *v* sluig, glac
gum *n* (*of mouth*) càireas *m*; glaodh *m*, bìth *f*
gum *v* glaodh, bìthich
gum-boil *n* niosgaid-càireis *f*
gum-boots *n* bòtannan *pl*
gumption *n* ciall *f*
gun *n* gunna *m*
gunner *n* gunnair *m*
gunnery *n* gunnaireachd *f*
gunpowder *n* fùdar-gunna *m*
gunshot *n* urchair *f* gunna

gunsmith *n* gobha *m* ghunnachan
gunwale *n* beul-mòr *m*
gurgle *n* glugan *m*
gurgle *v* dèan glugan/plubraich
gurnet *n* cnòdan *m*
gush *n* spùt(adh) *m*, brùchd *m*
gush *v* spùt, brùchd
gusher *n* brùchdaire *m*, tobar-brùchdaidh *m*, *f*
gusset *n* eang *f*, guiseid *f*
gust *n* oiteag *f*, cuairt-ghaoth *f*; samh *m*
gusto *n* blas *m*, fonn *m*
gusty *a* stoirmeil, gaothar
gut *n* caolan *m*
gut *v* thoir am mionach á, cut
gutter *n* (*of fish*) cutair *m*; (*on house etc.*) guitear *m*
guttural *a* sgòrnanach
guy *n* fear-brèige *m*
guzzle *v* sluig
guzzler *n* geòcaire *m*
gymnasium *n* lann *f* lùth-chleas
gymnastic *a* lùth-chleasach
gynaecology *n* leigh-eòlas *m* bhan
gyration *n* cur *m* mun cuairt
gyre *n* cuairt *f*, cearcall *m*
gyroscope *n* cearclair *m*
gyves *n* geimhlean *pl*

H

habit *n* nòs *m*, àbhaist *f*, cleachdadh *m*; (*clothing*) earradh *m*, èideadh *m*
habitable *a* freagarrach airson còmhnaidh
habitation *n* ionad/àite còmhnaidh *m*
habitual *a* gnàthach
habitually *adv* gu gnàthach
habituate *v* gnàthaich, cleachd
hack *n* gàg *f*
hack *v* geàrr, spòlt
haddock *n* adag *f*
haemophilia *n* hèimofilia *f*
haemorrhage *n* ruith *f* fala, geàrrach *f* fala
haemorrhoids *n* niosgaidean *pl.* fala, dubh-thoill *pl*
haft *n* cas *f*, samhach *f*
hag *n* baobh, badhbh *f*, cailleach *f*
haggis *n* taigeis *f*
haggle *v* dèan còmhstri mu phrìs
hail *n* (*hailstones*) clachan-meallain *pl*
hail! *interj* fàilte
hailstone *n* clach-mheallain *f*
hair *n* (*coll.*) falt *m*, gruag *f*; (*indiv.*) ròineag *f*, fuiltean *m*; (*of animals*) fionnadh *m*, gaoisid *f*, calg *m*
hair-brush *n* bruis-fuilt *f*
hair-cut *n* bearradh *m* fuilt
hair-dryer *n* tiormadair *m* gruaige
hairdresser *n* gruagaire *m*
hairpin *n* bioran *m* (fuilt)
hairy *a* molach, ròmach, fionnach
hale *a* slàn, sùgach
half *n* leth *m*; *h. past three*, leth uair an dèidh trì; *h. a pound*, leth phunnd, *h. a dozen*, leth dusan; *four and a h.*, ceithir gu leth (gu *from older* co)
halfpenny *n* bonn-a-sia *m*
halibut *n* lèabag/leòbag *f* leathann
hall *n* talla *m*, *f*
hall-mark *n* comharradh *m*
hallo! *interj* hoigh!, halò
hallow *v* coisrig, naomhaich
Hallowe'en *n* Oidhche *f* Shamhna
hallucination *n* mearachadh *m*
halo *n* fàinne *f* (solais)

halt *n* stad *m*; *the halt* (*maimed*) na daoine crùbach
halt *v* stad
halter *n* aghastar *m*
halve *v* roinn/geàrr 'na dhà leth
halyard *n* hailleard *f*
ham *n* (*meat*) hama *f*; sliasaid *f*, ceathramh *m* deiridh
hamlet *n* clachan *m*
hammer *n* òrd *m*
hammer *v* buail le òrd
hamper *n* bascaid *f* bidhe
hamper *v* bac, cuir bacadh air
hamster *n* hamstair *m*
hand *n* làmh *f*; cròg *m*; *the upper h.*, làmh an uachdair
hand *v* sìn, cuir a-null/thugam *etc*
hand-bag *n* poca *m*/màileid *f* làimhe
hand-loom *n* beairt *f*
handbreadth *n* leud *m* boise
handcuff *n* glas-làmh *f*
handful *n* làn *m* dùirn, dòrlach *m*
handicap *n* bacadh *m*
handicraft *n* ceàird *f*
handiness *n* làmhchaireachd *f*
handkerchief *n* neapaigear (-pòcaid) *f*
handle *n* làmh *f*, cas *f*, samhach *f*, cluas *f*; *h. of the spade*, cas na spaide; *cup h.*, cluas a' chupain
handle *v* làimhsich
handsel *n* sainnseal *m*
handshake *n* crathadh *m* làimhe
handsome *a* eireachdail, gasda, maiseach
handwoven *a* làmh-fhighte
handwriting *n* làmh-sgrìobhaidh *f*
handy *a* deas, ullamh; (*good at handiwork*) làmhchair(each)
hang *v* croch; *the picture is hanging on the wall*, tha an dealbh an crochadh air a' bhalla
hang-over *n* ceann *m* daoraich
hangar *n* hangar *f*
hanging *n* crochadh *m*
hangman *n* crochadair *m*
hank *n* iarna *f*

79

hanker v bi an geall (air)
Hanover n Hanòbhar
haphazard a tuiteamach, rù-rà
haploid a singilte
happen v tachair
happening n tachartas m
happiness n sonas m, àgh m
happy a sona, àghmhor
harangue n òraid f
harass v sàraich, claoidh
harbinger n teachdaire m
harbour n cala m, acarsaid f
harbour v gabh ri, thoir fasgadh do
harbour-master n ceannard-puirt m
hard a cruaidh, teann, daingeann; (of understanding) deacair, doirbh
hard adv dlùth, teann; dian
hard-hearted a cruaidh-chridheach
harden v cruadhaich, fàs cruaidh, teann-aich
hardihood n cruadal m
hardly adv gann; cha mhòr gu(n); there was h. enough, is gann gu robh gu leòr ann, he could h. reach it, cha mhòr gu ruigeadh e air, is gann gu ruigeadh e air
hardness n cruas m; (of heart etc.) an-iochd f
hardship n cruaidh-chàs m, teinn f
hardware n cruaidh-bhathar m
hardy a cruaidh, cruadalach
hare n maigheach f, geàrr f
hare-lip n beàrn-mhìol f
harebell n currac-cuthaige f
harebrained a gaoitheanach
hark interj èisd!, cluinn!
harlot n strìopach f, siùrsach f
harlotry n strìopachas m, siùrsachd f
harm n cron m, lochd m, beud m
harm v dèan cron air, ciùrr
harmful a cronail, lochdach
harmless a neo-chronail, neo-lochdach
harmonic a co-cheòlach
harmonious a co-chòrdach
harmonize v ceòl-rèim, dèan ceòl-rèimeadh
harmony n co-sheirm f, co-cheòl m, ceòl-rèimeadh m
harness n uidheam f
harp n clàrsach f, cruit f
harper n clàrsair m, cruitear m

harpoon n morghath m
harpsichord n cruit-chòrda f
Harris n Na Hearadh
Harris tweed n clò-mòr m, clò na Hearadh
harrow n cliath f, cliath-chliata f
harrow v cliath
harsh a garg, borb; (not musical) neo-bhinn
harshness n gairge f, buirbe f
hart n damh-fèidh m
harvest n buain f, foghar m; h. moon, gealach f an abachaidh
hash n pronnan m
hash v pronn
hasheesh n haisis f
hassock n cluasag f ghlùin
haste n cabhag f
hasten v greas, dèan cabhag; (trans) cuir cabhag air
hastiness n deifir f, cabhag f
hasty a cabhagach, deifireach, bras
hat n ad f
hat-pin n bioran m aide
hatch n gur m, linn m; (on ship) saidse f
hatch v guir; (meta.) tàrmaich; (of drawing) strianaich
hatchet n làmh-thuagh f
hate n fuath m, gràin f
hate v fuathaich, gràinnich
hateful a fuathach, gràineil
haughtiness n àrdan m, uabhar m
haughty a àrdanach, uaibhreach
haul n tarraing f
haul v tarraing, slaod
haulage n imrich f
haunch n leis f, leth-deiridh m, ceathramh m
haunt n àite-tathaich m
haunt v tathaich, tadhail
have v bi aig; seilbhich, meal; gabh; bi feum aig, feum; I h. £2, tha dà nota agam; all I h.(possess), gach nì a tha agam, gach nì tha mi a' sealbhachadh; h. a cup of tea, gabh copan tea; I h. to go, feumaidh mi falbh
haven n cala m, acarsaid f
haversack n abharsaic f
havock n sgrios m
hawk n seabhag m, f
hawser n taod m, càbal m

hawthorn *n* sgitheach *m*
hay *n* feur *m*, feur caoin, tràthach *m*
haystack *n* goc *m*, tudan *m*, cruach *f*
hazard *n* cunnart *m*
hazardous *a* cunnartach
haze *n* ceò *m*, *f*, smùid *m*
hazel *n* calltainn *m*
hazel *a* air dhath calltainn
hazy *a* ceòthach
he *pron* e; (*emph.*) esan; *stressed* **he** *in English sometimes trans. by pron. suffix e.g.* **he** *is hungry*, tha an t-acras airsan
head *n* ceann *m*; (*of person*) ceannard *m*; mullach *m*; *come to a h.*, thig gu àirde/h-aon 's gu dhà; *he has a good h.*, tha ceann math air, tha inntinn mhath ann
head *a* prìomh
head *v* stiùir
head-lamp *n* prìomh sholas *m*, solas *m* mòr
head-master *n* maighstir-sgoile *m*
head-mistress *n* bana-mhaighstir-sgoile *f*
head-phone *n* cluais-fhòn *m*
headache *n* cràdh *m* cinn
header *n* (*football*) buille-cinn *f*; *he took a h.*, chaidh e an comhair a chinn
heading *n* ceann *m*
headland *n* rubha *m*
headless *a* gun cheann; gun cheannard
headline *n* sreath-cinn *m*, *f*
headlong *a and adv* (gu) bras, an comhair a chinn *etc.*
headquarters *n* prìomh-àros *m*
headstrong *a* ceann-làidir
headway *n* adhartas *m*, dol *m* an aghaidh
heady *a* bras; a' dol sa' cheann
heal *v* leighis, slànaich, fàs slàn
healing *n* leigheas *m*
health *n* slàinte *f*, fallaineachd *f*; *Department of H.*, Roinn *f* na Slàinte
healthy *a* slàn, fallain
heap *n* tòrr *m*, dùn *m*, càrn *m*
heap *v* càrn, cruach
hear *v* cluinn, èisd
hearer *n* fear-èisdeachd *m*
hearing *n* claisneachd *f*, èisdeachd *f*
hearken *v* èisd, cluinn

hearsay *n* iomradh *m*, fathann *m*
hearse *n* carbad-mharbh *m*, eileatrom *m*
heart *n* cridhe *m*; meadhon *m*
heart-disease *n* tinneas *m* cridhe
heartbeat *n* buille *f* cridhe
heartburn *n* losgadh-bràghad *m*
heartfelt *a* a' ruigheachd a' chridhe, dha-rìribh
hearten *v* misnich
hearth *n* teinntean *m*, cagailt *f*
heartiness *n* sùnnd *m*, cridhealas *m*
hearty *a* cridheil, sùnndach
heat *n* teas *m*
heat *v* teasaich, teò
heat-wave *n* tonn *m* teasa
heater *n* uidheam *f* teasachaidh
heath *n* fraoch *m*
heathen *n* cinneach *m*, pàganach *m*
heathen(ish) *a* pàganta
heathenism *n* pàgantachd *f*
heather *n* fraoch *m*
heathy *a* fraochach
heave *n* togail *f*
heave *v* tog, tarraing
heaven *n* nèamh *m*; adhar *m*; flaitheas *m*; *good heavens!* mo chreach!
heavenly *a* nèamhaidh
heaviness *n* truime *f*, truimead *m*; airtneal *m*, sproc *m*
heavy *a* trom; airtnealach
Hebrew *n* Eabhrach *m*; (*lang.*) Eabhra *f*
Hebrew *a* Eabhrach
Hebrides *n* Innse Gall *pl*
heckle *v* tras-cheusnaich
hectare *n* heactair *m*
hectic *a* fiabhrasach, èitigeach
Hector *n* Eachann *m*
hedge *n* callaid *f*, fàl *m*
hedge *v* cuartaich, druid (le callaid)
hedgehog *n* gràineag *f*
hedonism *n* hèadonas *m*
hedonist *n* hèadonach *m*
heed *n* cùram *m*, aire *f*
heed *v* thoir aire; (*esp. in neg. context*) na leig air; *don't heed what he says*, na leig ort gu bheil thu ga chluinntinn
heedful *a* cùramach, faicilleach
heedless *a* neo-chùramach, neo-aireach
heel *n* sàil *f*
heel *v* aom, claon; cuir sàilean air
hefty *a* garbh

heifer n agh f
height n àirde f; mullach m, binnean m
heighten v àrdaich, tog suas
heinous a gràineil
heir n oighre m
heiress n ban-oighre f
heirless a gun oighre
heirloom n seud m
Helen n Eilidh f
helicopter n helicoiptear m
helium n hilium m
helix n hilics f
hell n ifrinn f, iutharn f
Hellenic a Greugach
Hellenism n Greugachas m
hellish a ifrinneach, iutharnail
helm n falmadair m
helmet n clogaid f
helmsman n stiùireadair m
helot n mogh m
help n cuideachadh m, cobhair f
help v cuidich, fòir, thoir cobhair (do)
helper n fear-cuidich m, bean-chuidich f
helpful a cobhaireach, còmhnachail
helpless a gun chòmhnadh, gun taca
Helvetia n An Eilbheis f
hem n faitheam m
hem v cuir faitheam air; h. in, druid, iomadhruid
hemisphere n leth-chruinne m (f. in gen. sg.)
hemistich n leth-shreath m
hemlock n iteodha
hemp n còrcach f, cainb f
hempen a còrcaich, cainbe
hen n cearc f
hen-house n taigh-chearc m
hen-roost n spiris f, spàrdan m
hence interj, adv ás a seo; (for that reason) air an adhbhar sin
henceforth adv o seo a-mach
henpecked a fo smachd mnà
Henry n Eanraig m
heptagon n seachd-shliosach m
heptagonal a seachd-shliosach
her pron i, ise; often combined with prep e.g. I got a letter from her, fhuair mi litir uaipe; I gave her a letter, thug mi litir dhi
her poss pron a (prefixes **h** to initial vowels); de/do+a, giving da/dha; a

cuid (foll. by gen.) e.g. her money, a cuid airgid; art. with noun with aice, e.g. her money, an t-airgead aice (-se)
herald n teachdaire m, earraid m
heraldry n earraideas m
herb n lus m, luibh m, f
herbaceous a lusach
herbal a lusragach
herbalist n lusragaire m
Herculean a Iorcalach
Hercules n Iorcal m
herd n treud m, buar m, greigh f; (herdsman) buachaille m
herd v buachaillich
herdsman n buachaille m
here adv seo, an seo; near h., faisg air seo/air an àite seo; between h. and Glasgow, eadar seo is Glaschu
hereafter n an ath shaoghal m
hereafter adv san àm ri teachd
hereby adv le seo, leis a seo
hereditary a dùth, dùthchasach; h. right, còir oighre
heredity n dùchas/dùthchas m
herein adv an seo
hereof adv uaithe seo
heresy n saobh-chreideamh m
heretic n saobh-chreideach m
heretical a saobh-chreidmheach
hereto adv gu seo
heretofore adv roimhe seo
hereupon adv leis a seo
herewith adv le seo, leis a seo
heritage n oighreachd f
hermaphrodite n and a fireann-boireann m
hermit n aonaran m, dìthreabhach m
hernia n màm-sic m
hero n curaidh m, gaisgeach m, laoch m
Herod n Hèrod m
heroic a gaisgeil
heroin n hearòin m
heroine n bana-ghaisgeach f
heroism n gaisgeachd f
heron n corra-ghritheach f
herring n sgadan m
herring-gull n faoileag f
herself pron ise, i fhèin
hesitate v stad, bi an imcheist
hesitation n imcheist f
heterodox a claon-bharaileach

heterogeneous *a* iol-ghnèitheach
hew *v* geàrr, snaigh
hexagon *n* sia-shliosach *m*
hexagonal *a* sia-shliosach
hexameter *n* sia-chasach *m*, meadrachd *f* shia-chasach
hey! *interj* hoigh!
heyday *n* blàth *m*, treise *f*; *he was in his h.*, bha e aig àird a threise
hiatus *n* beàrn *f*; (*ling.*) hiatas *m*
Hibernian *a* Eireannach
hiccup (*hiccough*) *n* aileag *f*
hide *n* seiche *f*, seice *f*
hide *v* ceil, falaich
hide-and-seek *n* falach-fead *m*
hideous *a* oillteil, gràineil
hiding *n* falach *m*
hiding-place *n* àite-falaich *m*
hierarchy *n* riaghladh *m* eaglais; na h-urracha mòra *pl*
hieroglyphic *n* dealbh-sgrìobhadh *m*
high *a* àrd; mòr; urramach; mòr-chuiseach; (*of spirits*) *he is h.*, tha e air a dhòigh; *the wall is six feet h.*, tha am balla sia troighean de dh'àirde; *High Street*, Prìomh Shràid *f*
high-brow *n* àrd-inntleachdair *m*
high-brow *a* àrd-inntleachdail
high-class *a* fìor mhath
high-frequency *n* tricead *m* àrd
high-powered *a* mòr-chumhachdach
high-priest *n* àrd-shagart *m*
high-school *n* àrd-sgoil *f*
high-water *n* muir-làn *m*, *f*
Highland *a* Gaidhealach; *the H. Region*, Roinn *f* na Gaidhealtachd
Highlander *n* Gaidheal *m*
Highlands, The *n* A' Ghaidhealtachd *f*; *H. and Islands Development Board*, Bòrd Leasachaidh na Gaidhealtachd ('s nan Eileanan)
highminded *a* àrd-inntinneach, uasal
highness *n* àirde *f*, mòrachd *f*
highway *n* rathad-mòr *m*
hike *v* bi a' heidhceadh
hilarity *n* cridhealas *m*
hill *n* cnoc *m*
hillock *n* cnocan *m*, sìthean *m*, tulach *m*
hillside *n* leathad *m*
hilly *a* cnocach, monadail
hilt *n* (*esp. of sword*) dòrn *m*; cas *f*

himself *pron* e fhèin
hind *n* eilid *f*
hinder *v* bac, grab; cuir grabadh air
hindermost *a* deireannach
Hindi *n* (*ling.*) Indig *f*
hindrance *n* bacadh *m*, grabadh *m*
Hindu *n and a* Indeach *m*
hinge *n* bann *m*, banntach *f*, lùdag *f*
hint *n* sanas *m*, leth-fhacal *m*
hint *v* thoir sanas, cuir leth-fhacal an cluais
hinterland *n* cùl-tìr *f*
hip *n* cruachann *f*
hip-pocket *n* pòcaid-tòine *f*
hippopotamus *n* each *m* uisge
hippy *n* hipidh *m*
hire *n* fasdadh *m*
hire *v* fasdaidh, tuarasdalaich
hire-purchase *n* cìs-cheannach *m*, ceannach-iasaid *m*
hirsute *a* molach, ròmach
his *poss pron* a (*asp.*)
Hispanic *a* Spàinneach
hiss(ing) *n* siosarnaich *f*
hist! *interj* isd/eisd/eist!
historian *n* seanchaidh *m*; eachdraiche *m*
historical *a* eachdraidheil
history *n* eachdraidh *f*
hit *n* buille *f*; bualadh *m*
hit *v* buail
hitch *n* amaladh *m*, tuisleadh *m*; (*tug*) tarraing *f*
hither *adv* an seo, an taobh seo
hitherto *adv* gus a seo, fhathast
hive *n* beach-lann *f*, sgeap *f*
hoar-frost *n* liath-reodhadh *m*
hoard *n* tasgaidh *f*; ulaidh *f*
hoard *v* taisg, càrn
hoarding *n* (*wooden*) cliath *f*
hoarse *a* tùchanach
hoarseness *n* tùchadh *m*
hoary *a* liath
hoax *n* mealladh *m*
hobble *v* dèan ceum crùbach
hobby *n* cur-seachad *m*
hobnail *n* tacaid *f*
hock *n* hoc *m*
hockey *n* hocaidh *m*
hod *n* beag-amar *m*
hoe *n* todha *m*, sgrìoban *m*

83

hoe v todhaig
hog n cullach m
Hogmanay n Callainn f, Oidhche f Challainn
hogshead n tocsaid f
hog-herd n mucair m
hoist v tog suas
hold n grèim m; (of ship) toll m
hold v cùm, cùm grèim air; glèidh
holder n fear-seilbhe m
hole n toll m
holiday n latha-fèille m, saor-là m
holiness n naomhachd f
Holland n An Olaind f
hollow n còs m, lag m, f
hollow a còsach, fàs, falamh
hollowness n falamhachd f
holly n cuileann m
holograph n dearbh-sgrìobhadh m
holy a naomh, coisrigte
homage n ùmhlachd f
home n dachaigh f
home adv dhachaigh
Home Rule n fèin-riaghladh m
Home Secretary n Rùnaire m na Rìoghachd
Homer n Hòmair m
homesick a cianalach
homesickness n cianalas m
homespun a dachaigheil
homeward adv dhachaigh
homicide n murt m
homily n sèarmon f
homogeneous a aon-ghnèitheach
homograph n co-litreachan m
homologous a co-ionann
homonym n co-fhuaimear m
homosexual n and a co-sheòrsach m
hone n clach-gheurachaidh f, clach-nianraidh f
honest a onorach, ionraic
honesty n onair f, ionracas m
honey n' mil f
honeycomb n cìr-mheala f
honeymoon n mìos f nam pòg
honeysuckle n iadh-shlat f
honorarium n saor-dhuais f
honorary a urramach
honour n onair f, urram m, meas m
honour v onaraich, cuir urram air; àrdaich

honourable a onorach, urramach; ceart
hood n cochall m
hoodwink v meall
hoof n iongna f, ladhar m
hoofed a iongnach, ladhrach
hook n dubhan m, cromag f
hook v glac le/air dubhan
hooked a crom, dubhanach
hooligan n ùpraidiche m
hoop n cearcall m
hoot v goir, glaodh, sgriach
hop n sìnteag f
hop v leum, dèan sìnteag, falbh air leth-chois
hop(s) n lus m an leanna
hope n dòchas m, dùil f
hope v tha dùil/dòchas aig
hopeful a dòchasach
hopeless a eu-dòchasach, gun dòchas
hopper n treabhailt f
Horace n Horas m
horizon n fàire f, bun m speur/sgòth
horizontal a còmhnard
hormone n hormon m
horn n adharc f, cabar m; (drinking and mus.) còrn m
horned a adharcach, cròcach
hornet n connspeach f
horoscope n reul-shealladh m
horrible a oillteil
horrid a sgreataidh, dèisinneach
horror n uamhann m, oillt-chrith f
horde n daosgarshluagh m
horse n each m
horse-fly n creathlag f
horsehair n gaoisid f eich
horseman n marcaiche m
horsemanship n marcachd f
horseshoe n crudha m
hortatory a earalach
horticulture n gàrradaireachd f
hose n (stocking) osan m, stocainn f; (water h.) pìob f
hospitable a fial, fialaidh, faoilidh
hospital n taigh-eiridinn m, ospadal m
hospitality n aoigheachd f
host n fear-taighe m, fear an taigh-òsda m; (large number) sluagh m
hostage n bràigh m, f
hostel n hostail f
hostess n bean-taighe f

hostile *a* nàimhdeil
hostility *n* nàimhdeas *m*
hot *a* teth; *h. from*, ùr on
hot-water-bottle *n* botal *m* teth
hotel *n* taigh-òsda *m*
hotelier *m* òsdair *m*
hothouse *n* teòthaigh *m*
hotness *n* teas *m*
hovel *n* bothan *m*
hover *v* fo-luaimnich
hovercraft *n* bàta-foluaimein *m*
hough *n* iosgaid *f*
hound *n* gadhar *m*, cù-seilge *m*
hour *n* uair *f*, uair-a-thìde *f*
hourly *adv* gach uair, san uair
house *n* taigh *m*, fàrdach *f*; *H. of*
   Commons, Taigh nan Cumantan
house *v* thoir taigh do, faigh taigh do
house-fly *n* cuileag *f*
housebreaker *n* taigh-mhèirleach *m*
household *n* teaghlach *m*
householder *n* ceann-taighe *m*
housekeeping *n* banas-taighe *f*
houseless *a* gun taigh
housemaid *n* searbhant *f*
housewife *n* bean-taighe *f*
how? *adv* ciamar, cionnas; (*with pron or*
   noun) ciod, ce/co, dè (cho); *h. are*
   you?, ciamar a tha thu?; *h. would*
   you know him?, cionnas a dh'-
   aithnicheadh tu e?; *h. old are you?*,
   ciod e/dè an aois a tha thu?; *h. many*
   are there?, co mheud a th'ann?; *h.*
   often?, dè cho tric?
howbeit *adv* gidheadh
however *adv* co-dhiù; gidheadh; ge be
howl *n* donnal *m*, ulfhart *m*
howl *v* dèan donnal/ulfhart
hubbub *n* othail *f*
huddle *v* còmhlaich; càrn air muin a
   chèile
hue *n* dath *m*, neul *m*, tuar *m*
hug *v* glac teann, fàisg
huge *a* ana-mhòr
Hugh *n* Uisdean *m*, Eòghan *m*
hulk *n* slige *f* luinge
hull *n* cochall *m*, plaosg *m*
hum *n* srann *f*, crònan *m*
hum *v* dàn torman/crònan
human *a* daonna
humane *a* caomh, truacanta

humanism *n* daonnaireachd *f*
humanist *n* daonnaire *m*
humanity *n* daonnachd *f*; nàdur *m* a'
   chinne daonna
humankind *n* an cinne-daonna *m*
humble *a* umhal, iriosal
humble *v* ùmhlaich, irioslaich; thoir fo
   smachd
humbug *n* amaideas *m*; (*of person*)
   amadan *m*
humdrum *a* neo-ùidheil
humid *a* tais, bog
humidity *n* taiseachd *f*
humiliation *n* irioslachadh *m*
humility *n* irioslachd *f*
humorist *n* fear *m* àbhachdach
humorous *a* àbhachdach, greannmhor
humour *n* àbhachd *f*; càil *f*, nàdur *m*,
   fonn *m*
humour *v* toilich; gèill
hump *n* croit *f*
humpback *n* crotaire *m*
humpbacked *a* crotach
humus *n* hùmas *m*
hunch *n* meall *m*; (*idea*) beachd *m*
hundred *n* and *a* ceud *m*
hundredth *a* ceudamh
Hungarian *n* and *a* Ungaireach *m*
Hungary *n* An Ungair *f*
hunger *n* acras *m*
hunger-strike *n* stailc *f* acrais
hungry *a* acrach, leis an acras
hunt *n* sealg *f*, faghaid *f*
hunt *v* sealg, dèan fiadhach
hunter *n* sealgair *m*
hunting *n* sealgaireachd *f*, fiadhach *m*
hurdle *n* cliath *f*
hurdler *n* cliathaire *m*
hurl *v* tilg
hurley *n* iomain *f* Eireannach
hurricane *n* doineann *f*
hurry *n* cabhag *f*
hurry *v* greas (air), luathaich; (*intrans.*)
   dèan cabhag
hurt *n* dochann *m*, ciùrradh *m*; dochair *f*
hurt *v* goirtich, ciùrr
hurtful *a* cronail, dochannach
hurtfulness *n* cronalachd *f*
husband *n* fear-pòsda *m*, cèile *m*
husband *v* caomhainn
husbandman *n* treabhaiche *m*

hush *v* sàmhaich, tosdaich
husk *n* cochall *m*, plaosg *m*
husky *a* plaosgach; (*of voice*) tùchanach
hussy *n* dubh-chaile *f*
hustings *n* àrd-ùrlar *m*
hustle *v* cuir cabhag air
hut *n* bothan *m*
hutch *n* bothag *f* coinein
hybrid *n* cros-chineal *m*
hydrant *n* sràid-thobar *m*, *f*
hydraulics *n* cumhachd *m* uisge-phìoban
hydro-electric *a* dealan-uisgeach
hydro-electricity *n* dealan-uisge *m*
hydrogen *n* haidrodean *m*
hydrogen sulphide *n* suilfid *f* haidrodean
hydrography *n* muir-eòlas *m*
hydrometer *n* meidh-uisge *f*
hydrophobia *n* cuthach *m* nan con
hyena *n* hièana *f*

hygiene *n* slàinteachas *m*
hygienic *a* slàinteachail
hymn *n* laoidh *m*, *f*, dàn *m* spioradail
hymnal *n* laoidheadair *m*
hyperbole *n* aibheiseachadh *m*
hypercritical *a* trom-bhreitheach
hyphen *n* strìoch *f*, tàthan *m*
hypnosis *n* suainealas *m*
hypnotic *a* suainealach
hypnotism *n* suainealachadh *m*
hypnotist *n* suainealaiche *m*
hypochondria *n* leann-dubh *m*
hypochondriac *a* leann-dubhach
hypocrisy *n* breug-chràbhadh *m*
hypocrite *n* breug-chràbhaiche *m*
hypocritical *a* breug-chràbhach
hypodermic *a* fo-chraicneach
hypothesis *n* beachd-bharail *f*
hypothetical *a* baralach
hysterical *a* reachdail
hysterics *n* reachd *f*

I

I *pers pron* mi; (*emphat.*) mise; *I am*, tha mi; *I am afraid*, tha eagal orm; *I have a house*, tha taigh agam; *but in replies the pron is omitted e.g. Are you tired? I am*, A bheil thu sgìth? Tha
iambic *n and a* iamb *f*; iambach
ice *n* deigh *f*, eigh *f*, eighre *f*; (*ice-cream*) reòiteag *f*
ice-rink *n* rinc-eighre *f*
iceberg *n* cnoc-eighre *m*
Iceland *n* Innis Tile *f*
Icelander *n* Innis-Tileach *m*
Icelandic *a* Innis-Tileach
icicle *n* caisean-reòta *m*
iciness *n* fuachd *f* reòta
icon *n* ìomhaigh *f*, samhail *m*
iconoclasm *n* bris(t)eadh *m* ìomhaighean
icy *a* reòta, eighreach
idea *n* beachd-smuain *f*; *he has an i. of that*, tha beachd aige air a sin
ideal *n* sàr-bheachd *m*
ideal *a* sàr, barrail
identical *a* ionann/ionnan, co-ionnan, ceudna
identification *n* dearbhadh *m* (ionnanachd), aithneachadh *m*
identify *v* dearbh-aithnich
identity *n* dearbh-aithne *f*, ionnanachd *f*
ideology *n* beachd-smuainealas *m*
ideological *a* beachd-smuainealach
idiom *n* gnathas-cainnt *m*
idiomatic *a* gnathas-chainnteach, gnàthasach
idiosyncracy *n* nòsarachd *f*
idiot *n* amadan *m*
idle *a* dìomhain; leisg; faoin; *he has been i. for a month*, tha e air a bhith dìomhain fad mìos; *it is i. for you to think* ———, tha e faoin dhut smaoineachadh ———
idleness *n* dìomhanas *m*
idler *n* leisgean *m*, lunndaire *m*
idol *n* iodhal *m*, ìomhaigh *f*
idolater *n* fear-iodhal-adhraidh *m*
idolatrous *a* iodhal-adhrach

idolatry *n* iodhal-adhradh *m*
idolize *v* gabh mar iodhal, dèan iodhal dhe
if *conj* ma, na(n), nam; (*if not*) mur; (*whether*) a(m)/an; *i. he comes*, ma thig e; *i. he does not come*, mur tig e; *i. he had come*, nan robh e air tighinn; *i. yesterday were today*, nam b'e an-dè an-diugh; *ask him i. he is coming*, faighnich dheth a(m) bheil e a' tighinn
igneous *a* teinntidh, loisgeach
ignite *v* cuir teine ri, las, fadaidh
ignition *n* lasadh *m*, losgadh *m*; (*of car*) adhnadh *m*
ignoble *a* suarach, an-uasal
ignominious *a* nàr, maslach
ignominy *n* nàire *f*, mì-chliù *m*
ignorance *n* aineolas *m*, ainfhios *m*
ignorant *a* aineolach
ignore *v* leig le, leig seachad
ill *n* olc *m*
ill *a* tinn, bochd; olc, dona
ill-health *n* euslainte *f*
ill-treatment *n* droch ghrèidheadh *m*
ill-starred *a* neo-shealbhach
ill-will *n* droch-rùn *m*, droch-aigne *f*
illegal *a* neo-laghail, mì-dhligheach
illegality *n* mì-laghalachd *f*
illegibility *n* do-leughtachd *f*
illegible *a* do-leughadh
illegitimate *a* dìolain
illegitimacy *n* dìolanas *m*
illiberal *a* neo-fhialaidh; (*of ideas etc.*) cumhang
illiberality *n* neo-fhialaidheachd *f*, cruas *m*
illicit *a* neo-laghail
illiteracy *n* neo-litireachd *f*
illiterate *a* neo-litireach
illness *n* tinneas *m*, euslainte *f*
illogical *a* mì-reusanta
illumine *v* soillsich
illuminate *v* soilleirich
illumination *n* soillseachadh *m*, soilleireachadh *m*
illusion *n* mealladh *m*, mearachadh *m*

illusory *a* meallach
illustrate *v* soillsich; dealbhaich
illustration *n* soillseachadh *m*; dealbh *m, f*
illustrative *a* mìneachail
illustrator *n* dealbhadair *m*
illustrious *a* ainmeil
image *n* ìomhaigh *f*
imagery *n* ìomhaigheachd *f*
imaginable *a* so-smuainich
imaginary *a* ìomhaigheach, mac-meanmnach
imagination *n* mac-meanmainn *m*
imaginative *a* mac-meanmnach
imagine *v* smaoinich, beachdaich
imbecile *n and a* lethchiallach *m*
imbibe *v* òl, deoghail
imbue *v* lìon, cuir air feadh
imitable *a* so-atharrais
imitate *v* dèan atharrais air, aithris, lean eisimpleir
imitation *n* atharrais *f*, aithris *f*; breug-shamhail *m*
imitative *a* aithriseach
imitator *n* fear-aithris/atharrais *m*
immaculate *a* fìorghlan, gun smal
immanence *n* innfhuireachd *f*
immanent *a* innfhuireachail
immaterial *a* neo-chorpora, neo-nitheach; (*a matter of indifference*) coma
immature *a* an-abaich
immaturity *n* an-abaichead *m*
immeasurable *a* do-thomhas
immediate *a* ciad, grad, ealamh
immediately *adv* gun dàil, air ball, anns a' bhad
immemorial *a* o chian
immense *a* an-mhòr
immerse *v* cuir fodha, cuir am bogadh
immersion *n* tumadh *m*, cur *m* fodha
immigrant *n* inn-imriche *m*
immigration *n* inn-imrich *f*, teachd *m* a-steach (do dhùthaich)
imminent *a* gus teachd
immobility *n* neo-ghluasadachd *f*
immoderate *a* ana-measarra
immoderation *n* ana-measarrachd *f*
immodest *a* mì-nàrach, mì-stuama
immodesty *n* mì-stuaim *f*
immoral *a* mì-bheusach, neo-mhoralach

immorality *n* mì-bheus *f*
immortal *a* neo-bhàsmhor
immortality *n* neo-bhàsmhorachd *f*
immortalize *v* dèan neo-bhàsmhor
immoveable *a* neo-ghluasadach
immunity *n* saorsa *f*, cead *m*; dìon *m*
immutability *n* neo-chaochlaideachd *f*
immutable *a* neo-chaochlaideach
imp *n* spruis *f*; *he's an i. of mischief*, 'se droch spruis a th'ann
impact *v* teannaich, dinn
impair *v* mill, lùghdaich
impalpable *a* do-fhaireachdainn
impart *v* compàirtich, co-roinn
impartial *a* ceart-bhreitheach, dìreach, cothromach
impartiality *n* ceart-bhreith *f*, cothrom *m*
impassable *a* do-shiubhal
impasse *n* impasse *m*
impassioned *a* lasanta
impassive *a* do-fhaireachadh; socair
impatience *n* mì-fhoighidinn *f*
impatient *a* mì-fhoighidneach, neo-fhoighidneach
impeach *v* dìt gu follaiseach
impeachment *n* dìteadh *m*
impeccable *a* gun smal
impecunious *a* bochd
impedance *n* caisgeas *m*
impede *v* bac, cuir maille air
impediment *n* bacadh *m*, cnap-starraidh *m*
impel *v* greas, cuir air aghaidh
impenetrable *a* do-inntrig
impenitence *n* neo-aithreachas *m*
impenitent *a* neo-aithreachail
imperative *n* (*gram*) am modh *f* òrd-uigheach, àithneach; cruaidh òrdugh *m*
imperative *a* òrduigheach, àithneach
imperceptible *a* do-mhothaichte
imperfect *a* neo-fhoirfe, neo-iomlan; *i. tense*, aimsir neo-fhoirfe
imperfection *n* neo-iomlanachd *f*
imperial *a* ìmpireil
imperialism *n* ìmpireileas *m*
imperious *a* ceannsachail
imperishable *a* neo-bhàsmhor
impersonal *a* neo-phearsanta
impersonate *v* pearsanaich

impertinence n mì-mhodh f, dànadas m

impertinent a mì-mhodhail, beadaidh

impervious a do-ruighinn

impetigo n impitìogo f

impetuous a cas, bras

impetus n dèine f, sitheadh m

impiety n ain-diadhachd f

impinge v buail, suath

impious a ain-diadhaidh

implacable a gamhlasach

implant v suidhich, socraich

implement n inneal m

implement v thoir gu buil

implicate v rib, cuir an sàs

implication n ribeadh m; (what is implied) ciall f

implicit a fillte, iom-fhillte; i. faith, creideas iomlan

implore v aslaich, guidh

imply v ciallaich; it is implied ———, tha e ri thuigse ———

impolite a mì-mhodhail

impolitic a neo-sheòlta

import n brìgh f, ciall f; (comm.) badhar m o chèin

import v ciallaich; (comm.) thoir a-steach badhar

importance n cudrom m, stàth m

important a cudromach, brìoghor

importunate a liosda, leamh

importune v sàraich

importunity n liosdachd f, leamhachas m

impose v cuir air, leag air; (typog.) suidhich, càirich

imposition n leagail f; (typog.) suidheachadh m, càireadh m

impossibility n nì m do-dhèanta

impossible a do-dhèanta, eu-comasach

impost n càin f

imposter n mealltair m

imposture n mealladh m, ceilg f

impotence n eu-comas m

impotent a eu-comasach

impound v pùnnd

impoverish v dèan bochd

impracticable a do-dhèanta

imprecation n mallachd f

impregnable a do-ionnsaighe

impregnation n torrachadh m

impress v comharraich; (typog.) clò-bhuail

impression n comharradh m; beachd m; (typog.) clò-bhualadh m

impressive a drùidhteach

imprint v cuir seula, comharraich

imprison v cuir am prìosan

imprisonment n cur m sa' phrìosan, braighdeanas m

improbability n mì-choltas m

improbable a mì-choltach

impromptu a gun ullachadh

improper a neo-iomchuidh

improve v leasaich, cuir/rach am feabhas

improvement n leasachadh m, feabhas m

improvident a neo-fhreasdalach

improvise v ocàidich

imprudent a neo-chùramach, gòrach

impudence n beadaidheachd f, dànachd f

impudent a beadaidh, dàna

impugn v coirich, faigh cron

impulse n spreagadh m

impulsive a spreigearra

impunity n saorsa f o pheanas

impure a neòghlan, truaillte

impurity n neòghlaine f, truailleadh m

imputation n cur m ás leth

impute v cuir ás leth

in prep ann, an, am, ann an; i. the, anns a', sa'; i. me etc., annam etc.; i. his, 'na; i. their, 'nan; i. Glasgow, ann an Glaschu; i. front of, air thoiseach air; i. case ———, ma, gun fhios nach

in adv (rest in) a-staigh, aig an taigh; (motion towards) a-steach

in-shore a cladaich

inability n neo-chomas m

inaccessible a do-ruigsinn

inaccuracy n neo-chruinne f, mearachd f

inaccurate a neo-chruinn, mearachdach

inaction n tàmh m, neo-ghnìomhachas m

inactive a neo-ghnìomhach, 'na thàmh

inactivity n neo-ghnìomhachas m

inadequate a uireasach

inadequacy n uireasachd f

inadvertent a neo-aireach

inalienable a do-dhealachadh

inane *a* faoin
inanimate *a* marbh, gun anam
inanity *n* faoineas *m*
inapplicable *a* neo-fhreagarrach
inappropriate *a* neo-choltach
inarticulate *a* gagach, neo-altach
inartistic *a* neo-ealanta
inasmuch as *conj phrase* aig a' mheud 's a
inattention *n* neo-aire *f*
inattentive *a* neo-aireil
inaudible *a* do-chloiste
inaugurate *v* coisrig, tòisich
inauspicious *a* mì-shealbhach
inborn *a* nàdurra
inbred *a* nàdurra; eadar-ghinte
incalculable *a* do-àireamh
incantation *n* ortha *f*
incapability *n* neo-chomasachd *f*
incapable *a* neo-chomasach
incapacitate *v* cuir o fheum
incapacity *n* neo-chomas *m*
incarcerate *v* cuir am prìosan
incarnate *a* san fheòil
incarnation *n* corp-ghabhail *m, f*; *he was the i. of*, b'e cridhe a'/na
incautious *a* mì-fhaiceallach
incendiary *n* bràthadair *m*
incendiary *a* loisgeach
incense *n* tùis *f*
incense *v* feargaich
incentive *n* brosnachadh *m*
inception *n* tùs *m*, cur *m* an sàs
incessant *a* sìor, daonnan
incest *n* col *m*
incestuous *a* colach
inch *n* òirleach *f*; (*island*) innis *f*
inchoate *a* neo-leasaichte
incident *n* tachartas *m*
incidental *a* tuiteamach
incinerate *v* dubh-loisg
incineration *n* dubh-losgadh *m*
incinerator *n* loisgear *m*
incipient *a* a' tòiseachadh, tòiseachail
incised *a* geàrrte
incision *n* gearradh *m*
incisive *a* geur, geurchuiseach
incisor *n* clàr-fhiacaill *m*
incite *v* brosnaich, gluais, spreig
incitement *n* brosnachadh *m*
incivility *n* mì-mhodhalachd *f*
inclemency *n* an-iochd *f*

inclement *a* an-iochdmhor
inclination *n* aomadh *m*; togradh *m*, deòin *f*, ùidh *f*
incline *v* aom, claon; togair
include *v* cuir san àireamh, gabh a-steach
inclusion *n* cur *m* san àireamh
incognito *adv* gu dìomhair
incoherence *n* neo-leanailteachd *f*
incoherent *a* neo-leanailteach, sgaoilte
incombustible *a* neo-loisgeach
income *n* teachd-a-steach *m*
income-tax *n* càin-teachd-a-steach *f*
incoming *a* a-steach
incommensurable *a* do-thomhas
incommode *v* cuir dragh air
incommunicable *a* do-innseadh
incomparable *a* gun choimeas
incompatibility *n* neo-fhreagarrachd *f*
incompatible *a* neo-fhreagarrach
incompetent *a* neo-chomasach
incomplete *a* neo-choileanta, neo-iomlan
incomprehensibility *n* do-thuig-sinneachd *f*
incomprehensible *a* do-thuigsinn
incompressible *a* do-theannachadh
inconcealable *a* do-chleith
inconveivable *a* do-smuaineachadh
inconclusive *a* neo-chinnteach
inconclusiveness *n* neo-chinnteachd *f*
incongruity *n* mì-fhreagarrachd *f*
incongruous *a* mì-fhreagarrach
inconsequent *a* neo-leantainn
inconsiderable *a* suarach
inconsiderate *a* neo-aireach, neo-smaoineach
inconsistency *n* mì-chòrdadh *m*, aimh-rèir *m*
inconsistent *a* neo-chòrdte
inconsolable *a* do-fhurtachd
inconstancy *n* neo-sheasmhachd *f*
inconstant *a* neo-sheasmhach
incontestable *a* do-àicheadh
incontinence *n* neo-mheasarrachd *f*; (*physical*) neo-dhìonachd *f*
incontinent *a* neo-mheasarra; (*physical*) neo-dhìonach
incontrovertible *a* dearbhte
inconvenience *n* neo-ghoireasachd *f*
inconvenient *a* mì-ghoireasach

90

incorporate *v* aonaich, co-cheangail
incorporation *n* aonachadh *m*
incorrect *a* mearachdach
incorrigible *a* do-cheannsachadh
incorruptible *a* do-thruaillidh
increase *v* (*trans.*) meudaich, cuir am meud; (*intrans.*) fàs lìonmhor, rach am meud
increase *n* cinntinn *m.*, cinneas *m*, meudachadh *m*; (*archaic*) sìol *m*, sliochd *m*
incredible *a* do-chreidsinn
incredulity *n* ás-creideamh *m*
incredulous *a* ás-creideach
increment *n* leasachadh *m*, meudachadh *m*
incriminate *v* ciontaich
incubate *v* guir
incubation *n* gur *m*
incubator *n* guireadair *m*
incubus *n* trom-laighe *f*
inculcate *v* dian-chomhairlich
incumbency *n* seilbh *f*, cùram *m*
incumbent *n* sealbhadair *m*
incumbent *a* mar fhiachaibh
incur *v* tarraing (air fèin), bi buailteach do
incurable *a* do-leigheas
incurious *a* coma, suarach (mu)
incursion *n* ionnsaigh *f*, ruathar *m*
indebted *a* an comain, am fiachaibh
indecent *a* mì-chuibheasach
indecipherable *a* do-leughte
indecision *n* neo-chinnteachd *f*
indecisive *a* neo-chinnteach
indeclinable *a* do-chlaonta
indecorous *a* mì-bheusach, mì-mhodhail
indeed *adv* gu dearbh(a), gu deimhinn; *indeed?/indeed!*, seadh; *yes i.*, seadh dìreach, abair e!
indefatigable *a* do-sgìtheachadh
indefensible *a* do-dhìonadh
indefinable *a* do-shònrachadh
indefinite *a* neo-shònraichte
indelible *a* do-sgriosadh
indelicacy *n* neo-cheanaltas *m*
indelicate *a* neo-cheanalta, mì-mhodhail
indemnify *v* theirig an urras air, dìon o chall

indemnity *n* urras *m*, cuidhteachadh *m*
indent *v* eagaich, gròb; cùmhnantaich
indentation *n* gròbadh *m*
indenture *n* ceàird-chùmhnant *m*
independence *n* saorsa *f*, neo-eisimeileachd *f*
independent *a* saor, neo-eisimeileach
indescribable *a* do-aithris
indestructible *a* do-mhilleadh
indeterminable *a* do-shònraichte
indeterminate *a* do-shònrachadh
indetermined *a* neo-shuidhichte
index *n* clàr-amais *m*, treòir *f*, comharradh *m*; *i. finger*, sgealbag *f*
index *v* (*of a book*) clàraich; (*of payments*) co-rèirich
index-card *n* cairt-comharrachaidh *f*
India *n* Na h-Innseachan *pl*
Indian *n and a* Innseanach *m*
indicate *v* comharraich, taisbein
indication *n* comharrachadh *m*, foill-seachadh *m*; fios *m.*
indicative *n* (*gram.*) am modh *m* tais-beanach
indicative *a* foillseachail (air), 'na chomharradh (air), taisbeanach
indicator *n* taisbeanair *m*
indictment *n* dìteadh *m*
indifference *n* neo-shuim *f*, neo-aire *f*
indifferent *a* coma, neo-shuimeil, neo-aireil
indigence *n* ainniseachd *f*
indigenous *a* dùchasach, dùthchasach
indigent *a* ainniseach
indigested *a* neo-mheirbhte
indigestion *n* cion-meirbhidh *m*, cion-cnàmh *m*
indignant *a* diombach, feargach
indignation *n* diomb *m*, corraich *f*
indignity *n* tàmailt *f*
indigo *n* guirmean *m*
indirect *a* neo-dhìreach, fiar
indirectness *n* fiaradh *m*, caime *f*
indiscernible *a* neo-fhaicsinneach
indiscipline *n* dìth *m* smachd
indiscoverable *a* do-rannsachadh
indiscreet *a* neo-chrìonna
indiscretion *n* neo-chrìonnachd *f*
indiscriminate *a* neo-eadar-dhealaichte
indispensable *a* riatanach, neo-sheachnach

indisposition *n* euslaint *f*; (*unwillingness*) doicheall *m*
indisputable *a* cinnteach
indissoluble *a* do-eadar-sgaoileadh
indistinct *a* neo-shoilleir
indistinctness *n* neo-shoilleireachd *f*, doilleireachd *f*
indistinguishable *a* do-aithnichte
individual *n* urra *f*, neach *m*, (air leth)
individual *a* air leth, pearsanta
individuality *n* air-letheachas *m*, pearsantachd *f*
individually *adv* air leth, fa leth
indivisible *a* do-roinn
indivisibility *n* do-roinnteachd *f*
Indo-China *n* An Ind-Shìna *f*
Indo-European *a* Ind-Eòrpach
indolence *n* leisge *f*, dìomhanas *m*
indolent *a* leisg, dìomhain
indomitable *a* do-chlaoidhte
Indonesia *n* An Ind-Innse *f*
indoor(s) *a* a-staigh
indubitable *a* neo-theagmhach
induce *v* thoir air, spreag; thoir air adhart
inducement *n* brosnachadh *m*, misneach *f*
induct *v* cuir an seilbh; (*eccl.*) pòs
induction *n* sealbhachadh *m*; (*eccl.*) pòsadh *m*
inductive *a* treòireachail
indulge *v* leig le, toilich; *he indulged in drink*, bha e trom air òl
indulgence *n* gèilleadh *m*, toileachadh *m*; truime *f*; cead *m*
indulgent *a* bàigheil, bog
industrial *a* tionnsgalach
industrialism *n* tionnsgalachd *f*
industrialist *n* fear-tionnsgail *m*
industrialize *v* àraich tionnsgal
industrious *a* gnìomhach, dèanadach
industry *n* saothair *f*; gnìomhachas *m*, tionnsgal *m*
inebriate *v* cuir air mhisg; *he was inebriated*, bha e air mhisg
inebriation *n* misge *f*, daorach *f*
inedible *a* do-ithe
ineffable *a* do-innse
ineffective *a* neo-bhuadhach, neo-èifeachdach
ineffectual *a* neo-tharbhach

inefficacious *a* neo-èifeachdach
inefficacy *n* neo-èifeachd *f*
inefficiency *n* neo-èifeachd *f*
inefficient *a* neo-èifeachdach
inelegance *n* mì-loinn *f*
inelegant *a* mì-loinneil, mì-dhreachmhor
ineligible *a* do-thaghte
ineloquent *a* neo-fhileanta
inept *a* baoth, amaideach
inequality *n* neo-ionnanachd *f*
inequitable *a* mì-cheart
inert *a* marbhanta, 'na thàmh
inertia *n* tàmhachd *f*, leisge *f*; (*phys.*) do-mhùthadh *m*
inertness *n* marbhantachd *f*
inessential *a* neo-riatanach
inestimable *a* os cionn luach, do-mheasta
inevitable *a* do-sheachnach
inexact *a* neo-chruinn
inexcusable *a* neo-leisgeulach
inexhaustible *a* do-thraoghadh
inexistence *a* neo-bhith *f*
inexorable *a* do-lùbtha
inexpedient *a* neo-iomchuidh
inexpensive *a* saor
inexperience *n* easbhaidh *f* eòlais
inexperienced *a* neo-eòlach, neo-chleachdach
inexpert *a* neo-ealanta
inexplicable *a* do-mhìneachadh
inexpressible *a* do-innse
inextinguishable *a* do-mhùchadh
inextricable *a* do-fhuasgladh
infallibility *n* do-mhearachdas *m*
infallible *a* do-mhearachdach
infamous *a* maslach, olc
infamy *n* masladh *m*, mì-chliù *m*
infancy *n* leanabachd *f*; tùs *m*
infant *n* naoidhean *m*, leanaban *m*
infantile *a* leanabail
infantry *n* cois-shluagh *m*, saighdearan-coise *pl*
infatuate *v* cuir fo gheasaibh
infatuation *n* dalladh *m*, cur *m* fo gheasaibh
infect *v* cuir galar/tinneas air; truaill
infection *n* galar-ghabhail *m*
infectious *a* gabhaltach
infective *a* galarach

infelicity *n* mì-àgh *m*; (*of style etc.*) mì-loinn *f*
infer *v* co-dhùin
inference *n* co-dhùnadh *m*
inferior *n* ìochdaran *m*
inferior *a* suarach; ìochdarach
inferiority *n* ìochdaranachd *f*
infernal *a* ifrinneach, diabhalta
infertile *a* mì-thorrach, aimrid
infertility *n* mì-thorrachas *m*
infest *v* claoidh, cuir/bi fo
infidel *n* ana-creideach *m*
infidelity *n* ana-creideamh *m*; neo-dhìlseachd *f*
infiltrate *v* sìolaidh (a-steach)
infinite *a* neo-chrìochnach
infinitely *adv* gun chrìoch, gun tomhas
infinitesimal *a* beag-bìodach
infinity *n* neo-chrìochnachd *f*
infinitive *n* (*gram.*) modh *m* infinideach
infirm *a* anfhann
infirmary *n* taigh-eiridinn *m*
infirmity *n* laige *f*, anfhannachd *f*, breòiteachd *f*
infix *v* sàth a-steach
inflame *v* cuir 'na theine, feargaich
inflammable *a* so-lasadh, lasanta
inflammation *n* lasadh *m*; (*med.*) at *m*
inflammatory *a* lasarra, loisgeach, buaireasach
inflate *v* sèid (suas), gaothaich
inflation *m* sèideadh *m*; (*monetary*) at *m* (cùinnidh)
inflect *v* lùb, crom
inflexibility *n* neo-lùbachd *f*
inflexible *a* rag, do-lùbadh
inflict *v* sàraich; leag peanas air
infliction *n* sàrachadh *m*, peanas *m*
influence *n* buaidh *f*, cumhachd *m*
influence *v* stiùir, treòraich; *he influenced her greatly*, bha buaidh mhòr aige oirre
influential *a* buadhach
influenza *n* fliù *f*, an cnatan *m* mòr
influx *n* tighinn *m* a-steach
inform *v* innis, thoir brath
informal *a* neo-fhoirmeil
informality *n* neo-fhoirmeaiachd *f*
informant *n* fear-bratha *m*
information *n* sgeul *m*, brath *m*, fiosrachadh *m*

informed *a* fiosrach
informer *n* brathadair *m*
infra-red *a* fo-dhearg
infraction *n* briseadh *m*
infrequency *n* ainmigeas *m*
infrequent *a* ainmig
infringe *v* bris (a-steach air)
infringement *n* briseadh *m*
infuriate *v* cuir air bhoile
infuse *v*cuir———ann; *i. the tea*, dèan/ tarraing an teatha
ingenious *a* innleachdach, teòma
ingenuity *n* innleachd *f*, teòmachd *f*
ingenuous *a* fosgarra
ingot *n* uinge *f*
ingrained *a* deargte, fuaighte
ingratiate *v* lorg fàbhar
ingratitude *n* mì-thaingealachd *f*
ingredient *n* tàthchuid *f*
ingress *n* dol *m* a-steach
ingrowing *a* ionfhàs
inhabit *v* àitich, tàmh
inhabitable *a* so-àiteachadh
inhabitant *n* fear-àiteachaidh *m*
inhale *v* tarraing anail, gabh a-steach leis an anail
inharmonious *a* neo-bhinn
inherent *a* nàdurra, dualach
inherit *v* faigh mar oighreachd
inheritance *n* oighreachd *f*; dualchas *m*
inheritor *n* oighre *m*, sealbhadair *m*
inhibit *v* bac, cùm air ais, cuir stad air
inhibition *n* bacadh *m*, urchall *m*
inhospitable *a* neo-fhialaidh
inhospitality *n* neo-fhialachd *f*, mosaiche *f*
inhuman *a* mì-dhaonna
inhumanity *n* mì-dhaonnachd *f*
inhumation *n* adhlacadh *m*
inimical *a* nàimhdeil
inimitable *a* gun choimeas
iniquitous *a* aingidh
iniquity *n* aingidheachd *f*, olc *m*
initial *n* ciad litir *f*
initial *a* ciad, tùsail
initiate *v* teagaisg, tionnsgain
initiation *n* tionnsgnadh *m*
initiative *n* tionnsgnadh *m*; *he took the i.*, ghabh e air fhèin ———
inject *v* ann-steallaich
injection *n* ann-stealladh *m*

93

injudicial *a* mì-riaghailteach
injudicious *a* neo-thùrail
injunction *n* àithne *f*, òrdugh *m*
injure *v* ciùrr, dèan dochar air
injurious *a* cronail, docharach
injury *n* ciùrradh *m*, dochann *m*, dochar *f*
injustice *n* ana-ceartas *m*, aindlighe *f*
ink *n* dubh *m*
inkling *n* faireachadh *m*
inky *a* dubh, dorcha
inland *a* a-staigh san tìr
inlay *v* ann-leag
inlet *n* caolas *m*, bealach *m*
inmate *n* fear *m*/bean-àiteachaidh *f*
inmost, innermost *a* as fhaide a-staigh
inn *n* taigh-òsda *m*, taigh-leanna *m*
innate *a* nàdurra, dualach
inner *a* as fhaide a-staigh
innkeeper *n* òsdair *m*
innocence *n* neo-chiontachd *f*, ionnracas *m*
innocent *a* neo-chiontach
innocuous *a* neo-lochdach
innovate *v* ùr-ghnàthaich
innovation *n* ùr-ghnàthachadh *m*
innovator *n* ùr-ghnàthadair *m*
innuendo *n* fiar-shanas *m*
innumerable *a* do-àireamh
inoculate *v* cuir a' bhreac air
inoculation *n* cur *m* na brice
inoffensive *a* neo-lochdach, neo-bhuaireasach
inopportune *a* neo-aimsireil
inordinate *a* ana-cuimseach
inorganic *a* neo-fhàs-bheairteach
input *n* cur *m* a-steach
inquest *n* sgrùdadh *m*, rannsachadh *m*
inquire *v* feòraich, faighnich
inquiry *n* ceasnachadh *m*, rannsachadh *m*
inquisition *n* mion-cheasnachadh *m*
inquisitive *a* faighneachail
inquisitiveness *n* faighneachdas *m*
inquisitor *n* fear-ceasnachaidh *m*
inroad *n* ionnsaigh *f*
insane *a* air chuthach, ás a chiall/a ciall *etc*
insanitary *a* mì-shlàinteil
insanity *n* cuthach *m*, dìth-cèille *m*
insatiable *a* do-shàsachadh

inscribe *v* sgrìobh air
inscription *n* sgrìobhadh *m*
inscrutable *a* do-thuigsinn
insect *n* meanbh-fhrìde *f*
insecure *a* neo-thèarainte
insecurity *n* neo-thèarainteachd *f*
insemination *n* sìolachadh *m*
insensate *a* neo-mhothachail
insensibility *n* neo-cheutfaidheachd *f*
insensible *a* neo-mhothachail, neo-thuigseach
inseparable *a* do-sgaradh
insert *v* suidhich, cuir a-steach
insertion *n* suidheachadh *m*, cur *m* a-steach
inset *n* eang *f*
inside *prep* am broinn
inside *adv* air an taobh a-staigh, a-staigh
insidious *a* sligheach
insight *n* geur-bheachd *m*
insignia *n* suaicheantas *m*
insignificance *n* suarachas *m*
insignificant *a* suarach, tàireil
insincere *a* neo-onorach, neo-threibhdhireach
insincerity *n* neo-onorachd *f*, neo-threibhdhireas *m*
insinuate *v* liùgaich
insinuation *n* liùgachadh *m*
insipid *a* neo-bhlasda
insipidity *n* neo-bhlasdachd *f*
insist *v* lean/cum air
insobriety *n* ana-measarrachd *f*, misge *f*
insociable *a* neo-chonaltrach
insolent *a* beadaidh
insolence *n* beadaidheachd *f*
insolvable *a* do-fhuasgladh
insoluble *a* do-cadar-sgaoileadh; do-rèite
insolvency *n* bristeadh *m* (creideis)
insolvent *a* briste
insomnia *n* bacadh *m* cadail
insomuch *See* inasmuch
inspect *v* sgrùd
inspection *n* sgrùdadh *m*
inspector *n* fear-sgrùdaidh *m*
inspiration *n* grad-smuain *f*; tarraing *f* analach
inspire *v* brosnaich, spreag
instability *n* neo-bhunailteachd *f*
install *v* cuir an dreuchd/seilbh

installation *n* cur *m* an dreuchd/seilbh; suidheachadh *m*

instalment *n* earrann *f*

instance *n* àite *m*; eisimpleir *m*; *in the first i.*, anns a' chiad àite; *for i*, mar eisimpleir

instant *n* tiota *m*

instant *a* grad, làithreach

instantaneous *a* sa' cheart àm

instantly *adv* grad, sa' bhad

instead *adv* an àite; an àite sin; *i. of rain there was snow*, an àite uisge bha sneachd ann; *i., I went home*, an àite sin, chaidh mi dhachaigh

instep *n* uachdar *m* na troighe

instigate *v* brosnaich, cuir air bhonn

instigation *n* brosnachadh *m*, cur *m* air bhonn

instigator *n* fear-brosnachaidh *m*

instil *v* teagaisg, cuir a-steach

instinct *n* dùchas *m*, nàdur *m*

instinct *a* beò, beothail

instinctive *a* dùchasach, nàdurach

institute *n* reachd *m*, rian *m*; stèidheachadh *m*

institute *v* cuir air chois, bunaich

institution *n* stèidheachadh *m*; (*habit*) cleachdadh *m*

instruct *v* teagaisg, ionnsaich

instruction *n* teagasg *m*, ionnsachadh *m*; òrdugh *m*

instructive *a* treòireach

instructor *n* fear-teagaisg *m*

instrument *n* inneal *m*, beart *f*; (*e.g. leg. i.*) bann-sgrìobhte *m*; (*means*) meadhan *m*

instrumental *a* innealach; *i. in*, mar mheadhan air

insubordination *n* mì-riaghailt *f*

insubstantial *a* neo-bhrìoghor

insufferable *a* do-fhulang, do-ghiùlan

insufficiency *n* easbhaidheachd *f*

insufficient *a* easbhaidheach; *an i. amount of money*, ro bheag de dh'airgead

insular *a* eileanach; cumhang

insulate *v* dealaich, cuir air leth

insulated *a* dealaichte, air a chur air leth

insulator *n* dealaichear *m*

insulin *n* ionsuilion *f*

insult *n* tàmailt *f*, tàir *f*

insult *v* tàmailtich, dèan tàir air

insuperable *a* do-cheannsachadh

insupportable *a* do-ghiùlan

insuppressible *a* do-mhùchte

insurance *n* urras *m*; airgead *m* urrais

insure *v* faigh/thoir urras air

insurgent *n and a* ceannairceach *m*

insurmountable *a* nach gabh a leasachadh

insurrection *n* ar-a-mach *m*

intact *a* slàn, iomlan

intake *n* gabhail *m*/toirt *f* a-steach

intangible *a* do-bheantainn

integer *n* slàn-àireamh *f*

integral *a* slàn, coilionta

integrate *v* aonaich

integration *n* aonachadh *m*

integrity *n* treibhdhireas *m*, ionracas *m*

integument *n* còmhdach *m*, cochall *m*

intellect *n* inntinn *f*

intellectual *a* inntleachdail

intelligence *n* tuigse *f*, innleachd *f*

intelligent *a* eirmseach, innleachdach

intelligibility *n* soilleireachd *f*

intelligentsia *n* luchd inntleachda

intelligible *a* so-thuigsinn

intemperance *n* ana-measarrachd *f*

intemperate *a* ana-measarra, mì-stuama

intenable *a* do-chumail, do-sheasamh

intend *v* cuir roimh, sònraich, rùnaich

intense *a* teann, dian

intenseness *n* teinne *f*, dèinead *f*

intensify *v* teinnich, geuraich

intention *n* rùn *m*, aire *f*

intentional *a* a dh'aon rùn

inter *v* adhlaic, tiodhlaic

inter- *pref* eadar-

interacting *n* eadar-oibreachadh *m*

interaction *n* eadar-oibre *f*

intercede *v* dèan eadar-ghuidhe

intercept *v* ceap

intercession *n* eadar-ghuidhe *m, f*

interchange *n* malairt *f*; (*road i.*) mòr-chrosg (ròidean) *f*

interchange *v* malairtich

interchangeable *a* co-mhalairteach

intercourse *n* co-chomann *m*, comhluadar *m*

interdict *n* toirmeasg *m*, bacadh *m*

interdict *v* toirmisg, bac

interest *n* ùidh *f*; (*fin.*) riadh *m*; (*share*) co-roinn *f*, pàirt *f*
interest *v* gabh/tog ùidh; *I took an i. in it/I was interested in it*, ghabh mi ùidh ann; *I interested him in it*, thog mi ùidh (a ùidh) ann
interesting *a* ùidheil, ùidheachail, inn-tinneach
interface *n* co-aghaidh *f*
interfere *v* buin ri, gabh gnothach ri
interference *n* buntainn *m* ri, gabhail *m* gnothach ri
interfused *a* eadar-thaomte
interject *v* cuir a-steach, dèan ead-raiginn
interjection *n* eadraiginn *f*; (*gram.*) clisgear *m*
interim *n in the i.*, an dràsda
interim *a* eadarach
interior *n* an leth *m* a-staigh
interlace *v* eadar-fhigh
interlard *v* measgaich le
interline *v* eadar-lìnich
interlineation *n* eadar-lìneadh *m*
interleave *v* eadar-dhuillich
interlink *v* naisg
interlock *v* co-naisg, co-ghlais
interlocutor *n* eadar-labhrair *m*
interloper *n* èalaiche *m*, sgimilear *m*
interlude *n* eadar-chluiche *f*
intermarriage *n* co-chleamhnas *m*
intermediate *a* eadar-mheadhanach
interment *n* adhlacadh *m*, tiodhlacadh *m*
interminable *a* neo-chrìochach
intermingle *v* co-mheasgaich
intermission *n* eadar-ùine *f*, lasachadh *m*, tàmh *m*
intermittent *a* o àm gu àm
intermix *v* coi-mheasgaich
intermixture *n* coi-mheasgachadh *m*
intern *v* braighdeanaich
internal *a* san leth a-staigh
international *n* eadar-nàiseanail *m*
international *a* eadar-nàiseanta
interphase *a* eadar-ìreach
interpolate *v* cuir/spàrr a-steach
interpose *v* eadar-chuir; dèan ead-raiginn
interpret *v* mìnich; (*translate*) eadar-theangaich

interpretation *n* mìneachadh *m*
interpreter *n* fear-mìneachaidh *m*
interregnum *n* eadar-riaghladh *m*
interrogate *v* ceasnaich
interrogation *n* ceasnachadh *m*
interrogative *n* ceist-fhacal *m*
interrogative *a* ceisteil, ceasnachail
interrogatory *a* ceasnachail
interrupt *v* cuir casg air
interruption *n* casgadh *m*, stad *m*, bris(t)eadh *m*
intersect *v* geàrr, trasnaich
intersection *n* gearradh *m*, trasnadh *m*
intersperse *v* eadar-sgap
interstice *n* eadar-fhosgladh *m*
intertwine *v* eadar-thoinn
interval *n* eadar-ùine *f*
intervene *v* thig eadar
intervention *n* eadar-ghabhail *m*
interview *n* agallamh *m*
interview *v* agallaich
interweave *v* eadar-fhigh
intestate *a* gun tiomnadh
intestinal *a* caolanach
intestine(s) *n* greallach *f*, caolan(an) *m*
intimacy *n* dlù-chaidreamh *m*
intimate *a* dlù-chaidreach, mion-eòlach
intimate *v* innis, thoir sgeul
intimation *n* sgeul *m*, fios *m*
intimidate *v* cuir fo eagal
into *adv* a-steach do; ann an/am; *he came i. the house*, thàinig e a-steach don taigh; *he divided it i. pieces*, roinn e ann am pìosan e
intolerable *a* do-ghiùlan
intolerant *a* neo-fhulangach
intonation *n* guth-cheòl *m*
intoxicate *v* cuir air mhisg, c. air an daoraich
intoxicated *a* air mhisg, air an daoraich
intoxication *n* misg *f*, daorach *f*
intractable *a* do-cheannsachadh
intransitive *a* neo-chuspaireach
intrepid *a* dàna, gaisgeil
intricacy *n* eadar-fhigheachd *f*
intricate *a* eadar-fhighte
intrigue *n* cluaineireachd *f*
intrigue *v* dèan cluaineireachd
intrinsic *a* gnèitheach

introduce v (of persons) cuir an aithne; (of a subject etc.) thoir a-steach, thoir iomradh air

introduction n cur m an aithne; toirt f a-steach; (to a book) roimh-ràdh m

introspection n fèin-bhreithneachadh m

introvert n neo-fhosgaire m

introvert a neo-fhosgarra

intrude v sàth/brùth a-steach

intruder n bruthaiche-steach m

intuition n imfhios m

intuitive a imfhiosach

innundate v bàth

inutility n neo-fheumalachd f

inutterable a do-labhairt

invade v thoir ionnsaigh air, bris a-steach

invalid n neach m tinn, euslainteach m

invalid a neo-bhrìgheach; (ill) tinn, tinneis

invalidate v neo-bhrìghich

invalidity n neo-bhrìgheachd f

invaluable a os cionn luach

invariable a neo-chaochlaideach

invasion n ionnsaigh f, bris(t)eadh m a-steach

invective n achmhasan m

inveigle v meall, thoir a thaobh

invent v innlich, tionnsgail

invention n innleachd f, tionnsgal m

inventive a innleachdach, tionnsgalach

inventor n tionnsgalair m

inventory n cùnntas m

Inverness n Inbhir Nis

inverse a tarsainn

inversion n cur m bun-os-cionn

invert v cuir bun-os-cionn

invertibrate a gun chnàimh-droma

invest v èid, sgeadaich; (fin.) cuir an seilbh

investigate v rannsaich

investigation n rannsachadh m

investment n (fin.) cur m an seilbh; airgead-seilbh/tasgaidh m

inveterate a sean, dian

invidious a farmadach

invigilate v cùm sùil air

invigorate v neartaich, beothaich

invigoration n neartachadh m, beothachadh m

invincible a do-cheannsachadh

inviolable a do-shàraichte

inviolate a slàn, neo-thruaillte

invisibility n do-fhaicsinneachd f

invisible a do-fhaicsinneach

invitation n cuireadh m

invite v iarr, thoir cuireadh

invocation n achanaich f

invoice n maoin-chlàr m

involuntary a neo-shaor-thoileach

involution n imfhilleadh m

involve v gabh a-steach, tarraing air; he was involved in it, bha làmh aige ann

invulnerable a do-leònadh

inward adv a-staigh

inwards adv a-steach

iodine n aidhiodain m

ion n idheon m

ionize v idheonaich

iota n dad

Iran n An Iarain f

irascible a feargach, crosda

ire n fearg f, corraich f

Ireland n Eirinn f; the people of I., sluagh na h-Eireann

iris n seileasdair f; cearcall m na sùla

Irish a Eireannach

Irishman n Eireannach m

Irishwoman n ban-Eireannach f

irksome a buaireasach

iron n iarann m

iron a iarainn

iron v iarnaich, iarnaig

ironical a ìoronta

ironmonger n ceannaiche-cruadhach m

irony n ìoronas m

irradiate v deàlraich

irradiation n deàlradh m, tre-rèididheachdh m

irrational a eu-cèillidh

irrationality n eu-cèillidheachd f

irreconcilable a do-rèiteachadh

irreconciled a neo-rèitichte

irrecoverable a do-fhaotainn (air ais)

irrefutable a do-àicheidh

irregular a mì-riaghailteach

irregularity n mì-riaghailt f

irrelevant a nach buin ri ———/ris a' ghnothach

irreligion n ain-diadhachd f

irreligious a ain-diadhaidh

irremoveable a do-ghluasad

irreparable *a* do-leasachadh
irrepressible *a* do-cheannsachadh
irreproachable *a* neo-choireach
irresistible *a* do-chaisgte
irresolute *a* neo-dhaingeann
irrespective *adv* a dh'aindeoin
irresponsible *a* gun chùram, neo-chùramach
irresponsibility *n* neo-chùram *m*
irretrievable *a* do-fhaighinn
irreverence *n* eas-urram *m*
irreverent *a* eas-urramach
irreversible *a* do-atharrachadh
irrevocable *a* gun tilleadh
irrigate *v* uisgich
irrigation *n* uisgeachadh *m*
irritable *a* crosda, frionasach
irritate *v* cuir greann air
irritation *n* frionas *m*, crosdachd *f*
irruption *n* bris(t)eadh *m* a-mach, ruathar *m*
irruptive *a* brùchdach
is *v* is, tha. *See* **be**
Isabella *n* Isbeil, Iseabail *f*
Isaiah *n* Isàiah, Esàias *m*
-ish *suff* -(e)ach
Islamic *a* Ioslamach

island *n* eilean *m*; innis *f*
islander *n* eileanach *m*
isobar *n* ìosabar *m*
isoceles *a* co-chasach
isolated *a* air leth
Israel *n* Iosrael *f*
Israeli *n and a* Iosralach *m*
issue *n* sileadh *m*; toradh *m*; (*offspring*) sliochd *m*; (*of law*) ceist *f*
issue *v* bris/thig/cuir a-mach
isthmus *n* aoidh *f*
it *pron* e/i
Italian *n and a* Eadailteach *m*
italic *a* (*typ.*) eadailteach
italics *n* clò *m* eadailteach
Italy *n* An Eadailt *f*
itch *n* tachas *m*; (*desire*) miann *m, f*
itchy *a* tachasach
item *n* nì *m*
iteration *n* ath-aithris *f*
iterative *a* ath-aithriseach
itinerant *a* siùbhlach
itinerary *n* cùrsa (siubhail) *m*
its *poss pron* a, a chuid; *to i.*, da
itself *pron* e/i fhèin
ivory *n* deud *m*, ibhri *f*
ivy *n* eidheann *f*

J

jacal *n* siacal *m*
jack *n* (*for car etc.*) seac *m*
Jack *n* Seoc, Iain *m*
jackdaw *n* cathag *f*
jacket *n* seacaid *f*, deacaid *f*
Jacobite *n* Seumasach *m*
Jacob *n* Iàcob *m*
jade *n* sèad *f*; (*horse*) sean each *m*; (*girl*) caile *f*
jaded *a* claoidhte; (*of appetite*) maol
jag *n* eag *f*, briogadh *m*
jag *v* eagaich, briog
jaggy *a* eagach, beàrnach
jail (*gaol*) *n* prìosan *m*, carcair *m*
jam *n* (*conserve*) silidh *m*; (*of people, traffic*) dòmhlachd *f* (sluaigh); *in a j.*, ann an teinn
jam *v* brùth, dòmhlaich, teannaich
jam-jar *n* sileagan *m*, croga *m* silidh
Jamaica *n* Siameuca *f*
jamb *n* ursainn *f*
James *n* Seumas *m*
Jane *n* Sìne *f*
Janet *n* Seònaid *f*
jangle *v* dèan gleadhraich
janitor *n* dorsair *m*, fear-gleidhidh *m* sgoile
January *n* Ianuari *m*, Faoilteach *m*, Faoilleach *m*
Jap *n* Seapanach *m*
Japanese *a* Seapanach
Japan *n* An t-Seapan *f*
japonica *n* seaponaca *f*
jar *n* (*e.g. jam-jar*) sileagan *m*, croga *m*; gleadhar *m*, gliongadh *m*.
jar *v* dèan gleadhar; (*of feelings etc.*) cha tig ri chèile
jargon *n* goileam *f*
jasmine *n* siasmain *f*
jaundice *n* a' bhuidheach *f*
jaundiced *a* fon bhuidhich; *I took a j. view of it*, chuir e a' bhuidheach orm
jaunt *n* cuairt *f*, sgrìob *f*
jaunty *a* sgeilmeil
Java *n* An Iàva *f*
javelin *n* gath *m*, sleagh *f*

jaw *n* peirceall *m*, giall *f*
jay *n* sgreuchan-coille *m*
jazz *n* jazz *m*
jealous *a* eudmhor; *she was j.*, bha i ag eudach
jealousy *n* eud *m*, eudmhorachd *f*
jeans *n* dìnichean *pl*
jeep *n* diop *m*
jeer *v* mag, dèan magadh
Jehovah *n* Iehòbha *m*
jejune *a* faoin
jelly *n* silidh *m*, slaman-milis *m*
Jenny *n* Sìne *f*
jeopardy *n* cunnart *m*, gàbhadh *m*
Jeremiah *n* Ieremias *m*
jerk *n* tarraing *f* obann
jerk *v* tarraing gu h-obann
jerkin *n* còta-geàrr *m*
jersey *n* geansaidh *m*
Jerusalem *n* Ierusalem *m*
jest *n* abhcaid *f*
jester *n* cleasaiche *m*
Jesuit *n* Iosanach *m*
jet *n* (*lignite*) cìor *f*; (*of liquid*) steall *m*, spùtan *m*
jet-plane *n* diet-itealan *m*
jettison *v* tilg a-mach
jetty *n* cidhe *m*, laimrig *f*
Jew *n* Iùdhach *m*
Jew's harp *n* tromb *f*
jewel *n* seud *m*, leug *f*, usgar *m*
jeweller *n* seudair *m*
Jewess *n* ban-Iùdhach *f*
Jewish *a* Iùdhach
jib *n* (*naut. etc.*) dioba, sioba *f*
jib *v* cuir stailc ann
jiffy *n* tiota *m*
jig *n* port-cruinn *m*, sige *f*
jig-saw *n* mìrean-measgte *pl*
jilt *v* trèig (leannan)
jingle *n* gliong *m*
jingoistic *a* sabaid-mhiannach
Joan *n* Seonag *f*
job *n* car-oibre *m*, gnothach *m*; (*employment*) cosnadh *m*
Job *n* Iob *m*

99

jobber n fear-gnothaich m
Jock n Seoc m
jockey n marcach m
jocular a abhcaideach, mear
jocund a aighearach, cridheil
jog v put, crath; (*run gently*) dèan dabhdail
Johanna n Seonag f
John n Iain, Eòin m
John O' Groat's House, Taigh Iain Ghròta
Johnnie n Seonaidh m
Johnson n MacIain
join v ceangail, aonaich, cuir ri chèile
joiner n saor m
joinery n saoirsinneachd f
joint n alt m; (*of meat*) spòld m
joint a coitcheann, co-phàirteach
joint v altaich, aonaich, cuir ri chèile
jointed a altach, lùdagach
jointly adv cuideachd, le chèile
joist n sail f, spàrr m
joke, joking n abhcaid f, fealla-dhà f
jollity n cridhealas m, aighear m
jolly a cridheil, aighearach
jolt n crathadh m, tulgadh m
jolt v crath, tulg
Jonah n Iòna m
Jordan n Iòrdan m
Joseph n Iòseph m
Joshua n Iosua m
joss-stick n maide-tùise m, f
jostle v brùth (a-null 's a-nall)
jot n pong m, dad
jovial a fonnmhor, suilbhir
joviality n fonnmhorachd f, suilbhireachd f
journal n leabhar-latha m, pàipear m làitheil
journalese n naidheachd-ghoileam m
journalism n naidheachdas m
journalist n naidheachdair m, fear-sgrìobhaidh m phàipearan
journey n turas m, cuairt f
journeyman n làn fhear-ceàirde m
jowl n giall f
joy n aoibhneas m, gàirdeachas m, subhachas m
joy-ride n splaoid f
joy-stick n babht-stiùiridh m
joyful a aoibhneach, ait

joyfulness n aoibhneas m, subhachas m
joyfully adv gu h-aoibhinn, gu h-ait
joyless a neo-aoibhneach
jubilant a lùthghaireach
jubilee n àrd-fhèill f, iubaili f
Judaism n creideamh m (nan) Iùdhach
judge n britheamh m
Judas n Iùdas m
judge v thoir breith, thoir a-mach binn; meas, breithnich
judgment n breitheanas m, breith f, binn f; breithneachadh m, beachd m
judicature n riaghladh m ceartais
judicial a laghail, a-rèir ceartais
judicious a tuigseach, geur-chuiseach
Judith n Sìle f
jug n siuga f, muga f
juggle v dèan cleasachd
juggler n cleasaiche m
Jugoslav a and a Iùgo-slàbhach m
Jugoslavia n Iùgo-slàbhia f
jugular a sgòrnanach
juice n sùgh m, brìgh f
juiceless a neo-bhrìoghor
juiciness n brìoghorachd f, sùghalachd f
juicy a sùghor, brìoghor
Julia n Sìle, Sìlis f
July n Iuchar m, July m, f
jumble v cuir troimhe chèile, measgaich
jump n leum m, sùrdag f
jump v leum
jumper n leumadair m; (*garment*) siumpar m
junction n ceangal m, co-aonadh m
June n An t-Og-mhìos m, June m
jungle n dlùth-fhàsach m, prìomh-choille f
junior a as òige
juniper n aiteann m
junk n truilleis f; (*naut*) long-Sìneach f
junketing n cuirm f
Juno n Iùno f
junta n comhairle-riaghlaidh f, junta f
jupiter n Iupiter m
juridical a dligheil
jurisdiction n uachdranachd f laghail
jurisprudence n eòlas m lagha
jurist n fear-lagha m
jury n diùraidh m
juror n fear m/bean-diùraidh f
just adv dìreach, air èiginn; (*in neg.*

context) buileach; *he has j. come*, tha e dìreach air tighinn; *he only j. caught it*, rug e air èiginn air; *he hasn't j. managed it*, cha do rinn e chùis air buileach

justice *n* ceartas *m*, còir *f*

justifiable *a* reusanta, ceart, sothagradh

justification *n* fìreanachadh *m*

justify *v* fìreanaich, saor

justness *n* ceartas *m*

jut *v* seas/sìn a-mach

jute *n* diut *m*

juvenile *a* leanabail, òganta

juxtaposition *n* cur *m* ri chèile, fagasachd *f*

K

kail *n* càl *m*
kaleidoscope *n* cailèideascop *f*
kangaroo *n* cangaru *m*
Kate, Katie *n* Ceit *f* Ceiteag *f*
Kathleen *n* Caitlin *f*
keel *n* druim *m*
keen *a* geur, faobharach; dian, dùrachd-
ach
keenness *n* gèire *f*; dèine *f*, eud-
mhorachd *f*
keep *n* daingneach *f*
keep *v* cùm, glèidh; *k. back*, cùm air ais,
bac; *k. on/going*, cùm ort; *k. up*, cùm
an àird
keeper *n* fear-gleidhidh *m*, fear-coimhid
m
keeping *n* gleidheadh *m*, coimhead *m*;
safe k., cùram *m*
keepsake *n* cuimhneachan *m*
keg *n* ceig *m*, buideal *m*
Kells *n* Ceannanas *m*
kelp *n* ceilp *f*
ken *n* aithne *f*, fad *m* fradhairc
kennel *n* taigh-chon *m*
Kenya *n* A' Cheinia *f*
kerb *n* oir *m* a' chabhsair, cabhsair *m*
kerchief *n* brèid *m*, beannag *f*
kernel *n* eitean *m*
Kerry *n* Ciaraighe *f*
kettle *n* coire *m*
key *n* iuchair *f*; (*mus.*) gleus *m*, *f*; (*of
instrument*) meur *f*
key-signature *n* gleus-chomharradh *m*
keyboard *n* meurchlàr *m*
keyhole *n* toll-iuchrach *m*
keystone *n* clach-ghlasaidh *f*
kick *n* breab *m*, buille *f* coise
kick *v* breab
kid *n* meann *m*; (*child*) pàisd *m*, *f*
kid *v* thoir a chreidse air
kidnap *v* goid air falbh
kidney *n* dubhan *m*, àra *f*
kidney bean *n* pònair *f* àirneach
kill *v* marbh, cuir gu bàs
Killarney *n* Cill Airne
killer *n* marbhaiche *m*, murtair *m*

kiln *n* àth *f*
kilogram(me) *n* cile-gram *m*
kilolitre *n* cile-liotair *m*
kilometre *n* cilemeatair *m*
kilowatt *n* cileavat *m*
kilt *n* fèileadh *m* (beag)
kin *n* cinneadh *m*; dàimh *m*, *f*
kind *n* gnè *f*, seòrsa *m*
kind *a* coibhneil, bàigheil
kindle *v* las, fad, gabh teine; beothaich,
brosnaich
kindliness *n* coibhneas *m*, carthannas *m*
kindly *a* coibhneil, bàigheil
kindness *n* coibhneas *m*, caomhalachd *f*
kindred *n* muinntir *f*, cinneadh *m*,
luchd-dàimh *coll.*; cleamhnas *m*,
càirdeas *m*
kindred *a* dàimheil, càirdeach
kinetic *a* gluaiseachd
king *n* rìgh *m*
kingdom *n* rìoghachd *f*
kingly *a* rìoghail
king's evil *n* tinneas *m* an rìgh
kink *n* car *m*, lùb *f*
kinsfolk *n* luchd-dàimh, càirdean *pl*
kinsman *n* fear-dàimh *m*, caraid *m*
kinswoman *n* bana-charaid *f*
kiosk *n* ciodhosg *f*
kipper *n* ciopair *m*, sgadan *m* rèisgte
kirk *n* eaglais *f*
kirkyard *n* rèilig *f*
kiss *n* pòg *f*
kiss *v* pòg, thoir pòg
kit *n* (*dress etc.*) trusgan *m*, treall-
aich(ean); (*pail*) ceuda *f*
kit-bag *n* màileid *f*
kitchen *n* cidsin *m*
kite *n* (*bird*) clamhan *m*; (*for flying*)
iteileag *f*
kitten *n* piseag *f*
kitty *n* seotal *m*
Kitty *n* Ceiteag *f*
kleptomania *n* miann *m*, *f* gadachd
knack *n* liut *f*
knapsack *n* aparsaig *f*
knave *n* slaightear *m*

knead v fuin, taoisnich
kneading-trough n losaid f, amar-fuine m
knee n glùn f
knee-cap n failmean/falman m
knee-joint n alt m na glùine
kneel v lùb glùn, sleuchd; (*meta.*) strìochd
knell n beum-cluig m
knickers n drathars pl
knife n sgian f, corc f
knight n ridire m
knight v dèan ridire dhe, dèan 'na ridire
knighthood n ridireachd f
knit v figh; ceangail, dlùthaich
knitter n figheadair m
knob n cnap m, cnag f
knock n buille f, sgailc f; (*at door*) gnogadh m
knock v buail, sgailc, cnag, gnog; *k. a hole*, dèan toll; *k. about*, dèan siubhal; *k. down*, leag; *k. off*, sguir (dhe); *k. at the door*, gnog an doras
knock-out n clos-bhuille f

knocker n glagan-dorais m
knocking n gnogadh m
knoll n tolm m, tolman m, tom m
knot n snaidhm m, ceangal m; (*bunch*) bagaid f
knot v snaidhmich; dlùthaich
knotty a snaidhmeach
know v (*recognise*) aithnich; (*understand*) tuig; (*be acquainted with*) bi eòlach (air); tha (fios) aig; *he knows Gaelic*, tha Gàidhlig aige; *he knows better than to do that*, tha fios aige nach còir dha sin a dhèanamh; *I k. about that*, tha fios agam mu dheidhinn sin
knowing a eòlach, seòlta
knowingly adv gu h-eòlach
knowledge n eòlas m; aithne f; tuigse f; ionnsachadh m
knuckle n rùdan m
knuckle (*down to etc.*) v strìochd, gèill
kola n còla m
Koran n Kòran m
Korea n Korea f
kyle n caol, m, caolas m

L

label *n* bileag *f*
labelling *n* bileagadh *m*
labial *a* liopach
labio-dental *a* liop-dheudach
laboratory *n* deuchainn-lann *f*, obair-lann *f*
laborious *a* saothrachail, deacair, dìcheallach
labour *n* saothair *f*; obair *f*; (*med.*) saothair-chloinne *f*; *in l.*, air leabaidh-shiùbhla; (*pol.*) na Laboraich
labour *v* saothraich, obraich, dèan dìcheall
labourer *n* fear-oibre *m*, oibriche *m*
laburnum *n* bealaidh *m* Frangach
labyrinth *n* ioma-shlighe *f*
lace *n* lios *f*; (*shoe l.*) barall *m*, iall *f*
lace *v* ceangail, dùin, iallaich
lacerate *v* reub, srac
laceration *n* reubadh *m*, sracadh *m*
lack *n* easbhaidh *f*, dìth *m*, uireasbhaidh *f*
lack *v* bi a dh'easbhaidh, bi am feum air, tha ——— a dhìth air
lacquer *n* sùgh *m* lìomhaidh
lack-lustre *a* neo-dheàlrach
laconic *a* geàrr-bhriathrach
lactation *n* lachdadh *m*
lacteous *a* bainneach
lactose *n* lachdas *m*
lacuna *n* beàrn *f*
lad *n* gille *m*, balach *m*, òigear *m*
ladder *n* fàradh *m*, àra *f*
lading *n* luchdachadh *m*
ladle *n* liagh *f*, ladar *m*
lady *n* bean-uasal *f*, baintighearna *f*, leadaidh *f*
lady-bird *n* an daolag *f* dhearg-bhreac
Lady-day *n* Latha *m* Fèill Moire
ladylike *a* bainndidh
lag *v* dèan màirneal
lager *n* làgar *m*
lair *n* saobhaidh *f*
laird *n* tighearna *m*, uachdaran *m*
laity *n* am poball *m*
lake *n* linn *f*

lamb *n* uan *m*
lame *a* bacach, crùbach
lame *v* dèan bacach/crùbach
lameness *n* bacaiche *f*, crùbaiche *f*
lament *n* cumha *m*, caoidh *f*, tuireadh *m*
lament *v* caoidh, dèan tuireadh
lamentable *a* tùrsach, muladach
laminated *a* lannaichte
Lammas *n* Lùnasdal *f*
lamp *n* làmpa *m*, *f*, lòchran *m*
lamp-holder *n* crò *m* làmpa
lamp-post *n* post-làmpa *m*
lamp-shade *n* sgàthlan *m* làmpa
lampoon *n* aoir *f*
lampoon *v* aoir
lampry *n* creathall *f*
lance *n* sleagh *f*, pìc *f*; (*med.*) lannsa *f*
lance *v* leig fuil, geàrr le lannsa
lancet *n* lannsa *f*, sgian-fhala *f*
land *n* tìr *f*, dùthaich *f*, fearann *m*; talamh *f*; *on l. and sea*, air muir 's air tìr; *the farmer had good l.*, bha talamh/fearann math aig an tuath-anach
land *v* cuir/rach air tìr; thig gu fois/stad; (*of a plane*) laigh
Land of Promise *n* Tìr *f* a' Gheallaidh
Land of the Ever-young *n* Tìr *f* nan Og
land-surveyor *n* fearann-mheasadair *m*
landfall *n* fradharc *m* tìre
landholder *n* fear-fearainn *m*
landing *n* ceann *m* staighre; (*jetty*) laimrig *f*; laighe *m*, *f*, tighinn *m* gu fois
landlady *n* bean-an-taighe *f*, a' chaill-each *f*
landlocked *a* tìr-dhruidte
landlord *n* uachdaran *m*
landmark *n* comharradh (-crìche) *m*
landscape *n* dealbh *m*, *f* tìre
landsman *n* fear-tìre *m*
landward *adv* gu tìr, air an tuath
lane *n* frith-rathad *m*, lònaid *f*
language *n* cànan *m*, cànain *f*; (*speech*) cainnt *f*, teanga *f*; *l. laboratory*, teang-lann *f*
languid *a* fann

languish v fannaich, searg ás
languor n anfhannachd f
lank a caol, seang
lanky a fada caol
lantern n lanntair m, lòchran m
lap n uchd m, glùn f
lap v sùgh, òl; suath ri
lapdog n measan m
lapel n liopaid f
Lapland n An Laplainn f
Lapp n Laplannach m
lapse n tuiteam m, mearachd f
lapse v sleamhnaich, tuit; dèan
    mearachd
lapwing n adharcan-luachrach m
larboard n clì
larceny n braide f
larch n learag f
lard n blona(i)g f
larder n taigh-bidhe m
large a mòr, farsaing, tomadach
largeness n meudachd f, farsaingeachd f
largesse n saor-thabhartas m, dèirc(e) f
lark n uiseag f, topag f; cleas m
larva n larbha f
larynx n bràigh m (an) sgòrnain
lascivious a drùiseil
lasciviousness n drùisealachd f
lash n sgiùrsa m
lash v sgiùrs
lass n nighean f, caileag f
lassitude n airtneul m
last n ceap m (bhròg)
last a deireannach, mu dheireadh; l.
    Tuesday, Dimàirt seo chaidh; l. night,
    a-raoir; l. year, an uraidh; the l.
    person, an duine mu dheireadh
last adv mu dheireadh, air deireadh; at
    long l., mu dheireadh thall
last v mair, seas
lasting a maireannach, buan
latch n clàimhean m, dealan m
late a anmoch, fadalach, air deireadh;
    (not alive) nach maireann
late adv mu dheireadh, gu h-anmoch
lately adv o chionn ghoirid
lateness n fadalachd f
latent a falaichte, dìomhair
lateral a taobhach, leth-taobhach
lath n spealt f
lathe n beairt-thuairnearachd f

lather n cop m
lather v dèan cop
Latin n Laideann f
latish a leth-anmoch
latitude n leud m, farsaingeachd f,
    saorsa f; (geog.) domhan-leud m
latter a deireannach
lattice n cliath-uinneig f
Latvia n An Laitbhe f
Latvian a Laitbheach
laud v àrd-mhol
laudable a ionmholta
laudation n àrd-chliù m
laudatory a moltach
laugh n gàire m, f
laugh v gàir, dèan gàire
laughing-stock n culaidh f mhagaidh
laughter n gàireachdaich f
launch v cuir air bhog/snàmh; tòisich air
laundry n taigh-nighe m
laureate n bàrd m cùirte
laurel n labhras m
lava n làbha f
lavatory n taigh-failcidh m
lavender n labhandar m
lavish a sgapach, strùidheil
lavish v sgap, dèan ana-caitheamh
law n lagh m, reachd m; (regulation)
    riaghailt f
law-suit n cùis f lagha
lawful a laghail, ceadaichte
lawfulness n laghalachd f
lawless a neo-laghail
lawn n rèidhlean m, faiche f
lawn-mower n lomaire m faiche
lawyer n fear-lagha m
lax a fuasgailte, saor, socair
laxative n purgaid f
laxative a purgaideach
laxity n fuasgailteachd f; neo-
    theanntachd f
lay n laoidh m, duan m
lay a neo-chlèireach
lay v càirich, cuir, leag sìos; l. a wager,
    cuir geall; l. an egg, breith ugh; l.
    up, cuir an tasgadh; l. off, leig ma
    sgaoil
layer n filleadh m, sreath m
layman n neo-chlèireach m
laziness n leisge f
lazy a leisg

105

lead *n* (*metal*) luaidhe *m*, *f*; *dog's lead*, iall *f*
lead *v* treòraich, stiùir; *which road leads to Oban?*, dè an rathad tha dol don Oban?
leaden *a* luaidhe, luaidheach, trom
leader *n* ceann-feadhna *m*, ceannard *m*
leadership *n* ceannas *m*
leading *n* treòrachadh *m*
leaf *n* duilleag *f*, duille *f*
leafless *a* gun duilleach, lom
leaflet *n* duilleachan *m*
leafy *a* duilleagach
league *n* co-cheangal *m*, co-phàirt *f*, dionnasg *m*; *football l.*, lìg *f*
league *v* dèan co-cheangal
leak *v* leig a-steach/a-mach, bi ao-dìonach
leaky *a* ao-dìonach
leal *a* dìleas
lean *v* leig do thaic air/ri, crom
lean *a* caol
leanness *n* caoile *f*
leap *n* leum *m*; (*standing l.*) cruinn-leum *m*
leap *v* leum, thoir leum
leapyear *n* bliadhna-leum *f*
learn *v* ionnsaich, foghlaim
learned *a* foghlaimte, ionnsaichte
learner *n* fear-ionnsachaidh *m*, fogh-lamaiche *m*
learning *n* foghlam *m*, ionnsachadh *m*
lease *n* gabhail *m*, *f*
lease *v* gabh
leash *n* iall *f*
least *superl a* as lugha; *at l.*, co-dhiù, air a' chuid as lugha
leather *n* leathar *m*
leathern *a* leathair
leave *n* cead *m*; fòrladh *m*
leave *v* fàg, trèig; *l. off*, sguir de
leaven *n* taois *f*
leavings *n* fuidhleach *m*
lecher *n* drùisire *m*
lecherous *a* drùiseil
lechery *n* drùisealachd *f*
lecture *n* òraid *f*
lecture *v* teagaisg; (*admonish*) cronaich
lecturer *n* fear-teagaisg *m*
ledge *n* oir *m*, palla *m*
ledger *n* leabhar-cùnntais *m*

lee *n* taobh *m* an fhasgaidh
leech *n* deala *f*
leek *n* cainneann *m*, creamh-gàrraidh *m*
leer *n* caog-shealladh *m*
lees *n* druaip *f*
leet *n* ciad-thaghadh *m*
left *n* an taobh *m* clì/ceàrr, an làmh *f* chlì
left *past part* fàgte, trèigte
left-hand *n* làmh *f* chlì, cearrag *f*
left-handed *a* ciotach
leg *n* cas *f*; (*thigh*) sliasaid *f*; (*calf*) calpa *m*; (*foot*) troigh *f*; *l. of meat*, ceath-ramh *m* feòla
legacy *n* dìleab *f*
legal *a* laghail, dligheach, ceadaichte
legality *n* dligheachd *f*, laghalachd *f*
legalize *v* dèan laghail
legate *n* teachdaire *m* a' Phàp
legatee *n* dìleabach *m*
legation *n* teachdaireachd *f*
legend *n* sgeulachd *f*, fionnsgeul *m*
legendary *a* fionnsgeulach
legged *a* casach
leggy *a* fad-chasach
legibility *n* so-leughtachd *f*
legible *a* so-leughadh
legion *n* feachd *f*
legislate *v* dèan lagh(an)
legislation *n* lagh-chruthachadh *m*
legislative *a* lagh-chruthachail
legislator *n* fear *m* dèanamh laghan
legislature *n* lagh-mhòd *m*
legitimate *a* dligheach, neo-dhìolain
Leinster *n* Laighean *m*
leisure *n* suaimhneas *m*, fois *f*, dìomhanas *m*
leisurely *a* athaiseach
lemon *n* liomaid *f*
lemonade *n* deoch-liomaid *f*
lend *v* thoir iasad (de), thoir an iasad
lender *n* iasadaiche *m*
length *n* fad *m*, feadh *m*
lengthen *v* cuir am fad, dèan nas fhaide, sìn
lengthwise *adv* air fhad
leniency *n* caoine *f*, buige *f*, tròcair *f*
lenient *a* caoin, tairis, tròcaireach
lenite *v* sèimhich
lenition *n* sèimheachadh *m*
lens *n* lionsa *f*
Lent *n* Carghas *m*

lentil *n* peasair *f* nan luch
leopard *n* liopard *m*
leper *n* lobhar *m*
leprechaun *n* luchraban *m*
leprous *a* lobhrach
leprosy *n* luibhre *f*
Lesbian *n and a* Leisbeach *f*
less *compar a* nas lugha
lessee *n* fear-gabhalach *m*
lessen *v* lùghdaich
lesson *n* leasan *m*
lest *conj* mus, air eagal gu
let *n* bacadh *m*, grabadh *m*; gabhail *m*, *f*
let *v* leig, ceadaich; (*of house etc.*) thoir air ghabhail
lethal *a* bàsmhor
lethargic *a* marbhanta, trom
letter *n* litir *f*
letterpress *n* clò-bhualadh *m*
lettuce *n* leiteis *f*
level *n* còmhnard *m*
level *a* còmhnard, rèidh
level *v* dèan còmhnard/rèidh
lever *n* luamhan *m*; *gear l.*, maide *m* ghèaraichean
lever *v* luamhain
Leviathan *n* Lebhiàtan *m*
Levite *n* Lèibhiteach *m*
levity *n* aotromachd *f*, neo-stòldachd *f*
levy *n* togail *f*, lèibhidh *f*
levy *v* (*mil.*) tog; (*of tax etc.*) leag
lewd *a* draosda
lewdness *n* draosdachd *f*
Lewis *n* Leòdhas *m*
lexicographer *n* faclairiche *m*
lexicography *n* faclaireachd *f*
lexicon *n* faclair *m*
liability *n* buailteachd *f*
liable *a* buailteach (do)
liar *n* breugaire *m*, breugadair *m*
liaison *n* ceangal *m*, co-cheangal *m*
libation *n* deoch-ìobairt *f*
libel *n* cliù-mhilleadh *m*
libel *v* dèan cliù-mhilleadh, mill cliù
libellous *a* cliù-mhillteach
liberal *a* fial, pailt-làmhach
Liberal *n and a* Liberaileach *m*
liberality *n* fialaidheachd *f*
liberate *v* saor, leig/cuir ma sgaoil
liberation *n* saoradh *m*, leigeil *m*/cur *m* ma sgaoil

liberator *n* fear-fuasglaidh *m*
libertine *n* neo-riantach *m*
liberty *n* saorsa *f*; cead *m*
libidinous *a* ana-miannach, drùiseil
librarian *n* leabhar-lannaiche *m*
library *n* leabhar-lann *f*
libretto *n* leabhran *m*
Libya *n* Libia *f*
licence *n* (*car, TV etc.*) cead *m*; ro-shaorsa *f*
license *v* ceadaich, thoir cead do/seachad
licensee *n* fear-ceada *m*
licentiate *n* fear-barantais *m*
licentious *a* mì-bheusach, drùiseach
licentiousness *n* mì-bheus *f*, drùis *f*
lichen *n* crotal *m*, grianan *m*
lick *n* *l. of paint*, suathadh *m* peant
lick *v* imlich
lid *n* ceann *m*, mullach *m*; *eyelid*, fabhra *m*
lie *n* breug *f*
lie *v* laigh; (*tell untruth*) innis/dèan breug
lien *n* còir *f*
lieu *n* àite *m*, ionad *m*
lieutenant *n* lioftanant *m*
life *n* beatha *f*; *there was no l. left in him*, cha robh deò *f* ann; *he lived a long l.*, bha saoghal *m* fada aige; (*liveliness*) beothalachd *f*
life-belt *n* crios-teasairginn *m*
life-boat *n* bàta-teasairginn *m*
life-interest *n* còir-saoghail *f*
life-line *n* taod-teasairginn *m*
life-saving *n* beatha-shàbhaladh *m*
lifeguard *n* freiceadan *m*
lifeless *a* marbh, gun deò; trom
lift *n* togail *f*; (*between floors of building*) àrdaichear *m*
lift *v* tog, cuir suas
ligament *n* ball-nasg *m*
ligature *n* ceangal *m*
light *n* solas *m*, leus *m*, soillse *f*; soilleireachd *f*
light *a* (*of weight*) aotrom; (*of import*) suarach, beag; (*of mood*) guanach; (*of colour*) soilleir
light *v* las, soillsich; *l. on*, amais air
light-fingered *a* bradach
light-headed *a* aotrom, gog-cheannach

light-hearted *a* sùnndach, suigeartach
lighten *v* deàlraich, soillsich; (*of weight*) aotromaich
lighter *n* lasadair *m*
lighthouse *n* taigh-solais *m*
lightness *n* aotromachd *f*; guaineas *m*
lightning *n* dealanach *m*, dealanaich *pl*
ligneous *a* fiodhach
like *a* coltach (ri), mar (*len.*); *l. his mother*, coltach ri mhàthair; *l. an arrow*, mar shaighead
like *n* samhail *f*, mac-samhail *m*
like *adv* ionnan agus, mar
likelihood *n* coltas *m*
likely *a* coltach, dòcha
liken *v* samhlaich, coimeas
likeness *n* coltas *m*, cosamhlachd *f*; (*picture*) dealbh *m, f*
likewise *adv* mar an ceudna
lilac *n and a* liath-chòrcra *f*
lily *n* lili *f*
limb *n* ball *m*
limber *a* so-lùbadh
limber *v* *l. up*, dèan sùbailte
limbo *n* liombo *f*
lime *n* aol *m*; (*fruit*) teile *f*
lime *v* aolaich
lime-juice *n* sùgh *m* teile
limekiln *n* àth-aoil *f*
Limerick *n* Luimneach
limerick *n* luimneach *f*
limit *n* crìoch *f*, iomall *m*
limit *v* cuir crìoch ri, suidhich crìochan
limitation *n* bacadh *m*, crìoch(an) *pl*
limited *a* (*of a company*) earranta
limn *v* tarraing dealbh
limp *n* ceum *m*; *he has a l.*, tha ceum ann
limp *a* bog
limp *v* bi bacach/crùbach
limping *a* crùbach
limpet *n* bàirneach *f*
limpid *a* ro-shoilleir
limy *a* aolach
linchpin *n* tarrag-aisil *f*
linden *n* teile *f*, crann-teile *m*
line *n* (*e.g. of turnips*) sgrìob *f*; (*fishing*) driamlach *f*; (*straight l.*) loidhne *f*; (*of writing*) sreath *m, f*; (*Equator*) crios-meadhain *m*; (*geneal.*) sìol *m*, gineal *m, f*
line *v* lìnig

line-drawing *n* dealbh-loidhne *m, f*
line-fishing *n* dorghach *m*
lineage *n* linn *m*, sliochd *m*, sìol *m*
lineal *a* dìreach; dligheach
lineament *n* dreach *m*
linear *a* sreathach
linen *n* anart *m*, lìon-aodach *m*
linesman *n* (*sport*) taobhaire *m*; (*tel.*) fear-theudan *m*
ling *n* (*fish*) langa *f*; (*heather*) fraoch *m*
linger *v* dèan dàil, gabh ùine
lingerer *n* màirnealaich *m*
lingerie *n* aodach *m* cnis
lingo *n* cainnt *f*
linguist *n* cànanaich *m*
linguistic *a* cànanach
linguistics *n* cànanachas *m*
liniment *n* cungaidh-leighis *f*
lining *n* lìnig *m*, lìnigeadh *m*
link *n* tinne *f*, dul *m*
link *v* co-cheangail, tàth ri chèile
linkage *n* co-cheangal *m*
links *n* machair *f* goilf
linnet *n* breacan-beithe *m*
linoleum *n* lìono *m*
linotype *n* lìono-chlò *m*
linseed *n* fras-lìn *f*
linsey-woolsey *n* drògaid *f*
lint *n* lìon *m*, caiteas *m*
lintel *n* àrd-doras *m*
lion *n* leòghann *m*
lioness *n* ban-leòghann *f*
lip *n* bile *f*, beilleag *f*, lip *f*; oir *m*
lip-service *n* beul-bòidheach *m*
lipped *a* bileach
liquefaction *n* leaghadh *m*
liquefy *v* leagh
liqueur *n* licèar *m*
liquid *n* lionn *m*
liquid *a* lionnach
liquidate *v* glan air falbh, dìthich
liquidator *n* fear-sgaoilidh *m*
liquidity *n* lionntachd *f*
liquor *n* deoch *f*
liquorice *n* carra-mheille *m*
Lismore *n* Lios *m* Mòr
lisp *n* liotachas *m*, liotaiche *m*
lisp *v* bi liotach
list *n* liosta *f*; clàr-ainm *m*
list *v* cuir sìos/an àireamh; liostaig, gabh (san arm)

listen v èisd (ri); (*pay heed*) thoir (an) aire (do)
listener n fear-*m*/bean-èisdeachd *f*
listless a coma, neo-aireil
litany n (An) Leadan *m*
literacy n litireachd *f*
literal a litireil
literary a litreachail
literate a litir-fhoghlaimte
literature n litreachas *m*
lithography n leac-sgrìobhadh *m*
litigant n lagh-thagradair *m*
litigant a lagh-thagairteach
litigate v agair lagh air
litigation n tagairt *f* lagha
litigious a connspaideach
litmus n liotmas *m*
litre n liotair *m*
litter n treamsgal *m*; (*of animal's young*) cuain *f*; (*of bed*) crò-leabaidh *f*; (*straw*) connlach *f*
litter v dèan treamsgal, sgap mun cuairt; (*of animal giving birth*) beir, beir àl
little n beagan *m*, rud *m* beag
little a beag, meanbh
littleness n bigead *m*, crìonad *m*; (*of spirit etc.*) suarachas *m*
littoral n cladach *m*, oirthir *f*
liturgy n ùrnaigh *f* choitcheann
live v bi/mair beò
live a beò, beothail
livelihood n teachd-an-tìr *m*
liveliness n beothalachd *f*, sùnndachd *f*
livelong a buan
lively a sùnndach, beothail, mear
liver n adha *m*; (*usually of animal*) grùthan *m*
Liverpool n Poll a' Ghrùthain
livid a dùghorm
living n teachd-an-tìr *m*, beathachadh *m*
living a beò
lizard n laghairt *m*, *f*, dearc-luachrach *f*
lo! interj feuch!
load n luchd *m*, eallach *m*, eire *f*; uallach *m*
load v luchdaich, lìon; (*of a gun*) cuir urchair ann
loadstone n clach-iùil *f*
loaf n buileann *f*, lof *m*, *f*
loam n dubh-thalamh *f*
loan n iasad *m*

loan v thoir iasad do, thoir ——— air iasad
loan-word n facal-iasaid *m*
loath a aindeonach
loathe v fuathaich, gabh gràin roimh
loathing n gràin *f*, sgreamh *m*
loathsome a gràineil, sgreataidh
loathsomeness n sgreamhalachd *f*
lobby n for-sheòmar *m*, lobaidh *f*
lobe n duilleag *f*, maothan *m*
lobster n giomach *m*
lobster-pot n cliabh-ghiomach *f*
local a ionadail, dùchail/dùthchail
locality n àite *m*, coimhearsnachd *f*
locate v cuir 'na aite
location n suidheachadh *m*
locative n (*gram.*) a' chùis *f* ionadail
loch n loch *m*
lock n glas *f*; (*of a gun*) gleus *m*, *f*; (*of hair*) dual *m*, bachlag *f*
lock v glais
locker n àite *m* glaiste
locket n glasag-mhuineil *f*
locomotion n gluasad *m*, siubhal *m*
locomotive a gluasadach, siùbhlach
locksmith n gobha *m* ghlasan
locus n lòcas *m*
locust n lòcast *m*
lodge n taigh-geata *m*
lodge v suidhich, socraich, càirich; (*intrans.*) gabh còmhnaidh
lodgement n dòmhlachadh *m*; (*in bank*) cur *m* a-steach
lodger n lòisdear *m*
lodging n lòisdinn *m*, fàrdach *f*
loft n lobhta *m*
loftiness n àirde *f*; (*mental*) àrdan *m*
lofty a àrd, mòr; mòr-chuiseach, àrdanach
log n sgonn *m* (fiodha); (*book*) leabhar *m* aistridh; (*math.*) log *m*
logic n ealain *f* reusanachaidh, loidig *f*
logical a loidigeach
loin n blian *m*; *the loins*, leasraidh *f*
loin-cloth n brèid *m* gobhail
loiter v dèan màirneal
loiterer n lunndaire *m*
loll v dèan leth-laighe, seas ri taic; *l. the tongue*, leig teanga a-mach
lollipop n loilipop *f*
London n Lunnainn

Londoner n Lunnainneach m
lone a aonarach, leis (etc.) fhèin
loneliness n aonaranachd f, uaigneachd f
lonely a aonaranach
long a fada; (esp. of time, effort) buan
long v miannaich, gabh fadal
long-ago adv o chionn fhada
long-lasting a buan
long-sighted a fad-fhradharcach
long-term a fad-ùineach
longevity n fad-shaoghal(achd) f
longing n miann m, f, togradh m, cianalas m
longitude n domhan-fhad m
longitudinal a air fhad
longsuffering n fad-fhulangas m
longsuffering a fad-fhulangach
longways adv air fhad
longwinded a fad-anaileach; còmh-raideach
look n aogas m, sealladh m, fiamh m
look v seall, amhairc; (search) sir, iarr, rannsaich; l. for, lorg; l. in (on), tadhail; l. over, sgrùd
looking-glass n sgàthan m
loom n beart f
loon n gille m
loony n amadan m
loop n lùb f
loop v dèan lùb
loophole n fosgladh m; doras m teichidh
loose a sgaoilte, gun cheangal; l. change, airgead ullamh; l. living, stròdhalachd f
loose-leaf a saor-dhuilleagach
loose(n) v fuasgail, lasaich, cuir ma sgaoil, leig fa sgaoil
loot n creach f
looseness n fuasgailteachd f, mì-riaghailteachd f; l. of the bowels, a' ghearrach f
lop v sgath, geàrr
lopsided a leathoireach
loquacious a bruidhneach
loquacity n gobaireachd f
lord n tighearna m, uachdaran m; morair m; L. of the Isles, Triath nan Eilean; House of Lords, Taigh m nam Morairean

lord v dèan cruaidh riaghladh
lordliness n mòrachd f
lordship n tighearnas m, moraireachd f
lore n oilean m, eòlas m, seanchas m
lorry n làraidh f
lose v caill
loser n fear m a chaill
loss n call m
lot n crannchur m; roinn f, lota f; (much) mòran m
lotion n cungaidh f
lottery n crannchur m
lotus n lòtas m
loud a àrd, labhar, faramach
loudness n faram m, toirm f
loudspeaker n glaodhaire m
lounge n seòmar-searraidh m
lounge v leig sgìos, seàrr
lounge-suit n gnàth-dheise f
louse n mial f
lousy a mialach; mosach
lout n burraidh m
love n gaol m, gràdh m, rùn m
love v gràdhaich, thoir gaol; gabh tlachd ann; I l. you, tha gaol agam ort
love-letter n litir-leannanachd f
love-making n suirghe f
love-song n òran m gaoil
lovely a àlainn, àillidh, maiseach
lover n leannan m
lovesick a an gaol, tinn le gaol
loving a gràdhach
low a ìosal, ìseal; tùrsach
low v dèan geumnaich/langanaich
lower v ìslich, ceannsaich, lùghdaich; (look surly) bi an gruaim
lowermost a ìochdrach; (superl.) as ìsle
lowing n geumnaich f
lowland a còmhnard, na machrach; the Lowlands (of Scotland) A' Ghall-tachd f
lowliness n irioslachd f
lowly a iriosal, ìosal
lowness n ìsleachd f; suarachas m
lowspirited a trom-inntinneach, muladach
loyal a dìleas, treibhdhireach
loyalty n dìlse f, treibhdhireas m
lubricate v lìomh, dèan sleamhainn

luce *n* geadas *m*
lucent *a* lìomha, lainnireach
lucid *a* soilleir
lucidity *n* soilleireachd *f*
luck *n* fortan *m*, sealbh *m*, dàn *m*, tuiteamas *m*
luckless *a* mì-shealbhach
lucky *a* sealbhach, fortanach
lucrative *a* buannachail, airgeadach
lucre *n* airgead *m*, prothaid *f*
ludicrous *a* amaideach, gòrach
luff *v* cùm ri fuaradh
lug *n* (*ear*) cluas *f*; (*worm*) lugas *m*
lug *v* slaod
luggage *n* treallaich(ean) *f*
Luke *n* Lùcas *m*
lukewarm *a* meadh-bhlàth
lull *v* cuir a chadal; maolaich
lullaby *n* òran *m* tàlaidh
lumbago *n* an leum-droma *m*
lumber *n* treallaich *f*, seann àirneis *f*
luminary *n* solas *m*, fear-eòlais *m*
luminous *a* soillseach, deàlrach
lump *n* meall *m*, cnap *m*; *l. sum,* cnap-shuim *f*
lumpish *a* tomadach, trom
lumpy *a* meallanach, cnapach
lunacy *n* cuthach *m*
lunar *a* gealachail
lunatic *n* fear-cuthaich *m*

lunch *n* ruisean *m*, biadh *m* meadhan-latha
lung(s) *n* sgamhan *m*
lupin *n* lùipinn *m*
lurch *v* dèan sitheadh
lure *n* mealladh *m*
lure *v* buair, meall
lurid *a* cròn; eagalach
lurk *v* falaich, siolp
luscious *a* sòghmhor
lush *a* mèath
lust *n* ana-miann *m*, *f*, drùis *f*
lustful *a* ana-miannach, drùiseil
lustre *n* deàlradh *m*, lainnir *f*; mòr-chliù *m*
lusty *a* sultmhor, neartmhor
Luther *n* Lùtair *m*
Lutheran *a* Lùtaireach
Luxembourg *n* Lucsamburg *f*
luxuriance *n* mòr-chinneas *m*
luxuriant *a* fàsmhor
luxurious *a* sòghail
luxuriousness *n* sòghalachd *f*
luxury *n* sògh *m*, sòghalachd *f*
lying *n* dèanamh *m*/innse *f* bhreug
lymph *n* sùgh *m* cuirp
lynch *v* croch (gun chùirt)
lyre *n* cruit *f*
lyric *n* liric *f*
lyrical *a* liriceach**

M

macaroni *n* macarònaidh *m*
macaronic *a* macarònach
mace *n* cuaille *m* suaicheantais
machination *n* innleachd *f*
machine *n* inneal *m*
machine-gun *n* beairt-ghunna *m*
machine-tool *n* uidheam-innealach *f*
machinery *n* innealradh *m*; dòigh *f*, gleus *m*, *f*
machinist *n* fear-inneil *m*
mackerel *n* rionnach *m*
mackerel-sky *n* breacadh-rionnaich *m* (air an adhar)
macrocosm *n* mòr-shaoghal *m*
mad *a* air chuthach
madam *n* bean-uasal *f*
madden *v* cuir air chuthach
madder *n* màdar *m*
madhouse *n* taigh-cuthaich *n*
madness *n* cuthach *m*
Madonna *n* Moire *f* Maighdeann
madrigal *n* madragail *m*
magazine *n* iris *f*, ràitheachan *m*; (*for guns*) armlann *f*
magenta *n* maigeanta *m*
maggot *n* cnuimh *f*
maggoty *a* cnuimheach
magic *n* draoidheachd *f*
magic, magical *a* draoidheil
magician *n* draoidh *m*
magisterial *a* tighearnail
magistrate *n* bàillidh *m*
magnanimous *a* mòr-inntinneach
magnesia *n* maigneis *m*
magnet *n* clach-iùil *f*
magnetic *a* iùil-tharraingeach
magnetism *n* iùil-tharraing *f*
magneto *n* maignèato *m*
magnification *n* meudachadh *m*
magnificent *a* òirdheirc
magnifier *n* inneal-meudachaidh *m*
magnify *v* meudaich, àrdaich
magnitude *n* meudachd *f*
magpie *n* pioghaid *f*
Mahomet *n* Mahomet *m*
maid *n* maighdeann *f*, òigh *f*, gruagach *f*

maidenhead, maidenhood *n* maighdeannas *m*
mail *n* litrichean *pl*; (*armour*) deise-chruadhach *f*
mail *v* cuir sa' phost
mail-order *n* òrdugh *m* troimh'n phost
mail-van *n* bhana *f* nan litrichean
maim *v* ciùrr, dochainn
main *a* prìomh, sònraichte
mainland *n* tir-mòr *m*, *f*, mòrthir *f*
mainly *adv* anns a' mhòr-chuid
maintain *v* (*of keeping*) glèidh, cùm; (*of upkeep*) cùm suas; (*of argument*) tagair
maintenance *n* gleidheadh *m*, cumail *f* suas; beathachadh *m*
maize *n* cruithneachd *f* Innseanach
majestic *a* flathail
majesty *n* mòrachd *f*, rìoghalachd *f*
major *n* màidsear *m*
major *a* as motha
majority *n* tromalach *f*, mòr-chuid *f*
make *n* dèanamh *m*
make *v* dèan, dealbh; (*compel*) thoir air, co-èignich; m. for, dèan air
make-up *n* rìomhadh *m*
maker *n* fear-dèanamh *m*, dealbhadair *m*
making *n* dèanamh *m*
maladministration *n* mì-steòrnadh *m*
malady *n* galar *m*, eucail *f*
malaria *n* mailèiria *f*
malcontent *a* mì-riaraichte
male *n* and *a* fireannach *m*; *a* fireann
malediction *n* mallachd *f*
malefactor *n* eucorach *m*
malevolence *n* gamhlas *m*
malevolent *a* gamhlasach
malice *n* mì-rùn *m*, droch-mhèin *f*
malicious *a* mì-runach, droch-mhèinneach
malign *v* dèan aithlis air
malignant *a* millteach; (*of cancerous condition*) aillseach .
malleable *a* so-oibreachadh
mallet *n* fairche *m*

malnutrition *n* easbhaidh *f* beath-
achaidh
malt *n* braich *f*
malt *v* brach
maltster *n* brachadair *m*
maltreat *v* droch ghrèidh, dèan droch
dhìol air
mam, mamma *n* mam *f*, mamaidh *f*
mammal *n* sineach *m*, mamal *m*
mammary *a* cìochach
man *n* duine *m*, fear *m*; *every m. and
woman*, gach fear is tè; (*husband*)
duine; *her man/husband*, an duine
aice; *when I am a m.*, nuair a bhios mi
'na mo dhuine (mòr); *the boatman*,
fear à bhata
man *v* cuir sgioba air/ann
Man, Isle of *n* Eilean *m* Mhanainn
manage *v* stiùir; (*be able to*) dèan a'
chùis; *can you m. that?*, an dèan thu a'
chùis air sin?
manageable *a* so-riaghladh, so-
cheannsachadh
management *n* riaghladh *m*, stiùireadh
m
manager *n* fear-riaghlaidh *m*, manaid-
sear *m*
manageress *n* bana-mhanaidsear *f*
mandate *n* òrdugh *m*
mandatory *a* àithnteil
mane *n* muing *f*
manful *a* fearail, duineil
manfulness *n* fearalas *m*, duinealas *m*
manganese *n* mangaineis *m*
manger *n* prasach *f*
mangle *v* reub, strac
mangy *a* clamhrach
manhood *n* fearalas *m*
mania *n* boile-cuthaich *f*
maniac *n* dearg amadan *m*, fear *m* air
chuthach
manicure *v* làmh-mhaisich
manifest *n* cunntas *m* luchd luinge
manifest *a* follaiseach, soilleir
manifest *v* taisbein, nochd
manifestation *n* foillseachadh *m*
manifesto *n* gairm-fhollaiseach *f*
manifold *a* iom-fhillteach
manikin *n* duineachan *m*
manipulate *v* oibrich
mankind *n* an cinne-daonna *m*

manliness *n* duinealas *m*, fearalachd *f*
manly *a* duineil, fearail
manna *n* mana *m*
mannequin *n* mainicinn *f*
manner *n* modh *m*, *f*, seòl *m*; gnè *f*,
seòrsa *m*
mannerism *n* magaid *f*
mannerly *a* modhail, beusach
manners *n* modh *m*, *f*
manoeuvre *n* innleachd *f*, oibreachadh
m
manpower *n* neart *m* dhaoine
manse *n* mansa *m*
mansion *n* taigh-mòr *m*
manslaughter *n* mort *m*
mantelpiece *n* breus *m*
mantle *n* fallainn *f*
manual *n* leabhar-tuairisgeil *m*
manual *a* làmhach, làmh; *m. work*,
obair làmh
manufacture *n* saothrachadh *m*
manufacture *v* saothraich, dèan
manure *n* mathachadh *m*, todhar *m*
manure *v* mathaich, cuir todhar air
manuscript *n* làmh-sgrìobhainn *m*
Manx *n* Gàidhlig *f* Mhanainneach
Manx *a* Manainneach
Manxman *n* Manainneach *m*
many *n and a* mòran *m*; iomadh; *m. a
time* ———, 's iomadh uair ———;
a great m. people, mòran dhaoine; *as
m. again*, uiread eile; *so m*, a leithid
de, uiread (de)
many-coloured *a* ioma-dhathach
map *n* map *m*, dealbh-dùthcha, *f*
mar *v* mill
marauder *n* spùinneadair *m*
marble *n* màrmor *m*
March *n* Am Màrt *m*
march *n* màrsail *f*, mèarrsadh *m*
march *v* dèan màrsail/mèarrsadh
marchioness *n* bana-mharcas *f*
mare *n* làir *f*
Margaret *n* Mairead *f*
margarine *n* margarain *m*
margin *n* oir *m*, iomall *m*
marginal *a* iomallach, leth-oireach
marigold *n* a' bhile *f* bhuidhe
marine *a* mara
mariner *n* maraiche *m*, seòladair *m*
Marion *m* Mòr *f*

maritime *a* fairgeach

mark *n* (*coinage*) marg *m*; comharradh *m*, làrach *f*, lorg *f*

Mark *n* Marcas *m*

mark *v* comharraich; thoir fa-near

market *n* fèill *f*, margadh *m*, *f*

marketable *a* a ghabhas reic

marksman *n* fear *m* cuspaireachd

marl *n* lagas *m*

marmalade *n* marmalaid *m*

maroon *v* cuir air eilean uaigneach

maroon *a* marùn

marquee *n* puball *m*

marquis *n* marcas *m*

marriage *n* pòsadh *m*

marriageable *a* aig aois pòsaidh

married *a* pòsda

marrow *n* smior *m*

marry *v* pòs; *he married her to* ———, thug e am pòsadh i gu ———

marsh *n* boglach *f*, fèith *f*

marsh-marigold *n* lus *m* buidhe Bealltainn

marshal *n* marasgal *m*

marshal *b* tarraing suas, cuir an òrdugh

marshy *a* bog, fèitheach

mart *n* àite *m* margaidh

marten *n* taghan *m*

martial *a* gaisgeanta

Martin *n* Màrtainn *m*

Martinmas *n* An Fhèill *f* Màrtainn

martyr *n* martarach *m*

martyrdom *n* martarachd *f*

martyrology *n* eachdraidh *f* mhartarach

marvel *n* iongnadh *m*

marvel *v* gabh iongnadh

marvellous *a* iongantach

Mary *n* Màiri *f*

mascara *n* mascàra *f*

mascot *n* suaichnean *m*

Marxian *a* Marcsach

masculine *a* fireannta

mash *n* measgan *m*

mash *v* pronn

mashed *a* pronn

mask *n* aghaidh *f* choimheach, masg *m*

mason *n* clachair *m*

masonic *a* clachaireach

masonry *n* clachaireachd *f*

masquerade *v* dèan breug-riochd

mass *n* tomad *m*; (*great quantity*) meall *m*, tòrr *m*; (*majority*) mòr-chuid *f*; (*rel.*) aifreann *m*

massage *n* suathadh *m*

mass-production *n* meall-dhèanamh *m*

massacre *n* casgradh *m*

massacre *v* casgair, mort

massive *a* tomadach, cudromach

mast *n* crann *m*

master *n* maighstir *m*; (*of ship*) sgiobair *m*

master *v* ceannsaich; faigh eòlas air

masterly *a* ealanta

masterpiece *n* euchd *m*

mastery *n* maighistireachd *f*, buaidh *f*

mastic *n* maistig *f*

mastication *n* cagnadh *m*

mastiff *n* cù *m* mòr, balgaire *m*

masturbation *n* fèin-bhrodadh *m*

mat *n* brat *m*

match *n* lasadair *m*, spong *m*; (*equal*) seise *m*, mac-samhail *m*

match *v* freagair, co-fhreagair

match-box *n* bucas/bocsa *m* lasadair

matchless *a* gun choimeas

mate *n* cèile *m*, companach *m*; (*naut.*) meite *m*; (*chess*) clos *m*

mate *v* (*chess*) cuir clos air

material *n* stuth *m*, adhbhar *m*

materialist *m* saoghal-mhiannair *m*

materialist *a* saoghal-mhiannach

maternal *m* màithreil

maternity *n* màthaireachd *f*

mathematical *a* matamataiceach

mathematician *n* matamataicear *m*

mathematics *n* (eòlas) matamataic *m*; meud-àireamh *f*

matinée *n* nòin-chluich *f*

matins *n* maidnean *pl*, adhradh *m* maidne

matrix *n* machlag *f*

matricide *n* mort *m* màthar

matriculate *v* gabh mar bhall

matrimonial *a* pòsachail

matrimony *n* dàimh-pòsaidh *m*, *f*

matron *n* bean *f*; bean-taighe *f*

matter *n* stuth *m*; brìgh *f*; gnothach *m*, cùis *f*; *what's the m.?*, dè tha ceàrr?; *the matters to be discussed*, na gnothaichean/cùisean a tha rin deasbad; *there is good m. in that book*, tha stuth math/brìgh anns an leabhar sin

114

matter v *it does not m.*, chan eil diofar ann, chan eil e gu diofar
Matthew n Mata m
mattress n leabaidh-ìochdrach f
mature a abaich, ullamh; air tighinn gu ìre
maturity n abaichead m, ìre f
maudlin a leth-mhisgeach
maul v pronn, ciùrr
mausoleum n taigh-adhlacaidh m
mavis n smeòrach m
maw n goile f, sgròban m
maxim n gnàth-fhacal m
maximum n os-mheud m
May n A' Mhàigh f, An Cèitean m
may v faodaidh; *I m. go*, faodaidh gu falbh mi; *m. I go?*, am faod mi falbh?; *you m. do that*, faodaidh tu sin a dhèanamh; *long m. you live*, guma fada beò thu; *m. not*, chan fhaod
May-day n Là m Bealltainn
mayor n àrd-bhàillidh m
maze n ioma-shlighe f; tuaineal m, imcheist f
me pron. mi, mise
mead n meadh m
meadow n lòn m, àilean m, faiche f
meadow-sweet n cneas m Chù Chulainn
meagre a gann, lom
meagreness n gainne f, luime f
meal n min f; (*meal-time*) tràth m bidhe
mealy a tioram, mar mhin
mealy-mouthed a sodalach, mìn-bhriathrach
mean n cuibheasachd f, tomhas m
mean a suarach, tàireil; (*not generous*) spìocach; (*stat*) meadhanail
mean v ciallaich; rùnaich, cuir roimhe
meander v gabh rathad lùbach
meaning n ciall f, seagh m, brìgh f
meanness n suarachas m; spìocaireachd f
meantime adv an dràsda
measles n a' ghrìùthlach f, a' ghrìùth-rach f
measurable a a ghabhas tomhas
measure n tomhas m, cuimse f; (*portion*) cuid f, roinn f
measure v tomhais
measurement n tomhas m
measurer m fear-tomhais m

meat n feòil f
mechanic n meicnic m
mechanical a meicniceil
mechanics n meicnic f
mechanism n meadhan m, uidheam f, dòigh f
medal n bonn m, bonn-cuimhne m
meddle v buin ri, cuir làmh ann
median a meadhanail
mediate v rèitich, dèan eadraiginn
mediation n eadraiginn f, eadar-ghuidhe f
mediator n eadar-mheadhanair m
medicable a so-leigheas
medical a lèigh
medicinal a ìocshlainteach
medicine n eòlas-leighis m; ìoeshlaint f
medieval a meadhan-aoiseil
mediocre a meadhanach
mediocrity n meadhanas m
meditate v beachd-smuainich
meditation n beachd-smuaineachadh m
Mediterranean n and a Am Muir m, f Meadhan-thìreach; a Meadhan-thìreach
medium n meadhan m
medley n coimeasgadh m
meek a macanta
meekness n macantas m
meet a iomchuidh, freagarrach
meet v coinnich, tachair; cruinnich
meeting n cruinneachadh m, coinn-eachadh m
megalith m tursa m
megrim n mìgrim m
meiosis n lùghdachas m
melancholy n leann-dubh m
melancholy a dubhach, fo leann-dubh
melioration n leasachadh m
mellifluous a mealach, mil-shruthach
mellow a tlàth, làn abaich; (*slightly intoxicated*) le blàthachadh smùide
mellowness n tlàths m, làn-abachd f
melodeon n meileòidian m
melodious a binn, fonnmhor
melodrama n melodràma f
melody n binneas m
melon n meal-bhucan m
melt v leagh
melter n leaghadair m

115

member *n* ball *m*; *M.P.*, Ball-Pàrlamaid *m*

membership *n* ballrachd *f*

membrane *n* meamran *m*

membranous *a* meamranach

memento *n* cuimhneachan *m*

memoir *n* tràchdas *m*; (*autob.*) beatha-aisneis *f*

memorable *a* ainmeil, as fhiach a chumail air chuimhne

memorandum *n* cuimhneachan *m*

memorial *n* cuimhneachan *m*; clach *etc*.-chuimhne *f*

memorize *v* cùm air mheomhair

memory *n* cuimhne *f*, meomhair *f*

menace *n* bagradh *m*; *he was a m.*, 'se cuis-uabhais *f* a bh'ann/bha mi seachd sgìth dheth *etc*

menace *v* bagair, maoidh

menagerie *n* lann *f* fiadh-bheathaichean

mend *v* càraich, leasaich; (*improve*) rach am feabhas

mendacity *n* breugaireachd *f*

mender *n* fear-càradh *m*

mendicant *n* dèirceach *m*

menial *a* seirbheiseil

meningitis *n* fiabhras *m* eanchainne

menstrual *a* mìosach

menstruation *n* fuil-mìos *f*

mensuration *n* tomhas *m*

mental *a* inntinneil; *m. hospital*, ospadal inntinn; *m. defective*, inntinn-easbhaidheach; *mentally defective*, lag-inntinneach

mention *n* iomradh *m*

mention *v* ainmich

mentor *n* fear-comhairle *m*

menu *n* cairt-bidhe *f*; biadh *m*

mercantile *a* malairteach

mercenary *n* (*soldier*) amhasg *m*, buanna *m*

mercenary *a* gaolach air airgead, sanntach

merchandise *n* badhar *m*

merchant *n* ceannaiche *m*

merchantman *n* long-badhair *f*

merciful *a* tròcaireach, iochdmhor

merciless *a* an-tròcaireach, an-iochdmhor

mercurial *a* beò-airgeadach

mercury *n* airgead-beò *m*

mercy *n* tròcair *f*, iochd *f*

mercy-seat *n* cathair *f* na tròcair

mere *a* a-mhàin

merely *adv* a-mhàin, dìreach

meretricious *a* fallsail

merge *v* rach an aon, coimeasgaich

merger *n* coimeasgadh *m*, aonadh *m*

meridian *n* domhan-loidhne *f*; (*met.*) àirde *f*

meringue *n* meireang *f*

merit *n* luach *m*, fiùghantas *m*

meritorious *a* cliùiteach, airidh

mermaid *n* maighdeann-mhara *f*

merriment *n* *n* aighear *m*, mire *f*

merry *a* aighearach, mear

mesh *n* mogall *m*

mesmerise *v* dian-ghlac

mess *m* truidhleis *f*; (*of eating*) lann-ithe *f*; co-ithe *f*

message *n* teachdaireachd *f*

messenger *n* teachdaire *m*

Messiah *n* Mesiah *m*, an Slànaighear *m*

messmate *n* fear *m* co-ithe

Messrs *n* Muinntir *coll.*

metabolic *a* meatabolach

metabolism *n* meatabolachd *f*, fàs-atharrachadh *m*

metal *n* meatailt *f*

metallic *a* meatailteach

metallurgy *n* obair-mheatailtean *f*

metamorphosis *n* cruth-atharrachadh *m*

metaphor *n* meatafor *m*

metaphorical *a* meataforach

metaphysical *a* feallsanachail

metaphysics *n* feallsanachd-inntinn *f*

metathesis *n* litir/fuaim-iomlaid *f*

meteor *n* dreag *f*

meteorological *a* dreagach

meteorologist *n* speuradair *m*

meteorology *n* speuradaireachd *f*

meter *n* inneal-tomhais *m*

methinks *v phr* ar leam

method *n* dòigh *f*, rian *m*

methodical *a* rianail, òrdail

Methodist *n* Meathodiostach *m*

metre *n* meatair *m*; (*of poetry*) rann-aigheachd *f*, meadrachd *f*

metric *a* meatrach

metrical *a* rannaigheachd; meadrachail

metropolis *n* àrd-bhaile *m*

mettle *n* smioralachd *f*

mettlesome *a* smiorail
mew *n* miamhail *f*, mialaich *f*
mew *v* dèan miamhail/mialaich
mica *n* mìoca *f*
Michael *n* Mìcheal *m*
Michelmas *n* Fèill *f* Mìcheil
microbe *n* bitheag *f*
microbiology *n* miocro-bhith-eòlas *m*
microcosm *n* beag-shaoghal *m*
microfilm *n* miocro-fhilm *m*
microphone *n* miocrofòn *m*
microscope *n* glainne meudachaidh *f*, miocroscop *m*
microscopic *a* miocroscopach
mid *a* eadar-mheadhanach
midday *n* meadhan-latha *m*
middle *n* meadhan *m*
middle *a* meadhan, meadhanail
middle-aged *a* leth-shean
middle-class *n* meadhan-bhuidheann *f*
middling *a* meadhanach
midge *n* meanbh-chuileag *f*
midnight *n* meadhan-oidhche *m*
midriff *n* an sgairt *f*
midsummer *n* Fèill *f* Eòin
midway *adv* leth an rathaid, sa' mheadhan
midwife *n* bean-ghlùine *f*
midwifery *n* banas-glùine *m*
mien *n* aogas *m*, tuar *m*
might *n* cumhachd *m*, neart *m*
mighty *a* cumhachdach, foghainteach
migraine *n* mìograin *m*
migrate *v* dèan imrich
migration *n* imrich *f*; (*overseas m.*) imrich cuain
mild *a* ciùin, sèimh
mildew *n* cloimh-liath *f*
mildness *n* ciùine *f*, sèimhe *f*
mile *n* mìle *f*
mileage *n* astar *m* mhìltean
milestone *n* clach-mhìle *f*
militant *a* cathach
military cogail
militate *v* cuir an aghaidh
militia *n* milisi *m*
milk *n* bainne *m*
milk *v* bleoghain
milkmaid *a* banarach *f*, banchaig *f*
milkteeth *n* ciad-fhiaclan *pl*
milky *a* bainneach

Milky Way *n* geal-shruth *m* nan speur
mill *n* muileann *m*, *f*
mill *v* bleith, meil
millenium *n* am mìle-bliadhna *m*
millipede *n* corra-chòsag *f*
miller *n* muillear *m*
milligram *n* mìlegram *m*
millilitre *n* mìleliotair *m*
millimetre *n* mìlemeatair *m*
million *n* millean *m*
millionaire *n* millean-fhear *m*
millionth *num a* milleanaibh
millstone *n* clach-mhuilinn *f*
milt *n* mealag *f*
mime *n* mìm *f*
mimic *n* fear/bean-atharrais
mimicry *n* atharrais *f*
minatory *a* bagrach
mince *n* mions *m*
mince *v* mìn-gheàrr
mind *n* inntinn *f*; anam *m*; ciall *f*; *keep in m.*, cùm air chuimhne; *call to m.*, cuimhnich air; *what have you in m.?*, dè an rùn a th'agad?; *he is out of his m.*, tha e ás a chiall
mind *v* thoir an aire, thoir fa-near; (*remember*) cuimhnich
minded *a* deònach
mindful *a* cuimhneachail; cùramach
mindless *a* neo-aireil, neo-chùramach
mine *n* mèinne *f*
mine *pron poss pron* mo
mine *v* cladhaich; (*lay mines*) suidhich mèinnean
miner *n* mèinneadair *m*
mineral *n* mèinnearach *m*
mineral *a* mèinneach
mineralogist *n* mèinn-eòlaiche *m*
mineralogy *n* mèinn-eòlas *m*
mingle *v* measgaich, coimeasg; cuir an ceann a chèile
miniature *n* meanbh-dhealbh *m*, *f*
minim *n* mionaim *n*
minimum *n* a' chuid *f* as lugha
minister *n* ministear *m*
minister *v* fritheil
ministerial *a* ministearach
ministration *n* ministrealachd *f*
ministry *n* ministrealachd *f*
mink *n* minc *f*
minnow *n* doirbeag *f*

minor *n* neach *m* fo làn-aois
minor *a* beag, as lugha, fo-
minority *n* òg-aois *f*; beag-chuid *f*
minstrel *n* oirfideach *m*
mint *n* (*plant*) meannt *m*; (*for coinage*)
  taigh-cùinnidh *m*
minus *prep.* ás aonais; (*math.*) thoir air
  falbh, mìonas
minute *n* mionaid *f*; (*m. of meeting*)
  geàrr-chùnntas *m*, tuairisg *f*
minute *a* meanbh, mion
minute *v* sgrìobh geàrr-chùnntas
minuteness *n* meanbhachd *f*
minutely *adv* gu mion, gu mionaideach
minutiae *n* meanbh-phongan *pl*
minx *n* aigeannach *f*
miracle *n* mìorbhail *f*
miraculous *a* mìorbhaileach
mirage *n* mearachadh *m* sùla
mire *n* poll *m*, eabar *m*
mirror *n* sgàthan *m*
mirth *n* mire *f*, sùgradh *m*
mirthful *a* aighearach, mireagach
mis-spend *v* mì-chaith
misadventure *n* mì-shealbh *m*
misadvise *v* mì-chomhairlich
misaimed *a* mì-chuimsichte
misanthropy *n* fuath *m* dhaoine
misapply *v* mì-bhuilich
misapprehension *n* mì-thuigsinn *f*
misappropriate *v* cuir air seachran
misbehaviour *n* droch-ghiùlan *m*
misbelief *n* mì-chreideamh *m*
miscalculation *n* mì-àireamh *f*
miscalculate *v* dèan mì-àireamh
miscarriage *n* (*med.*) asaid *f* anabaich;
  (*general*) dol *m* am mugha, dol a
  dhìth
miscarry *v* *she miscarried*, bha asaid
  anabaich aice; (*gen.*) rach am
  mugha/a dhìth
miscellaneous *a* measgaichte
miscellany *n* measgachadh *m*
mischance *m* tubaisd *f*
mischief *n* aimhleas *m*, trioblaid *f*
mischievous *a* aimhleasach
misclaim *n* tagradh *m* gun chòir
misconception *n* mì-bharail *f*
misconduct *n* droch ghiùlan *n*, mì-bheus
  f
misconstruction *n* mì-mhìneachadh *m*

misconstrue *v* mì-mhìnich
misdeed *n* mì-ghnìomh *m*, dò-bheart *f*
misdemeanour *n* mì-ghnìomh *m*
misemploy *v* mì-bhuilich
miser *n* spìocaire *m*
miserable *a* truagh, brònach
misery *n* truaighe *f*, dòrainn *f*
misfire *n* claon-thilgeil *f*
misfit *n* mì-thighinn *m*
misfortune *n* mì-shealbh *m*, mì-fhortan
  m
misgiving *n* teagamh *m*, mì-earbsa *f*
misgovern *v* mì-riaghail, mì-riaghlaich
misguide *v* mì-threòraich
misguidance *n* mì-threòrachadh *m*
mishap *n* mì-thapadh *m*, tubaist *f*
misinform *v* thoir fios meallta
misinterpret *v* mì-bhreithnich
misjudge *v* thoir mì-bhreith
mislay *v* mì-shuidhich, caill sealladh air
mislead *v* mì-threòraich
mismanage *v* mì-stiùir, mì-riaghlaich
misnomer *n* mì-ainmeachadh *m*
misogyny *n* fuath *m* bhan
misplace *v* mì-shuidhich
misprint *n* mearachd *f* clò-bhualaidh
misproportion *n* mì-chuimse *f*
misreckon *v* mì-chùnnt
misreport *v* dèan mì-aithris
misrepresent *v* thoir claon-iomradh
misrule *n* mì-riaghailt *f*, buaireas *m*
Miss *n* A' Mhaighdeann *f* (A' Mh.)
miss *v* rach iomrall; dèan mì-amais; (*fall
  short of*) thig geàrr; (*feel the lack of*)
  ionndrain
missal *n* leabhar-aifreann *m*
missile *n* urchair *f*
missing *a* a dhìth, a dh'easbhaidh
mission *n* teachdaireachd *f*; misean *m*;
  gairm *f*
missionary *n* misionairidh *m*, teachdaire
  m
missive *n* litir-chumhachan *f*
mist *n* ceò *m*, *f*, ceathach *m*
mistake *n* mearachd *f*, iomrall *m*
mistake *v* cha tuig
Mister (Mr) *n* Maighstir (Mgr) *m*
mistiness *n* ceòthachd *f*, neulachd *f*
mistletoe *n* an t-uil-ìoc *m*
mistress *n* bana-mhaighstir *f*; bean-
  teagaisg *f*; coileapach *m*

mistrust *n* an-earbsa *f*
mistrustful *a* mì-earbsach
misty *a* ceòthach, ceòthar
misunderstand *v* cha tuig
misunderstanding *n* mì-thuigse *f*
misuse *n* droch-bhuil *f*
mite *n* fineag *f*; a' pheighinn *f* dheir-eannach
mitigate *v* lùghdaich, lasaich
mitigation *n* lùghdachadh *m*, lasachadh *m*
mitre *n* crùn *m*/coron *m* (easbaig)
mittens *n* miotagan *pl*
mix *v* measgaich
mixer *n* measgaichear *m*; inneal *m* measgaidh
mixture *n* measgachadh *m*
mnemonic *n* cuimhneachan *m*
moan *n* caoidh *f*, gearan *m*
moan *v* caoidh, caoin, gearain
mob *n* gràisg *f*
mobility *n* gluasadachd *f*, luaineachd *f*
mock *v* mag, dèan fanaid
mock *a* meallta, feallsa
mockery *n* fanaid *f*, sgeigeireachd *f*
mode *n* modh *m*, *f*, dòigh *f*, rian *m*
model *n* cumadh *m*; riaghailt *f*; samhail *m*; dèanamh *m*, seòrsa *m*; caileag *f*/gille trusgain *m*
model *v* deilbh, cum
moderate *a* stuama, measarra
moderate *v* ciùinich, riaghail
moderation *n* stuaim *f*, riaghailteachd *f*
moderator *n* fear-riaghlaidh *m*; (*ecc.*) moderàtor *m*
modern *a* ùr, nodha, ùr-nodha
modernise *v* ùraich, nodhaich
modest *a* nàrach, màlda; banail
modesty *n* beusachd *f*, màldachd *f*
modicum *n* na h-uiread *m*, beagan *m*
modification *n* atharrachadh *m*
modify *v* atharraich
modish *a* fasanta, nòsach
modulate *v* (*key*) atharraich (gleus)
module *n* modal *m*
Mohammedan *n and a* Mohamadanach *m*
moiety *n* leth-earrann *f*
moist *a* tais, bog
moisten *v* taisich, bogaich
moistness *n* taise *f*, buige *f*

moisture *n* taiseachd *f*, fliche *f*
molar *n* fiacail *f* chùil
molasses *n* druaip *f* an t-siùcair, molasas *m*
mole *n* (*on skin*) ball-dòrain *m*; (*animal*) famh *f*
molecular *a* moileciuileach
molecule *n* moileciuil *m*
molehill *n* famh-thòrr *m*
moleskin *n* mòilisgin *m*
molest *v* cuir dragh air, buair
molestation *n* dragh *m*
mollification *n* maothachadh *m*
mollify *v* maothaich, ciùinich
mollusc *n* maorach *m*
molten *a* leaghte
moment *n* (*of time*) tiota *m*, mòmaid *f*; (*of import*) brìgh *f*
momentary *a* grad-ùineach
momentous *a* cudromach
momentum *n* astar-mheud *m*
monad *n* mònad *m*
monarch *n* monarc *m*
monarchy *n* monarcachd *f*
monastery *n* manachainn *f*
monastic *a* manachail
Monday *n* Diluain *m*
money *n* airgead *m*
moneyed *a* airgeadach
mongrel *n and a* eadar-ghnè *f*
mongol *n* mongolach *m*
mongolism *n* mongolachd *f*
monitor *n* comhairleach *m*
monk *n* manach *m*
monkey *n* muncaidh *m*
monkish *a* manachail
mono- *pref* aon-
monochrome *n* aon-dath *m*
monochrome *a* aon-dathach
monocular *a* leth-shuileach
monogamy *n* aon-phòsadh *m*
monologue *n* fèin-labhairt *f*
monopolize *v* lèir-shealbhaich
monopoly *n* lèir-shealbhachd *f*
monosyllable *n* aon-lide *m*
monosyllabic *a* aon-lideach
monotony *n* aon-ghuthachd *f*, ionnanachd *f*
monotonous *a* aon-ghuthach, ionnanach
monster *n* uilebheist *m*

monstrous *a* mì-nàdurra, oillteil
month *n* mìos *m, f*
monthly *n* mìosachan *m*
monthly *a* mìosach, mìosail
monument *n* carragh *f*, càrn-cuimhne *m*
mood *n* seòl *m*, gleus *m, f*; (*gram.*) modh *m, f*
moody *a* gruamach, dubhach
moon *n* gealach *f*
moonbeam *n* gath-gealaich *m*
moonlight *n* solas *m* gealaich
moor *n* mòinteach, *f*, sliabh *m*
moor *v* tilg acair
moorhen *n* cearc-fhraoich *f*
moose *n* lon *m*
mop *n* sguab *f*
mope *v* bi neo-shùnndach
moral *n* beus *f*; teagasg *m*
moral *a* beusach, moralta
morale *n* misneach *f*, spiorad *m*
morality *n* deagh bheusachd *f*, moral-tachd *f*
moralize teagaisg deagh-bheusan
morals *n* deagh-bheusan *pl*
morass *n* boglach *f*
morbid ·*a* galarach; mì-fhallain
more *adv* tuilleadh, barrachd, nas mò
more *n* tuilleadh *m*, barrachd *f*
moreover *adv* a thuilleadh, a bhàrr (air seo)
morning *n* madainn *f*
moron *n* duine *m* lag-inntinneach
morose *a* gruamach, mùgach
morphia, morphine *n* moirfin *f*
morphology *n* cruth-eòlas *m*
morrow *n* a-màireach *m*
morsel *n* mìr *f*, criomag *f*
mortal *n* duine *m* bàsmhor
mortal *a* bàsmhor
mortality *n* bàsmhorachd *f*
mortar *n* aol-tàthaidh *m*; (*vessel*) soith-each-pronnaidh *m*
mortgage *n* morgaidse *f*
mortgage *v* gabh morgaidse air
mortification *n* doilgheas *m*
mortify *v* ìslich, cuir doilgheas air
mortise *n* moirtis *m*; *m. lock*, glas *f* moirtis
mortuary *n* marbh-lann *f*
mosaic *n* breac-dhualadh *m*
Moscow *n* Mosco

Moses *m* Maois *m*
Moslem *n and a* Moslamach *m*
mosque *n* mosc *m*
mosquito *n* còrr-mhial *m*
moss *n* còinneach *f*
mossy *a* còinneachail
most *n* a' mhòr-chuid *f*, a' chuid *f* as mò
most *a* as mò, a' chuid as mò
mostly *adv* mar as trice, sa' mhòr-chuid
mote *n* smùirnean *m*
moth *n* leòman *m*
mother *n* màthair *f*
mother-in-law *n* màthair-cèile *f*
motherless *a* gun mhàthair
motherly *a* màithreil
motif *n* bun-smuain *f*, ùrlar *m*
motion *n* gluasad *m*; (*at meeting*) iarrtas *m*; *set in m.*, cuir a dhol
motionless *a* neo-ghluasadach
motivate *v* spreag
motive *n* adhbhar *m*, ceann-fàth *m*
motive *a* gluasadach
motley *a* ioma-dhathach
motor *n and a* motair *m*
motor-cycle *n* motair-rothair *m*
motorist *n* motairiche *m*
motto *n* facal-suaicheantais *m*
mould *n* (*shape*) molldair *m*; (*form*) cruth *m*; (*earth*) ùir *f*; (*bacterial etc.*) cloimh-liath *f*
mould *v* cum, riochdaich
moulder *v* crìon, falbh 'na smùr
moulding *n* stìom-oire *f*
mouldy *a* cloimh-liathach
moult *v* cuir/tilg na h-itean, tilg fionnadh
moulting *n* cur *m*/tilgeil *f* nan itean, tilgeil an fhionnaidh
mound *n* tom *m*, tòrr *m*
mount *n* sliabh *m*, beinn *f*
mount *v* dìrich, streap; cuir/leum air muin eich; (*set up*) cuir an àird
mountain *n* beinn *f*, meall *m*, cruach *f*
mountaineer *n* streapaiche *m* (beinne)
mountainous *a* beanntach, monadail
mourn *v* caoidh, caoin
mourner *n* fear-caoidh *m*; *pl* luchd-caoidh
mourning *n* bròn *m*, caoidh *f*, tuireadh *m*
mouse *n* luch *f*
mouse-trap *n* cat-cnaige *m*

moustache *n* stais *f*

mouth *n* beul *m*; (*large open m.*) craos *m*

mouth-music *n* port-a-beul *m*

mouthful *n* làn-beòil *m*, balgam *m*

move *v* gluais, caraich; luaisg; imich

moveable *a* so-ghluasad

moveables *n* àirneis *f*, treallaichean *pl*

movement *n* gluasad *m*; (*more specific action*) carachadh *m*

moving *a* drùidhteach

mow *v* geàrr, buain

Mr *n* Mgr

Mrs *n* A' Bh

much *n* mòran *m*

much *adv* mòran; fada; *how m.?* dè?; *this m.*, a' mheud seo; *as m. again*, uiread eile; *as m. as*, uiread ri/agus; *too m.*, cus; *that is m. better*, tha sin fada/cus nas fheàrr

muck *n* salchar *m*; (*manure*) buachar *m*, inneir *f*

mucky *a* salach

mucous *a* ronnach, smugach

mucus *n* ronn *m*

mud *n* poll *m*, eabar *m*

muddle *n* troimhe-chèile *f*

muddle *v* cuir troimh-chèile

muddy *a* eabarach

mudguard *n* eabar-sgiath *f*

muffle *v* còmhdaich; bàth (fuaim)

muffler *n* stoc *m*

mug *n* muga *f*; (*fool*) amadan *m*

muggy *a* tais, mùgach

mulatto *n and a* lachdannach *m*

mule *n* muileid *m*, *f*

multi- *pref* ioma-

multicellular *a* ioma-cheallach

multiform *a* ioma-chruthach

multilateral *a* ioma-shliosach

multilingual *a* ioma-chainnteach

multiple *a* ioma-sheòrsach

multiplication *n* meudachadh *m*

multiplicity *n* iomadachd *f*

multiply *v* meudaich; (*by begetting*) sìolaich

multitude *n* mòr-shluagh *m*

mum, mummy *n* mamaidh *f*

Mum! *interj* tosd!

mumble *v* dèan brunndail

mummy (*Egyptian*) *n* corp-spìosraichte *m*

mumps *n* at-busach *m*, an tinneas-plocach *m*

munch *v* cagainn

mundane *a* saoghalta, talmhaidh

municipal *a* baile-mòir, a bhuineas do bhaile-mòr

munificence *n* toirbheartas *m*

munificent *a* toirbheartach

Munster *n* Mumhan *f*

mural *a* air a' bhalla, a bhuineas do bhalla

murder *n* mort/murt *m*

murder *v* mort/murt, dèan m.

murderer *n* mortair/murtair *m*

murky *a* doilleir, dorcha

murmer *n* monmhor *m*, torman *m*, crònan *m*

murmur *v* dèan monmhor/torman/crònan

murrain *n* tinneas-dubh *m* na sprèidhe

muscle *n* fèith *f*

muscular *a* fèitheach

muse *v* beachd-smuainich, cnuasaich

Muses, The *n* A' Cheòlraidh *f*

museum *n* taigh-tasgaidh *m*

mushroom *n* balgan-buachrach *m*

music *n* ceòl *m*

musical *a* ceòlmhor, binn; *m. instrument*, inneal *m* ciùil

musician *n* fear-ciùil *m*

musicology *n* ceòl-eòlas *m*

musing *n* beachd-smuaineachadh *m*

musket *n* *f*, musgaid *f*

musky *a* cùbhraidh

muslin *n* anart-grinn *m*

mussle *n* feusgan *m*

must *v* feumaidh, 's èiginn, 's fheudar; *you m. know him*, 's fheudar/cinnteach gun aithnich thu e; *I m.*, tha agam ri; feumaidh mi; 's fheudar dhomh

mustard *n* (*plant*) sgeallan *m*; (*condiment*) mustard *m*

muster *n* cruinneachadh *m*

muster *v* cruinnich, truis

musty *a* tungaidh

mutability *n* caochlaidheachd *f*

mutable *a* caochlaidheach

mutation *n* mùthadh *m*, atharrachadh *m*

mute *n* balbhan *m*

mute *a* balbh, tosdach

muteness n balbhachd f, tosdachd f
mutilate v ciorramaich, geàrr
mutilation n ciorramachadh m, gearr-
adh m
mutineer n fear-ceannairc m
mutinous a ceannairceach
mutiny ceannairc f, ar-a-mach m
mutiny v dèan ar-a-mach
mutter v dèan dranndan/gearan
mutton n muilt-fheòil f, feòil f caorach
mutual a aontachail, a-rèir a chèile, don
dithis
muzzle n bus m
muzzle v cuir glas-ghuib air

my *poss pron* mo; (*before vowels*) m'
Myles n Maolmhuire m, Maoilios m
myriad n àireamh f deich mìle
myrrh n mirr m
myself *pron* mi fhìn
mysterious a dìomhair
mysteriousness n dìomhaireachd f
mystery n dìomhaireachd f
mystical a fàidheanta
mystify v cuir an dìomhair
myth n miotas m
mythical a miotasach
mythological a faoin-sgeulach
mythology n miotas-eòlas m

N

nab *v* grad-ghlac
nadir *n* nèidir *m*
nag *n* gearran *m*
nag *v* dèan dranndan
nail *n* (*of finger etc.*) ìne *f*; (*spike*) tarrag *f*
nail-file *n* lìomhan-ìnean *m*
naïve *a* soineannta
naked *a* lomnochd, rùisgte
nakedness *n* luime *f*
name *n* ainm *m*; (*reputation*) cliù *m*
name *v* ainmich; goir air ainm
nameless *a* gun ainm
namely *adv* 'se sin
namesake *n* (fear) co-ainm *m*
nap *n* dùsal *m*
napkin *n* neapaigin *m*
narcotic *n* cungaidh *f* suain
narcotic *a* suainealach
narrate *v* aithris
narration *n* aithris *f*, iomradh *m*
narrative *a* aithriseach
narrator *n* fear-aithris *m*, seanchaidh *m*
narrow *a* cumhang, caol
narrow-minded *a* beag-aigneach
narrowness *n* cuingead *f*
nasal *a* srònach
nasalization *n* srònachadh *m*
nastiness *n* trusdaireachd *f*
nasty *a* mosach, truaillidh
nation *n* nàisean *m*, cinneadh *m*, rìoghachd *f*
national *a* nàiseanta, dùchasail
nationalism *n* nàiseantachd *f*
nationalist *n* nàiseantach *m*
nationality *n* dùthchas *m*
nationalize *v* stàit-shealbhaich
native *n* gnàth-fhear *m*
native *a* gnèitheach, dualach
nativity *n* breith *f*
natural *a* nàdurrach, gnèitheil; *n. child*, leanabh dìolain
naturalist *n* fear-eòlais-nàduir *m*
naturalization *n* co-chinneadh *m*
naturalize *v* co-chinnich
naturally *adv* gu nàdurrach

naturalness *n* nàdurrachd *f*
nature *n* nàdur *m*, gnè *f*, seòrsa *m*; mèinn *f*
naught *n* neo-ni *m*
naughty *a* dona, mì-mhodhail
nausea *n* dèistinn *f*
nauseate *v* sgreamhaich
nauseous *a* sgreamhail
nauseousness *n* sgreamhalachd *f*
nautical *a* seòlaidh, maraireachd
naval *a* cabhlachail
nave *n* cìoch *f* (cuibhle, rotha); corp *m* (eaglais)
navel *n* imleag *f*
navigable *a* so-sheòladh
navigate *v* seòl
navigation *n* sgoil-mhara *f*, maraireachd *f*
navigator *n* maraiche *m*
navy *n* cabhlach *m*, Nèibhi *m*
navvy *n* nàbhaidh *m*
neap-tide *n* conntraigh *f*
near *a* faisg, dlùth, teann
near-sighted *a* geàrr-fhradharcach
nearly *adv* faisg/dlùth air; *he n. got it*, cha mhòr nach d'fhuair e e
nearness *n* fagasachd *f*
neat *a* grinn, snasail, cuimir
neatness *n* grinneas *m*, snasmhorachd *f*
neb *n* gob *m*
nebulous *a* neulach
necessary *a* riatanach, do-sheachanta
necessitate *v* èignich
necessitous *a* aimbeartach
necessitude *n* aimbeart *f*
necessity *n* èiginn *f*; airc *f*, aimbeart *f*
neck *n* amhach *f*, muineal *m*
necked *a* muinealach
necklace *n* seud-muineil *m*
necromancy *n* draoidheachd *f*
nectar *n* neachtar *m*
need *n* feum *m*; (*want*) dìth *m*, easbhaidh *f*; (*poverty*) airc *f*; *I had n. of* ———, bha feum agam air ———

need v (*lack*) feum; bi feumach air; bi a
dhìth; (*require, in neg. constr.*) leig a
leas; *you need not say that*, cha leig thu
leas sin a ràdh
needful a feumach, ainniseach
needle n snàthad f, dealg f
needlework n obair-ghrèis f
needless a gun fheum
needy a feumach, ainniseach
negation n àicheadh m, diùltadh m
negative a àicheanach, àicheil
negative n àicheadh m; (*gram.*) àichear
m
neglect n dearmad m
neglect v dèan dearmad
neglectful a dearmadach
negligence n dearmadachd f
negligent a dearmadach, neo-aireach
negligible a suarach
negotiate v dèan gnothach (ri)
negotiation n co-dheasbad m, soc-
rachadh m
negro n duine m dubh
neigh n sitir f
neigh v dèan sitir/sitrich
neighbour n nàbaidh m, coimhearsnach
m
neighbourhood n nàbaidheachd f,
coimhearsnachd f
neighbourly a nàbaidheil, càirdeil
neither adv, conj and pron cha mhò, ni
mò; *he won't go, neither will I*, cha teid
esan, cha mhò/ni mò theid mise; *n. of
us will go*, cha teid fear seach fear
againn
neo- pref nuadh-
neon n neon m
nephew n mac m peathar/bràthar
nepotism n àrdachadh-chàirdean m
nerve n fèith-mhothachaidh f, nearbh f
nervous a (*fearful*) iomagaineach;
nearbhach
nest n nead m
nest v neadaich
nestle v neadaich, crùb sìos
nestling n isean m
net n lìon m
nether a ìochdrach
Netherlands, The n An Isealtìr f
nethermost a as ìochdraiche
nettle n deanntag f, feanntag f

nettle v feargaich
network n lìon m; *broadcasting n.*,
craol-lìon m
neuralgia n nearbh-phian m
neurosis n nearòis f
neuter n (*gram.*) neodar m
neuter a neo-ghnèitheach; (*gram.*)
neodrach
neutral a neo-phàirteil
neutrality n neo-phàirteachd f
neutron n neodron m
never adv chaoidh, gu bràth; (*referring
backwards in time*) a-riamh
nevertheless adv gidheadh, an dèidh sin
new a ùr, nuadh
New Year n A' Bhliadhna f Ur
newfangled a annasach
newly adv gu h-ùr
newness n nuadhachd f
news n naidheachd f, fios m
newspaper n pàipear-naidheachd m
newt n dearc-luachrach f
next a and adv an ath (*len. foll. noun*),
as fhaisge; a-rithist, a-nis; *n. week*, an
ath sheachdain; *n. there came
———*, a-rithist thàinig ———;
what next! dè nis!
nib n rinn f
nibble v creim
nice a gasda, grinn, taitneach, laghach,
snog
nicety n pongalachd f, grinneas m
niche n cùil f, oisinn f
nick n eag f; *in the n. of time*, dìreach
ann an tìde, sa' cheart àm
nick v eagaich
nickname n farainm m, frith-ainm m
nickname v thoir farainm air
nicotine n niocotain m
niece n nighean f peathar/bràthar
niggard n spìocaire m
niggardly a spìocach, mosach, gann
niggardliness n spìocaireachd f
nigh adv fagas do, làimh ri
night n oidhche f; *all n.*, fad na
h-oidhche; *tonight*, a-nochd; *last n.*,
a-raoir; *tomorrow n.*, an ath-oidhch'
nightdress n aodach m oidhche
nightingale n spideag f
nightly adv gach oidhche
nightmare n trom-laighe m, f

nightwatch n faire f na h-oidhche

nil n neo-ni m

nimble a clis

nimbleness n clise(achd) f

nine a and n naodh, naoi; n. persons, naoinear

ninefold a naodh-fillte

nineteen n naodh-deug

ninety a and n ceithir fichead 's a deich

ninth a naodhamh

ninthly adv anns an naodhamh àite

nip n teumadh m; (of whisky) te f bheag

nip v teum

nippers n greimiche m

nipple n sine f

nit n mial f

nitre n mear-shalainn m

nitrogen n naitrodean m

nitrous a mear-shaillt

no a aon, air/sam bith (with preceding neg. or implied neg.); there is no use ———, chan eil feum air bith ———; there is nobody there, chan eil aon duine an sin

no adv cha, chan; have you seen her? No, am faca tu i? Chan fhaca

nobility n mòr-uaislean pl, maithean pl

noble n uasal m, flath m

noble a uasal, flathail

nobleness n uaisleachd f

nobody n aon m, a h-aon, air bith (with prec. neg.)

nocturnal a oidhcheach

nocturne n oidhch-cheòl m

nod n cromadh m/gnogadh m cinn

nod v aom, crom, gnog

node n meall m, cnap m

noggin n noigean m

noise n fuaim m, f, faram m, toirm f

noiseless a neo-fhuaimneach, gun fhuaim

noisiness n gleadhrachd f

noisy a fuaimneach, gleadhrach

nomad n ingheilt-shiùbhlair m

nomenclature n ainmeachadh m

nominal a ainmeach, fo ainm

nominate v ainmich

nomination n ainmeachadh m

nominative n (cùis) f ainmneach

nominee n neach m ainmichte

non- pref neo-

non-existence n neo-bhitheachd f

non-existent a neo-bhitheach

non-committal a neo-cheangailte

non-resident n neo-àitiche m

non-resistant a neo-chogail

non-stop a gun stad

nonchalant a gun chùram

nonconformity n neo-aontachd f

nondescript a neo-dhiofaraichte; luideach

none pron aon (duine), neach sam bith (with prec. neg.)

nonentity n neo-bhith f

nonplus v cuir an imcheist

nonsense n amaideas m

nonsensical a amaideach

nook n cùil f

noontide n nòin m, meadhan-latha m

noose n snaidhm m, lùb f

noose v snaidhm, cuir an sàs

nor conj no, nas mò, cha mhò

normal a riaghailteach, gnàthach

Norman n Tormod m

Norman a Normanach

Norse a Lochlannach

north a and n tuath, an àirde f tuath; in the n., mu thuath; n. of, tuath air

northern a tuathach

northeast n ear-thuath m

northward adv mu thuath

northwest n iar-thuath m

north-wind n a' ghaoth f a tuath

Norway n Lochlann m, f

Norwegian n and a Lochlannach m

nose n sròn f

nostalgia n cianalas m

nostril n cuinnean m

not adv cha, chan, na, nach; I will n. go, cha tèid mi; I will n. leave it, chan fhàg mi e; do n. eat it, na ith e; he said that he would n. eat that, thuirt e nach itheadh e sin

notable a ainmeil, sònraichte

notary n nòtair m

notation n comharrachadh m

notch n eag f

note n nota f; (mus.) pong m; litir f bheag

note v thoir fa-near, comharraich

note-book n leabhar-notaichean m

noted a ainmeil

nothing *n* neo-ni *m*; (*with neg.*) nì *m*/rud *m* sam bith; *n. but,* nì ach; *he thinks n. of it,* chan eil e saoilsinn dad dheth

nothingness *n* neonitheachd *f*

notice *n* sanas *m*, fios *m*

notice *v* thoir fa-near, thoir an aire, mothaich

notification *n* cur *m* an cèill, fios *m*

notify *v* cuir an cèill, thoir fios (do)

notion *n* beachd *m*, smuain *f*

notional *a* beachdach

notoriety *n* suaicheantas *m*

notorious *a* suaicheanta

notwithstanding *conj* a dh'aindeoin sin; gidheadh

noun *n* ainmear *m*

nourish *v* àraich, tog

nourishment *n* beathachadh *m*

Nova Scotia *n* Alba *f* Nuadh

novel *n* nobhail *f*

novel *a* nuadh, annasach

novelist *n* nobhailiche *m*

novella *n* beag-nobhail *f*

novelty *n* annas *m*, ùrachd *f*

November *n* November *m*, An t-Samhainn *f*

novice *n* fear-ionnsachaidh *m*; ùr-chreideach *m*

now *adv* a-nis(e), an-dràsda, an ceart-uair, san àm (seo)

nowadays *adv* an-diugh

nowhere *adv* an àite sam bith (*with prec. neg.*); *n. near,* faisg (*prec. by neg.*)

nowise *adv* idir, air dòigh sam bith (*with prec. neg.*)

noxious *a* cronail

nozzle *n* soc *m*

nuance *n* mion-diofar *m*

nubile *a* aig aois pòsaidh

nuclear *a* niùclach

nucleic *a* niùclasach

nucleus *n* niùclas *m*

nude *a* lom, rùisgte, lomnochd

nudge *n* putadh *m*

nudge *v* put

nudity *n* luime *f*

nugatory *a* faoin, dìomhain

nuisance *n* tuaireabadh *m*

null *a* gun stàth, gun fheum

nullity *n* neo-bhìth *f*

numb *a* meilichte, fuar-rag

numb *v* meilich, ragaich

number *n* àireamh *f*; mòran *m*, iomadh *m*

number *v* cùnnt, àir

numberless *a* gun àireamh

numbness *n* meileachadh *m*, eighealaich *f*

numerable *a* so-àireamh

numeral *n* cùnntair *m*

numeral *a* àireamhach

numerate *a* àireamh-oileanaichte

numeration *n* àireamhachadh *m*

numerator *n* fear-àireimh *m*

numerical *a* àireamhail, uimhreachail

numerous *a* lìonmhor

numismatics *n* bonn-eòlas *m*

nun *n* cailleach *f* (dhubh)

nuncio *n* teachdaire *m* (on Phàpa)

nunnery *n* cill *f*/taigh *m* chailleacha-dubha

nuptial *a* a bhuineas do phòsadh

nuptials *n* pòsadh *m*, banais *f*

nurse *n* banaltram *f*, bean-eiridinn *f*

nurse *v* altraim, eiridnich

nursery *n* seòmar-altraim *m*, sgoil-altraim *f*; (*bot.*) plannd-lann *f*

nursing *n* banaltramachd *f*

nursing-home *n* taigh-altraim *m*

nursling *n* dalta *m*

nurture *n* àrach *m*, oilean *m*

nurture *v* àraich, oileanaich

nut *n* cnò *f*; *wing-n.,* cnò *f* chluasach

nutmeg *n* a' chnò-mhionnt *f*

nutricious *a* beathachail

nutriment *n* beathachadh *m*

nutshell *n* plaosg *m* cnotha

nuzzle *v* cuir sròn a-steach, neadaich

nylon *n* nàidhlean *m*

nymph *n* ainnir *f*; ban-dia *f* coille

O

O! *interj* O!
oaf *n* ùmaidh *m*
oafishness *n* ùmaidheachd *f*
oak *n* darach *m*
oaken *a* daraich
oakling *n* òg-dharach *m*
oar *n* ràmh *m*
oasis *n* innis-fàsaich *f*
oatcake *n* aran *m*/bonnach *m* coirce
oaten *a* coirce, coirceach
oath *n* bòid *f*; *pl* bòidean, mionnan
oatmeal *n* min-choirce *f*
oats *n* coirce *m*
obduracy *n* rag-mhuinealas *m*
obdurate *a* rag-mhuinealach
obedience *n* ùmhlachd *f*
obedient *a* umhail
obese *a* reamhar
obey *v* gèill (do), bi umhail (do)
obituary *n* marbh-shanas *m*
object *n* adhbhar *m*; cùis *f*, cuspair *m*;
(*gram.*) cuspair *m*
object *v* cuir an aghaidh
objection *n* cur *m* an aghaidh, gearan *m*
objective *n* cuspair *m*
objective *a* cuspaireach
objector *n* fear-gearain *m*
oblation *n* tabhartas *m*
obligation *n* comain *f*
obligatory *a* comaineach
oblige *v* (*require*) cuir mar fhiachaibh
air; (*do an obligation*) cuir fo chomain
obliging *a* comaineach, gasda
oblique *n* stròc *f*
oblique *a* siar
obliqueness *n* siaradh *m*, claonadh *m*
obliterate *v* dubh a-mach
obliteration *n* dubhadh *m* ás
oblivion *n* dìochuimhne *f*
oblivious *a* dìochuimhneach
oblong *a* fad-shliosach
obloquy *n* cùl-chainnt *f*
obnoxious *a* gràineil
oboe *n* òboidh *f*
obscene *a* draosda, drabasda
obscenity *n* draosdachd *f*, drabasdachd *f*

obscure *a* doilleir; dìomhair; neo-aireil
obscure *v* doilleirich, falaich
obscurity *n* doilleireachd *f*, doirbheachd
f
obsequious *a* ro-umhail
observance *n* coimhead *m*, coilionadh *m*
observant *a* aireil, toirt aire mhath, toirt
fa-near
observation *n* aire *f*, toirt *f* fa-near
observatory *n* reul-lann *f*, lann-amhairc
f (reul)
observe *v* amhairc, coimhead, thoir an
aire; fritheil, coilion
observer *n* fear-coimhid *m*
obsession *n* beò-ghlacadh *m*
obsolete *a* á cleachdadh, bho fheum
obstacle *n* bacadh *m*, cnap-starra *m*
obstetrics *n* eòlas *m* breith cloinne
obstinacy *n* rag-mhuinealas *m*
obstinate *a* rag-mhuinealach, fada sa'
cheann
obstreperous *a* starrach
obstruct *v* bac, cuir bacadh air
obstruction *n* bacadh *m*, cnap-starra *m*
obstructive *a* grabalach
obtain *v* faigh, coisinn
obtainable *a* so-fhaotainn
obtrude *v* brùth air adhart
obtrusive *a* sàthteach
obtuse *a* maol
obtuseness *n* maoile *f*
obverse *n* frith-shealladh *m*
obviate *v* seachainn, rach timcheall air
obvious *a* follaiseach, soilleir
occasion *n* adhbhar *m*, fàth *m*, àm *m*,
cothrom *m*
occasion *v* adhbharaich
occasional *a* corra, an-dràsda 's a-rithist
occasionally *adv* air uairibh, an-dràsda
's a-rithist
occidental *a* iarach
occlude *v* dùin suas
occult *a* dìomhair
occupancy *n* seilbh *f*
occupant *n* fear-sealbhachaidh *m*
occupation *n* obair *f*, dreuchd *f*

occupier n fear-seilbhe m
occupy v gabh sealbh/còmhnaidh; (take up) lìon; cùm a' dol
occur v tachair, thig an rathad; thig gu cuimhne
occurrence n tachartas m
ocean n cuan m, fairge f
oceanic a fairge, aigeannach
ochre n òcair f
octagon n ochd-shliosach m
octagonal a ochd-shliosach
octave n ochdad m, gàmag f
octavo a ochd-dhuilleagach
octennial a ochd-bhliadhnach
October n Octòber m, An Dàmhair f
octogenarian n duine m seachad air ceithir fichead
octopus n ochd-chasach m
octosyllabic a ochd-shiollach
ocular a sùl, shùilean
oculist n lèigh-shùilean m
odd a còrr, neònach
oddity n neònachas m, annas m
oddness n neo-ghnàthachd f
odds n còrrlach m; fuigheall m; against the o., an aghaidh an t-srutha; it makes no o., is coma, dè an diofar
ode n duanag f
odious a fuathmhor
odium n fuath m, coire f
odorous a cùbhraidh
odour n boladh m
Odyssey n Odusseia m
of prep de, dhe, a, o, mu, mu dheidhinn, á, ás, a-measg; a piece of wood, pìos de fhiodh; of his own free will, ás a shaor thoil fhèin; think of it, smaoinich air; what of it?, dè mu dheidhinn?; the town of Glasgow, baile Ghlaschu
off prep de, dhe, o, bhàrr, a-mach bho; that came off the house, thàinig sin dhen taigh; a mile off the shore, mìle on chladach, mìle a-mach bhon chladach; off the shelf, bhàrr na sgeilpe
off adv dheth, ás, air falbh
off-hand a coma, neo-chàirdeil
off-shoot n frith-sheòrsa m
offal n fuighleach m; (of animal) adha 's àirne
offence n oilbheum m, coire f

offend v dèan oilbheum do
offender n ciontach m
offensive a oilbheumach
offer n tairgse f
offer v tairg, thoir ionnsaigh
offering n tabhartas m, ìobairt f
office n oifis f; seirbheis f, feum m; gnothach m
office-boy n gille-oifis m
officer n oifigeach m
official n oifigeach m
official a oifigeil, dreuchdail
officiate v fritheil
officious a bleideil
officiousness n bleidealachd f
offing n in the o., dlùth air làimh
offset v thoir a-steach, cuir an aghaidh
offspring n sliochd m, àl m
obfuscate v doilleirich
often a tric, minig
often adv gu tric/minig
ogam, ogham n ogham m
ogle v caog
ogling n caogadh m
Oh! interj O!
oil n ola f; (fish o.) eòlan m
oil v cuir ola air, olaich
oil-bearing a ola-ghlèidhteach
oil-colours n ola-dhathan pl
oil-field n ola-raon m
oil-rig n crann-ola m
oil-well n tobar-ola m, f
oiliness n ùillidheachd f
oilskin n oilisgin m
oily a uilleach
ointment n ol-ungaidh f, acfhainn f
old a aosda, sean; o. man, bodach m; o. woman, cailleach f
oldfashioned a sean-fhasanta
oldness n aosdachd f
oligarchy n olagarcachd f
olive n (tree) crann-ola m; (fruit) meas m a' chrainn-ola
omelette n bonnach-uighe m
omen n manadh m
ominous a droch-fhàistinneach
omission n dearmad m
omit v dearmaid, fàg ás
omnipotence n uile-chumhachd m
omnipotent a uile-chumhachdach
omnipresence n uile-làthaireachd f

128

omniscient *a.* uil-fhiosrach
omnivorous *a* uile-shluigeach
on *prep* air; (*after*) an dèidh; *on Monday*, Diluain
on *adv* air; (*onwards*) air adhart; *off and on*, thuige 's bhuaithe
once *adv* uair, aon uair
one *n* a h-aon, neach *m*, urra *f*, fear *m*, tè *f*
one *a* aon
one-eyed *a* air leth-shùil
onerous *a* trom, sàrachail
onion *n* uinnean *m*
only *a* aon
only *adv* a-mhàin
only *conj* ach
onomatopoeia *n* fuaimealas *m*
onset *n* ionnsaigh *f*
onward *adv* air adhart
ooze *n* làthach *f*
ooze *v* sil
oozy *a* silteach
opaque *a* doilleir
open *v* fosgail; (*of explanation*) mìnich
open *a* fosgailte; fosgarra
opener *n* fosglair *m*
openhanded *n* fialaidh
opening *n* fosgladh *m*, bealach *m*
openly *adv* gu fosgailte
openness *n* fosgailteachd *f*
opera *n* opera *f*
operatic *a* operach
operation *n* obair *f*, gnìomhachd *f*; (*med.*) opairèisean *m*
operator *m* gnìomharraiche *m*
ophthalmic *a* galar-shùileach
opiate *n* cungaidh-suain *f*
opinion *n* barail *f*
opinionated *a* rag-bharalach
opium *n* òpium *m*
opponent *n* nàmhaid *m*, eascaraid *m*
opportune *a* tràthail
opportunity *n* cothrom *m*, fàth *m*
oppose *v* cuir an aghaidh, coinnich
opposite *n* ceart-aghaidh ʃ
opposite *a* fa chomhair, mu choinneamh
opposition *n* cur *m* an aghaidh
oppress *v* claoidh, sàraich
oppression *n* claoidheadh *m*, sàrachadh *m*
oppressive *a* fòirneartach

oppressor *n* fear-fòirneart *m*
opprobrious *a* droch-mheasail
opt *v* tagh
optic *a* fradharcach
optician *n* fear-fradhairc *m*
optics *n* eòlas-fradhairc *m*
optimism *n* soirbh-dhùil *f*
optimistic *a* soirbh-dhùileach
option *n* roghainn *m, f*
optional *a* roghainneil
opulent *a* saidhbhir
or *conj* no, air neo
oracle *n* oracal *m*
oracular *a* oracalach
oral *a* troimhn bheul, troimh chòmhradh; *o. tradition*, beul-aithris *f*
orange *n* oraindsear *m*, òr-mheas *m*
orange *a* orainds
oration *n* òraid *f*
orator *n* cainntear *m*
oratorical *a* deas-chainnteach
oratorio *n* oratòrio *f*
orb *n* cruinne *f*
orbed *a* cruinn
orbit *a* reul-chuairt *f*, cuairt *f*
Orcadian *n* and *a* Arcach *m*
orchard *n* ubhalghort *m*
orchestra *n* orcastra *f*
ordain *v* socraich, sònraich
ordeal *n* cruaidh-dheuchainn *f*
order *n* òrdugh *m*; riaghailt *f*
order *v* òrdaich, cuir an òrdugh
order-book *n* leabhar *m* òrdugh
orderly *a* riaghailteach
ordinal *a* riaghailteach
ordinance *n* riaghailt *f*
ordinary *a* gnàthaichte, àbhaisteach
ordination *n* suidheachadh *m*
ordnance *n* gunnachan *pl* mòra
ordure *n* inneir *f*, buachar *m*
ore *n* mèinn *f*
organ *n* ball *m*; (*mus.*) orghan *m*
organic *a* innealach; (*biol.*) fàs-bheairteach
organiser *n* fear-eagraidh *m*
organism *n* fàs-bheairt *f*
organist *n* orghanaiche *m*
organization *n* eagrachadh *m*
organize *v* eagraich, cuir an grèim
orgasm *n* reachd *f*
orgy *n* ruitearachd *f*

orient *n* an Ear *f*
oriental *a* earach
orifice *n* fosgladh *m*
origin *n* tùs *m*, bun *m*, bun-stèidh *f*, màthair(-adhbhar) *f*
original *a* bun-, tùsail, prìomh
originality *n* bun-mhèinn *f*
originate *v* tàrmaich, tòisich
Orkney *n* Arcaibh
ornament *n* ball-maise *m*
ornament *v* sgeadaich
ornamental *a* ball-mhaiseach
ornate *a* grinn, maisichte
ornithology *n* eun-eòlas *m*
orphan *n* dìlleachdan *m*
orthodox *a* ceart-chreideach; gnàthach
orthodoxy *n* ceart-chreideamh *m*; gnàthalachd *f*
orthography *n* litreachadh *m*, ceart-sgrìobhadh *m*
oscillation *n* luasgan *m*
oscillatory *a* luasganach
osprey *a* iolair-uisge *f*
Ossian *n* Oisean *m*
ossification *n* cnàimheachadh *m*
ossify *v* dèan 'na chnàimh
ostensible *a* a-rèir coltais
ostentation *n* faoin-ghlòir *f*
ostentatious *a* faoin-ghlòireach
osteopath *n* cnàmh-lighiche *m*
ostler *n* gille-stàbaill *m*
ostrich *n* struth *m*, *f*, oistric *f*
other *pron* eile; *the o. day*, an là roimhe; *one after the o.*, fear ás dèidh a chèile; *others*, càch, feadhainn eile
otherwise *adv* air mhodh eile, no
otter *n* dòbhran *m*, biast-dubh *f*
ought *v* còir, bu chòir; *I o. to do it*, is còir dhomh a dhèanamh; *I o. to have done it*, bu chòir dhomh a bhith air a dhèanamh; *they o. to go home*, bu chòir dhaibh falbh dhachaigh
ounce *n* ùnnsa *m*
our *poss pron* ar, ar n- (*before vowels*); againne *etc.*; *o. father*, ar n-athair; *o. house*, ar taigh againne
ours *poss pron* ar ——— -ne, againne, leinne; *Which house? Ours.* Dè 'n taigh? An taigh againne; ar taigh-ne
ourselves *pron* sinn fhìn/fhèin
oust *v* tilg a-mach

out *adv* (*rest in*) a-muigh; (*motion towards*) a-mach; (*not at home*) on taigh
out! *interj* gabh a-mach, a-mach leat
out-of-date *a* à/á fasan, às/ás an fhasan
out-patient *n* euslainteach-tadhail *m*
outbreak *n* èirigh *f*, taomadh *m*
outcast *n* dìobarach *m*
outcry *n* gàir *m*, iolach *f*
outdo *v* buadhaich air
outdoors *adv* air a' bhlàr a-muigh
outer *a* a-muigh, a-mach
outermost *a* as fhaide mach
outfit *n* aodach *m*; treallaichean *pl*
outgrow *v* faigh os cionn, cuir air chùl
outhouse *n* seada *m*
outlandish *a* coimheach
outlast *v* mair nas fhaide na
outlaw *n* fear-cùirn *m*, fògarrach *m*
outlaw *v* cuir fon choill
outline *n* dealbh *m*, *f*, cnàmhan *pl*
outlive *v* bi/fan beò nas fhaide
outlook *n* sealladh *m*, faire *f*
outnumber *v* bi nas lìonmhoire na
output *n* toradh *m*
outrage *n* sàrachadh *m*
outrageous *a* sàrachail, eagalach
outright *adv* buileach, gu buileach/tur
outset *n* fìor-thoiseach *m*
outside *n* an taobh *m* a-muigh
outside *adv* a-muigh
outsize *n and a* mòr-thomhas *m*
outskirts *n* iomall *m*
outspoken *a* deas-labhairteach
outstanding *a* barraichte
outstrip *v* fàg air deireadh
outward *a* air an taobh a-muigh, faicsinneach
outwardly *adv* a-rèir coltais
outwards *adv* chun/a chum an taobh a-muigh
outwit *v* thoir an car á/ás
ouzel *n* lon *m*
oval *a* air chumadh uighe
ovary *n* ugh-lann *f*
ovation *n* gleadhar-molaidh *m*
oven *n* àmhainn *f*
over *prep* os cionn, thar, thairis air, tarsainn air
over *adv* (*hither*) a-null; (*yonder*) a-nall; seachad, a bharrachd, a bhàrr air
over *pref* ro- (*len.*)

over-anxious *a* ro-chùramach
over-expose *v* ro-nochd
overall *adv* thar a chèile
overbalance *v* caill cothrom, taobh-thromaich
overbid *v* tairg barrachd
overboard *a* thar stoc/bòrd
overboil *v* rò-bhruich
overburden *v* an-luchdaich
overcast *v* dorchaich
overcharge *v* iarr/cuir tuilleadh 's a' chòir
overcoat *n* còta *m* mòr
overcome *v* buadhaich, ceannsaich
overdo *v* dèan tuilleadh 's a' chòir
overdraft *n* ro-tharraing *f*
overdue *a* seach tìde
over-eager *a* ro-dhian
overflow *n* cur *m* thairis
overflow *v* tar-shruth
overhead *adv* os cionn, gu h-àrd
overhead *v* dèan farchluais
overlay *v* tar-chòmhdaich
overload *v* an-luchdaich
overlook *v* seall thairis air; dèan dearmad air
overmuch *a* tuilleadh 's a' chòir
overnight *a* ri linn oidhche
overprize *v* meas thar a luach
overrate *v* cuir luach ro mhòr air
overrule *v* cuir fo smachd, diùlt

overrun *v* cuir/ruith thairis air
overseas *a* thar lear
overseer *n* fear-coimhid *m*
overshadow *v* cuir sgàil air
oversight *n* coimhead *m* thairis; dearmad *m*
overstrain *v* cuir an èiginn
overt *a* fosgailte, soilleir
overtake *v* beir air
overthrow *v* tilg sìos, cuir ás do
overtime *n* seach-thìm *f*
overtire *v* sàraich
overture *n* fosgladh *m*
overturn *v* cuir bun-os-cionn
overvalue *v* meas thar luach
overweight *a* ro-throm
overwhelm *v* clòth
owe *v* bi fo fhiachaibh do
owl *n* comhachag *f*, cailleach-oidhche *f*
own *pron* fèin
own *v* sealbhaich; gabh ri, aidich
owner *n* fear-seilbhe *m*
ownership *n* sealbh *m*
ox *n* damh *m*
ox-tail *n* earball *m* daimh
ox-tongue *n* teanga *f* daimh
Oxford *n* Ath nan Damh
oxide *n* ocsaid *m*
oxygen *n* ocsaidean *m*
oyster *n* eisir *m*

P

pace *n* ceum *m*, cascheum *m*; gluasad *m*, imeachd *f*; luaths *m*
pace *v* ceumnaich
pacific *a* ciùin, sèimh
Pacific Ocean *n* An Cuan *m* Sèimh
pacification *n* sìtheachadh *m*
pacificatory *a* sìochanta
pacifism *n* sìochantas *m*
pacifist *n* sìochantair *m*
pacify *v* sìthich, ciùinich
pack *n* paca *m*, eallach *m*
pack *v* paisg, lìon
packer *n* fear-pacaidh *m*
packet *n* pacaid *f*
pact *n* cùmhnant *m*
pad *n* (*writing*) pada *f*; ceap *m*, pillean *m*
padding *n* lìonadh *m*
paddle *n* pleadhag *f*
paddle *v* pleadhagaich
padlock *n* glas-chrochaidh *f*
pagan *n and a* pàganach *m*
paganism *n* pàgan(t)achd *f*
page *n* (*of book*) duilleag *f*, taobh-duilleige *m*; (*boy*) pèidse *m*
pageant *n* taisbeanadh *m*
pageantry *n* taisbeanachd *f*
pail *n* peile *m*, cuinneag *f*
pain *n* pian *f*, cràdh *m*
pain *v* cràidh, pian
painful *a* cràiteach, piantach
painless *a* neo-chràiteach
painstaking *a* saothrachail
paint *n* peant *m*
paint *v* peant
painter *n* fear-peantaidh *m*, peantair *m*
painting *n* (*concrete*) dealbh *m*, *f*; (*action of*) peantadh *m*
pair *n* càraid *f*, paidhir *m*, *f*, dithis
pair *v* càraidich
Pakistan *n* Pacastan *f*
Pakistani *n* Pacastanach *m*
pal *n* companach *m*
palace *n* lùchairt *f*, pàileis *f*
palatable *a* blasda
palate *n* bràighe-beòil *m*; (*metaph.*)

stamag *f*; *he has no p. for it*, chan eil stamag aige dha
pale *a* bàn, glaisneulach
pale *v* bànaich, fàs/dèan bàn
paleness *n* bànachd *f*, glaisneulachd *f*
Palestine *n* Pàileastain *f*
paleo- *pref* fìor-shean(n)
paling *n* callaid *f*, cliath *f*, sonnach *m*
pall *n* brat-mairbh *m*
pall *v* fàs mì-bhlasda
pallet *n* seid *f*
palliate *v* lùghdaich coire, lasaich
palliation *n* lùghdachadh *m*, lasachadh *m*, maolachadh *m*
pallid *a* bàn
palm *n* (*of hand*) bas/bois *f*; (*tree*) craobh-phailm *f*
palmistry *n* deàrnadaireachd *f*
palpable *a* so-bheanailteach
palpitate *v* plosg
palpitation *n* plosgartaich *f*
palsy *n* crith-thinneas *m*
paltry *a* suarach
pamper *v* dèan peata dhe
pamphlet *n* leabhrachan *m*
pan *n* pana *m*, aghann *f*
pan-loaf *n* lofa-phana *f*
pan- *pref* uile(e)-, pan-
panacea *n* uil-ìoc *m*
pancake *n* foileag *f*
pancreas *n* am brisgean-milis *m*
pander *v* mion-fhritheil
pane *n* gloinne *f*, lòsan *m*
panegyric *n* moladh *m*, dàn-molaidh *m*
panel *n* pannal *m*, clàr *m*
pang *n* cràdh *n*, guin *m*
panic *n* clisgeadh *m*
pant *v* plosg; bi an geall air
panther *n* pantar *m*
panting *n* plosgartaich *f*
pantomime *n* pantomaim *m*
pantry *n* seòmar-bìdh *m*
pants *n* pantaichean *pl*
papa *n* boban *m*
papacy *n* pàpachd *f*
papal *a* pàpanach

paper *n* pàipear *m*
paper *v* pàipearaich
papermill *n* muileann-pàipeir *m, f*
papillary *a* cìochach
Papist *n* Pàpanach *m*
par *n* co-ionnanachd *f*
parable *n* cosamhlachd *f*
parachute *n* paraisiut *m*
parade *n* taisbeanadh *m*, pairèid *m*
Paradise *n* Pàrras *m*
paradox *n* frith-chosamhlachd *f*, dubh-fhacal *m*
paraffin *n* paireafain *m*
paragon *n* òir-eisimpleir *m*
paragraph *n* earrann *f* (sgrìobhaidh), roinn *f*
parallel *n* sgrìob *f* cho-shìnte; ionnanachd *f*, samhailt *f*
parallelism *n* co-shìnteachd *f*
parallelogram *n* ceàrnag *f* cho-shìnteach
paralysis *n* pairilis *m*
paralytic *a* pairiliseach
parameter *n* paraimeatair *m*
paramour *n* leannan *m*
parapet *n* uchd-bhalla *m*
paraphernalia *n* treallaich *m*
paraphrase *n* ath-innse *f; psalms and paraphrases*, sailm is laoidhean *pl*
paraplegic *a* parapleidseach
parasite *n* dìosganach *m*, faoighiche *m*, fear-sodail *m*
parasitical *a* faoigheach
parasol *n* grian-sgàilean *m*
paratrooper *n* saighdear *m* paraisiut
parboil *v* leth-bhruich
parcel *n* parsail *m*, pasgan *m*
parcel *v* roinn 'na earrainnean, dèan parsail de
parch *v* tiormaich, dìosg
parchment *n* craiceann-sgrìobhaidh *m*
pardon *n* mathanas *m*
pardon *v* math, thoir mathanas; *p. me*, gabh mo leisgeul
pare *v* beàrr, snaigh
parent *n* pàrant *m*
parental *a* pàrantach
parenthesis *n* eadar-aisneis *f*
paring *n* rùsg *m*, sliseag *f*
Paris *n* Pairios *m*
parish *n* sgìre *f*
parishioner *n* fear-sgìreachd *m*

parity *n* co-ionnanachd *f*
park *n* pàirce *f; deer p.*, frìth *f*
park *v* suidhich
parley *v* dèan còmhradh ri
Parliament *n* Pàrlamaid *f*
Parliamentary *a* Pàrlamaideach
parlour *n* seòmar-suidhe *m*
parochial *a* sgìreachdail
parody *n* atharrais *f*, sgig-aithris *f*
parole *n* paròil *m*
parricide *n* athair-mhort *m*; athair-mhortair *m*
parrot *n* pearraid *f*
parry *v* caisg, till
parse *v* mìnich
parsimonious *a* spìocach
parsimony *n* spìocaireachd *f*
parsley *n* peirsill *f*
parsnip *n* an curran *m* geal
parson *n* pears-eaglais *m*
part *n* cuid *f*, roinn *f*, cuibhreann *m; for my p.*, air mo shonsa
part *v* sgar, dealaich
partake *v* com-pàirtich
partaker *n* com-pàirtiche *m*
partial *a* leth-bhreitheach, bàigheil (ri)
partiality *n* leth-bhreith *f*
participant *n* co-roinnteach *m*
participate *v* com-pàirtich
participation *n* com-pàirt *f*, co-roinn *f*
particle *n* gràinean *m*, bloigh *m*, bloigheag *f*; mion-fhacal *m*
particular *n* nì *m* sònraichte
particular *a* àraidh, sònraichte, air leth; faiceallach
particularize *v* sònraich
parting *n* dealachadh *m*
partisan *n* fear-leanmhainn *m*
partisan *a* aontaobhach
partition *n* tallan *m*, roinneadh *m*, cailbhe *m*
partition *v* roinn
partly *adv* ann an cuid; *partly* ——— *partly*, eadar ——— agus
partner *n* companach *m*, fear-pàirt *m*
partnership *n* companas *m*, co-roinn *f*
partridge *n* cearc-thomain *f*
parts *n* buadhan *pl*, ceudfathan *pl*
party *n* cuideachd *f*, buidheann *f*; pàrtaidh *m*
Paschal *a* Càisgeach

133

pass *n* bealach *m*; (*condition*) cor *m*; (*in games*) pas *m*

pass *v* gabh seachad, rach thairis/thar; leig le/seachad; (*at table*) cuir a-null; (*in games*) pasaig

pass-book *n* pas-leabhar *m*

passable *a* cuibheasach, math gu leòr

passage *n* turas *m*, slighe *f*; (*of text etc.*) earrann *f*, ceann *m*

passenger *n* fear-turais *m*, fear-aisig *m*

passion *n* boile *f*, dìoghras *m*; fearg *f*; fulangas *m* (Chrìosd)

passionate *a* dìoghrasach

passive *a* fulangach

passiveness *n* fulangachd *f*

Passover *n* Càisg *f* nan Iùdhach

passport *n* cead *m* dol thairis

password *n* facal *m* faire

past *n* an t-àm *m* a dh'fhalbh

past *a* seachad; (*gram.*) caithte

past *prep* seach, seachad air

paste *n* taois *f*

paste *v* glaodh; cuir suas

pastel *n* pastal *m*

pasteurize *v* pasteuraich

pastime *n* cur-seachad *m*, fearas-chuideachd *f*

pastor *n* aodhair *m*

pastoral *a* aodhaireil; *p. tribe*, cinneadh *m* treudach

pastry *n* pastra *f*

pasturage, pasture *n* feurach *m*, ionaltradh *m*

pasture *v* ionaltair, feuraich

pat *a* freagarrach, deiseil

pat *v* slìob

patch *n* brèid *m*, tùthag *f*

patch *v* càirich

pate *n* claigeann *m*, ceann *m*

patent *n* sgrìobhadh *m* còrach

patent *a* follaiseach

paternal *a* athaireil

paternity *n* athaireachd *f*

paternoster *n* a' phaidir *f*

path *n* ceum *m*, slighe *f*, rathad *m*, frith-rathad *m*

pathetic *a* tiamhaidh, cianail

pathless *a* gun rathad, gun slighe

pathogenic *a* galar-dhùsgach

pathology *n* galar-eòlas *m*

pathological *a* galar-eòlach, galarach

pathos *n* drùidhteachd *f*

patience *n* foighidinn *f*

patient *n* euslainteach *m*

patient *a* foighidneach

patriarch *n* prìomh-athair *m*

patrician *a* flathail

Patrick *n* Pàdraig *m*

patrimony *n* dualchas *m*, oighreachd *f* shinnsireil

patriot *n* tìr-ghràdhaiche *m*

patriotism *n* gràdh *m* dùthcha

patrol *n* freiceadan *m* sràide

patron *n* fear-taice *m*

patronage *n* dìon *m*, taic *f*

patronize *v* thoir taic

patronymic *n* ainm *m* sinnsireil, stoidhle *f*

patter *n* goileam *m*; fuaim *m*, *f*

pattern *n* pàtran *m*, ball-sampaill *m*

paucity *n* gainne *f*

Paul *n* Pòl *m*

paunch *n* maodal *f*

pauper *n* bochd *m*, diol-dèirce *m*

pause *n* stad *m*, anail *f*

pause *v* fuirich, stad

pave *v* leag ùrlar/cabhsair

pavement *n* cabhsair *m*

pavilion *n* pàillean *m*

paw *n* spòg *f*, màg *f*

pawn *n* (*in chess etc.*) pàn *m*

pawn *v* thoir/cuir an geall

pay *n* pàigheadh *m*, tuarasdal *m*

pay *v* pàigh, dìol, ìoc

payable *a* ri dhìoladh

payee *n* ìocaidh *m*

payment *n* pàigheadh *m*, dìoladh *m*

pea *n* peasair *f*

peace *n* sìth *f*, fois *f*, tàmh *m*

peace-offering *n* sìth-thabhartas *m*

peaceable *a* sìothchail, socair

peaceful *a* sìothchail, ciùin

peacefulness *n* sìothchaint *f*

peach *n* pèitseag *f*

peacock *n* peucag *f*, coileach-peucaig *m*

peak *n* stùc *m*, binnean *m*

peal *n* torrann *m*, bualadh *m*

pear *n* peur *f*

pearl *n* neamhnaid *f*

peasantry *n* tuath-cheatharn *f*

peat *n* (*coll.*) mòine *f*; (*individual*) fàd *m*

peat-bog n poll-mònach m
pebble n dèideag f
pebbly a dèideagach
peccadillo n meanbh-choire f
peck n (measure) peic m; (of bird etc.) piocadh m
peck v pioc
pectoral a uchdail
peculation n meirle f
peculiar a àraid
peculiarity n buaidh f air leth
pecuniary a airgeadach
pedagogic(al) a teagaisg
pedagogy n teagasg m
pedal n troighean m
pedant n rag-fhoghlamaiche m
pedantic a rag-fhoghlamach
pedantry n rag-fhoghlam m
peddle v reic, thoir seachad
pedestal n bun-carraigh m
pedestrian n coisiche m
pedigree n sinnsireachd f
pedlar n ceannaiche-siubhail m
peel n rùsg m, plaosg m
peel v rùisg, plaoisg
peep n caogadh m, sealladh m bradach
peep v caog, gabh sealladh bradach
peer n (equal) seise m; (of realm) morair m
peerage n moraireachd f
peerless a gun choimeas
peevish a dranndanach, crosda
peewit n curracag f
peg n cnag f, ealchainn f
Peggy n Peigi f
pelf n maoin f
pellet n peileir m; gràinean m
pellucid a trìd-shoilleir
pelt n pealaid f, bian m, seiche f
pelt v caith air, buail
pelvis n peilbhis f
pen n (writing) peann m; (fold) crò m, buaile f
pen-name n ainm-pinn m
penal a dìoghaltach
penalty n peanas m
penance n aithridh f
pence n sgillinnean pl
pencil n peansail m
pendant n crochadan m
pending a a' feitheamh, ri thighinn

pendulum n cudrom-siùdain m
penetrable a so-drùidheadh
penetrate v drùidh, faigh troimh
penetration n drùidheadh m, deargadh m
penetrative a drùidhteach, geur-chuiseach
penicillin n penisilion m
peninsula n leth-eilean m
penis n bod m
penitence n aithreachas m
penitent a aithreachail
penknife n sgian-pòcaid f
penmanship n ealan m sgrìobhaidh
pennant, pennon n bratach f chorrach
penniless a gun sgillinn
penny n sgillinn f, peighinn f
pension n peinnsean m
pensionable a ion-pheinnsean
pensioner n fear-peinnsein m
pensive a smaointeach
pensiveness n smaointinneachd f
pentagon n còig-cheàrnach m
Pentateuch n còig leabhraichean pl Mhaois
Pentecost n A' Chaingis f
penthouse n taigh-sgàile m
penultimate a leth-dheireannach
penurious a bochd, falamh
penury n bochdainn f
people n sluagh m, poball m
people v lìon le sluagh
pepper n piobar m
pepper v piobraich
peppermint n mionnt m
peptic a cnàmhach
perambulate v cuairt-imich
perambulator n pram m
perceivable a so-fhaicsinn
perceive v tuig, thoir fa-near
percentage n ciadad m
percentage a ciadadach
perception n tuigse f, toirt f fa-near
perceptive a tuigseach, lèirsinneach
perch n spiris f, spàrr m
perch v cuir/rach air spiris
perchance adv dh'fhaoite, theagamh
percipient a geur-bheachdach
percolate v sìolaidh
percolation n sìoladh m
percolator n sìolachan m

percussion n bualadh m, faram m
perdition n sgrios m
peremptory a smachdail
perennial a maireannach
perfect a foirfe, coileanta
perfect v dèan foirfe/coileanta
perfection n foirfeachd f, coileantachd f
perfidious a foilleil
perforate v toll, cuir tuill ann
perforation n tolladh m
perforce adv a dh'aindeoin, air èiginn
perform v coimhlion
performance n coimhlionadh m, gnìomh m
performer n fear m/bean f seinn/cluiche etc
perfume n cùbhrachd f
perfume v dèan cùbhraidh
perfunctory a neo-aireach
perhaps adv is dòcha, ma dh'fhaoite/is mathaid (gu(n))
peril n gàbhadh m
perilous a gàbhaidh
perimeter n cuairt-thomhas m
period n cuairt f, ùine f; crìoch f, deireadh m; (punctuation) pong m, stad m
periodical n ràitheachan m, iris f
periodical a ùineach
periphery n iomall m
periphrasis n iom-labhairt f
periphrastic a iom-labhrach
periscope n peireascop m
perish v rach a dhìth, faigh bàs
perishable a neo-sheasmhach, so-mhilleadh
perjure v thoir mionnan-eithich
perjurer n fear-eithich m
perjury n eitheach m; he committed p., thug e mionnan-eithich/fianais bhrèige
perm n pearm m
permanence n maireannachd f
permanent a buan, maireannach
permeate v rach air feadh
permissible a ceadaichte
permission n cead m
permissive a ceadachail
permit n bileag-cead f
permit v ceadaich
permutation n mùthadh m

pernicious a millteach
peroration n co-dhùnadh m òraid
perpendicular a dìreach
perpetrate v dèan
perpetual a sìor-mhaireannach
perpetuate v cùm an gnàth chleachdadh
perpetuity n sìor-mhaireannachd f
perplex v cuir an imcheist
perplexed a imcheisteach
perplexity n imcheist f
perquisite n frith-bhuannachd f
persecute v geur-lean, dèan geur-leanmhainn air
persecution n geur-leanmhainn m
perseverance n buan-leanaltas m
persevere v lean air, buanaich
persist v lean air/ri
person n neach m, urra f, pearsa m
personable a tlachdmhor
personage a urra f, neach m fiùghail
personal a pearsanta
personality n (abstr.) pearsantachd f; a p., neach m iomraiteach
personate v rach an riochd duine eile
personification n pearsanachadh m, riochd-shamhlachadh m
personify v riochd-shamhlaich
perspective n ceart fhradharc m, ceart m
perspicacious a geurchuiseach
perspicacity n geurchuis f
perspicuous a soilleir, so-thuigsinn
perspiration n fallas m
perspire v cuir fallas de; I was perspiring, bha fallas orm/bha mi a' cur fallas dhìom
persuade v cuir ìmpidh air, thoir a thaobh
persuasion n toirt m a thaobh; barail f, creideamh m
persuasive a ìmpidheach
pert a beadaidh
pertain v buin do
pertinacious a danarra, rag
pertinent a iomchuidh
pertness ń beadaidheachd f
perturb v buair, cuir dragh air
Peru n Peru f
peruse v leugh; rannsaich/seall gu cùramach
pervade v lìon, rach air feadh
perverse a claon, crosta

perversion n claonadh m
pervert n claonair m
pervert v claon, truaill
pessimism n eu-dòchas m
pessimist n fear m gun dòchas
pessimistic a eu-dòchasach
pest n plàigh f
pester v cuir dragh air
pestiferous a plàigheach
pestilence n plàigh f, sgrios-ghalar m
pestle n plocan m
pet n peata m
petal n flùr-bhileag f
Peter n Peadair m, Pàdraig m
petition n iarrtas m, guidhe m, f
petition v guidh, aslaich
petitioner n fear-aslachaidh m
petrel n stormy p., eun m fionn
petrify v tionndaidh gu cloich; cuir dearg eagal air
petrol n peatroil m
petticoat n còta-bàn m
pettiness n bige f
petty a beag, suarach
petulant a bleideil
pew n suidheachan m
pewter n feòdar m
phallic a bodail
phantom n faileas m, sgleò-shealladh m
Pharisaical a nam Pharasach, Pharasach
pharmacy n eòlas-leigheasan m
phase n ìre f; cruth m
pheasant n easag f
phenomenon n iongantas m, rud m air leth
phial n meanbh-bhotal m
philanthropy n gràdh-daonna m
Philistine n Philisteach m
philologist n cànanaich m
philology n eòlas m chànan
philosopher n feallsanach m
philosophical a feallsanachail
philosophy n feallsanachd f
phlegm n ronn m; lionn-cuirp m
phlegmatic a ronnach; trom
phoenix n tearc-eun m
phone n fòn m
phonetic a fogharach
phonetics n eòlas m fogharachd
phonology n fuaimneachadh m
phosphate n fosfat m

phosphorescence n coinnle-Brianain pl, teine-ghealan m
phosphorous a fosforail
phosphorus n fosfor m
photograph n dealbh m, f
photograph v tog dealbh
photographer n fear-togail-dhealbh m
photography n dealbh-thogail f
photosynthesis n foto-cho-chur m
photosynthetic a foto-cho-churte
photostat n fotostat m
phrase n abairt f, facal m
physic n eòlas m leighis; (medicine) fisic f
physical a fisiceach; (bodily) corporra
physician n lèigh m, lighiche m
physicist n nàdur-fheallsanach m
physics n nàdur-fheallsanachd f
physiognomy n dreach-eòlas m; dreach m
physiology n beò-eòlas m
physique n dèanamh m
piano n piàno m
pianist n cluicheadair m piàno
pibroch n pìobaireachd f
pick n taghadh m; (implement) pic m
pick v tagh, cuir air leth; tog, tionail; (of meat off bones) spiol
pick-up n (for record-player etc.) glacaire m
picket n piceid m
pickle n picil f
pickle v saill, cuir ann am picil
pickpocket n frith-mheirleach m
picnic n picnic m
Pict n Cruithneach m
picture n dealbh m, f pioctair m; mac-samhail m
picturesque a àillidh
pie n pai m
piece n mìr m, bloigh f, pìos m, earrann f
piecemeal adv mean air mhean, 'na phìosan
pier n ceadha m, lamraig f
pierce v toll, lot
piety n cràbhadh m
pig n muc f
pigeon n calman m
pigheaded a ceann-dàna, rag
pigment n dath m, stuth-dhath m
pigmy n luchraban m

pigsty *n* fail *f* muice
pike *n* geadas *m*
pile *n* meall *m*, dùn *m*
pile *v* cruach, càrn
pilfer *v* dèan braide
pilferer *n* frith-mheirleach *m*
pilgrim *n* eilthireach *m*
pilgrimage *n* eilthireachd *f*
pill *n* pile *f*
pillage *n* creach *f*
pillar *n* carragh *f*, colbh *m*; (*of person*) cùl-taic *m*
pillar-box *n* bocsa-litrichean *m*
pillion *n* pillean *m*
pillory *n* brangas *m*
pillow *n* cluasag *f*
pilot *n* fear-iùil *m*, pìleat *m*
pilot *v* treòraich, stiùir
pimple *n* guirean *m*, plucan *m*
pin *n* dealg *f*, prìne *m*; (*of wood*) cnag *f*; (*knitting p.*) bior *m*
pincers *n* teanchair *m*
pinch *n* (*nip*) gòmag *f*; (*small quantity*) bloigh *f*, gràinnean *m*
pinch *v* fàisg, brùth; goirtich, claoidh
pincushion *n* prìneachan *m*
pine *n* giuthas *m*
pine *v* searg, meath, caith ás
pineapple *n* anann *m*
pinion *v* ceangail (sgiathan), cuibhrich
pink *a* pinc
pinnacle *n* binnean *m*
pint *n* pinnt *m*
pioneer *n* tùsaire *m*
pious *a* cràbhaidh
pipe *n* pìob *f*, feadan *m*
pipe *v* dèan pìobaireachd
piper *n* pìobaire *m*
piping *n* pìobaireachd *f*
pique *n* farran *m*
pirate *n* spùinneadair *m* mara
pirn *n* piorna *m*
piss *n* mùn *m*, fual *m*
piss *v* mùin
pistol *n* daga *m*
piston *n* loinid *f*
pit *n* toll *m*, sloc *m*
pitch *n* (*tar*) bìth *f*; (*mus.*) àirde *f*; (*playing*) raon-cluiche *m*
pitch *v* tilg; suidhich
pitcher *n* soitheach *m*, pigidh *m*

piteous *a* truagh, muladach
pitfall *n* sloc-thuislidh *m*
pith *n* glaodhan *m*; (*metaph.*) spionn-adh *m*, brìgh *f*
pithless *a* fann
pitiful *a* truacanta, teò-chridheach muladach
pitiless *a* neo-thruacanta, an-iochdmhor
pittance *n* suarachas *m*, rud *m* beag truagh
pity *n* truas *m*, truacantas *m*
pity *v* gabh truas de, cuir truas air
pivot *n* maighdeag *f*
placard *n* cairt-shanas *m*
placate *v* sàsaich, suaimhnich
place *n* àite *m*, ionad *m*
place *v* suidhich, socraich
placenta *n* plaseanta *m*
placid *a* ciùin
placidity *n* ciùineachd *f*
plagiarism *n* meirle-sgrìobhaidh *f*
plague *n* plàigh *f*
plague *v* plàighich, leamhaich
plaice *n* lèabag-mhòr *f*, leòbag-mhòr *f*
plaid *n* breacan *m*
plain *n* còmhnard *m*, faiche *f*
plain *a* rèidh, còmhnard; soilleir, soirbh
plaintive *a* tiamhaidh
plaintiff *n* fear-agairt *m*
plait *n* filleadh *m*, dual *m*; (*of hair*) figheachan *m*
plan *n* innleachd *f*, plana *f*
plan *v* deilbh, innlich
plane *n* locar *m*, locair *f*; (*aeroplane*) pleuna *m*, itealan *m*; (*abstr.*) raon *m*
plane *v* locair, locraich
planet *n* planaid *f*
planetary *a* planaideach
plank *n* clàr *m*, dèile *f*
planner *n* fear-planaigidh *m*
plant *n* luibh *m, f*, lus *m*
plant *v* cuir; suidhich, socraich
plantation *n* àiteachadh *m*; cur-chraobhan *m*
planter *n* fear-àiteachaidh *m*
plaster *n* sglàib *f*; (*med.*) plàsd *m*
plaster *v* sglàibrich
plasterer *n* sglàibeadair *m*
plastic *a* coineallach, so-dheilbhe; plastaic

138

plate n truinnsear m; (of steel etc.) lann f, pleit f
plate v lannaich, airgeadaich
plateau n àrdchlàr m
platform n còmhnard m, àrd-ùrlar m
platitude n abairt-gun-smuain f
Platonic a Platonach
platter n mias f
plausible a beulchar, beulach
play n cluich(e) m, cleas m; (stage p.) dealbh-chluich m
play v cluich, dèan cluich le; iomair; Stein played him, chuir Stein a chluich e
player n fear-cluiche m, cleasaiche m
playful a beadrach, sùgrach
playhouse n taigh-cluiche m
playwright n sgrìobhaiche m dràma, dràmaire m
plea n cùis-thagraidh f; leisgeul m
plead v tagair
pleader n fear-tagraidh m
pleading n tagradh m
pleasant a taitneach, ciatach
please v toilich, riaraich, taitinn, còrd; p. come in, nach tig thu steach; pass the bread, p., cuir a-null an t-aran, mas e do thoil e
pleasing a tlachdmhor
pleasure n tlachd f, toileachadh m
plebeian a dhen t-sluagh
plebiscite n poball-bhreith f
pledge n geall m, barrantas m
pledge v cuir an geall
Pleiades n An Grioglachan m
plenary a làn, iomlan
plenipotentiary n teachdair-le-cumhachd m
plenitude n lànachd f
plentiful a lìonmhor
plenty n pailteas m
plenty adv gu leòr
pliable a sùbailte, maoth
pliant a so-lùbadh
pliers n greimire m
plight n cor m, càradh m
plod v saothraich, imich gu trom
plot n (of ground) goirtean m; (plan) innleachd f, cuilbheart f
plot v dèan foill, tionnsgain
plover n feadag f

plough n crann m
plough v treabh
ploughman n treabhaiche m
ploughshare n soc m
ploy n plòidh f
pluck v spìon, buain
plucky a misneachail
plug n plucan m, cnag f; (in boat) tùc m
plug v dùin, plucaich
plum n plumas m
plumage n iteach m
plumb v feuch doimhneachd
plumb a dìreach
plumb adv ceart, dìreach
plumber n plumair m
plume n ite f, dos m
plump a sultmhor, reamhar
plumpness n sultmhorachd f
plunder n cobhartach m, f, creach f
plunder v spùinn, creach
plunderer n spùinneadair m
plunge v tum; sàth
plunge n tumadh m; ruathar m
plural n and a iolra m
plus prep agus, le, a thuilleadh air
ply n aomadh m, filleadh m
ply v saothraich, iomair, cùm ri; he plied him with questions, chùm e ceistean ris
pneumatic a gaothach
pneumonia n niumòinia f
poach v poidsig; (of an egg etc.) slaop
poacher n poidsear m
pock n (mark) blàth m na brice; (bag) poca m
pocket n pòcaid f, pòca m
pocket v cuir sa' phòcaid
pocket-book n leabhar-pòcaid m
pod n plaosg m
poem n dàn m, duan m
poet n bàrd m, filidh m
poetic a bàrdail
poetry n bàrdachd f
poignant a geur, searbh
point n (on pencil) rinn f; (of hill) binnean m; (of land) rubha m; (in argument) puing f, cuspair m, nì m; seagh m, brìgh f
point v comharraich, seall
pointed a biorach; (of argument) pongail, eagnaidh
poise n cothrom m

poised n socair; p. to ———, deiseil gu
———

poison n puinnsean m, n(e)imh m
poison v puinnseanaich
poisonous a puinnseanach, nimheil
poke n poca m
poke v brodaich, rùraich
poker n bioran-grìosaich m
Poland n A' Phòlainn f
polarize v pòlaraich
pole n cabar m, pòla m; the North P.,
   Am Pòla a Tuath
Pole n Pòlainneach m
polecat n taghan m
polemics n connspaid f
police n poileas m
policeman n poileas m, polasman m
policy n steòrnadh m, poileasaidh m
polish n lìomh f, lìomhadh m
polish v lìomhaich, cuir lìomh air
Polish a Pòlach
polite a modhail
politeness n modhalachd f
politic a glic
political a poileataiceach
politician n fear-poileataics m
politics n poileataics pl
polity n modh-riaghlaidh f; stàit f
poll n ainm-chlàr m; ceann m
poll v gabh ainmean; beàrr, geàrr, sgath
pollen n poilean m
pollinate v poileanaich
polling n bhòtadh m; p. booth, bùth-
   bhòtaidh f
pollute v truaill, salaich
polluted a truaillte
pollution n truailleadh m, salchadh m
polyanthus n sòbhrach-gheamhraidh f
polygamy n ioma-phòsadh m
polyglot n and a ioma-chainnteach m
polygon n ioma-cheàrnag f
polysyllabic a ioma-shiollach, ioma-
   lideach
pomegranate n gràn-ubhal m
pomp n greadhnachas m
pompous a mòrchuiseach
pond n linne f
ponder v beachd-smuainich, cnuasaich
ponderous a trom
pontiff n àrd-shagart m; am Pàpa m
pontificate v àrd-bheachdaich

pontoon n pontùn m
pony n pònaidh m
pool n linne f, glumag f
poor a bochd; truagh; a p. memory,
   droch chuimhne
pop n brag m
Pope n am Pàpa m
Popedom n Pàpachd f
Popery n Pàpanachd f
Popish a Pàpanach
poplar n critheann m
poppy n crom-lus m
populace n an sluagh m
popular a coiteanta; mòr-chòrdte
popularity n sluagh-chòrdadh m
populate v sìolaich, lìon le sluagh
population n sluagh m (tìre etc.)
populous a sluaghmhor
porcelain n porsalain m
porch n sgàil-thaigh m
pore n pòr m
pore v geur-sgrùd
pork n muicfheoil f
pornography n drùiseantachd f
porosity n còsachd f
porous a pòrach, còsach
porpoise n pèileag f
porridge n lite f
port n port m, cala m; geata m; (wine)
   fìon-poirt m; (naut.) clì m, bòrd m clì
port-hole n uinneag f bàta
portable a so-ghiùlan
portent n comharradh m, tuar m
portentous a tuarach
porter n dorsair m, portair m; (drink)
   portair m
portfolio n màileid f; cùram m
portion n earrann f, roinn f, cuid f
portion v roinn
portly a toirteil, tiugh
portrait n dealbh m, f (duine)
portray v tarraing dealbh
Portugal n A' Phortagail f
Portuguese n (lang.) Portagaileis f;
   (person) Portagaileach m
Portuguese a Portagaileach
pose v p. a question, cuir ceist; (art.)
   suidhich (fhèin); he was merely pos-
   ing, cha robh e ach ga chur fhèin ann
   an cruth
position n suidheachadh m

positive *n* dearbhachd *f*; (*phot.*) dearbh-chlò *m*; (*gram.*) bun-ìre *f*
positive *a* deimhinn, cinnteach, dearbh-chinnteach; dìreach, sònraichte
positiveness *n* cinnteachd *f*, dearbh-tachd *f*
possess *v* sealbhaich, gabh seilbh
possession *n* seilbh, *f* sealbhachadh *m*
possessive *a* seilbheach, seilbheachail
possessor *n* sealbhadair *m*
possibility *n* comas *m*, comasachd *f*
possible *a* comasach; eudar, feudar; *it is not p. to do that*, cha ghabh sin dèanamh, tha sin do-dhèanta; *it is p. that* ———, 's fheudar gu ———
possibly *adv* is dòcha, math dh'fhaoite
post *n* (*position*) dreuchd *f*, àite *m*; (*postman*) posta *m*; (*fence p.*) post *m*
post *v* (*a letter*) cuir air falbh
post-date *v* iar-chomharraich
post-free *a* saor troimhn phost
post-graduate *n* iar-cheumaiche *m*
post-office *n* oifis/oifig *f* a' phuist
post-war *a* an dèidh a' chogaidh
postage *n* postachd *f*
postal *a* puist
poster *n* postair *m*
posterior *a* deireannach
posterity *n* na linntean *pl* ri teachd
posthaste *n* cabhag *f*, mòr-chabhag *f*
posthumous *a* an dèidh bàis
postcard *n* cairt-phostachd *f*
postman *n* posta *m*
postmark *n* comharradh-postachd *m*
postmaster *n* maighistir-postachd *m*
postpone *v* cuir dàil ann
postscript *n* fo-sgrìobhadh *m*
postulate *v* agair, feum
posture *n* suidheachadh *m*, staid *f*
pot *n* poit *f*, prais *f*
potash *n* pòtais *m*
potassium *n* potaisidheam *m*
potato *n* buntàta *m*
potbellied *a* bronnach
potent *a* cumhachdach, treun, làidir; comasach
potentate *n* àrd-uachdaran *m*
potential *n* comas *m*
potentiality *n* comasachd *f*
potion *n* deoch *f*
potter *n* crèadhadair *m*

pottery *n* crèadhadaireachd *f*
pouch *n* pòcaid *f*; *tobacco p.*, spliuchan *m*
poultice *n* fuarlit *f*
poultry *n* cearcan *pl*
pounce *v* leum
pound *n* pùnnd *m*; (*money*) pùnnd (Sasannach) *m*, nota *m*
pound *v* pronn; cuir ann am pùnnd
poundage *n* airgead-puinnd *m*
pour *v* (*trans., intrans.*) dòirt, taom; (*of rain, intrans.*) sil
pout *v* cuir bus/gnoig air
poverty *n* bochdainn *f*, ainnis *f*
powder *n* fùdar *m*, pùdar *m*
powder *v* mìn-phronn; cuir fùdar air
powder-horn *n* adharc-fhùdair *f*
powdery *a* mìn
power *n* cumhachd *m*, *f*, comas *m*
powerful *a* cumhachdach
powerless *a* lag, gun chumhachd
pox *n* breac *f*; a' bhreac Fhrangach
practicable *a* so-dhèanamh, ion-dhèanta
practical *a* ion-fheuma, seaghach
practicality *n* ion-dhèantachd *f*
practice *n* cleachdadh *m*, àbhaist *f*; gnàth *m*, dòigh *f*; (*doctor's p.*) raon (-dèiligidh) *m*
practise *v* cleachd, gnàthaich
practitioner *n* fear-cleachdaidh *m*
pragmatic *a* pragmatach
prairie *n* prèiridh *m*
praise *n* cliù *m*, moladh *m*
praise *v* mol
praiseworthiness *n* ion-mholtachd *f*
praiseworthy *a* ion-mholta, ionmholta
pram *n* pram *m*
prance *v* leum, geàrr sùrdag
prancing *a* sùrdagach
prank *n* cleas *m*
prating *n* goileam *m*
prattle *n* gobaireachd *f*
prattle *v* dèan gobaireachd
prawn *n* muasgan-caol *m*
pray *v* dèan ùrnaigh, guidh
prayer *n* ùrnaigh *f*, guidhe *m*, *f*
prayer-book *n* leabhar-ùrnaigh *m*
prayer-meeting *n* coinneamh-ùrnaigh *f*
pre- *pref* roi-
pre-eminent *a* sònraichte*

pre-existence *n* roi-bhith *f*
pre-existent *a* roi-bhitheach
pre-ordain *v* roi-òrdaich
pre-war *a* roi'n chogadh
preach *v* searmonaich
preacher *n* searmonaiche *m*, teachdaire *m*
preaching *n* searmonachadh *m*
preamble *n* roi-ràdh *m*
precarious *a* cugallach
precaution *n* roi-chùram *m*
precede *v* rach roi
precedence *n* roi-imeachd *f*, inbhe *f*
precedent *n* eisimpleir *m*
precentor *n* fear *m* togail fuinn
precept *n* àithne *f*, reachd *m*
precinct *n* crìoch(an) *f/pl*
precious *a* luachmhor, prìseil
precipice *n* creag *f*, aill *f*
precipitate *v* cuir/tilg sìos; cabhagaich
precipitate *a* cabhagach
precipitation *n* tuiteam *m*, sìoladh *m*
precipitous *a* cas
precise *a* pongail
precision *n* pongalachd *f*
preclude *v* dùin a-mach, bac
precocious *a* roi-abaich
precociousness *n* roi-abaichead *m*
precognition *n* roi-fhiosrachadh *m*
preconceive *v* roi-bheachdaich
preconception *n* roi-bheachd *m*
precursor *n* roi-ruithear *m*
precursory *a* roi-ruitheach
predatory *a* creachach
predecessor *n* roi-theachdaiche *m*
predestination *n* roi-òrdachadh *m*
predetermine *v* roi-rùinich
predicament *n* cor *m*, càs *m*
predicate *v* abair, aithris, cuir an cèill
predict *v* roi-innis
prediction *n* roi-innse *f*, fàisneachd *f*
predigest *v* roi-mheirbhich
predilection *n* iarraidh *m*, claonadh *m*
predispose *v* roi-uidhimich
predisposition *n* roi-uidheamachadh *m*
predominance *n* barrachd *f*, làmh-an-uachdair *f*, buaidh *f*
predominant *a* buadhach
predominate *v* buadhaich
prefabricate *v* roi-thog
preface *n* roi-ràdh *m*

preface *v* roi-abair
prefatory *a* roi-ràdhach
prefer *v* roghnaich; àrdaich; *I p.*, 's fheàrr leam
preferable *a* nas fheàrr, ion-roghnaichte
preference *n* roghainn *m*
preferential *a* fàbharach
preferment *n* àrdachadh *m*
prefix *n* roi-fhacal *m*, roi-leasachan *m*
pregnancy *n* leatrom *m*
pregnant *a* trom, torrach, leatromach; tarbhach
prehistoric *a* roi-eachdraidheil
prejudge *v* roi-bhreithnich
prejudgment *n* roi-bhreith *f*
prejudice *n* claon-bhàigh *f*; *without p. to*, gun bheum do
prejudice *v* claon-bharailich; dochann, mill
preliminary *n* toiseach *m*, tùs-obair *f*
preliminary *a* tòiseachail
prelude *n* roi-chùis *f*; deuchainn-ghleusta *f*
premature *a* an-abaich, roi-abaich, roi 'n mhithich
premeditate *v* roi-bheachdaich
premeditation *n* roi-bheachdachadh *m*
premier *n* prìomhaire *m*
premier *a* prìomh
premise *n* tùs-abairt *f*
premises *n* aitreabh *f*, fàrdach *f*
premium *n* duais-barrachd *f*
premonition *n* roi-fhiosrachadh *m*
prenatal *a* roi bhreith
preoccupation *n* cùram *n*
preparation *n* uidheamachadh *m*
preparatory *a* ullachail
prepare *v* ullaich, deasaich
preponderance *n* barrachd *f*, tromalach *f*
preposition *n* roi-bhriathar *m*, roimhear *m*
prepositional pronoun *n* roi-riochdair *m*
preposterous *a* mì-reusanta
prerequisite *n* riatanas *m*
prerogative *n* còir-dhlighe *f*
presage *n* manadh *m*
presage *v* roi-thaisbein
Presbyterial *a* clèireachail
Presbyterian *n* Clèireach *m*
presbytery *n* clèir *f*

prescient *a* roi-fhiosrach
prescribe *v* cuir a-mach, òrdaich
prescription *n* òrdugh *m*, riaghailt (-lèigh) *f*
presence *n* làthaireachd *f*; aogas *m*
present *n* an t-àm *m* tha làthair; (*gift*) tiodhlac *m*
present *a* an làthair; làthaireach
present *v* nochd, taisbein; thoir do, thoir seachad do
presentation *n* tabhartas *m*; òrdachadh *m*
presently *adv* an ceart uair, a dh'aithghearr
preservable *a* so-ghlèidhte
preservation *n* gleidheadh *m*
preservative *n* cungaidh-gleidhidh *f*
preserve *n* meas *m* grèidhte
preserve *v* glèidh, teasraig; (*dom.*) grèidh
preserver *n* fear *m* teasraiginn
preside *v* bi an ceann
president *n* ceann-suidhe *m*
press *n* (*printing*) clò *m*; (*papers*) na pàipearan *pl*; (*cupboard*) preas *m*
press *v* fàisg, brùth; co-èignich; spàrr
pressing *a* dian, làidir
pressman *n* fear-naidheachd *m*
pressure *n* bruthadh *m*, teannachadh *m*; èiginn *f*
prestige *n* cliù *m*
presumably *adv* is dòcha, a-rèir coltais
presume *v* gabh air, roi-bheachdaich
presumption *n* roi-bheachd *m*, ladarnas *m*
presumptive *a* roi-bheachdail
presumptuous *a* ladarna, dalma
presuppose *v* roi-bharalaich
pretence *n* leisgeul *m*, leigeil *m* air
pretend *v* leig air
pretention *n* faoin-choltas *m*
preternatural *a* mì-nàdurrach
pretext *n* leisgeul *m*
prettiness *n* brèaghachd *f*, grinneas *m*
pretty *a* brèagha, grinn
pretty *adv* an ìre mhath
prevail *v* buadhaich
prevailing *a* buadhach, àbhaisteach
prevalent *a* buadhach, cumanta
prevaricate *v* dèan breug
prevarication *n* breugnachadh *m*

prevent *v* bac, caisg
prevention *n* bacadh *m*, grabadh *m*
preventive *a* bacach, dìdeanach
preventive *n* cungaidh-tillidh *f*
preview *n* roi-shealladh *m*
previous *a* roimh-; *p. experience*, roimh-fhiosrachadh
previously *adv* roimh làimh
prey *n* creach *f*, cobhartach *m*, *f*
prey *v* spùinn, creach
price *n* prìs *f*
price *v* meas, cuir luach air
priceless *a* gun phrìs
prick *n* bior *m*, dealg *f*; gonadh *m*, brodadh *m*
prick *v* stuig; faigh bior ann
prickle *n* bior *m*, dealg *f*, calg *m*
prickly *a* biorach
pride *n* àrdan *m*, uabhar *m*, pròis *f*, moit *f*
pride *v* dèan uaill á
priest *n* sagart *m*
priestess *n* ban-sagart *f*
priesthood *n* sagartachd *f*
priestly *a* sagartail
prim *a* frionasach, sgeilmeil
primary *a* ciad, prìomh; *p. school*, bun-sgoil *f*
primate *n* prìomh shagart *m*; (*biol.*) prìomhaid *m*
prime *n* trèine *f* (a neart), ùr-fhàs *m*, lànachd *f*
prime *a* prìomh, tùs, sònraichte
prime *v* cuir air ghleus
primer *n* tùs-leabhar *m*
primeval *a* àrsaidh
primitive *a* tùsach, neo-adhartach
primogeniture *n* tùs-ghinteachd *f*
primrose *n* s(e)òbhrach *f*
prince *n* prionnsa *m*, flath *m*
princedom *n* prionnsachd *f*
princelike *a* prionnsail
princliness *n* prionnsalachd *f*
princess *n* bana-phrionnsa *f*
principal *n* ceann *m*, ceannard *m*
principal *a* ciad, prìomh
principally *adv* gu sònraichte
principle *n* prionnsabal *m*, bun *m*, stèidh *f*
print *n* clò *m*; lorg *f*
print *v* clò-bhuail

printer n clò-bhualadair m
printing n clò-bhualadh m
prior n àrd-mhanach m
prior a roimh-, air tùs
priority n tùs-chothrom m, toiseach m, toiseachd f
prism n prism m
prison n prìosan m
prisoner n prìosanach m
pristine a prìomh
privacy n uaigneachd f, cleith f
private n saighdear m cumanta
private a uaigneach, dìomhair, pears-anta
privately adv gu h-uaigneach, gu dìomhair
privation n dìth m, uireasbhaidh f
privative a a' toirt air falbh
privilege n sochair f
privy n taigh-beag m
privy a uaigneach
prize n duais f, geall m
prize v meas, cuir luach air
pro prep ás leth
probability n coltachd f
probable a coltach
probably adv is dòcha (gu/gun/gum); Are you going? Probably. A bheil thu dol? 'S dòcha; p. I will go, 's dòcha gun tèid mi
probate n dearbhadh m
probation n feuchainn f
probationary a deuchainneach
probationer n deuchainniche m
probe n bior-tomhais m
probe v sir, rannsaich
probity n treibhdhireas m
problem n ceist f
problematical a ceisteach
procedure n modh m, f, dòigh f
proceed v imich, rach, gluais, lean
proceeding n imeachd f
proceeds n toradh m
process n cùrsa m, obair f, dol m air aghaidh
procession n mòr-shiubhal m
proclaim v èigh, glaodh
proclamation n èigheachd f, glaodhadh m
proclivity n claonadh m, togradh m
procrastinate v dèan maille, cuir dàil

procrastination n dàil f, maille f
procreate v gin, sìolaich, dèan
procreation n gineamhain m
procreative a gineamhainneach
procreator n gineadair m
procurable a so-fhaotainn
procurator n procadair m
procure v faigh, coisinn
procurer n fear-solair m
procuress n bean-sholair f
prod v stob, brosnaich
prodigal n struidhear m; the p. son, am mac m stròdhail
prodigal a strùidheil
prodigality n stròdhalachd f
prodigious a uabhasach, anabarrach
prodigy n iongantas m
produce n toradh m, cinneas m
produce v thoir gu cinneas; nochd, taisbein
producer n (radio etc.) riochdaire m
production n toradh m, obair f; riochdachadh m
productive a torach, tarbhach
profane a mì-naomha
profane v mì-naomhaich
profess v cuir an cèill, aidich
profession n dreuchd f, obair f; cur m an cèill
professional a dreuchdail
professor n àrd-ollamh m, proifeasair m
proffer v tairg, thoir ionnsaigh
proficiency n comas m, èifeachd f
proficient a comasach, èifeachdach
profile n leth-aghaidh f, slios-amharc m; (journ.) cunntas m
profit n buannachd f, tairbhe f, prothaid f
profit v tairbhich, tha 'na thairbhe do; is fheàirrde
profitable a buannachdail, tarbhach
profitless a neo-tharbhach
profligacy n mì-stuamachd f
profligate n strùidhear m
profligate a mì-stuama
profound a domhainn, dubh-
profundity n doimhneachd f
profuse a pailt, sgaoilteach
profusion n pailteas m
progenitor n gineadair m, athair m

progeny n sìol m, gineal m, f, sliochd m, clann f
prognosis n roi-innse f, roi-fhiosrachadh m
prognostication n roi-innse f
programme n prògram m
progress n imeachd f; adhartas m
progression n gluasad m
progressive a adhartach
prohibit v toirmisg
prohibition n toirmeasg m
prohibitive a toirmeasgach
project n ionnsaigh f, tionnsgnadh m
project v seas a-mach; tionnsgain; (p. a film) tilg
projectile n urchair f
projection n cnap m, prugan m; tionnsgnadh m; tilgeil f
projector n (film) tilgeadair m
proletarian a mòr-shluaghach
proletariat n mòr-shluagh m
proliferate v sìolaich, fàs lìonmhor
prolific a torrach, lìonmhor
prolix a fad-labhrach, liosda
prologue n roi-labhairt f
prolong v sìn a-mach, cuir dàil ann
prolongation n sìneadh m a-mach
promenade n mòr-shràid f
prominent a follaiseach, faicsinneach; allail
promiscuous a measgach
promise n gealladh m
promise v geall, thoir gealladh
promising a gealltanach
promissory a gealltanach
promontory n rubha m, sròn f, maol m
promote v àrdaich; cuir air adhart
promotion n àrdachadh m; (comm.) cur m air adhart
prompt a deas, èasgaidh, clis
prompt v stuig; innis; cuir an cuimhne
promptness n graide f
promulgate v craobh-sgaoil
promulgation n craobh-sgaoileadh m
prone a dual
prong n bior m
pronoun n riochd-ainmear m, riochdair m; personal p., r. pearsantach; relative p., r. dàimheach; interrogative p., r. ceisteach; indefinite p., r. neo-chinnteach

pronounce v fuaimnich; labhair
pronunciation n dòigh-labhairt f
proof n dearbhadh m
proof a dìonach; làidir
prop n taic f, cùl-taic f
prop v cùm suas
propaganda n propaganda m
propagate v leudaich, craobh-sgaoil
propagation n leudachadh m, craobh-sgaoileadh m
propel v cuir air adhart, spàrr
propeller n propeilear m
propensity n aomadh m
proper a iomchuidh, cubhaidh, ceart; sònraichte
properly adv gu cubhaidh
property n seilbh f, cuid f; buaidh f, nàdur m
prophecy n fàisneachd f
prophesy v fàisnich
prophet n fàidh m, fiosaiche m
prophetic a fàisneachail
propitiate v rèitich, ciùinich
propitious a fàbharach
proponent n fear-tairgse m
proportion n pàirt f; coi-rèir m, co-roinn f; in p. to, a-rèir
proportional a co-ionnan; p. representation, riochdachadh co-ionnan
proposal n tairgse f, tagradh m; beairt f
propose v tairg
proposer n fear-tairgse m
proposition n tairgse f
proprietor n sealbhadair m
propriety n freagarrachd f
propulsion n sparradh m
prosaic a rosgail
proscribe v fògair, caisg
prose n rosg m
prosecute v lean, dlù-lean
prosecution n leantainn m, tagradh m
proselyte n iompaidheach m
prosody n ranntachd f
prospect n sealladh m, fradharc m; dùil f
prospective a ri teachd, dòchasach
prospectus n roi-shealladh m
prosper v soirbhich
prosperity n soirbheachadh m
prosperous a soirbheachail
prostitute n strìopach f, siùrsach f
prostitute v truaill, mì-bhuilich

prostitution *n* strìopachas *m*; mì-bhuileachadh *m*
prostrate *a* sleuchdte, sìnte
prostrate *v* sleuchd, tilg sìos
prostration *n* sleuchdadh *m*, tuiteam *n* sìos
protect *v* dìon, teasraig
protection *n* dìon *m*, tèarmann *m*
protective *a* tèarmannach
protector *n* fear-tèarmainn *m*
protein *n* pròtain *m*
protest *n* casaid *f*
protest *v* cuir/tog fianais an aghaidh
Protestant *n and a* Pròsdanach *m*
protestation *n* gearan *m*, casaid *f*
protoplasm *n* protoplasma *f*
prototype *n* roi-shamhla *m*
protract *v* maillich, cuir dàil
protrude *v* sàth a-mach, bi faicsinneach
protuberance *n* meall *m*, at *m*
proud *a* uaibhreach, pròiseil
provable *a* so-dhearbhadh
prove *v* dearbh; feuch; seall *e.g. he proved himself to be right*, sheall e gun robh e ceart
provender *n* biadh *m*, fodar *m*
proverb *n* seanfhacal *m*
proverbial *a* gnàth-fhaclach
provide *v* solair; ullaich
providence *n* freasdal *m*
provident *a* freasdalach, solarach
providing *n* solarachadh *m*, ullachadh *m*
province *n* roinn *f*
provincial *a* roinneil
provision *n* ullachadh *m*, solar *m*; *provisions*, lòn *m*
provisional *a* sealadach
proviso *n* cùmhnant *m*, coingheall *m*
provocation *n* buaireadh *m*; cùis *f* feirge
provoke *v* buair, feargaich
provoking *a* buaireasach
provost *n* pròbhaist *m*
prow *n* toiseach *m*
prowess *n* treuntas *m*
prowl *v* èalaidh
prowler *n* èaladair *m*
proximity *n* fagasachd *f*
proxy *n* fear-ionaid *m*
prude *n* leòmag *f*
prudence *n* gliocas *m*
prudent *a* glic, crìonna

prudential *a* faicilleach, cùramach
prune *n* prùn *m*
prune *v* sgath, beàrr
pruning-knife *n* sgian-sgathaidh *f*
prurient *a* draosda
Prussia *n* Pruisia *f*
Prussian *a* Pruisianach
pry *v* lorgaich; (*open*) cuir o chèile
psalm *n* salm *m*, *f*
psalmist *n* salmaire *m*
psalmody *n* salmadaireachd *f*
psalter *n* salmadair *m*
proverb *n* seanfhacal *m*, gnàth-fhacal *m*
pseudo *a* feallsa
pseudonym *n* ainm-brèige *m*
psychiatrist *n* lighiche-inntinn *m*
psychiatry *n* leigheas-inntinn *m*
psychic *a* anamanta
psychology *n* eòlas-inntinn *m*
psychologist *n* inntinn-eòlaiche *m*
psychosis *n* troimhe-chèile (inntinn) *f*
ptarmigan *n* tàrmachan *m*
pub *n* taigh-seinnse *m*
puberty *n* inbhidheachd *f*
public *n* sluagh *m*, mòr-shluagh *m*
public *a* follaiseach, coitcheann
publican *n* òsdair *m*
publication *n* foillseachadh *m*, craobh-sgaoileadh *m*
publicity *n* follaiseadh *m*
publish *v* foillsich, cuir a-mach
publisher *n* foillsichear *m*
pudding *n* marag *f*; (*sweet*) mìlsean *m*
puddle *n* lòn *m*
puerile *a* leanabail
puerility *n* leanabachd *f*
puff *n* osag *f*, oiteag *f*
puff *v* sèid suas, bòc
puffin *n* buthaid *f*
pugilist *n* bocsair *m*
pugnacious *a* trodach
puissance *n* cumhachd *m*
puke *v* sgeith
pull *n* tarraing *f*, slaodadh *m*
pull *v* tarraing, slaod
pullet *n* eireag *f*
pulley *n* ulag *f*
pulmonary *a* sgamhanach
pulp *n* glaodhan *m*, taois *f*, pronnach *f*
pulpit *n* cùbaid *f*, crannag *f*
pulpy *a* glaodhanach, bog

pulse *n* cuisle *f*, buille *f* cuisle
pulverize *v* min-phronn
pumice *n* sligeart *m*
pump *n* pumpa *m*, taosgair *m*; bròg-dannsa *f*
pump *v* taoisg, tarraing
pun *n* geàrr-fhacal *m*, cainnt-mhire *f*
punch *n* (*tool*) tolladair *m*; (*drink*) puinnse *m*; (*of fist*) dòrn *m*, buille *f*
punctilious *a* modhail
punctual *a* pongail, tràthail
punctuality *n* pongalachd *f*
punctuation *n* puingeachadh *m*
puncture *n* toll *m*, tolladh *m*
pungent *a* geur, guineach
punish *v* peanasaich, smachdaich
punishment *n* dìoghaltas *m*, peanasachadh *m*
puny *a* crìon, beag
pup *n* cuilean *m*
pupil *n* sgoilear *m*; (*of eye*) clach *f* (na sùla)
puppet *n* fear-brèige *m*
purchase *n* ceannach *m*
purchase *v* ceannaich
purchaser *n* fear-ceannach *m*
pure *a* fìorghlan, neo-thruaillichte; macanta, neochoireach
pureness *n* fìor-ghloine *f*; neochiontas *m*
purgation *n* glanadh *m*
purgative *n* purgaid *f*
purgative *a* purgaideach
Purgatory *n* Purgadair *m*
purge *v* glan, cairt
purification *n* glanadh *m*
purifier *n* fear-glanaidh *m*
purify *v* glan, ùraich
purist *n* glan-chainntear *m*
Puritan *n and a* Puritanach *m*
purity *n* glaine *f*, gloine *f*, fìor-ghloine *f*

purl *n* fiaradh *m*
purl *v* dèan crònan
purloin *v* goid
purple *a* còrcair, purpaidh
purport *n* ciall *f*, brìgh *f*
purpose *n* rùn *m*, deòin *f*, togradh *m*
purposely *adv* a dh'aon ghnotha(i)ch
purr *v* dèan crònan
purring *n* crònan *m*
purse *n* sporan *m*
purser *n* gille-sporain *m*
pursue *v* lean, tòirich
pursuer *n* fear-tòire *m*
pursuit *n* tòir *f*, ruaig *f*
purvey *v* solair
pus *n* brachadh *m*, iongar *m*
push *n* bruthadh *m*, putadh *m*, sàthadh *m*
push *v* brùth, put, sàth
pushing *a* adhartach, oidhirpeach
pusillanimous *a* gealtach
puss *n* piseag *f*
pustule *n* guirean *m*
put *v* cuir, suidhich; meas
putative *a* smuainichte
putrefaction *n* brèine *f*
putrefy *v* lobh, grod
putrid *a* grod, malcte
putridness *n* breuntas *m*
putt *v* (*golf*) amas
putting-stone *n* clach-neart *f*, dòrnag *f*
putty *n* potaidh *m*
puzzle *n* imcheist *f*, tòimhseachan *m*
puzzle *v* cuir/bi an imcheist
pygmy *n* luchraban *m*, troich *m, f*
pyjamas *n* aodach-leapa *m*
pylon *n* paidhleon *m*
pyramid *n* biorramaid *f*
pyre *n* cairbh-theine *m*
pyrotechnics *n* gleus-theine *m*

Q

quack *n* gàgail *f*; *q. doctor*, feall-lèigh *m*
quack *v* dèan gàgail
quadrangle *n* ceithir-cheàrnag *f*
quadrant *n* ceathramh *m*; (*instrument*)
  ceathramhan *m*
quadratic *a* ceàrnach
quadrennial *a* ceithir-bhliannachail
quadrilateral *n and a* ceithir-shliosach *m*
quadrille *n* cuadrail *m*
quadruped *n* ceithir-chasach *m*
quadruple *a* ceithir-fillte
quadruple *v* ceathraich
quadruplets *n* ceathrar *m*
quaff *v* òl, sguab ás
quagmire *n* boglach *m*, sùil-chritheach *f*
quaint *a* neònach, sean-fhasanta
quake *n* crith *f*
quake *v* crith, criothnaich
Quaker *n* Cuaigear *m*
qualification *n* feart *m*, uidheamachadh
  m; lùghdachadh *m*, maolachadh *m*
qualify *v* dèan freagarrach, ullaich;
  lùghdaich, maolaich
quality *n* gnè *f*, deagh-ghnè *f*
qualm *n* amharas *m*; *he had no qualms
  about* ———, cha robh leisg air
———

quandary *n* sgailc *f*
quango *n* cuango *m*
quantify *v* àirmhich
quantity *n* meud *m*, uiread *m*, tomad *m*
quantum *n* an t-iomlan *m*, quantum *m*
quarantine *n* cuarantain *m*
quarrel *n* còmhstri *f*, aimhreit *f*, tuasaid *f*
quarrel *v* connsaich, dean trod, troid
quarrelsome *a* connspaideach, tuasaid-
  each
quarrelsomeness *n* tuasaideachd *f*
quarry *n* cuaraidh *m*; (*storehouse*) stòr
  m; (*in hunting*) creach *f*
quarry *v* cladhaich, tochail
quart *n* cart *f*, cairteal *m*
quarter *n* ceathramh *m*; (*of year*) ràith
  f; (*place etc.*) ceàrn *m*, ionad *m*;
  (*mercy*) tròcair *f*
quarter *v* roinn 'na cheithir

quarterly *n* ràitheachan *m*
quarterly *adv* ràitheil, gach ràithe, uair
  san ràithe
quarters *n* àite-fuirich *m*, cairtealan *pl*
quartette *n* ceathrar *m*; ceathrar-cheòl
  m
quarto *n* ceithir-fillteach *m*
quarto *a* ceithir-fillte
quartz *n* èiteag *f*
quash *v* mùch, caisg
quasi- *pref* letheach, ma b'fhìor
quatrain *n* ceathramh *m*, rann *m*
quaver *n* crith *f*; (*mus.*) caman *m*
quaver *v* crith
quay *n* cidhe *m*, lamraig/laimhrig *f*
queasy *a* sleogach
queen *n* ban-rìgh *f*, bànrigh *f*
queer *a* neònach
queerness *n* neònachas *m*
quell *v* smachdaich, ceannsaich, mùch
quench *v* bàth, cuir ás
quenchless *a* do-mhùchadh
quern *n* brà *f*
querulous *a* gearanach
query *n* ceist *f*
quest *n* tòir *f*, iarraidh *m*, sireadh *m*
question *n* ceist *f*; amharas *m*; *q. mark*,
  comharradh *m* ceiste
question *v* faighnich, feòraich; (*doubt*)
  cuir an teagamh
questionable *a* teagmhach
questionnaire *n* ceisteachan *m*
queue *n* ciudha *f*
quibble *n* car-fhacal *m*
quibble *v* car-fhaclaich
quibbler *n* car-fhaclaiche *m*
quick *n* beò *m*, beò-fheòil *f*
quick *a* grad, ealamh, deas, luath, clis
quicken *v* beothaich, greas
quicklime *n* aol-beò *m*
quickness *n* luas *m*, graide *f*
quicksands *n* beò-ghainmheach *f*
quicksilver *n* airgead-beò *m*
quickstep *n* mear-cheum *m*
quid *n* nota *m*
quiescent *a* sàmhach, tosdach

148

quiet *a* sàmhach, tosdach
quiet *n* sàmhchair *f*, ciùineas *m*, tosd *m*
quieten *v* sàmhaich, ciùinich
quietness *n* sàmhchair *f*, ciùineas *m*
quill *n* cleite *f*
quilt *n* cuibhrig *m*
quince *n* cuinnse *f*
quinquennial *a* còig-bhliannail
quinsy *n* at *m* bràghad
quintessence *n* ceart-bhrìgh *f*
quintuple *a* còig-fillte
quip *n* beum *m*, sgeig *f*
quire *n* cuair *f*
quirk *n* car *m*, cuilbheart *f*
quit *a* saor
quit *v* fàg, trèig, dealaich ri
quite *adv* gu tur, gu lèir, gu h-iomlan; buileach; air fad; (*somewhat*) gu math, car, rudeigin; *q. so*, dìreach sin
quits *pred a* cuidhteas a chèile
quittance *n* cuidhteas *m*
quiver *n* balg-shaighead *m*
quiver *v* crith; dèan ball-chrith
quixotic *a* ciochòiteach
quiz *n* ceasnachadh *m*
quizzical *a* ceasnachail, teagmhach
quoit *n* peileastair *m*
quorum *n* àireamh-riaghailteach *f*, quorum *m*
quota *n* cuid *f*
quotation *n* (*lit.*) luaidh *m*, ás-aithris *f*; (*comm.*) luach *m*, meas *m*
quote *v* luaidh, aithris; thoir mar ùghdarras
quotient *n* roinn *f*

149

R

rabbit *n* coineanach *m*, rabaid *f*
rabble *n* gràisg *f*, pràbar *m*
rabid *a* cuthachail, dearg-
race *n* (*running*) rèis *f*; gineal *f*, cinneadh *m*
racer *n* steud-each *m*
racial *a* cinneadail
racialist *a* cinneadh-chlaoidhteach
racism *n* cinneadachd *f*
rack *n* inneal *m* pianaidh
rack *v* claoidh, pian
racket *n* gleadhraich *f*; (*sport*) racaid *f*
racy *a* siùbhlach, brìoghor
radiance *n* lainnir *f*, deàlradh *m*
radiant *a* lainnireach, boillsgeach
radiate *v* deàlraich
radiator *n* rèididheator *m*
radical *a* gnèitheil, bunasach
radio *n* rèidio *m*
radio-active *a* rèidio-bheò
radiography *n* rèidiografaidh *m*
radiology *n* rèidi-eòlas *m*
radish *n* meacan-ruadh *m*
radium *n* rèidium *m*
radius *n* roth *m*, spòg *f*
raffle *n* crannchur-gill *m*
raft *n* ràth *m*
rafter *n* taobhan *m*, tarsannan *m*
rag *n* luideag *f*, clùd *m*
ragamuffin *n* giobal *m*
rage *n* boile *f*, cuthach *m*
ragged *a* luideagach, clùdach
raging *a* fraochail, air bhoile
ragwort *n* buaghallan *m*
raid *n* ruaig *f*
raid *v* ruag, thoir ruaig air/gu
raider *n* ruagaire *m*
rail *n* iadh-lann *f*, rèile *f*
railing *n* callaid *f*, rèile *f*
raillery *n* sgallais *f*
railway *n* rathad-iarainn *m*
raiment *n* aodach *m*, earradh *m*
rain *n* uisge *m*, frasachd *f*
rain *v* sil, dòirt, fras
rainbow *n* bogha-frois *m*

raincoat *n* còta-frois *m*
rainy *a* frasach, silteach
raise *v* tog, àrdaich, dùisg
raisin *n* rèasan *m*
rake *n* ràcan *m*; ràcaire *m*
rake *v* ràc; sgrùd
rally *n* cruinneachadh *m*
rally *v* ath-bhrosnaich, brosnaich
ram *n* reithe *m*, rùda *m*
ram *v* spàrr, stàrr
ramble *n* cuairt *f*, fàrsan *m*
ramble *v* gabh cuairt
rambler *n* fear-fàrsain *m*
rambling *a* seachranach, fàrsanach
ramification *n* ioma-sgaoileadh *m*
ramify *v* sgaoil
ramp *n* aomadh *m*
rampant *a* sùrdagach
rampart *n* bàbhan *m*
ranch *n* rains *f*
rancid *a* breun
rancorous *a* gamhlasach
rancour *n* gamhlas *m*
random *n* tuaiream *f*; *at r.*, air thuaiream
random *a* tuaireamach
randy *a* drùiseil
range *n* sreath *m*, raon *m*, òrdugh *m*; comasachd *f*; *within r.*, ann an raon bualaidh *etc.*
range *v* cuir an òrdugh; siubhail
rank *n* inbhe *f*; sreath *m*, *f*
rank *a* garbh; breun
rank *v* sreathaich, cuir an òrdugh
rankle *v* feargaich
ransack *v* rannsaich
ransom *n* èirig *f*
ransom *v* fuasgail, saor
ranting *n* blaomadaich *f*
rap *n* buille *f*, pailleart *m*
rap *v* buail, sgailc
rapacious *a* gionach, craosach
rapacity *n* gionachas *m*, sannt *m*
rape *n* toirt *f* air èiginn, truailleadh *m*
rapid *a* bras, grad, clis
rapidity *n* braise *f*, graide *f*

rapport *n* co-chomann *m*, càirdeas *m*
rapture *n* mòr-aoibhneas *m*
rapturous *a* aoibhneach
rare *a* tearc, ainmig; (*of cooking meat*) leth-amh
rarify *v* tanaich
rarity *n* annas *m*
rascal *n* slaoightear *m*, rascail *m*
rase *v* mill, dubh ás, leag
rash *n* broth *m*
rash *a* dàna, cas
rasher *n* sliseag *f*
rashness *n* dànadas *m*, braisead *m*
rasp *n* eighe *f*
raspberry *n* subh-craoibh *m*
rat *n* radan *m*
ratable *a* ràtachail
ratchet *n* bac-fhiacail *f*
rate *n* luach *m*, fiach *m*; ràta *f*; **rates**, ràtaichean *pl*
rate *v* meas
rather *adv* (*somewhat*) rudeigin; (*prefer to*) docha, feàrr; (*in phr. rather than*) an àite, ach; is feàrr ——— na
ratification *n* daingneachadh *m*
ratify *v* daingnich
ratio *n* coi-mheas *m*
ration *n* cuid *f*
rational *a* reusanta
rationality *n* reusantachd *f*
rationalize *v* reusantaich
rattle *n* gleadhraich *f*, glag *m*, stàirn *f*
rattle *v* dèan gleadhraich
ravage *v* sgrios, creach, fàsaich
rave *v* bi air bhoile
raven *n* fitheach *m*
ravenous *a* cìocrach
ravish *v* thoir air èiginn, truaill
ravishment *n* èigneachadh *m*, truailleadh *m*
raw *a* amh, neo-abaich
rawness *n* amhachd *f*; aineolas *m*
ray *n* gath-solais *m*, leus *m*
razor *n* ealtainn *f*
re- *pref* ath-
re-election *n* ath-thaghadh *m*
re-enter *v* ath-inntrig
re-examine *v* ath-sgrùd
reach *n* ruigheachd *f*, comas *m*
reach *v* ruig, sìn
react *v* frith-ghluais

reaction *n* frith-ghluasad *m*; (*chem.*) iom-oibreachadh *m*
reactionary *a* frith-ghluasadach
reactor *n* frith-ghluaistear *m*
read *v* leugh
reader *n* leughadair *m*
readily *adv* gu toileach, gu rèidh
readiness *n* ullamhachd *f*, deise *f*
reading *n* leughadh *m*
readmission *n* ath-leigeil *m* a-steach
readmit *v* ath-ghabh a-steach
ready *a* ullamh, deiseil
reaffirm *v* ath-chòmhdaich
reafforestation *n* ath-choilltearachd *f*
real *a* fior
realism *n* fiorachas *m*
reality *n* fìrinn *f*
realize *v* tuig; thoir gu buil; reic
really *adv* gu dearbh, gu fior; seadh?
realm *n* rìoghachd *f*
ream *n* buinnseal *m*
reanimate *v* ath-bheothaich
reap *v* buain
reaper *n* buanaiche *m*
rear *n* deireadh *m*
rear *v* tog, àraich; èirich
rearmament *n* ath-armadh *m*
reason *n* reusan *m*, ciall *f*; adhbhar *m*, fàth *m*
reason *v* reusanaich
reasonable *a* reusanta, cothromach
reasoning *n* reusanachadh *m*
reassemble *v* ath-chruinnich
reassert *v* ath-dhearbh
reassure *v* cuir inntinn aig fois
rebate *n* lùghdachadh *m*
rebel *n* reubalach *m*
rebel *v* dèan ar-a-mach
rebellion *n* ar-a-mach *m*
rebellious *a* ceannairceach
rebind *v* ath-chòmhdaich
rebound *v* leum air ais
rebuff *n* diùltadh *m*
rebuild *v* ath-thog
rebuke *n* achmhasan *m*
rebuke *v* thoir achmhasan
recall *v* gairm air ais; cuimhnich air
recantation *n* àicheadh *m*
recapitulate *v* ath-innis
recede *v* rach air ais
receipt *n* cuidhteas *m*

151

receive v gabh, gabh ri, faigh
recent a ùr, o chionn ghoirid
receptacle n ionad-tasgaidh m
reception n fàilteachadh m, gabhail m, f ri, gabhail a-steach; cuirm f
receptive a so-ghabhail
recess n cùil f, uaigneas m; (vacation) tàmh m
recession n tilleadh m, dol m air ais
recessive a teicheach
recipe n modh m, f, dòigh f (dèanamh)
recipient n fear-gabhail m
reciprocal a malairteach, air gach taobh
reciprocate v malairtich, dèan ga rèir
recital n aithris f; (mus.) ceadal m
recite v (ath-) aithris
reckless a neo-chùramach, coma
reckon v cùnnt; meas
reckoning n cùnntadh m; meas m
reclaim v thoir air ais; saothraich, ath-leasaich
recline v sìn
recluse n aonaranach m
recognize v aithnich; (admit) aidich
recognition n aithneachadh m; aideachadh m
recoil v leum air ais, frith-leum
recollect v cuimhnich
recollection n cuimhne f
recommend v mol, cliùthaich
recommendation n moladh m
recompense n ath-dhìoladh m; èirig f; in r. for, an èirig
reconcile v rèitich
reconciliation n rèite f, sìth f
recondite a dìomhair, domhainn
reconnoitre v rannsaich, feuch
reconquer v ath-cheannsaich
reconstruct v ath-thog, ath-chum
record n cùnntas m, clàrachadh m; (disc) clàr m
record v sgrìobh, clàraich
recorder n clàradair m; (mus.) reacòrd-air m, cusail-bhinn f
recount v innis; ath-chùnnt
recover v faigh air ais; (e.g. of health) fàs nas fheàrr
recovery n faotainn f air ais; (of health) fàs m nas fheàrr
recreate v ath-bheothaich, ath-chum
recreation n cur-seachad m

recrimination n coireachadh m
recruit v (soldiers etc.) tog; solair
rectangle n ceart-cheàrnag f
rectangular a ceart-cheàrnach
rectification n ceartachadh m
rectify v ceartaich, cuir air dòigh
rectitude n ceart-ghnìomhachas m
rector n ceannard m; reactor m
recuperate v slànaich, rach am feabhas
recur v tachair a-rithist, thig (an cuimhne)
red a dearg; (of hair) ruadh
redbreast n brù-dhearg m
redden v (trans.) deargaich; (intrans.) fàs dearg
redeem v saor; ath-cheannaich
redeemer n fear-saoraidh m
redemption n saorsa f, sàbhaladh m
redirect v ath-sheòl
redness n deirge f, ruaidhe f
redolent a cùbhraidh
redouble v dùblaich
redoubtable a gaisgeil
redress n dìoladh m, furtachd f
reduce v lùghdaich, ìslich
reducible a so-lùghdachadh
reduction n lùghdachadh m, beagachadh m
redundancy n anbharra m
redundant a anbharra
reduplicate v ath-dhùblaich
reed n cuilc f; slinn m; (mus.) ribheid f
reef n sgeir f
reek n deathach f, toit f
reek v cuir smùid/toit dhe
reel n (dance) ridhil m, ruidhle m; (of thread) piorna f
refectory n biadhlann f
refer v thoir iomradh air; cuir gu; till air ais
referee n reaf m
reference n iomradh m, tuairisgeul m, teisteanas m, brath m; with r. to, a thaobh
referendum n barail-fhuasgladh m
refill v ath-lìon
refine v glan; ath-leagh; lìomh, grinnich
refinement n glaine f; grinneas m
refit v ath-chàirich
reflect v tilg air ais; smaoinich, cnuasaich

152

reflection n ath-ìomhaigh f, sgàile m; smuain f
reflective a smaointeachail
reflector n sgàthan m; frith-thilgear m
reflex a ath-bhuailte
reform n leasachadh m, ath-chòireachadh m
reform v ath-leasaich
reformation n ath-leasachadh m, leasachadh m
reformer n fear-leasachaidh m
refraction n ath-raonadh m
refrain n luinneag f
refrain v cùm air ais, tionndaidh (o)
refresh v ùraich
refreshment n ùrachadh m; (biadh is) deoch f
refrigerate v fionnaraich
refrigeration n fionnarachadh m
refrigerator n inneal-fionnarachaidh m, frids m
refuel v ath-chonnaich
refuge n tèarmann m, dìdean m, sgàile m
refugee n fògarrach m
refund n ath-dhìoladh m
refund v ath-dhìol, aisig air ais
refusal n diùltadh m
refuse n fuidheall m, sprùilleach m
refuse v diùlt, ob
refutation n breugnachadh m
refute v breugnaich
regain v ath-choisinn, ath-shealbhaich
regal a rìoghail
regale v dèan subhachas; thoir ròic de
regalia n suaicheantas m rìoghail
regard n sùim f, meas m, urram m; aire f
regard v gabh sùim de/ann; thoir aire do; gabh ri(s) mar; thoir urram do
regardless a neo-chùramach, dear-madach
regatta n rèis f shoithichean
regenerate v ath-nuadhaich; cuir am feabhas
regeneration n ath-ghineamhainn m, ath-nuadhachadh m
regent n tàinistear m
regicide n rìgh-mhort m; rìgh-mhortair m
regiment n rèiseamaid f
region n roinn f, ceàrn f

regional a roinne, roinneil
register n clàr m
register v sgrìobh (sìos), clàraich; seall; rach 'na ionad
registrar n fear-clàraidh m
registry n taigh-clàraidh m
regress v rach air ais
regret n duilchinn f, aithreachas m
regret v bi duilich, gabh aithreachas
regular a riaghailteach
regularity n riaghailt f
regulate v riaghlaich, seòl
regulation n riaghailt f, reachd m
regulator n treòraiche m
rehear v ath-chluinn, thoir ath-èisdeachd do
rehearsal n ath-aithris f
rehearse v ath-aithris
rehouse v thoir/faigh taigh ùr do
reign n rìoghachadh m
reign v rìoghaich
reimburse v ath-phàigh
reimbursement n ath-phàigheadh m
rein n srian f
rein v cùm srian air, smachdaich
reincarnation n ath-cholainneadh m
reindeer n rein-fhiadh m
reinforce v ath-neartaich
reinforcement n ath-neartachadh m
reissue n ath-chur-a-mach m
reiterate v ath-aithris
reiteration n ath-aithris f
reject v diùlt
rejection n diùltadh m
rejoice v dèan gàirdeachas/aoibhneas
rejoin v cuir/tarraing ri chèile (rithist)
rejoinder n freagairt f
rekindle v ath-bheothaich
relapse n tuiteam m air ais, ath-thilleadh m tinneis
relate v innis, aithris, cuir an cèill
related (to) a càirdeach
relation n (*telling*) aithris f; (*relative*) caraid m, ban-charaid f
relationship n càirdeas m; r. by marriage, cleamhnas m
relative n caraid m, ban-charaid f
relative a dàimheach; ri choimeas; r. particle, mion-fhacal m dàimheach
relax v lasaich, socraich, fuasgail
relaxation v lasachadh m, socair f, fois f

relay n sealaidheachd f
release v fuasgail, cuir/leig ma sgaoil
relegate v fògair, ìslich
relegation n fògradh m, ìsleachadh m
relent v taisich, gabh truas
relentless a neo-thruacanta
relevance n buinteanas m
relevant a a' buntainn ri; all r. informa-
tion, gach fiosrachadh a tha a' bun-
tainn ris a' chùis
reliance n earbsa f, muinghinn f
relic n fuidheall m, iarmad m
relief n furtachd f, faochadh m, cobhair
f, cuideachadh m
relieve v cuidich, furtaich
religion n diadhachd f, creideamh m
religious a diadhaidh, cràbhach
relinquish v trèig
relish n blas m, tlachd f
relish v gabh tlachd de/ann
reluctance n ain-deònachd f
reluctant a aindeonach
rely v earb, cuir muinghinn
remain v fuirich, fan
remainder n fuidheall m
remains n (corpse) duslach m; fuidh-
leach m
remand v cuir air ais
remark n ràdh m, facal m
remark v thoir fa-near
remarkable a sònraichte, suaicheanta
remedial a leasachail
remedy n leigheas m, ìocshlaint f
remedy v leighis, slànaich
remember v cuimhnich
remembrance n cuimhneachan m
remind v cuimhnich do
reminiscence n cuimhneachadh m
remiss a dearmadach, neo-shuimeil
remission n mathadh m
remit v math; cuir air ais
remittance n pàigheadh m; suim f airgid
remnant n fuidheall m, iarmad m
remonstrance n cur m an aghaidh
remonstrate v cuir an aghaidh, earalaich
remorse n agartas-cogais m
remorseful a cogaiseach, doilgheasach
remote a iomallach, cian
remoteness n iomallachd f
removable a so-ghluasad
removal n gluasad m, imrich f

remove n at a r., aig astar
remove v cuir air falbh/imrich; gluais
remount v ath-dhìrich
remunerate v ìoc, pàigh
remuneration n pàigheadh m, dìoladh m
renaissance n ath-bheothachadh m
renal a àirneach
rend v srac, reub
render v ìoc, dìol, thoir, liubhair
rendezvous n ionad-coinneachaidh m
renegade n trèigear m
renew v (ath-) nuadhaich
renewal n ath-nuadhachadh m
rennet n binid f
renovate v ùraich, nuadhaich
renovation n nuadhachadh m
renounce v diùlt, ob
renoun n cliù m, alladh m
renouned a cliùiteach, iomraiteach
rent n sracadh m, reubadh m; (money
r.) màl m
rent v gabh air mhàl
rent part a sracte, reubte
rental n màl m
renunciation n diùltadh m, trèigeadh m
reopen v ath-fhosgail
reordain v ath-òrdaich
reorganization n ath-chòireachadh m
repaid part a pàighte, ath-dhìolte
repair n càireadh m
repair v càirich; (go) tog air
repairable a so-chàireadh
reparation n dìoladh m
repartee n gearradaireachd f, deas-
chainnt f
repast n biadh m, lòn m
repatriate v ath-dhùchaich
repay v ath-dhìol, pàigh
repeal n ais-ghairm f
repeal v cuir air ais
repeat v aithris, ath-aithris
repeatedly adv gu tric
repel v tilg air ais
repent v gabh aithreachas
repentance n aithreachas m
repentant a aithreachail
repercussion n frith-bhualadh m
repertoire n comas m, seilbh f
repertory n ionad-tasgaidh m; comas m
repetition n ath-aithris f
replace v cuir an àite

replay *n and v* ath-chluich *f*
replenish *v* lìon, àirneisich
replete *a* làn, iomlan
replica *n* mac-samhail *f*
reply *n* freagairt *f*
reply *v* freagair, thoir freagairt
report *n* aithris *f*, iomradh *m*
report *v* thoir iomradh
reporter *n* fear-naidheachd *m*
repose *n* fois *f*, tàmh *m*
repose *v* gabh tàmh
repository *n* ionad-tasgaidh *m*, stòr *m*
repossess *v* ath-shealbhaich
repossession *n* ath-shealbhachadh *m*
reprehensible *a* ion-choireachadh
represent *v* riochdaich; taisbein, cuir an cèill
representation *n* riochdachadh *m*, tais-beanadh *m*
representative *n* riochdaire *m*
repress *v* caisg, ceannsaich, mùch
repression *n* mùchadh *m*, ceannsachadh *m*
repressive *a* smachdail
reprieve *n* stad-bhreith *f*
reprimand *n* casaid *f*, achmhasan *m*
reprint *v* ath-chlo-bhuail
reprint *n* ath-bhualadh *m*
reprisal *n* èirig *f*
reproach *n* cronachadh *m*; masladh *m*
reproach *v* cronaich, tilg air
reproachful *a* tailceasach, beumail
reprobation *n* dìteadh *m*, dìmeas *m*
reproduce *v* gin; mac-samhlaich
reproduction *n* gintinn *m*; mac-samhlachadh *m*
reprove *v* coirich
reptile *n* pèist *f*
republic *n* co-fhlaitheachd *f*, poblachd *f*
republican *a* co-fhlaitheachdail, poblachail
repudiate *v* trèig, cuir an aghaidh
repulse *n and a* ruaig *f*
repurchase *v* ath-cheannaich
reputable *a* cliùiteach
reputation *n* cliù *m*
request *n* iarrtas *m*
request *v* iarr, sir
require *v* feum; iarr
requirement *n* riatanas *m*
requisite *n* nì *m* feumail

requisite *a* feumail, riatanach
requisition *n* òrdugh *m*
requital *n* dìol *m*, èirig *f*
requite *v* ath-dhìol
resale *n* ath-reic *m*
rescind *v* geàrr, till
rescue *n* fuasgladh *m*, saoradh *m*
rescue *v* fuasgail, saor
research *n* rannsachadh *m*, sgrùdadh *m*
research *v* rannsaich
resemblance *n* samhail *m*, coltas *m*
resemble *v* bi coltach ri
resent *v* gabh tàmailt dhe, gabh san t-sròin
resentful *a* feargach
resentment *n* doicheall *m*, fearg *f*
reservation *n* roi-chlàradh *m*
reserve *n* tasgadh *m*, cùl-earalas *m*
reserve *v* caomhain, taisg
reserved *a* stuama, dùinte; (*of seat etc.*) glèite
reservoir *n* tasgadh *m*, ionad-tasgaidh *m*
resettlement *n* ath-àiteachadh *m*
reside *v* fuirich, gabh còmhnaidh
residence *n* ionad-còmhnaidh *m*, fàrd-ach *f*
resident *a* a' fuireach
residential *a* còmhnaidhe
residue *n* fuidheall *m*, iarmad *m*
resign *v* thoir suas, gèill
resignation *n* toirt *f* suas, gèilleadh *m*
resilience *n* ath-leumachd *f*
resin *n* ròiseid *f*
resinous *a* ròiseideach
resist *v* cuir an aghaidh
resistance *n* strì *f*, cur *m* an aghaidh
resolute *a* gramail, seasmhach
resolution *n* misneach *f*; fuasgladh *m*; rùn *m*
resolve *v* rùn *m* suidhichte
resolve *v* cuir roimh; fuasgail
resonant *a* glòrach, ath-fhuaimneach
resort *n* àite *m* cruinneachaidh; dòigh *f*; dol *m*
resource treuntas *m*; seòl *m*, dòigh *f*
respect *n* urram *m*, spèis *f*; *with r. to*, a thaobh
respect *v* thoir urram/meas do
respectable *a* measail
respectful *a* modhail
respective *a* àraidh

respectively *adv* fa leth
respiration *n* analachadh *m*
respite *n* anail *f*, fois *f*
respond *v* ath-fhreagair
respondent *n* fear-freagairt *m*
response *n* freagairt *f*
responsibility *n* cùram *m*
responsible *a* cùramach
responsive *a* freagairteach
rest *n* fois *f*, tàmh *m*, sgur *m*; (*mus.*) clos *m*; (*pause*) tosd *m*; (*the rest*) càch
rest *v* gabh fois, leig anail; stad
restaurant *n* taigh-bidhe *m*
restful *a* sàmhach, ciùin
restitution *n* dìoladh *m*
restless *a* mì-fhois(t)neach, mì-stòlda
restoration *n* ath-aiseag *m*
restore *v* thoir/aisig air ais, leighis
restrain *v* bac, caisg, smachdaich
restraint *n* bacadh *m*, casg *m*; smachd *m*
restrict *v* grab, cùm srian air
restriction *n* grabadh *m*, bacadh *m*
restrictive *a* grabach
result *n* buil *f*, crìoch *f*, toradh *m*
resultant *a* co-thorrach
resume *v* tòisich ás ùr; ath-ghabh
resurgence *n* ath-bheothachadh *m*
resurrection *n* aiseirigh *f*
resuscitate *v* ath-dhùisg
retail *v* mion-reic
retail *a* bùtha
retailer *n* mion-cheannaiche *m*
retain *v* cùm, glèidh
retake *v* ath-ghabh
retaliate *v* thoir buille air a' bhuille
retard *v* bac, cùm air ais
retch *v* sgeith, tilg
retention *n* cumail *f*
retentive *a* cumailteach, dìonach
reticent *a* tosdach, diùid
retina *n* reitine *f*
retinue *n* luchd-coimhideachd *coll.*
retire *v* rach a thaobh, rach air chluainidh, leig dreuchd dhe; *he retired*, leig e dheth a dhreuchd
retirement *n* cluaineas *m*
retort *n* freagairt *f*
retort *v* tilg air ais
retrace *v* ath-lorgaich
retract *v* tarraing air ais
retraction *n* ais-tharraing *f*

retreat *n* ionad *m* dìomhair; tèarmann *m*
retreat *v* teich
retrenchment *n* lùghdachadh *m*
retribution *n* ath-dhìoladh *m*
retrieve *v* faigh air ais, ath-bhuidhinn
retrospect *n* sealltainn *m* air ais, sùil *f* air ais
retrospection *n* ais-amharc *m*
return *n* tilleadh *m*, dìoladh *m*
return *v* till, thoir air ais
reunion *n* ath-aonadh *m*
reveal *v* nochd, taisbein
revel *v* dèan ròic
revelation *n* taisbeanadh *m*
revelry *n* ròic *m*
revenge *n* dìoghaltas *m*
revengeful *a* dìoghaltach
revenue *n* teachd *m* a-steach
reverberation *n* ath-ghairm *f*
revere *v* thoir àrd urram do
reverence *n* urram *m*, ùmhlachd *f*
reverend *a* urramach
reverent *a* iriosal, umhail
reversal *n* tilleadh *m*
reverse *v* till
reversion *n* ath-shealbhachadh *m*
revert *v* till
review *n* ath-bheachdachadh *m*; sgrùdadh *m*, lèirmheas *m*
review *v* ath-bheachdaich, sgrùd
reviewer *n* fear-sgrùdaidh *m*
revile *v* càin
revision *n* ath-sgrùdadh *m*
revise *v* ath-sgrùd
reviser *n* sgrùdaire *m*
revision *n* ath-sgrùdadh *m*
revisit *v* ath-thathaich
revival *n* dùsgadh *m*, ath-bheothachadh *m*
revive *v* ùraich, dùisg, ath-bheothaich
revoke *v* tarraing air ais
revolt *n* ar-a-mach *m*
revolve *v* iom-chuartaich
revolution *n* iom-chuartachadh *m*; bun-os-cionn *m*
revolver *n* daga-cuairt *m*
revulsion *n* sgàig *f*
reward *n* duais *f*, dìoladh *m*
reward *v* dìol, thoir duais
rhetoric *n* ur-labhradh *m*

rhetorical *a* ur-labhrach
rheum *n* ronn(an) *m*
rheumatic *a* lòinidheach; *r.-fever,* fiabhras *m* rheumatas/lòinidh
rheumatism *n* lòinidh *m, f*
rheumy *a* ronnach, sreamshuileach
Rhine *n* An Reinn *f*
rhinoceros *n* sròn-adharcach *m*
rhododendron *n* rodaideandran *m*
rhubarb *n* rùbrab *m*
rhyme *n* comhardadh *m*; co-fhuaim *m*; rann *f*; *internal r.,* uaithne *m*
rhyme *v* dèan rann
rhythm *n* ruithim *m*, rithim *m*, ruith *f*
rib *n* aisean *m*
ribald *a* drabasda
ribaldry *n* drabasdachd *f*
ribbon *n* rioban *m*
ribonucleic acid *n* searbhag *f* rioboniùclasach
rice *n* rus *m*
rich *a* beairteach, saidhbhir
Richard *n* Risteard *m*
riches *n* beairteas *m*, saidhbhreas *m*
rick *n* cruach *f*
rid *v* saor, fuasgail
riddance *n* saoradh *m*, fuasgladh *m*
riddle *n* tòimhseachan *m*; (*agric.*) ruideal *m*, criathar-garbh *m*
riddle *v* ruidealaich
ride *v* marcaich
rider *n* marcaiche *m*
ridge *n* druim *m*, mullach *m*
ridicule *n* sgeig *f*, fanaid *f*
ridicule *v* dèan sgeig
ridiculous *a* gòrach, amaideach
riding *n* marcachd *f*
rife *a* pailt, lìonmhor
rifle *n* isneach *f*, raidhfil *f*
rift *n* sgoltadh *m*
rig *n* reige *f*
rig *v* uidheamaich, sgeadaich
rigging *n* buill *pl* is acainn *f* luinge
right *n* ceartas *m*; còir *f*
right *a* ceart, freagarrach; (*r. hand etc.*) deas
right *v* cuir ceart
righteous *a* ionraic, fìreantach
righteousness *n* fìreantachd *f*
rightful *a* dìreach, ceart
rigid *a* rag, doirbh, dùr, do-lùbtha

rigidity *n* raige *f*
rigour *n* cruas *m*, dèine *f*
rigorous *a* cruaidh, mion
rim *n* oir *m*, bil *f*, iomall *m*
rime *n* liath-reothadh *m*
rind *n* rùsg *m*, cairt *f*
ring *n* fàinne *m, f*; cearcall *m*
ring *v* seirm, buail
ringdove *n* smùdan *m*
ringleader *n* ceann-gràisge *m*
ringlet *n* bachlag *f*, fàinne *m, f*, cuach *f*
rink *n* rinc *m*
rinse *v* sgol
riot *n* aimhreit *f*
riotous *a* aimhreiteach
rip *v* srac, reub; leig le
ripe *a* abaich
ripen *v* abaich
ripeness *n* abaichead *m*
ripple *n* crith *f*, luasgan *m*, caitean *m*
rise *v* èirich; dèan ar-a-mach
risk *n* cunnart *m*
risk *v* feuch; cuir an cunnart
risky *a* cunnartach
rite *n* deas-ghnàth *m*
ritual *n* deas-ghnàth *m*
rival *n* co-dheuchainniche *m*
rival *a* còistritheach
rivalry *n* còmhstri, còistri *f*
river *n* abhainn *f*
rivet *n* calpa *m*
rivet *v* calpaich, teannaich
rivulet *n* sruthan *m*
road *n* rathad *m*, slighe *f*; ròd *m*
roam *v* rach air fàrsan
roan *a* grìsfhionn
roar *n* beuc *m*, glaodh *m*, burral *m*
roar *v* beuc, glaodh
roast *n* ròsta *f*
roast *v* ròist
rob *v* spùill, spùinn, creach
robber *n* spùilleadair *m*, creachadair *m*
robbery *n* goid *f*, spùilleadh *m*
robe *n* fallaing *f*, trusgan *m*
Robert *n* Raibeart *m*
robin *n* brù-dhearg *m*
robust *a* calma, làidir
rock *n* carraig *f*, creag *f*
rock *v* luaisg, tulg
rockery *n* gàrradh-chreag *m*
rocket *n* rocaid *f*

rocky *a* creagach
rod *n* slat *f*, sgiùrsair *m*
rodent *n* creimeach *m*
Roderick *n* Ruairidh *m*, Ruaraidh *m*
roe *n* earb(a) *f*, ruadhag *f*
roebuck *n* boc-earba *m*
rogue *n* slaoightear *m*
roll *n* rolla *f*
roll *v* fill, cuir car air char, strìl, roilig
Roman *n and a* Ròmanach *m*
Roman Catholic *n and a* Caitligeach *m*, Pàpanach *m*
romance *n* romansachd *f*; (*story*) ròlaist *m*; (*love r.*) suirghe *f*
Romance *a* Romansach
romantic *a* romansach
Romanticism *n* Romansachas *m*
Rome *n* An Ròimh *f*
romp *v* dèan cleasachd
rood *n* ròd *m*; crois *f*
roof *n* mullach *m*, uachdar *m*
roof *v* cuir mullach air
rook *n* ròcas *m*, ròcais *f*
room *n* seòmar *m*, rùm *m*; àite *m*
roomy *a* farsaing
roost *n* spàrr *m*, spiris *f*
root *n* freumh *m*, bun *m*
root *v* freumhaich; spìon ás a bhun
rooted *a* freumhaichte
rope *n* ròpa *m*, ball *m*
rosary *n* a' chonaire *f*, paidirean *m*
rose *n* ròs *m*
Ross *n* Ros *m*, Rosach *m*
rosy *a* ruiteach
rot *n* grodadh *m*, lobhadh *m*, malcadh *m*
rot *v* grod, lobh, breoth
rota *n* clàr *m* seirbheis
rotary *a* rothach
rotation *n* dol *m* mun cuairt
rotten *a* grod, lobhte, malcte
rotund *a* cruinn
rouge *n* dath *m* dearg
rough *a* garbh, molach; gailbheach, garg
roughage *n* gairbhseach *f*
roughen *v* dèan/fàs garbh/gailbheach
roughness *n* gairbhead *m*, gairge *f*
Roumania *n* Romàinia *f*
round *n* cuairt *f*, car *m*
round *a* cruinn; crom

round *adv* mun cuairt, timcheall
roundness *n* cruinnead *m*
rouse *v* dùisg, brosnaich
rousing *a* brosnachail
rout *n* ruaig *f*
rout *v* ruag, sgap
route *n* rathad *m*, slighe *f*
routine *n* gnàth-chùrsa *m*
rove *v* bi air fàrsan
rover *n* fear *m* fàrsain
roving *a* fàrsanach
row *n* sreath *m*, *f*
row (*fight*) *n* sabaid *f*, gleò *m*
row *v* (*of a boat*) iomair
rowan *n* caorann *f*
rowdy *a* gleadhrach
rower *n* ràmhaiche *m*
rowlock *n* bac *m*
royal *a* rìoghail
royalty *n* rìoghalachd *f*
rub *n* suathadh *m*
rub *v* suath, sgrìob
rubber *n* rubair *m*
rubbish *n* salchar *m*, brusgar *m*
ruby *n* dearg-sheud *m*, rùbaidh *f*
rucksack *n* màla-droma *f*
rudder *n* stiùir *f*
ruddiness *n* ruthadh *m*, deirge *f*
ruddy *a* ruiteach, dearg
rude *a* mì-mhodhail, borb
rudeness *n* mì-mhodh *m*, buirbe *f*
rudiment *n* ciad thoiseach *m*
rue *v* crean, gabh aithreachas
rueful *a* dubhach, brònach
ruffian *n* brùid *f*
ruffle *v* tog greann air, cuir á òrdugh
rug *n* brat-ùrlair *m*
rugby *n* rugbaidh *m*
rugged *a* garbh, creagach
ruggedness *n* gairbhe *f*
ruin *n* sgrios *m*, lom-sgrios *m*; (*of building*) làrach *f*, tobhta *f*
ruin *v* sgrios, creach
ruinous *a* sgriosail, mìllteach
rule *n* riaghailt *f*, àithne *f*, reachd *f*; ceannas *m*
rule *v* riaghail, stiùir, smachdaich
ruler *n* riaghladair *m*; *rulers,* luchd-riaghlaidh
rum *n* ruma *m*
rumble *v* dèan rùcail

ruminant *a* a chnàmhas cìr
ruminate *v* cnuasaich; cnàmh cìr
rummage *v* rannsaich
rumour *n* fathann *m*
rump *n* dronn *f*, rumpall *m*
rumple *v* preas
run *n* ruith *f*; sligh *f*; raon *m*
run *v* ruith; teich; leagh
rung *n* rong *f*, rongas *m*
runic *a* rùnach
runnel *n* srùlag *f*
runner *n* fear-ruith *m*
running *n* ruith *f*
runway *n* raon-itealan *m*
rupture *n* màm-sic *m*; sgaradh *m*, eas-còrdadh *m*
rupture *v* bris, sgàin, sgaoil
rural *a* dù(th)chail
ruse *n* innleachd *f*

rush *n* dian-ruith *f*
rush *v* ruith, brùchd
rushes *n* luachair *f*
rushy *a* luachrach
russet *a* donn
Russia *n* Ruisia *f*
Russian *n and a* Ruiseanach *m*
rust *n* meirg *f*
rust *v* meirg, meirgich
rustic *a* dùthchail/dùchail
rusticate *v* fuadaich (don dùthaich)
rustling *n* siosarnaich *f*
rustproof *a* meirg-dhìonach
rusty *a* meirgeach
rut *n* clais *f*; (*of deer*) dàmhair *f* (nam fiadh)
ruth *n* truas *m*, bàigh *f*
ruthless *a* cruaidh, neo-thruacanta
rye *n* seagal *m*

S

Sabbath *n* Sàbaid *f*
Sabbath Day *n* La *m* na Sàbaid, Di-
  Dòmhnaich *m*
Sabbatical *a* Sàbaideach
sable *a* dorcha, ciar
sabotage *n* sabotàis *f*
saccharine *n* siùcairinn *m*
sack *n* poca *m*, sac *m*
sack *v* sgrios, creach
sack-race *n* rèis *f* a' phoca
sackcloth *n* saic-aodach *m*
sacrament *n* sàcramaid *f*
sacred *a* naomh, coisrigte
sacrifice *n* ìobairt *f*
sacrifice *v* ìobair
sacrilege *n* ceall-shlad *m*, airchealladh *m*
sad *a* brònach, dubhach, muladach;
  truagh
sadden *v* dèan brònach/dubhach
saddle *n* dìollaid *f*, pillean *m*
sadness *n* bròn *m*, mulad *m*
safe *a* sàbhailte, tèarainte
safeguard *n* dìdean *m*, tèarmann *m*
safety *n* tèarainteachd *f*
safety-pin *n* prìne *m* banaltraim
saffron *n* cròch *m*
sag *v* thoir gèill, tuit
sagacious *a* geurchuiseach
sagacity *n* geurchuis *f*
sage *n* (*plant*) slàn-lus *m*; (*person*) saoi
  m
sage *a* glic
sago *n* sàgo *m*
sail *n* seòl *m*
sail *v* seòl, bi a' seòladh
sailor *n* seòladair *m*, maraiche *m*
saint *n* naomh *m*
saint *v* naomhaich
sake *n* sgàth *m*; *for the s. of*, air sgàth; *for
  his s.*, air a sgàth
salad *n* sailead *m*
salamander *n* corra-chagailte *f*
salary *n* tuarsadal *m* blianna
sale *n* reic *m*, dìol *m*
saleable *a* so-reic
salesman *n* fear-reic *m*

saliva *n* seile *m*
salivate *v* seilich
sallow *a* lachdann
sally *n* ionnsaigh *f*
salmon *n* bradan *m*
salmon-trout *n* bànag *f*
salon *n* seòmar *m*
saloon *n* sailiùn *m*
salt *n* salann *m*
saltire *n* bratach *f* na croise, crann *m*
saltcellar *n* saillear *m*
saltness *n* saillteachd *f*
saltpetre *n* mear-shalann *m*
salutary *a* slàinteil
salutation *n* fàilte *f*
salute *v* fàiltich, cuir fàilte air
salvage *n* tàrrsainn *m*
salvation *n* saoradh *m*; slàinte *f*
salve *n* sàbh-leigheis *m*, ungadh *m*
same *a* ionann/ionnan, ceudna, ceart,
  aon
sameness *n* co-ionnanachd *f*
sample *n* samhla *m*, eisimpleir *m*
Samuel *n* Somhairle *m*
sanatorium *n* sanaidh *m*
sanctification *n* naomhachadh *m*
sanctify *v* naomhaich
sanctimonious *a* cràbhach
sanction *n* aontachadh *m*, ùghdarras *m*;
  reachd *m*, òrdugh *m*
sanctuary *n* comraich *f*, tèarmann *m*
sand *n* gainmheach *f*
sandal *n* cuaran *m*
sandpaper *n* pàipear-gainmhich *m*
sandstone *n* clach-ghainmhich *f*
sandwich *n* ceapaire *m*
sandy *a* gainmheil
sane *a* ciallach
sanguinary *a* fuilteach
sanguine *a* dòchasach
sanitary *a* slàinteil
sanitation *n* slàintealachd *f*
sanity *n* ciall *f*
sap *n* snodhach *m*, sùgh *m*
sap *v* mill
sapling *n* faillean *m*, ògan *m*

sapphire *n* gorm-leug *f*
sappy *a* sùghor
sarcasm *n* gearradh *m*, searbhas *m*
sacastic *a* searbh, beumnach
sardine *n* sàrdain *m*
sash *n* crios *m*, bann *m*
Sassenach *n* Sasannach *m*
Satan *n* Sàtan *m*, an Donas *m*, an t-Abharsair *m*, Dòmhnall Dubh *etc.*
satanic *a* diabhlaidh, deamhnaidh
satchel *n* màileid *f*
sate *v* sàthaich
satellite *n* saideal *m*, dreagaire *m*
satiety *n* sàth *m*, leòr *f*
satin *n* sròl *m*
satire *n* aoir *f*
satirical *a* aoireil
satirist *n* èisg *f*
satirize *v* aoir, dèan aoireadh
satisfaction *n* sàsachadh *m*, toileachadh *m*
satisfactory *a* taitneach, dòigheil
satisfied *a* sàsaichte, toilichte
satisfy *v* sàsaich, toilich, riaraich
saturate *v* tuilich, bàth
Saturday *n* Disathairne *m*, Sathairne *f*
saturnine *a* gruamach
sauce *n* sabhs *m*, leannra *m*
saucepan *n* sgeileid *f*
saucer *n* sàsar *m*, flat *m*
saucy *a* beadaidh
sausage *n* ìsbean *m*
savage *a* allaidh, borb
savageness *n* buirbe *f*
savant *n* saoi *m*
save *v* sàbhail, glèidh, caomhainn
saved *a* saorte, tèarainnte; air a shàbhaladh
saving(s) *n* sàbhaladh *m*
Saviour *n* Slànaighear *m*
savour *n* blas *m*
savour *v* feuch blas
savoury *a* blasda
saw *n* sàbh *m*, tuireasg *m*
sawdust *n* min-sàibh *f*
sawmill *n* muileann-shàbhaidh *m*, *f*
saxifrage *n* lus *m* nan cluas
saxophone *n* sacsafon *m*
say *v* abair, labhair
saying *n* ràdh *m*, facal *m*
scab *n* sgreab *f*, càrr *f*

scabbard *n* truaill *f*, duille *f*
scabby *a* sgreabach, carrach
scaffold *n* sgalan *m*, sgafall *m*
scald *v* sgàld; plod
scalding *n* sgàldadh *m*
scale *n* (*weighing*) cothrom *m*; (*fish s.*) lann *f*; (*degree etc.*) meud *m*, tomhas *m*; (*mus.*) sgàla *f*
scale *v* streap
scaled *a* lannach
scallop *n* slige *f* chreachain
scalp *n* craiceann *m* a' chinn
scalpel *n* sgian *f* lèigh
scamper *v* ruith, thoir ruaig
scan *v* sgrùd; (*metr.*) bi a-rèir meadaireachd, meadairich
scandal *n* sgainneal *m*, tuaileas *m*
scandalize *v* sgainnealaich
scandalous *a* maslach, tàmailteach
Scandinavia *n* Lochlann *m*
Scandinavian *n and a* Lochlannach *m*
scant *a* gann, tearc
scantiness *n* gainnead *m*
scanty *a* gann, geàrr
scar *n* leòn *m*, làrach *f*
scarce *a* gann, tearc, ainneamh
scarcely *adv* air èiginn, is gann, ach gann
scarcity *n* gainnead *m*, teirce *f*
scare *v* cuir eagal air
scarecrow *n* bodach-ròcais *m*
scarf *n* stoc *m*, guailleachan *m*
scarify *v* sgor
scarlet *n* sgàrlaid *f*
scatter *v* sgap, sgaoil
scattering *n* sgapadh *m*, sgaoileadh *m*
scenario *n* cnàmh-sgeul *m*
scene *n* sealladh *m*; ionad *m*; *make a s.*, tog buaireadh *m*; (*dram.*) sealladh, roinn *f*
scenery *n* dealbh-choltas *m*
scent *n* fàileadh *m*, boladh *m*, cùbhras *m*
scented *a* cùbhraidh
sceptic *n and a* às-creideach *m*
sceptical *a* às-creideach
scepticism *n* às-creideamh *m*
sceptre *n* slat-rìoghail *f*
schedule *n* clàr *m*
scheme *n* innleachd *f*, dòigh *f*
schism *n* eas-aontachd *f* (eaglais)
schizophrenia *n* sgoltadh *m* inntinn
scholar *n* sgoilear *m*

scholarship *n* sgoilearachd *f*, foghlam *m*
scholastic *a* sgoilearach
school *n* sgoil *f*
school-house *n* taigh-sgoile *m*
schoolmaster *n* maighstir-sgoile *m*
schoolmistress *n* ban-mhaighstir-sgoile *f*
sciatica *n* siataig *f*
science *n* saidheans *m*
scientific *a* saidheansail; *s. experiment*, deuchainn ealdhain
scintillating *a* caoireach
scion *n* faillean *m*, fiùran *m*
scissors *n* siosar *f*
sclerosis *n* sglearòis *f*
scoff *v* mag, dèan fanaid
scold *v* troid, cronaich
scone *n* bonnach *m*, sgona *f*
Scone *n* Sgàin *m*
scoop *n* liagh *f*, ladar *m*
scoop *v* cladhaich, tog
scope *n* rùm *m*, àite *m*, comas *m*
scorch *v* dadh, gread
score *n* sgrìob *f*; (*20*) fichead *m*; cùnntas *m*; (*sport*) cùnntas *m*, sgòr *m*; (*mus.*) sgòr
score *v* cuir, faigh
scorn *n* tàir *f*
scorn *v* dèan tàir
scornful *a* tàireil, dìmeasach
scorpion *n* nathair-nimhe *f*, sgairp *f*
Scot *n* Albanach *m*
Scotland *n* Alba *f*
Scots *n* (*language*) Beurla *f* Ghallda, Albais *f*
Scotswoman *n* ban-Albanach *f*
Scottish *a* Albannach
scot-free *a* saor, gun phàigheadh
scoundrel *n* slaoightire *m*
scour *v* nigh, sgànraich
scourge *n* sgiùrsair *m*, sgiùrsadh *m*
scourge *v* sgiùrs
scout *n* fear-coimhid *m*, beachdair *m*
scowl *n* gruaim *f*
scowl *v* bi fo ghruaim, cuir mùig air
scraggy *a* blian
scramble *v* streap, dèan sporghail
scrap *n* criomag *f*, mìr *f*; (*fight*) sabaid *f*, tuasaid *f*
scrape *n* sgrìob *f*, dragh *m*
scrape *v* sgrìob, trus
scratch *n* sgròbadh *m*, sgrìob *f*, sgrìoch *f*

scratch *v* sgròb, sgrìob, tachais
scrawl *n* sgròbaireachd *f*
scream *n and v* sgreuch *m*, sgread *m*
screech *n and v* sgread *m*, sgreuch *m*
screed *n* sriutan *m*
screen *n* sgàilean *m*
screen *v* dìon, sgàilich; (*test*) feuch
screw *n* sgriubha *f*
screwdriver *n* sgriubhaire *m*
scribble *n* sgròbail *m*
scribe *n* sgrìobhaiche *m*
script *n* sgrìobhadh *m*; làmh-sgrìobhadh *m*
scriptural *a* sgriobtarail
scripture *n* sgriobtar *m*
scrofula *n* tinneas-an-rìgh *m*
scroll *n* rolla *f*
scrotum *n* clach-bhalg *m*
scrub *v* nigh, sgrubaig
scruple *n* teagamh *m*, imcheist *f*; tomhas *m* lèigh
scrupulous *a* teagmhach, cùramach
scrutinize *v* sgrùd
scrutiny *n* sgrùdadh *m*
scud *v* ruith roimh 'n ghaoith
scuffle *n* tuasaid *f*
scullery *n* cùlaist *f*, frith-chidsin *m*
sculptor *n* deilbhear *m*
sculpture *n* deilbheadh *m*
scum *n* cobhar *m*, sgùm *m*
scurrilous *a* sgainnealach
scurvy *n* an tachas-tioram *m*
scut *n* feaman *m*
scuttle *n* sgùil *f*
scythe *n* speal *f*, fàladair *m*
sea *n* muir *m*, *f*, cuan *m*, fairge *f*
sea-fish *n* iasg *m* mara
sea-level *n* àirde-mara *f*
sea-trout *n* bànag *f*
seabeach *n* tràigh *f*, cladach *m*
seafarer *n* maraiche *m*, seòladair *m*
seagull *n* faoileag *f*
seal *n* (*animal*) ròn *m*; (*of document*) seula *m*; comharradh *m*
seal *v* seulaich; (*close*) dùin
sealing-wax *n* cèir-sheulachaidh *f*
seam *n* fuaigheal *m*, uaim *f*
seam *v* fuaigh
seaman *n* maraiche *m*, seòladair *m*
seaport *n* longphort *m*, port *m* mara
sear *v* crannaich, loisg

search *n* lorg *m*, sireadh *m*
search *v* lorg, rannsaich
seasickness *n* tinneas *m* na mara, cur *m* na mara
season *n* aimsir *f*, tràth *m*, ràith *f*, sèasan *m*
season *v* grèidh; dèan blasda
seasonable *a* tràthail
seat *n* suidheachan *m*, cathair *f*, àite-suidhe *m*; àros *m*
seaweed *n* feamainn *f*
seaworthy *a* acfhainneach
secede *v* teich
Seceder *n* Seaseudair *m*
seclude *v* dùin a-mach, dealaich
second *n* tiota *m*; fear-còmhnaidh *m*
second *a* dara
second *v* cuidich, thoir cobhair
secondary *a* dàrnach; *s. education*, foghlam àrd-sgoile; *a s. matter*, cùis nas lugha brìgh
secondhand *a* ath-dhìolta
secondly *adv* anns an dara h-àite
secrecy *n* cleith *f*
secret *n* rùn *m*, rùn-dìomhair *m*, sgeulrùin *m*
secret *a* dìomhair, falaichte
secretariat *n* rùnaireachd *f*
secretary *n* rùnaire *m*, ban-rùnaire *f*; *S. of State*, Rùnaire (na) Stàite
secrete *v* falaich; àraich, dealaich
secretion *n* falachadh *m*; dealachadh *m*
secretness *n* dìomhaireachd *f*
secretory *a* dealachaidh
sect *n* dream *m*
sectarian *a* buidheannach
section *n* roinn *f*, earrann *f*; gearradh *m*
sector *n* roinn *f*
secular *a* saoghalta
secure *a* tèarainte, seasgair; gun chùram
secure *v* dèan cinnteach; glais, glac
security *n* dìon *m*, tèarainteachd *f*
sedate *a* ciùin, stòlda
sedative *n* cungaidh *f* stòlaidh
sedentary *a* suidheach
sedge *n* seileasdair *m*
sediment *n* grùid *f*
sedition *n* buaireas *m*
seditious *a* buaireanta
seduce *v* thoir a thaobh, truaill

seduction *n* truailleadh *m*, toirt *f* a thaobh
sedulous *a* dùrachdach
see *n* roinn *f* easbaig
see *v* faic, seall, amhairc
see-saw *n* làir-mhaide *f*
seed *n* sìol *m*, fras *f*; iarmad *m*, gineal *m*, sliochd *m*
seed *v* sìolaich, cuir fras dhe
seedling *n* faillean *m*, ògan *m*
seedtime *n* àm *m* cur an t-sìl
seeing *n* lèirsinn *f*, fradharc (*older* radharc) *m*
seeing *adv* a chionn, do bhrìgh
seek *v* iarr, sir, rannsaich
seem *v* bi mar, leig/gabh air
seemly *a* eireachdail, maiseach; iomchaidh
seep *v* sìolaidh
seer *n* fiosaiche *m*, fàidh *m*
seethe *v* earra-bhruich
segment *n* gearradh-cuairteig *m*
segregate *v* dealaich, sgar
segregation *n* dealachadh *m*, sgaradh *m*
seine net *n* balg-lìon *m*
seize *v* glac, cuir làmh ann, greimich air
seizure *n* glacadh *m*, grèim *m*
seldom *adv* gu tearc, gu h-ainmig
select *v* tagh
selection *n* taghadh *m*
selective *a* roghnach
self *pron* fèin, fhèin
self-conceit *n* fèin-spèis *f*
self-denial *n* fèin–àicheadh *m*
self-evident *a* làn-shoilleir
self-government *n* fèin-riaghladh *m*
self-interest *n* fèin-bhuannachd *f*
selfish *a* fèineil, fèin-chùiseach
selfishness *n* fèinealachd *f*
self-governing *a* fèin-riaghlach
self-government *n* fèin-riaghladh *m*
self-respect *n* fèin-mheas *m*
self-sacrifice *n* fèin-ìobairt *f*
self-same *a* ceart, ionnan
sell *v* reic
seller *n* reiceadair *m*, fear-reic *m*
selvage, selvedge *n* balt *m*
semantic *a* ciallachail
semantics *n* eòlas *m* ciallachais
semblance *n* samhla *m*, coltas *m*, suaip *f*
semi- *pref* leth-

semicircle *n* leth-chearcall *m*
semicircular *a* leth-chearclach
semicolon *n* leth-phunc *m*, leth-stad *m*
seminal *a* sìolach
seminary *n* sgoil *f*
semination *n* sìolchur *m*
semiquaver *n* leth-chaman *m*
semitone *n* leth-phong *m*
semivowel *n* leth-fhoghair *m*
semolina *n* seamoilìna *f*
senate *n* seanadh *m*
senator *n* seanadhair *m*
send *v* cuir
senile *a* seantaidh
senior *a* as sine, nas sine
seniority *n* sinead *m*
sensation *n* mothachadh *m*, faireach-dainn *m*
sense *n* ciall *f*, toinisg *f*; brìgh *f*; mothachadh *m*, faireachdainn *m*
senseless *a* neo-mhothachail, gun chiall
sensibility *n* mothachas *m*
sensible *a* ciallach, tùrail; mothachail
sensitive *a* mothachail; fìnealta
sensual *a* feòlmhor, collaidh
sensory *a* mothachail
sensuality *n* feòlmhorachd *f*, coll-aidheachd *f*
sensuous *a* ceudfaidheach
sentence *n* rosg-rann *m*, seantans *f*; (*jud.*) binn *f*, breith *f*
sentence *v* thoir binn, dìt
sentient *a* mothachail
sentiment *n* smuain *f*, rùn *m*
sentimental *a* maoth-inntinneach
sentinel *n* freiceadan *m*
separable *a* so-dhealachadh
separate *v* dealaich, sgar, tearb, roinn
separate *a* dealaichte, roinnte, leis fhèin
separation *n* dealachadh *m*, sgaradh *m*
separatist *a* sgarachdach
sept *n* fine *f*
September *n* September *m*, An t-Sul-tuine *f*
septennial *a* seachd-bhliannach
septic *a* seaptaic
sepulchral *a* tuamach
sepulchre *n* tuam *m*
sequel *n* na leanas
sequence *n* leanmhainn *m*; ruith *f*; ruith-dhàn *m*

sequester *v* cuir air leth, cuir gu taobh
sere *a* seargte, seacte
serenade *n* ceòl-leannanachd *m*
serene *a* soinneanta, ciùin
serenity *n* soinneantachd *f*, ciùineas *m*
serge *n* cùrainn *f*
sergeant *n* seàirdeant *m*
serial *n* leansgeul *m*
seriatim *adv* 'na shreath
series *n* sreath *m*
serious suidhichte, stòlda; cudromach
sermon *n* searmon *m*
sermonize *v* searmonaich
serpent *n* nathair *f*
serrated *a* eagach
serum *n* meug *m* fala
servant *n* seirbheiseach *m*, sgalag *f*
serve *v* dèan seirbheis, riaraich
service *n* seirbheis *f*, muinntireas *m*; obair *f*, dleasnas *m*
serviceable *a* feumail, iomchaidh
servile *a* tràilleil
servility *n* tràillealachd *f*
servitor *n* seirbhiseach *m*
servitude *n* daorsa *f*, tràillealachd *f*
session *n* seisean *m*
set *n* buidheann *f*, pannal *m*
set *v* suidhich, socraich, sònraich, cuir
set *a* suidhichte; gnàthach
setter *n* cù-eunaich *m*, cù-luirg *m*
setting *n* suidheachadh *m*; (*of sun*) dol *m* fodha
settle *v* socraich, sìolaidh; suidhich, àitich
settlement *n* suidheachadh *m*, soc-rachadh *m*; còrdadh *m*; tuineachadh *m*
seven *a* seachd
seven *n* s. *people*, seachdnar *m*
sevenfold *a* seachd-fillte
seventeenth *a* seachdamh-deug
seventh *a* seachdamh
seventhly *adv* anns an t-seachdamh àite
seventy *a* trì fichead 's a deich
sever *v* sgar, dealaich
several *n and a* iomadh *m*
severance *n* dealachadh *m*, sgaradh *m*
severe *a* cruaidh, teann, neo-thruacanta; gàbhaidh
severity *n* cruas *m*, teinne *f*, neo-thruacantas *m*

sew v fuaigh, fuaigheil
sewage n giodar m
sewer n sàibhear m
sewing n fuaigheal m; s. machine,
beairt-fuaigheil f
sex n gnè f, sex m; cineal m; the female
s., an cineal boireann
sexagonal a sia-shliosach
sexual a gnètheasach
shabby a luideach; suarach
shackle v geimhlich, cuingealaich
shackles n geimhlean pl, ceanglaichean
pl
shade n sgàil f, dubhar m; tannasg m
shade v sgàil, cuir sgàil air, duibhrich
shadiness n duibhre f
shadow n faileas m, dubhar m
shadowy a faileasach, sgàileach
shady a dubharach
shaft n (of tool) cas f, samhach f;
(mech.) crann m; (arrow) saighead f;
(pit s.) toll m
shaggy a molach, ròmach
shake n crathadh m, crith f
shake v crath, luaisg; crith
shall v aux Expressed normally by future
of v.; he s. put it there, cuiridh e ann an
sin e; but 'thou shalt not kill', na dèan
marbhadh; you should not do it, cha bu
chòir dhut a dhèanamh
shallow a tana, eu-domhainn; faoin
shallowness n tainead m, eu-doimhne f
sham n mealladh m
sham a mealltach, fallsail
shame n nàire f, masladh m, tàmailt f
shame v nàraich, maslaich
shameful a nàr, maslach
shameless a beag-nàrach, ladarna
shampoo n siampù f
shamrock n seamrag f
shank n lurga f, cas f
Shannon n Sionann f
shape n cumadh m, cumachd f
shape v cum, dealbh
shapeless a neo-chuimir, mì-
dhealbhach
shapely a cuimir, cumadail
share n roinn f, cuid f, cuibhreann m
share v roinn, pàirtich, riaraich; gabh
pàirt
shareholder n roinn-sheilbhiche m

shark n siorc m
sharp a geur, faobharach, biorach;
deas; guineach
sharpen v geuraich, faobharaich
sharpness n gèire f, gèiread m;
guineachas m
sharpwitted a geur
shatter v bris 'na mhìrean, bloighdich
shave n bearradh m, lomadh m
shave v beàrr, lom
shaving n bearradh m
shawl n seàla f
she pron i, ise
sheaf n sguab m
shear v rùsg, lom, lomair; beàrr
shearing n rùsgadh m, lomadh m, bearr-
adh m
shears n deamhais m
sheath n truaill f, duille f
sheathe v cuir an truaill
shed n bothan m, seada m, f
shed v dòirt, sil; leig dhe, cuir air falbh
sheen n loinne f
sheep n caora f; pl caoraich
sheep-dog n cù-chaorach m
sheepfold n crò-chaorach m
sheer a glan, fìor; cas
sheet n duilleag f; brat m, lìon-anart m;
sgòd-siùil m; (of ice etc.) leac f, clàr f
shelf n sgeilp f; (of rock) sgeir f
shell n slige f, plaosg m
shell v plaoisg
shellfish n maorach m
shelly a sligeach
shelter n dìon m, tèarmann m
shepherd n cìobair m
sherd n pigean m
sheriff n siorraidh m, siorram m
sherry n seiridh m
Shetland n Sealtainn m
shield n sgiath f; dìdean m
shield v dìon, glèidh
shift n seòl m, modh m, f, cleas m; lèine
f
shift v caraich, glidich
shifting n carachadh m
shilling n tasdan m
shin n faobhar m na lurgann
shine v deàlraich, soillsich
shingle n mol m
shingles n deir f

shinty n iomain f; s. stick, caman m
shiny a deàlrach
ship n long f, soitheach-f
ship v cuir air bòrd luinge
shipbuilding n togail f shoithichean
shipping n luingeas m
shipwreck n long-bhriseadh m
shipwright n saor-luinge m
shipyard n gàrradh m shoithichean
shire n siorrachd f, siorramachd f
shirk v seachainn
shirt n lèine f
shirt-sleeve n muinchill m lèine
shiver v crith, bi air chrith
shivering n crith f, ball-crith f; spealg-
  adh m
shoal n bogha m, tanalach m; sgaoth m
shock n sgannradh m, ionnsaigh f; oillt
  f, dèisinn f; (of hair) cnuaic f; (of
  corn) adag f
shock v criothnaich
shoddy a bochd, suarach
shoe n bròg f; (of horse) crudha m
shoe v crudhaich
shoe-lace n barrall (older barr-iall) f
shoemaker n greusaiche m
shoot n faillean m, ògan m
shoot v tilg; (of growth) fàs
shop n bùth f
shopkeeper n fear-bùtha m
shore n tràigh f, cladach m
shorn a lomairte, beàrrte
short a goirid, geàrr; (of temper) cas
shortage n dìth m
shortbread n aran m goirid
shorten v giorraich
shorthand n geàrr-sgrìobhadh m
shorthand typist n geàrr-chlò-
  sgrìobhaiche m
shortlived a geàrr-shaoghlach
shortness n giorrad m
short-sighted a geàrr-sheallach
shot n urchair f, spraidheadh m
shoulder n gualainn f, slinnean m
shoulderblade n cnàimh-slinnein f
shout n glaodh m, iolach f
shout v glaodh, tog/dèan iolach
shove n putadh m
shove v put
shovel n sluasaid f
show n sealladh m, taisbeanadh m

show v seall, nochd, foillsich
shower n fras f; (for bathing) fras-
  ionnlaid f
shower v fras, dòirt, sil
showery a frasach
showroom n seòmar-taisbeanaidh m
showy a greadhnach, faicheil, basdalach
shred n mìr m, bìdeag f
shrew n dallag-an-fhraoich f
shrewd a glic, seòlta
shriek n sgread m, glaodh m
shrill a sgalanta, geur
shrimp n carran m
shrine n cùmhdach m
shrink v seac; geiltich, liùg air falbh (o)
shrivel v crìon, searg
shrivelled a seargte
shroud n (death s.) marbhfhaisg f;
  (naut.) anart m
shroud v cuir marbhfhaisg air; còmh-
  daich; falaich
Shrovetide n Inid f
shrub n preas m
shrug n crathadh m guaille, crathadh m
shrunken a seacte
shudder n ball-chrith f, criothnachadh m
shudder v criothnaich
shuffle v (of gait) tarraing; (of cards)
  measgaich; s. off, crath dhe
shun v seachainn
shunt v tionndaidh
shut v dùin, druid
shut a dùinte
shutter n còmhla f (uinneige)
shuttle n spàl m; s. service, iomairt f
shuttlecock n spàl-ite f
shy a sochaireach
shy v tilg, feuch
shyness n sochair f
sick n luchd tinn/tinneis
sick a tinn, bochd
sicken v fàs tinn, gabh tinneas; (trans.)
  dèan tinn
sickle n corran m
sickly a euslainteach
sickness n tinneas m
side n taobh m, cliathach f
side v aom; s. with, gabh taobh
sideboard n taobh-chlàr m
side-lamp n taobh-sholas m
sidelong a air fhiaradh

166

side-track _v_ thoir a thaobh
sideways _adv_ an comhair a thaoibh
sidle _v_ siolp
siege _n_ sèisd _m_, _f_
sieve _n_ criathar _m_
sift _v_ criathraich
sifter _n_ criathradair _m_
sigh _n_ osna _f_
sigh _v_ leig osna, osnaich
sighing _n_ osnaich _f_
sight _n_ sealladh _m_, fradharc _m_; _out of s._,
  ás an t-sealladh; _second s._, an dà
  shealladh
sightless _a_ gun sealladh
sightly _a_ taitneach, maiseach
sign _n_ comharradh _m_, samhla _m_
sign _v_ comharraich; (_a letter_) cuir ainm
  ri
sign-board _n_ clàr(-bùtha) _m_
sign-post _n_ post-seòlaidh _m_, colbh-
  seòlaidh _m_
signal _n_ comharradh _m_, sanas _m_
signature _n_ ainm _m_; _he added his s._,
  chuir e ainm ri
signet _n_ fàinne _f_ seula
significance _n_ brìgh _f_, ciall _f_
significant _a_ brìgheil, èifeachdach
signify _v_ comharraich, ciallaich
Sikh _n_ Sikh _m_
silage _n_ feur _m_ tìoraidh
silence _n_ sàmhchair _f_, tosd _m_
silence _interj_ tosd!, bi sàmhach!
silencer _n_ ciùineadair _m_
silent _a_ sàmhach, tosdach
silhouette _n_ sgàil-dhealbh _m_, _f_
silica _n_ silice _f_
silicon _n_ sileacon _m_
silk _n and a_ sìoda _m_
silky _a_ sìodach, mìn
sill _n_ sòlla _f_
silliness _n_ faoineachd _f_, gòraich _f_
silly _a_ gòrach, faoin
silo _n_ taigh _m_ tìoraidh (feòir)
silt _n_ eabar _m_
silver _n_ airgead _m_
silver(y) _a_ airgid, airgeadach
silver-plated _a_ airgeadaichte
silversmith _n_ ceàrd _m_ airgid
similar _a_ coltach, co-ionnan
similarity _n_ coltas _m_, co-ionnanachd _f_
simile _n_ samhla _m_

simmer _v_ earr-bhruich
Simon _n_ Sìomon _m_
simper _n_ ciorasail _m_, snodha-gàire _m_
simper _v_ dèan ciorasail/snodha-gàire
simple _a_ sìmplidh, aon-fhillte; baoth
simplicity _n_ sìmplidheachd _f_
simplify _v_ sìmplich, dèan so-thuigsinn
simply _adv_ dìreach
simulate _v_ leig air, coltaich (ri)
simulation _n_ leigeil _m_ air, coltachadh _m_
  (ri)
simultaneous _a_ còmhla, a dh'aon àm
sin _n_ peacadh _m_, cionta _m_
sin _v_ peacaich, ciontaich
since _adv, conj_ a chionn gu(n), o, bho
since _prep_ o, bho, o chionn
sincere _a_ onorach, treibhdhireach
sincerity _n_ treibhdhireas _m_
sinecure _n_ oifig _f_ dhìomhain
sinew _n_ fèith _f_
sinewy _a_ fèitheach
sinful _a_ peacach
sing _v_ seinn, gabh (òran)
sing-song _n_ hòro-gheallaidh _m_
singe _v_ dadh
singer _n_ seinneadair _m_, ban-
  sheinneadair _f_
single _a_ singilte, aon-fhillte; (_not mar-
  ried_) gun phòsadh
single-handed _a_ gun chobhair, leis fhèin
singleness _n_ aon-fhillteachd _f_
singular _a_ sònraichte; neònach, àraid
sinister _a_ clì; droch-thuarach
sink _n_ since _f_
sink _v_ (_trans._) cuir fodha; (_intrans._) rach
  fodha
sinner _n_ peacach _m_
sinuous _a_ lùbach
sip _n_ balgam _m_
sip _v_ gabh balgam
siphon _n_ pìob-èalaidh _f_
sir _n_ sir _m_, ridire _m_
sire _n_ athair _m_
sire _v_ cuir sliochd air, bi mar athair air
siren _n_ (_hooter_) dùdach _f_
sirloin _n_ caoldruim _m_
sister _n_ piuthar _f_
sister-in-law _n_ piuthar-chèile _f_
sit _v_ suidh, dèan suidhe
site _n_ suidheachadh _m_, làrach _f_
sitting _n_ suidhe _m_

sitting-room *n* seòmar-suidhe *m*
situated *a* suidhichte, air a shuidh-
eachadh
situation *n* àite *m*, suidheachadh *m*
six *n and a* sia; *s. persons*, sianar
sixfold *a* sia-fillte
sixteen *n and a* sia-deug *m*
sixteenth *a* siathamh-deug
sixth *a* siathamh
sixth *n* an siathamh cuid *f*
sixty *n and a* trì-fichead *m*
sizable *a* meadhonach mòr, meudmhor
size *n* meud *m*, tomhas *m*
size *v s. up*, gabh beachd air
skate *n* (*fish*) sgait *f*; (*ice-s.*) spèil *f*,
bròg-spèilidh *f*
skate *v* spèil
skating *n* spèileadh *m*, spèileireachd
f
skater *n* spèiliche *m*
skein *n* iarna *f*
skeleton *n* cnàimhneach *m*, creatlach *m*
skelp *n* sgailc *f*, sglais *f*
skep *n* sgeap *f*
skerry *n* sgeir *f*
sketch *n* (*drawing*) tarraing *f*
skewer *n* bior *m*, dealg *f*
ski *n* sgi *f* (*pl* sgithean)
ski *v* sgithich
skid *v* sleamhnaich
skiff *n* sgoth *m*
skiing *n* sgitheadh *m*
skilful *a* sgileil
skill *n* sgil *m*
skim *n* sgùm *m*
skim *v* thoir uachdar dhe
skimp *v* (*of materials, food etc.*) fàg
gann; (*of work*) dèan ann an cabhaig
skin *n* craiceann *m*; (*of animals*) bian
m, seiche *f*; *by the s. of one's teeth*, air
èiginn
skin *v* feann, thoir an craiceann de
skinflint *n* spìocaire *m*
skinned *a* air fheannadh
skinner *n* sginneire *m*
skinny *a* caol, tana
skip *n* leum *m*, sùrdag *f*
skip *v* leum, dèan sùrdag
skipper *n* sgiobair *m*
skirmish *n* arrabhaig *f*
skirt *n* sgiort *f*, sgùird *f*

skit *n* sgeig *f*
skulk *v* dèan cùilteireachd
skulking *n* cùilteireachd *f*
skull *n* claigeann *m*
sky *n* adhar *m*, speur *m*
skylark *n* uiseag *f*
skyline *n* bun-sgòth *m*
slab *n* leac *f*
slack *a* (*of a rope*) sgaoilte, gun a bhith
teann; (*of work*) dìomhain
slacken *v* lasaich
slake *v* caisg
slam *n* slàr *m*
slander *n* sgainneal *m*
slander *v* cùl-chàin
slanderous *a* sgainnealach
slant *n* claonadh *m*, fiaradh *m*
slant *v* claon, fiar
slap *n* sgailc *f*, pailleart *m*
slash *v* geàrr, sgath
slate *n* sglèat *m*
slate *v* sglèataich
slater *n* sglèatair *m*
slatey *a* sglèatach
slattern *n* sgliùrach *f*
slaughter *n* marbhadh *m*, casgairt *f*
slaughterhouse *n* taigh-spadaidh *m*
Slav *n* Slàbhach *m*
slave *n* tràill *f*
slaver *v* sil ronnan
slavery *n* tràillealachd *f*
slavish *a* tràilleil
Slavonic *a* Slàbhach
slay *v* marbh
sledge *n* càrn-slaoid *m*
sleek *a* slìom, mìn
sleep *n* cadal *m*
sleepless *a* gun chadal
sleepy *a* cadalach
sleet *n* flin *m*, glìb *f*
sleeve *n* muinchill *m*, muilcheann *m*
sleight *n* cleas *m*
slender *a* tana, seang; beag
slew *v* tionndaidh
slice *n* slisinn *f*, sliseag *f*
slice *v* slisnich
slick *a* sgiobalta
slide *v* sleamhnaich
slight *n* dìmeas *m*, tàire *f*
slight *a* beag, aotrom
slim *a* tana, seang

slime _n_ làthach _m_, clàbar _m_
sling _n_ crann-tabhaill _m_
sling _v_ tilg, sad
slink _v_ siap
slip _n_ tuisleadh _m_; mearachd _f_
slip _v_ tuislich, sleamhnaich; _s. in_, siolp a-steach
slipper _n_ bròg-sheòmair _f_, slapag _f_
slipperiness _n_ sleamhnachd _f_
slippery _a_ sleamhainn
slipstream _n_ cùlshruth _m_
slit _n_ sgoltadh _m_
slit _v_ sgoilt, geàrr
sliver _n_ sliobhag _f_, spealtag _f_
sliver _v_ sgoilt
sloe _n_ àirne _f_, àirneag _f_
slogan _n_ sluagh-ghairm _f_
sloop _n_ slup _f_
slop _v_ dòirt
slope _n_ leathad _m_
slope _v_ claon
sloppy _a_ bog-fliuch, bog
slot _n_ sliotan _m_
sloth _n_ leisge _f_
slouching _n_ dabhdail _m_
slough _n_ sloc _m_, clàbar _m_
sloven _n_ luid _f_, rapaire _m_
slovenly _a_ luideach, rapach
slow _a_ slaodach, màirnealach
slowness _n_ slaodachd _f_, maille _f_
sludge _n_ eabar _m_, làthach _f_
slug _n_ seilcheag _f_
sluggard _n_ leisgire _m_
sluggish _a_ leisg, slaodach, trom
sluice _n_ tuil-dhoras _m_
slum _n_ slum _m_
slumber _n_ suain _f_, dùsal _m_
slump _v_ tuit ('na chlod)
slur _n_ tàir _f_; (_of speech_) slugadh _m_
slur _v_ dèan tàir; (_of speech_) slug
slush _n_ sneachda _m_ bog
slut _n_ luid _f_, breunag _f_
sly _a_ carach, slìogach
smack _n_ sgleog _f_, sglais _f_
small _a_ beag, meanbh
smallpox _n_ a' bhreac _f_
smart _n_ pian _f_, cràdh _m_
smart _a_ tapaidh, smiorail
smartness _n_ tapadh _m_
smash _n_ briseadh _m_, bloigheadh _m_
smattering _n_ bloigh _m_ eòlais

smear _v_ smiùr
smell _n_ fàileadh _m_, boladh _m_
smell _v_ feuch fàileadh; _it smells_, tha fàileadh dheth
smelt _v_ leagh
smelter _n_ leaghadair _m_
smile _n_ snodha-gàire _m_, faite-gàire _f_
smile _v_ dèan snodha/faite-gàire
smirk _n_ plìon(as) _m_
smite _v_ buail
smith _n_ gobha _m_
smithy _n_ ceàrdach _f_
smock _n_ lèine _f_
smoke _n_ ceò _m_, _f_, toit _f_
smoke _v_ (_of tobacco_) gabh ceò; _the chimney is smoking_, tha ceò ás an t-simileir
smoke-screen _n_ ceò-bhrat _m_
smokeless _a_ gun toit
smoky _a_ ceòthach
smooth _a_ mìn, còmhnard, rèidh
smoothe _v_ mìnich, dèan rèidh
smoothness _n_ mìnead _m_
smother _v_ mùch, tachd
smoulder _v_ cnàmh-loisg
smudge _n_ smal _m_
smudge _v_ smalaich
smug _a_ toilichte (leis fhèin _etc._)
smuggle _v_ dèan cùl-mhùtaireachd
smuggler _n_ cùl-mhùtaire _m_
smuggling _n_ cùl-mhùtaireachd _f_
smut _n_ salchar _m_; (_moral_) draosdachd _f_
snack _n_ blasad _m_ bìdh
snag _n_ duilgheadas _m_
snail _n_ seilcheag _f_
snake _n_ nathair _f_
snap _v_ bris; (_bite_) dèan glamhadh
snappy _a_ (_angry_) dranndanach; (_quick_) deas
snapshot _n_ dealbh _m_, _f_
snare _n_ ribe _f_
snare _v_ rib
snarl _n_ dranndan _m_
snarl _v_ dèan dranndan
snatch _v_ glac, beir (air)
sneak _n_ lìogaire _m_
sneak _v_ snàig
sneck _n_ sneic _m_
sneer _n_ fanaid _f_
sneer _v_ dèan fanaid, cuir an neo-shuim
sneeze _n_ sreothart _m_

sneeze v dèan sreothart
sniff n boladh m
sniff v gabh boladh; s. at, dèan tarcais air
snigger n siot-ghàire f
snip v geàrr le siosair
snipe n naosg m
snivel v smùch
snob n sodalan m
snobbery n sodalachd f
snobbish a sodalach
snood n stìom f
snooze v dèan dùsal
snore n srann f
snore v dèan srann
snort n srannartaich f
snout n soc m, sròn f
snow n sneachd m
snow v cuir, cuir sneachd
snow-plough n crann-sneachda m
snowdrift n cith m
snowdrop n gealag-làir f
snowflake n bleideag f, pleòdag f
snowstorm n stoirm f shneachda
snowy a sneachdach
snuff n snaoisean m
snuff-box n bocsa/bucas m snaoisein
snug a còsach, seasgair
snuggle v laigh dlùth ri
so adv (so, as) cho; (like this) mar seo;
(therefore) mar sin, air an dòigh
seo/sin; s. long as, cho fad 's a;
so-and-so, a leithid seo a dhuine
so interj seadh
so-so a and adv ma làimh
soak v (s. to skin) drùidh; (of setting
clothes to soak) cuir am bogadh; s.
away, sùigh ás
soap n siabann m
soapy a làn siabainn
soar v itealaich gu h-àrd, èirich don
adhar
sob n glug m caoinidh
sober a stuama, measarra, sòbair
sober v dèan/fàs stuama/sòbair
sobriety n stuaim f, stuamachd f
soccer n ball-coise m
sociable a cuideachdail, càirdeil
social a caidreamhach, comannach
socialism n sòisealachd f
socialist n sòisealach m
socialistic a sòisealach

society n comann m, cuideachd f, col-
uadair m
sociology n eòlas m comainn
sock n socais f; (blow) sgailc f
socket n toll m, lag m
sod n fòid f, sgrath f
soda n sòda f
sodden a bog-fliuch
sofa n langasaid f, sòfa f
soft a bog; (s. and moist) tais; (s. in
texture, character) maoth; (of the
voice) ciùin
soft-boiled a maoth-bhruich
soften v bogaich; taisich; maothaich;
ciùinich
softness n buige f; taise f; maothachd f;
ciùineas m
soggy a bog-fliuch
soil n ùir f, talamh m
soil v salaich, truaill
sojourn n còmhnaidh f; cuairt f
sol-fa n sol-fa m
solace n sòlas m
solace v thoir sòlas
solan goose n sùlaire m; young of s.,
guga m
solar a na grèine
solar system n còras-grèine m
sold a air a reic
solder n sobhdair m
solder v sobhdraich
soldier n saighdear m
sole n (of foot) bonn m na coise; (fish)
lèabag/leòbag-cheàrr f
sole v cuir bonn air
sole a (before noun) aon; (after noun)
a-mhàin
solecism n droch-dhearmad m,
-mhearachd f
solely adv a-mhàin
solemn a sòlaimte
solemnity n sòlaimteachd f
solemnize v sòlaimich
solicit v aslaich
solicitation n aslachadh m
solicitor n fear-lagha m, fear-tagairt m
solicitous a iomgaineach, cùramach
solid n teann-stuth m, stuth m tàthte
solid a teann, tàthte, daingeann,
cruaidh
solidarity n dlùthachd f

solidify v cruadhaich
solidity n teinne f, taicealachd f
soliloquize v bruidhinn/labhair ris fhèin etc.
solitary a aonranach, uaigneach
solitude n uaigneas m
solo n òran m/cluich f aon-neach
soloist n òranaiche m, fear-ciùil m aonar
Solomon n Solamh m
solstice n grian-stad m
soluble a so-sgaoilte
solubility n eadar-sgaoileachd f
solute n stuth-sgaoilidh m
solution n (mixture of solute and solvent) eadar-sgaoileadh m; (of argument etc.) fuasgladh m
solve v fuasgail
solvency n comas m pàighidh
solvent n sgaoil-lionn m
solvent a comasach air pàigheadh
somatic a corporra, bodhaigeil
sombre a dorcha, gruamach
some pron cuid, roinn, pàirt, feadhainn
somebody n and pron cuideigin m, neacheigin m
somehow adv air dòigh air choreigin
somersault n car m a' mhuiltein
something n rudeigin m
sometime adv uaireigin
sometimes adv air uairibh, uaireannan
somewhat adv rudeigin, beagan
somewhere adv an àiteigin
son-in-law n cliamhainn m
sonata n sonàta f
song n òran m, amhran m
sonnet n sonaid f
sonorous a àrd-ghlòrach
soon adv a dh'aithghearr, gu grad, an ùine gheàrr
soot n sùithe m
soothe v ciùinich, tàlaidh
soothsayer n fiosaiche m
sooty a làn sùithe, sùitheach
sop n saplaisg f
sophisticated a ionnsaichte, neoshìmplidh, soifiostaiceach
soprano n sopràno f
sorcerer n draoidh m
sorceress n ban-draoidh f
sorcery n draoidheachd f
sordid a suarach, salach

sore n creuchd f, lot m
sore a goirt, cràiteach
sorely adv trom-; sorely wounded, tromghonta
sorrel n sealbhag f
sorrow n bròn m, tùirse f, mulad m
sorrowful a brònach, tùrsach, muladach
sorry a duilich
sort n seòrsa m, gnè f
sort v cuir an òrdugh, cuir air dòigh, seòrsaich
sorter n roinneadair m
sot n misgear m
soul n anam m; not a s. was present, cha robh duine beò an làthair
soulless a gun anam
sound n fuaim m; (narrow sea channel) caolas m
sound a slàn, fallain; (deep) trom; (of advice) glic
sound v (blow) dèan fuaim air, sèid; (take depth) tomhais doimhneachd; (metaph.) sgrùd, rannsaich
sound-proof a fuaim-dhìonach
sound-track n fuaim-lorg f
sound-wave n fuaim-thonn m, f
soundness n fallaineachd f
soup n eanraich f, brot m
sour a goirt, geur, searbh; (of character) dùr, gruamach
sour v dèan goirt/searbh
source n màthair f, màthair-adhbhar m, bun m
souse v cuir am picil
south n and a deas f; (point of compass) an àird f a deas; s.-east, an ear-dheas; s.-west, an iar-dheas
South Africa n Afraca f a Deas
southerly a and adv deas, á deas
souvenir n cuimhneachan m
sovereign n rìgh m; (£1.00) sòbhran m
sovereign a rìoghail, còrr
sovereignty n uachdaranachd f
Soviet a Sobhietach
sow n muc f, cràin f
sow v cuir, sìol-chuir
sowens n làgan m, làghan m
spa n spatha f
space n rùm m, farsaingeachd f, fànas m; (of time) greis f
spaceman n speurair m

171

spaceship n fànas-long f
spacious a farsaing, mòr
spaciousness n farsaingeachd f
spade n spaid f, caibe m
spaghetti n spaghetti f
Spain n An Spàinn f
span n (9 inches) rèis f; (lifetime) rèis f,
  saoghal m
spangle n spang f
Spaniard n Spàinnteach m
spaniel n cù-eunaich m
Spanish n Spàinnis f
Spanish a Spàinnteach
spanner n spanair m
spar n tarsannan m
spar v spàraig
spare a a chòrr; (scanty) gann
spare v caomhain, sàbhail
sparing a spìocach
spark n sradag f, rong m; (of person)
  lasgaire m
spark v leig sradagan
sparking-plug n rong-phlug m
sparkle n lainnir f, deàlradh m
sparkle v lainnrich, deàlraich
sparkling a deàlrach, drìlseach
sparrow n gealbhonn m
sparrow-hawk n speireag f
sparse a gann
spasm n fèith-chrùbadh m
spasmodic a an dràsda 's a-rithist
spastic n and a spastach m
spat n spat f, maoirneag f
spate n lighe f
spatter v spriotraich
spawn n sìol m, cladh m
spawn v sìolaich, claidh
speak v abair, bruidhinn, labhair
speaker n fear-labhairt m
speaking n bruidhinn f, labhairt f
spear n sleagh f, gath m
special a àraidh, sònraichte
specialist n fìor-eòlaiche m
specialization n speisealachadh m
specialized a àraidhichte
specie n cùinneadh m
species n seòrsa m, gnè f
specific a àraid, sònraichte
specification n mion-chomharrachadh
  m
specify v comharraich

specimen n sampall m
specious a mealltach
speck n sal m, smal m
speckled a breac, ballach
spectacle n sealladh m
spectacles n speuclairean pl, glainn-
  eachan pl
spectator n fear-amhairc m
spectre n tannasg m
spectrum n speactram m
speculate v beachdaich
speculation n beachdachadh m
speculative a beachdachail
speculator n beachdair m
speech n cainnt f; (oration) òraid f
speechless a gun chainnt, balbh
speed n luas m, astar m
speed v luathaich, greas
speed-limit n astar-chrìoch f
speedometer n astar-chleoc m
speedy a luath, astarach
spell n (of work) greis f, greiseag f;
  (charm) seun m
spell v litrich, speilig
spelling n litreachadh m, speiligeadh
  m
spend v caith, coisg
spendthrift n strùidhear m
sperm sìol m
sperm-cell n cealla-sìl f
spew v sgeith, tilg
sphere n cruinne f; (of work etc.) ionad
  m
spherical a cruinn
spice n spìosradh m
spick and span sgiobalta, grinn
spicy a spìosrach
spider n damhan-allaidh m
spike n spìc f, bior m
spike v sàth, sàth spìc ann
spill n sliobhag f
spill v dòirt
spin v (of wool) snìomh; (of a wheel)
  cuir charan
spinach n bloinigean-gàrraidh m
spindle n dealgan m, fearsaid f
spindrift n cathadh-mara m
spine n cnàimh-droma f
spinner n bean-shnìomh f
spinning-mill n muileann-shnìomh m, f
spinning-wheel n cuibhle-shnìomh f

spinster n (*old maid*) seana mhaigh-
deann f
spiral n snìomhan m
spiral a snìomhanach
spire n stìopall m, binnean m
spirit n spiorad m; misneach f; (*ghost*)
tannasg m
spirited a misneachail; sgairteil
spiritless a neo-smiorail, neo-sgairteil
spiritual a spioradail
spirituality n spioradalachd f
spiritualism n spioradachd f
spirituous a làidir (mar dheoch)
spit n (*for roasting*) bior m; (*of land*)
tanga f; (*of saliva*) smugaid f
spit v tilg smugaid
spite n gamhlas m, miosgainn f; in s. of,
a dh'aindeoin
spiteful a gamhlasach
spittle n seile m
splash n stealladh m; plub m
splay v cuir ás an alt, leathnaich
splay-footed a pliutach, spleadhach
spleen n (*anat.*) an dubh-chlèin f;
(*spite*) gamhlas m
splendid a greadhnach, loinnreach,
gasda
splendour n greadhnachas m
splenetic a frionasach, crosda
splice v tàth, splaidhs
splint n cleithean m
splinter n sgealb f, spealg f
split v sgoilt, sgealb
splutter v dèan plubraich
spoil n creach f, cobhartach m, f
spoil v mill, cuir a dholaidh
spoke n spòg f, tarsanan m
spokesman n fear-labhairt m
sponge n spong m; *throw up the s.*,
strìochd
sponge-cake n spuinnse f
sponsor n urras m, goistidh m
spontaneity n deòntas m
spontaneous a saor-thoileach, deònach
spool n iteachan m
spoon n spàin f
spoonful n làn m spàine
spoor n lorg f
sporadic a tearc, an dràsda 's a-rithist
sporran n sporan m
sport n spòrs f, fealla-dhà f; *sports*,

lùth-chleasan pl, geamachan pl
sporting a spòrsail
sportive a mear, aighearach
sportsman n lùth-chleasaiche m, fear-
spòrs m; sealgair m
spot n ball m, àite m, ionad m; (*stain*)
smal m
spot v salaich; ballaich
spotless a gun smal
spotted a ballach; guireanach
spouse n cèile m
spout v srùb, spùt, steall; (*of whale*) sèid
sprain n snìomh m, sgochadh m
sprawl v sìn
spray n cathadh-mara m; (*device*) steall-
aire m; (*of a tree*) fleasg f
spread v sgaoil, sgap, sìn a-mach
spree n daorach f
sprig n faillean m
sprightly a mear, suilbhear
spring n (*season*) Earrach m; (*water*)
fuaran m; (*leap*) leum m; (*in a car
etc.*) spring f
spring v sruth a-mach, spùt; leum; fàs,
cinn
spring-tide n reobhart m
sprinkle v crath, sgaoil, uisgich
sprinkling n craiteachan m
sprint n luath-ruith f, deann-ruith f
sprout n bachlag f, buinneag f; *Brussels
sprouts*, buinneagan pl Bruisealach
spruce n giuthas m Lochlannach
spruce a deas, speiseanta
spume n cathadh-mara m
spur n spor m, sporadh m
spur v spor, greas
spurious a mealltach
spurn v cuir an dìmeas, diùlt le tàir
spurt n briosgadh m, cabhag f; (*of
liquid*) stealladh m
spy n beachdair m, fear-brathaidh m
squabble n connsachadh m, tuasaid f
squad n sguad m
squadron n sguadron m
squalid a sgreamhail, salach
squall n sgal m (gaoithe)
squander v caith, sgap, dèan ana-
caitheamh air
square n ceàrnag f
square a ceithir-cheàrnach, ceàrnach
squash v brùth

173

squat *a* crùbte, cutach
squaw *n* ban-Innseanach *f*
squeak *n* sgiamh *m*
squeamish *a* òrraiseach
squeeze *v* teannaich, fàisg, brùth
squint *n* claonadh *m*, fiaradh *m*
squint *a* claon, fiar, fiar-shuileach
squint *v* seall claon
squire *n* ridire *m* beag
squirrel *n* feòrag *f*
squirt *v* steall, spùt
stab *n* sàthadh *m*
stab *v* sàth
stability *n* bunailteachd *f*
stabilize *v* cùm air bhunailt
stable *n* stàball *m*
stable *a* bunailteach, seasmhach
stack *n* cruach *f*, tudan *m*
stack *v* cruach, cruinnich
stadium *n* lann-cluiche *f*
staff *n* bata *m*, bachall *m*; (*e.g. of office staff*) foireann *m*, còmhlan *m*, buidheann *f*
stag *n* damh *m*
stage *n* àrd-ùrlar *m*; (*of development etc.*) ìre *f*
stagger *v* bi san tuainealaich; (*amaze*) cuir fìor iongnadh air
stagnant *a* marbh, neo-ghluasadach
staid *a* stòlda, suidhichte
stain *n* sal *m*, spot *m*
stain *v* salaich, cuir/fàg spot air
stair *n* staidhre *f*
stake *n* post *m*; (*wager*) geall *m*
stalactite *n* caisean-snighe *m*
stale *a* sean, goirt; (*of bread*) cruaidh
stalemate *n* clos-cluiche *m*
stalk *n* gas *f*
stalk *v* (*of deer*) dèan stalcaireachd
stalking *n* stalcaireachd *f*
stall *n* (*for cows*) buabhall *m*; (*in theatre*) stàile *f*
stall *v* (*of engine*) stad
stallion *n* àigeach *m*
stalwart *a* calma, làidir
stamen *n* stamain *m*
stamina *n* cùl *m*, smior *m*
stammer *n* gagachd *f*
stammer *v* bruidhinn gagach; *he stammers*, tha gagaiche ann
stammerer *n* gagaire *m*

stamp *n* (*postage s.*) stampa *f*; (*for pressing inscription on*) stàmpa *f*; (*fig.*) comharradh *m*
stamp *v* stàmp; (*of letters*) cuir stampa air
stance *n* stans *m*
stanch *v* caisg
stand *n* seasamh *m*; stad *m*; ionad-foillseachaidh *m*
stand *v* seas, stad; (*endure*) fuiling; (*for Parliament etc.*) feuch; *s. for*, seas ás leth; *he stood up to him*, sheas e àite fhèin 'na aghaidh
stand-by *n* cùl-taic *m*
standard *n* (*flag*) meirghe *f*; (*of values etc.*) bun-tomhas *m*
standardize *v* thoir gu bun-tomhas
standing *n* (*rank etc.*) inbhe *f*
standing *a* suidhichte; *s. orders*, gnàth-riaghailtean *pl*; *s. stones*, tursachan *pl*
standpoint *n* sealladh *m*
standstill *n* fois *f*, stad *m*
stanza *n* rann *m*
staple *n* (*nail*) stìnleag *f*
staple *a* prìomh
stapler *n* steiplear *m*
star *n* rionnag *f*, reul *f*; (*dramatic s.*) prìomh actair *m*
star *v* comharraich le reul; (*of acting*) gabh prìomh phàirt
starboard *n* deasbhòrd *m*
starch *n* stalc *m*, stuthaigeadh *m*
stare *v* spleuchd, geur-amhairc
starfish *n* crosgan *m*
stark *a* rag; (*absolute*) tur, fìor; *s. naked*, dearg lomnochd
starlight *n* solas *m* nan rionnag
starling *n* druid *f*
starry *a* làn rionnagan, rionnagach
start *n* clisgeadh *m*; (*beginning*) toiseach *m*
start *v* clisg; (*begin*) tòisich; (*of engine*) cuir a dhol
starter *n* fear-tòiseachaidh *m*; (*engine s.*) inneal-spreagaidh *m*
startle *v* clisg, cuir clisgeadh air
starvation *n* goirt *f*
starve *v* leig goirt air; *s. to death*, cuir gu bàs leis a' ghoirt
state *n* staid *f*, inbhe *f*; (*country etc.*) stàit *f*, rìoghachd *f*; *U.S.A.*, Na Stàit-

ean Aonaichte, Stàitean Aonaichte Ameireagaidh
state v cuir an cèill
stateliness n stàitealachd f
stately a stàiteil
statement n cùnntas m
statesman n stàitire m
statesmanship n stàitireachd f
static a 'na stad, gun ghluasad
station n stèisean m; staid f, inbhe f
stationary a 'na stad, gun ghluasad
stationed a air a shuidheachadh
stationery n stuthan pl sgrìobhaidh
statistical a staitisteil, àireamhail
statistician n staitistear m
statistics n staitistic f
statue n ìomhaigh f
statuesque a mar ìomhaigh
stature n àirde f
status n inbhe f
statute n reachd m
statutory a rèir an lagha
staunch a daingeann, dìleas
stave n clàr m; (of music) earrann f; (the five lines on which music is written) cliath f
stave v (s. in) bris, cuir 'na chlàraibh; s. off, cùm air falbh
stay n stad m, fantainn f; (of ship's rigging) stagh m; (support) cùl-taic m
stay v fuirich, fan
stead n àite m, ionad m
steadfast a daingeann, dìleas
steadiness n seasmhachd f
steady a seasmhach, daingeann, bunailteach
steady v socraich, daingnich
steak n staoig f
steal v goid, dèan meirle
stealing n goid f, meirle f
stealth n by s., gu fàillidh
steam n toit f, smùid f
steam-boat n bàta-smùide m
steamy a smùideach
steed n steud f, steud-each m
steel n cruaidh f, stàilinn f
steel a den chruaidh, den stàilinn
steel-plated a cruaidh-chlàrte
steely a mar a' chruaidh, mar stàilinn
steelyard n (for weighing) steilleard m, biorsamaid f

steep a cas; (of price) anabarrach daor
steep v bog, cuir am bogadh
steeple n stìopall m
steer v stiùir, treòraich; s. clear of, cùm air falbh o
steering n stiùireadh m
steering a stiùiridh
steersman n stiùireadair m
stem n (bot.) gas f; (of boat) toiseach m
stench n boladh m, breuntas m
stencil n steansail m
stencil v steansailich
step n ceum m; take steps, cuir ma dheighinn
step v thoir ceum; s. down, teich; lùghdaich; s. up, tog
step a leth-; s. brother, leth-bhràthair; s.-daughter, nighean cèile; s.-father, oide m; s.-son, dalta m; s.-mother, muime f
stereotyped a a-rèir an nòis
sterile a seasg, aimrid
sterility n seasgachd f
sterilize v seasgaich
sterling a fìor
stern n deireadh m
stern a cruaidh, gruamach
stethoscope n steatascop m
stevedore n docair m
stew n stiudha f
stew v eàrr-bhruich, stiudhaig
steward n stiùbhard m
stewardess n ban-stiùbhard f
stick n maide m, bioran m; bata m
stick v sàth; cuir an sàs; (of a stamp etc.) cuir; (adhere to) lean; (endure) fuiling; s. up your hands, cuir suas do làmhan
stickler n duine m daingeann
sticky a leanailteach; (of problem) righinn
stiff a rag, dùr
stiffen v ragaich
stiffness n raige f
stifle v mùch
stigma n comharradh m maslaidh
stigmatize v cuir fo thàmailt
still n (whisky s.) poit-dhubh f
still a ciùin, sàmhach
still v ciùinich, caisg

175

still *adv* an dèidh sin, a dh'aindeoin sin; (*of time*) fhathast
stillness *n* ciùineachd *f*
stilt *n* trosdan *m*
stimulate *v* brosnaich, spreag
stimulus *n* brosnachadh *m*, spreagadh *m*
sting *n* gath *m*, guin *m*
sting *v* guin, cuir gath ann
stinginess *n* spìocaireachd *f*
stingy *a* spìocach
stink *n* tòchd *m*
stint *n* bacadh *m*; cuid *f*, earrann *f*
stipend *n* tuarasdal *m*
stipulate *v* sònraich, cùmhnantaich
stipulation *n* sònrachadh *m*, cùmhnant *m*
stir *n* ùinich *f*, othail *f*
stir *v* gluais, glidich; brosnaich, beothaich
stirk *n* gamhainn *m*
stirrup *n* stiorap *m*
stitch *n* grèim *m*
stitch *v* fuaigh, fuaigheil
stock *n* stoc *m*; post *m*; pòr *m*
stock *v* lìon, stocaich
stock-exchange *n* stoc-mhargaid *f*
stocking *n* stocainn *f*, osan *m*
stocks *n* ceap *m*
stodgy *a* trom
stoic *a* stòthach
stoke *v* cùm connadh ri
stolid *a* dùr
stomach *n* stamag *f*, maodal *f*; goile *f*
stone *n* clach *f*
stone *a* cloiche
stone *v* clach, tilg clachan air
stonemason *n* clachair *m*
stony *a* clachach
stool *n* stòl *m*
stoop *n* cromadh *m*, crùbadh *m*
stoop *v* crom, lùb, crùb
stop *n* stad *m*; toirmeasg *m*
stop *v* stad, cuir stad air, sguir
stop-watch *n* stad-uaireadair *m*
stoppage *n* stad *m*, grabadh *m*
stopper *n* stopadh *m*, àrc *f*
store *n* stòr *m*, stòras *m*
store *v* stòir, taisg
storehouse *n* taigh-stòir *m*
storey *n* lobht *m*
stork *n* còrr/corra *f* bhàn

storm *n* doineann *f*, gailleann *f*, stoirm *f*
storm *v* thoir ionnsaigh air, cuir sèisd ri
stormy *a* doineannach, stoirmeil
story *n* sgeul *m*, sgeulachd *f*, naidheachd *f*
story-teller *n* sgeulaiche *m*, seanchaidh *m*
stot *n* damh *m*
stoup *n* stòp *m*
stout *a* garbh, tiugh; calma
stoutness *n* gairbhe *f*, tighead *m*
stove *n* stòbha *f*
stow *v* taisg
straddle *v* rach gobhlachan air
straggler *n* fear-fuadain *m*
straight *a* dìreach
straightaway *adv* gu grad, sa' mhionaid
straighten *v* dìrich
strain *n* teannachadh *m*, dochann *m*, snìomh *m*
strain *v* (*e.g. a liquid*) sìolaidh; (*make painful, difficult etc.*) teannaich, leòn, dochann, snìomh
strainer *n* sìolachan *m*; (*for fence*) teannaire *m*
strait(s) *n* caolas *m*
strand *n* dual *m*; (*shore*) tràigh *f*
strange *a* iongantach, neònach
stranger *n* coigreach *m*, farbhalach *m*
strangle *v* tachd, mùch
strap *n* iall *f*, giort *f*; stràic *m*
strapping *a* mòr, calma
stratagem *n* cuilbheart *f*
strategic *a* roimh-innleachdail
strategy *n* roimh-innleachd *f*
strath *n* srath *m*
stratification *n* filleadaireachd *f*, sreathachadh *m*
stratosphere *n* strataispeur *m*
straw *n* connlach *f*, fodar *m*
strawberry *n* subh-làir *m*
stray *n* ainmhidh *m* seacharain
stray *v* rach air seacharan
streak *n* stiall *f*
streaky *a* stiallach
stream *n* sruth *m*
stream *v* sruth, dòirt
stream-lined *a* sruth-chruthach
streamlet *n* sruthan *m*
street *n* sràid *f*
strength *n* neart *m*, spionnadh *m*

strengthen v neartaich
strenuous a dian, saothrachail
stress n spàirn f; lays. on, leig cudthrom m air
stretch n sìneadh m
stretch v sìn, sgaoil, leudaich
stretcher n sìneadair m
strew v sgaoil, sgap
stricken a buailte
strict a teann, cruaidh
stride n sìnteag f
stride v thoir sìnteag(an)
strife n strì f, còimhstri f
strike n stailc f
strike v buail; (go on strike) rach air stailc
striker n fear-bualaidh m
striking a neònach, neo-àbhaisteach
string n sreang f; (mus.) teud m
string v sreangaich; teudaich
stringed a teudaichte
stringent a teann
stringy a sreangach
strip n stiall f
strip v rùisg, lom
stripe n stiall f, strianag f
stripling n òganach m
strive v dèan spàirn/strì
striving n strì f, còimhstri f
stroke n buille f, stràc m; (med.) stròc m
stroke v slìog, slìob
stroking n slìobadh m
strong a làidir, treun, calma
structure n dèanamh m, togail f, structair m
struggle n gleac m, spàirn f
struggle v gleac, dèan spàirn
strumpet n strìopach f
strut v imich gu stràiceil
Stuart n Stiùbhard m
stub n bun m
stubble n asbhuain f
stubborn a rag, rag-mhuinealach
stubbornness n ragaireachd f, rag-mhuinealas m
stubby a cutach, bunach
stud n tarrag f, tacaid f; (for shirt) stud f; (horse s.) greigh f
student n oileanach m
studio n stiùideo f
studious a dèidheil air ionnsachadh

study n rannsachadh m, sgrùdadh m; seòmar-rannsachaidh m, seòmar-leughaidh m
study v beachdaich, rannsaich
stuff n stuth m
stuff v lìon, spàrr, dinn
stuffing n lìonadh m, dinneadh m
stumble, stumbling n tuisleadh m
stumble v tuislich
stumbler n fear-tuislidh m
stumbling-block n ceap-tuislidh f, cnap-starra m
stump n bun m, stoc m
stumpy a bunach, cutach
stun v cuir 'na thuaineal
stunt n cleas m
stunt v cùm bho fhàs
stupendous a anabarrach
stupid a baoghalta, gòrach
stupidity n baoghaltachd f
stupify v cuir tuaineal
stupor n tuaineal m
sturdy a bunanta, gramail
sturgeon n stirean m
stutter v bi manntach/liotach
stutterer n fear manntach/liotach m, glugaire m
sty n fail f (mhuc)
sty(e) n leamhnagan m, sleamhnagan m
style n modh m, f (-labhairt/sgrìobhaidh), stoidhle f; tiotal m
stylish a baganta, fasanta
stylistics n stoidhl-sgrùdadh m
styptic a fuil-chasgach
sub- pref fo-
subacid a letheach-searbh
subcommittee n fo-chomataidh f
subconscious a fo-mhothachail
subdivide v fo-roinn
subdue v ceannsaich, cìosnaich
subject n ìochdaran m; ceann (-teagaisg) m; cuspair m, subsaig f
subject a umhal, fo smachd
subject v ceannsaich, cuir fo smachd
subjection n ceannsachadh m
subjective a subsaigeach, pearsanta
subjugate v ceannsaich
subjunctive a claon
sublimate v rach os cionn
sublime a òirdheirc
sublimity n òirdheirceas m

sublunar *a* tìmeil
submarine *n* long-fo-mhuir *f*
submerge *v* tum, bàth
submission *n* ùmhlachd *f*, gèill *f*
submissive *a* umhal
submit *v* gèill, strìochd
subordinate *a* ìochdarach
subscribe *v* fo-sgrìobh
subscriber *n* fo-sgrìobhair *m*
subscription *n* fo-sgrìobhadh *m*
subsequent *a* an dèidh làimh, a leanas
subservient *a* fritheilteach
subside *v* traogh, tràigh, ciùinich, sìolaidh
subsidence *n* dol *m* sìos, tràigheadh *m*
subsidiary *a* cuideachail
subsidy *n* còmhnadh *m*, subsadaidh *m*
subsistence *n* bith-beò *f*
subsoil *n* fo-ùir *f*
substance *n* brìgh *f*, tairbhe *f*
substantial *a* fìor, làidir, tàbhachdach
substantiate *v* fìrinnich
substantive *n* ainm *m*
substitute *n* (an) ionad *m*, stuth-ionaid *m*; (*person*) fear-ionaid *m*
substitute *v* cuir an ionad/àite
subterfuge *n* cleas *m*
subterranean *a* fo-thìreach, fon talamh
subtle *a* seòlta, sligheach
subtlety *n* seòltachd *f*
subtract *v* thoir (air falbh) o
subtraction *n* toirt *f* air falbh
suburb *n* iomall *m* baile
subversive *a* millteach
subvert *v* cuir bun-os-cionn
succeed *v* soirbhich; (*follow*) lean
success *n* soirbheachadh *m*, buaidh *f*
successful *a* soirbheachail
succession *n* leantainn *m*, còir-sheilbh *f*
successive *a* leantainneach, an dèidh a chèile
successor *n* fear-ionaid *m*, fear *m* a thig an àite ———
succinct *a* cuimir, geàrr
succour *v* cuidich, fòir (air)
succulent *a* brìoghmhor, blasda
succumb *v* gèill, strìochd
such *a and pron* (a) leithid, mar, den t-seòrsa; *s. is his strength*, tha de neart ann; (*exclam.*) cho; *as s.*, ann(ta) fhèin

suck *v* deoghail, sùigh
suckle *v* thoir cìoch
suckling *n* cìochran *m*
suction *n* sùghadh *m*, deoghal *m*
Sudan *n* An t-Sudan *f*
sudden *a* grad, obann
suddenly *adv* gu h-obann
suds *n* cobhar *m* siabainn
sue *v* lean, tagair
suet *n* geir *f*
suffer *v* fuiling; ceadaich
sufferer *n* fulangaiche *m*
suffering *n* fulangas *m*
suffice *v* foghainn
sufficiency *n* fòghnadh *m*, pailteas *m*, gu leòr *f*
sufficient *a* leòr
suffix *n* iar-mhìr *f*, leasachan *m*
suffocate *v* mùch
suffrage *n* guth *m* taghaidh/vòtaidh
suffuse *v* sgaoil air
sugar *n* siùcar *m*
sugar-beet *n* biotas *m* siùcair
sugar-bowl *n* bobhla *m* siùcair
sugary *a* siùcarach, milis
suggest *v* mol, comhairlich, cuir an aire
suggestion *n* moladh *m*, cur *m* air shùilibh
suicide *n* fèin-mhort *m*; fèin-mhortair *m*
suit *n* (*clothes*) deise *f*; (*law*) cùis *f*, cùis-lagha *f*; iarrtas *m*; (*wooing*) suirghe *f*
suit *v* freagair, còird
suit-case *n* màileid *f*, baga *m*
suitable *a* freagarrach, iomchuidh
suite *n* (*of rooms*) sreath *m*; (*furniture*) suidht *f*; (*mus.*) sreath *m*
suitor *n* suirghiche *m*; fear-aslachaidh *m*
sulkiness *n* gruaim *f*, mùig *m*
sulky *a* gruamach, mùgach
sullen *a* dùr, gnù
sullenness *n* dùiread *m*, mùgalachd *f*
sully *v* salaich, truaill
sulphur *n* pronnasg *m*
sulphuric *a* pronnasgach
sulphurous *a* pronnasgail
sultry *a* bruthainneach
sum *n* àireamh *f*, sùim *f*
summarize *v* giorraich, thoir geàrr-chùnntas air

summary *n* giorrachadh *m*, geàrr-chùnntas *m*

summary *a* aithghearr, geàrr

summer *n* samhradh *m*

summer-house *n* taigh-samhraidh *m*

summit *n* mullach *m*, bàrr *m*

summon *v* gairm

summons *n* gairm *f*, bàirlinn *f*

sumptuous *a* sòghail

sun *n* grian *f*

sunbeam *n* gath-grèine *f*, deò-grèine *f*

sunburnt *a* grian-loisgte

Sunday *n* Là *m* na Sàbaid, An t-Sàbaid *f*, Di-Dòmhnaich *m*

sunder *v* dealaich, sgar

sundial *n* uaireadair-grèine *m*

sundry *a* iomadaidh

sunflower *n* neòinean-grèine *m*

sunk *a* bàthte

sunless *a* gun ghrian

sunny *a* grianach

sunrise *n* èirigh *f* na grèine

sunset *n* laighe *m*, *f* na grèine

sunshine *n* deàrrsadh *m* na grèine

sup *v* òl, gabh balgam, gabh suipear

super- *pref* os-, an(a)-

superabundant *a* anabarrach pailt

superannuation *n* peinnseanachadh *m*

superb *a* barraichte

supercilious *a* àrdanach

superficial *a* ao-domhainn, uachdarach

superfluity *n* anabharra *m*, cus *m*

superfluous *a* iomarcach

superhuman *a* os-daonna

superintend *v* stiùir

superintendent *n* stiùireadair *m*

superior *a* uachdarach, àrd

superiority *n* uachdarachd *f*, ceum *m* air thoiseach

superlative *a* còrr, barraichte; (*gram.*) sàr-cheumach

supernatural *a* os-nàdurrach

supersede *v* cuir ás àite

superstition *n* saobh-chràbhadh *m*

superstitious *a* saobh-chràbhach

superstructure *n* os-thogail *f*

supervise *v* cùm sùil air, stiùir

supine *a* air a dhruim-dìreach

supper *n* suipear *f*

supplant *v* cuir ás àite

supple *a* sùbailte

supplement *n* leasachadh *m*

supplementary *a* leasachail

suppleness *n* sùbailteachd *f*

suppliant *n* fear-aslachaidh *m*

supplicate *v* aslaich

supplication *n* aslachadh *m*

supply *n* leasachadh *m*, còmhnadh *m*

supply *v* cùm ri, rach an àite

support *n* taic *f*

support *v* cùm taic ri, cuidich

supporter *n* fear-taice *m*

suppose *v* saoil

suppress *v* cùm fodha, mùch

suppression *n* cumail *f* fodha, mùchadh *m*

suppurate *v* iongraich

supremacy *n* ceannasachd *f*

supreme *a* àrd, sàr

surcharge *n* for-chosgas *m*

sure *a* cinnteach

surely *adv* is cinnteach, gu firinneach

surety *n* geall *m*

surface *n* uachdar *m*, leth *m* a-muigh

surfeit *n* sàth *m*, cus *m*

surge *v* at, bòc

surgeon *n* làmh-lèigh *m*

surgery *n* làmh-leigheas *m*; (*doctor's s.*) lèigh-lann *f*

surly *a* iargalta, gnù

surmise *n* barail *f*

surmount *v* rach/faigh os cionn

surname *n* sloinneadh *m*, cinneadh *m*

surpass *v* thoir bàrr air

surplus *n* còrr *m*

surprise *n* iongnadh *m*, clisgeadh *m*

surprise *v* cuir iongnadh/clisgeadh air; thig gun fhios air

surprising *a* iongantach, neònach

surrealism *n* os-fhìreachas *m*

surrender *n* strìochdadh *m*, gèilleadh *m*

surrender *v* strìochd, gèill

surreptitious *a* os ìseal

surround *v* cuartaich, iadh mu thimcheall

surtax *n* for-chàin *f*

survey *n* sealladh *m*, beachd *m*; tomhas *m*

survey *v* gabh beachd; tomhais, meas

surveyor *n* fear-tomhais *m*, fear-meas *m*

survive *v* mair beò

survivor *n* fear-tàrrsainn *m*

susceptible *a* mothachail, claonte
suspect *v* cuir an amharas; *I s.*, tha amharas agam
suspected *a* fo amharas
suspend *v* croch, cuir dàil ann, cuir á dreuchd
suspense *n* teagamh *m*, feitheamh *m*
suspension *n* bacadh *m*, cur *m* o dhreuchd; crochadh *m*; *s. bridge*, drochaid crochaidh
suspicion *n* amharas *m*
suspicious *a* amharasach
sustain *v* cùm suas, fuiling
sustenance *n* lòn *m*, beathachadh *m*
swaddle *v* suain
swagger *v* dèan spaglainn
swallow *n* gòbhlan-gaoithe *m*
swallow *v* sluig
swamp *n* fèith *f*
swan *n* eala *f*
swarm *n* sgaoth *m*
swarm *v* sgaothaich
swarthy *a* ciar, lachdann
swathe *n* ràth *m*
sway *n* riaghladh *m*, seòladh *m*
sway *v* òrdaich, seòl; luaisg
swear *v* mionnaich, thoir mionnan
swearing *n* mionnachadh *m*
sweat *n* fallas *m*
sweat *v* cuir fallas dhe
sweaty *a* fallasach
Swede *n* Suaineach *m*
Sweden *n* An t-Suain *f*
Swedish *a* Suaineach
sweep *v* sguab
sweet *n* mìlse *f*, mìlsean *m*; *sweets*, siùcairean *pl*
sweet *a* milis; (*of scent*) cùbhraidh; (*of sound*) binn; grinn
sweetbread *n* aran-milis *m*
sweeten *v* mìlsich
sweetheart *n* leannan *m*
sweetness *n* mìlseachd *f*
swell *n* (*of sea*) sumainn *f*
swell *v* at, sèid, bòc
swelling *n* at *m*, cnap *m*, bòcadh *m*
swelter *v* bi am brothall
sweltry *a* bruthainneach
swerve *v* claon, lùb, rach a thaobh
swift *n* gobhlan-gainmhich *m*
swift *a* luath, siùbhlach, grad, ealamh

swiftness *n* luas *m*
swill *v* bogaich, fliuch
swim *n and v* snàmh *m*
swimmer *n* snàmhaiche *m*
swimming *n* snàmh *m*
swindle *v* meall, thoir an car á
swindler *n* mealltair *m*
swindling *n* mealltaireachd *f*
swine *n* muc *f*; mucan *pl*
swing *n* dreallag *f*; siùdan *m*, luasgadh *m*
swing *v* luaisg, tulg, dèan siùdan, gabh dreallag
swipe *n* buille *f*
Swiss *a* Eilbheiseach
switch *n* suidse *f*; (*wand*) slat *f*
switchboard *n* suids-chlàr *m*
Switzerland *n* An Eilbheis *f*
swivel *n* udalan *m*
swoon *v* rach an neul
swoop *v* thig le ruathar
sword *n* claidheamh *m*
sword-dance *n* danns *m* a' chlaidheimh
swot *v* ionnsaich gu dian
sycophant *n* sodalaiche *m*
sycophantic *a* sodalach
syllabic *a* lideachail
syllable *n* lide *m*
syllabus *n* clàr *m*, clàr-eagair *m*
sylvan *a* coillteach
symbol *n* samhla *m*
symbolical *a* samhlachail
symbolize *v* samhlaich, riochdaich
symmetrical *a* ceart-chumadail
symmetry *n* cumadalachd *f*
sympathetic *a* co-mhothachail, co-fhulangach
sympathize *v* co-mhothaich, co-fhuiling
sympathy *n* co-mhothachadh *m*, co-fhulangas *m*
symphony *n* siansadh *m*, simphnidh *f*
symptom *n* comharradh *m*
synagogue *n* sinagog *f*
synchronize *v* co-thìmich
syncopation *n* ana-bhuille *f*
syncope *n* giorrachadh *m*
syndicate *n* buidheann-gnothaich *f*
synod *n* seanadh *m*
synonym *n* co-chiallaire *m*, co-fhacal *m*
synonymous *a* co-chiallach
synopsis *n* giorrachadh *m*
syntax *n* co-rèir *m*

synthesis *n* co-chur *m*
syphilis *n* sifilis *f*
syringe *n* steallaire *m*

syrup *n* siorap *f*
system *n* riaghailt *f*, seòl *m*
systematical *a* riaghailteach

T

tabernacle n pàilliun m
table n bòrd m, clàr m; (statistical t. etc.) clàr
tablecloth n anart-bùird m
tablet n (pill) pile f; (block) pìos m, clàr m
tabular a clàrach
tabulated a clàraichte
tacit a gun bhruidhinn
taciturn a dùinte, tosdach
tack n (nail) tacaid f; (naut.) taca f
tack v tacaidich; fuaigh; dèan taca
tackle n acainn f, uidheam f; (in sport) ionnsaigh f
tactic n luim m, seòl (-obrachaidh) m
tadpole n ceann-pholan m, ceann-simid m
tag n aigilean m; (lit.) ràdh m
tail n earball m, eàrr m, f, feaman m
tail-light n cùl-sholas m
tailor n tàillear m
taint n truailleadh m, gaoid f
taint v truaill, mill
take v gabh, thoir; t. from/out of, thoir o/á(s), falbh le; t, up, tog; t. an examination, feuch deuchainn; it takes a long time, tha e a' toirt ùine mhòr; t. fire, rach 'na theine; t. a photograph, tog dealbh; the plane takes off at 4 p.m., tha am pleuna a' falbh aig ceithir uairean; t. over, gabh seilbh air; he took to drink, chaidh e ris an deoch
taking n gabhail m, toirt f, togail f
takings n teachd-a-steach m
tale n sgeulachd f, sgeul m
talent n tàlann m, comas m
talk v labhair, bruidhinn, dèan còmhradh
talk n còmhradh m, bruidhinn f
talkative a bruidhneach, còmhraideach
talker n fear-còmhraidh m
talking n còmhradh m
tall a àrd, mòr, fada
tallness n àirde f
tallow n geir f, blonag f

tally n cùnntas m, àireamh f
tally v freagair
talon n spuir m, ionga f
tame a calla, callda, ciùin, ceannsaichte
tame v callaich, ceannsaich
taming n callachadh m
tameness n callaidheachd f
tamper v bean ri, mill
tan n dubhadh (-grèine) m
tan v cairt
tanning n cairteadh m
tang n blas m geur
tangent n tadhlair m
tangible a so-làimhseachadh
tangle n (seaweed) stamh m; sàs m, troimhe-chèile f
tangle v cuir/rach an sàs
tango n tango f
tanist n tànaiste m
tank n (for liquid) amar m; (mil.) tanca f
tanker n tancair m
tanner n fear-cairtidh m
tannic acid n searbhag f cairt
tansy n lus-na-Frainge m
tantalize v tog dòchas
tantamount a ionnan, co-ionnan
tap n goc m, tap f
tap v tarraing á; (knock) cnag
tape n teip f, stiall f
tape-recorder n teip-chlàraidhear m
taper v fàs barra-chaol, dèan caol
taper n cainnean m
tapestry n grèis-bhrat m
tar n bìth f, teàrr f
Tara n Teamhair f
tardy a athaiseach
tare(s) n cogall f
target n targaid f
tariff n càin f, clàr-phrìsean m
tarmac n tarmac m
tarnish v smalaich, dubhaich
tarpaulin n cainb-thearra f
tarry a tearrach
tarry v fuirich, dèan maille
tart n pithean m
tart a searbh, geur

tartan *n* breacan *m*, cadadh *m*
tartness *n* seirbhe *f*
task *n* obair *f*, gnìomh *m*
tassel *n* cluigean *m*, babaid *f*
taste *n* blas *m*; (*artistic t.*) ciall *f*, tuigse *f*
taste *v* blais, feuch
tasteless *a* neo-bhlasta
tastelessness *n* neo-bhlastachd *f*
tatter *n* luideag *f*, stròic *f*
tatter *v* reub, stròic
tattle *v* dèan goileam
tattle *n* goileam *m*
tattler *n* goileamaiche *m*
tattoo *n* tatù *m*
taunt *n* beumadh *m*, magadh *m*
taunt *v* beum, mag
taut *a* teann
tauten *v* teannaich
tautology *n* dà-aithris *f*
tavern *n* taigh-thàbhairn *m*, taigh-òsda *m*
tawdry *a* suarach
tawny *a* lachdann, ciar
tawse *n* stràic *m*
tax *n* cìs *f*, càin *f*; *income t.*, cìs air teachd-a-steach
tax *v* leag cìs; *t. with*, cuir ás leth
taxable *a* cìs-bhuailteach
taxation *n* cìs-leagadh *m*
taxi *n* tacsaidh *m*
taxman *n* cìs-fhear *m*
tea *n* teatha *f*, tì *f*
tea-cup *n* cupan *m* teatha
tea-pot *n* poit-teatha *f*
tea-spoon *n* spàin-teatha *f*
teach *v* teagaisg, ionnsaich
teachable *a* so-theagasg
teacher *n* fear *m*/bean-teagaisg *f*
teaching *n* teagasg *m*
teal *n* crann-lach *f*
team *n* sgioba *m*, *f*; (*of horses*) seisreach *f*
tear *n* (*from eye*) deur *m*; (*tearing*) sracadh *m*
tear *v* srac, reub
tearful *a* deurach
tease *v* tarraing á, farranaich; cìr
teat *n* sine *f*
technical *a* teicneolach
technician *n* teicneòlach *m*
technique *n* ceàird-eòlas *m*, dòigh *f*

technology *n* teicneolas *m*
tedious *a* liosda, màirnealach
teem *v* bi làn, bi a' cur thairis
teenager *n* deugaire *m*
teens *n* deugan *pl*
telecommunications *n* teile-fhios *m*
telegram *n* teileagram *m*
telegraph *n* teileagraf *m*
telepathy *n* teile-fhaireachdainn *f*
telephone *n* teilefon *m*, fòn *m*, *f*; *t. directory*, leabhar a/na fòn
teleprinter *n* teile-chlòthair *m*
telescope *n* gloinne-amhairc *f*
television *n* teilebhisean *m*
tell *v* innis, abair; cùnnt
teller *n* fear-innse *m*; fear-cùnntaidh *m*
temerity *n* dànadas *m*
temper *n* nàdur *m*, gnè *f*; (*of steel*) faghairt *f*; *he has a bad t.*, tha droch nàdur ann, tha e droch-nàdurach
temperament *n* càil *f*, càileachd *f*, nàdur *m*
temperance *n* measarrachd *f*, stuamachd *f*
temperate *a* measarra, stuama
temperature *n* teodhachd *f*
tempest *n* doineann *f*, gailleann *f*
tempestuous *a* gailbheach
temple *n* teampall *m*
tempo *n* luas *m*
temporal *a* aimsireil
temporary *a* sealach, neo-bhuan, rè seal
temporize *v* cuir dàil, imich a-rèir na h-aimsir
tempt *v* buair, tàlaidh
temptation *n* buaireadh *m*
tempter *n* buaireadair *m*
ten *n and a* (a) deich; (*t. persons*) deichnear
tenable *a* so-ghleidheadh, reusanta
tenacious *a* leanailteach
tenacity *n* leanailteachd *f*
tenant *n* fear-aonta *m*
tenantry *n* tuath-cheathairn *f*
tend *v* glèidh, àraich, aom
tendency *n* aomadh *m*
tender *n* tairgse *f*
tender *v* tairg
tender *a* maoth, caoin
tenderness *n* maothalachd *f*, caomhalachd *f*

tendon *n* fèith-lùthaidh *f*
tendril *n* faillean *m*
tenement *n* gabhail *f*; teanamant *m*
tenet *n* beachd *m*
tennis *n* cluich-cneutaig *f*
tenor *n* brìgh *f*, seagh *m*; aomadh *m*; (*mus.*) teanor *m*
tense *n* aimsir *f*, tràth *m*; *present/future/past t.*, tràth làthaireach/teachdail/coileanta
tense *a* teann, rag
tension *n* teannachadh *m*, ragachadh *m*
tent *n* teanta *f*, pàilliun *m*
tentacle *n* greimiche *m*
tentative *a* teagmhach
tenth *n* an deicheamh earrann *f*
tenth *a* deicheamh
tenuous *a* tana
tenure *n* còir-fearainn *f*, gabhaltas *m*
tepid *a* meagh-bhlàth
term *n* teirm *f*, tìm *f*; crìoch *f*, ceann *m*; (*expression*) facal *m*, briathar *m*
terminable *a* so-chrìochnachadh
terminate *v* crìochnaich
termination *n* crìochnachadh *m*
terminus *n* uidhe *f*, ceann-uidhe *m*, ceann *m*
tern *n* steàrnan *m*
terrestrial *a* talmhaidh
terrible *a* eagalach, uabhasach
terrier *n* abhag *f*
terrify *v* oilltich
territory *n* tìr *f*, fonn *m*
terror *n* eagal *m*, oillt *f*; cùis-eagail *f*
terse *a* cuimir
test *n* deuchainn *f*
testament *n* tiomnadh *m*; *The Old T.*, An Seann Tiomnadh; *The New T.*, An T. Nuadh
testator *n* fear-tiomnaidh *m*
testicle *n* magairle *m*, *f*, magairlean *m*, clach *f*
testify *v* thoir fianais
testimonial, testimony *n* teisteanas *m*
testiness *n* crosdachd *f*
testy *a* frionasach, crosda
tetchy *a* frionasach
tether *n* teadhair *f*
Teutonic *adj* Tiutonach
text *n* teacs *m*; (*Bib.*) ceann-teagaisg *m*
text-book *n* teacs-leabhar *m*

textile *n* aodach *m* fighte
textual *a* teacsail
texture *n* dèanamh *m*, inneach *m*
textured *a* inneachail
than *conj* na; *more t. ten*, barrachd agus/air deich; *other t.*, ach, a thuilleadh air
thank *v* thoir taing/buidheachas
thankful *a* taingeil, buidheach
thankfulness *n* taingealachd *f*
thankless *a* neo-ar-thaingeil
thankoffering *n* ìobairt *f* bhuidheachais
that *demon pron and a* sin, ud, siud
that *rel pron* a; *t. which*, na
that *conj* gu, gum, gun, gur, chum; *so ——— that (not)*, cho ———'s gu(nach)
that *adv* a chionn, do bhrìgh
thatch *n* tughadh *m*
thatch *v* tugh
thatcher *n* tughadair *m*
thaw *n* aiteamh *m*
thaw *v* dèan aiteamh, leagh
the *def art* an, am, a', 'n; *with pl* na
theatre *n* taigh-cluiche *m*
thee *pers pron* thu, thusa
theft *n* meirle *f*, goid *f*
their *poss pron* an, am
them *pers pron* iad, iadsan
theme *n* cùis *f*, tèama *f*
themselves *pron* iad fhèin
then *adv* (*at that time*) an sin, an uair sin; (*afterwards*) an dèidh sin; (*therefore*) uime sin
thence *adv* ás a sin, ás an àite sin, o sin
thenceforth *adv* on àm sin
thenceforward *adv* o sin suas/a-mach
theodolite *n* teodolait *m*
theologian *n* diadhaire *m*
theological *a* diadhaireach
theology *n* diadhachd *f*
theorem *n* teoirim *m*
theoretical *a* beachdail
theorist *n* beachdair *m*
theory *n* beachd *m*, beachd-smuain *m*, teoiric *f*
there *adv* an sin/siud, san àite sin
thereabout *adv* mu thimcheall sin
thereafter *adv* an dèidh sin
thereby *adv* le sin, leis a sin

therefore *adv* uime sin, le sin, air an adhbhar sin

therefrom *adv* o sin, uaithe sin

therein *adv* an sin

therewith *adv* leis a sin

therm *n* tearm *m*

thermal *a* tearmach

thermometer *n* teas-mheidh *f*

thermos *n* tearmas *m*

thermostat *n* tearmastad *m*

these *pron* iad seo

thesis *n* tràchdas *m*

they *pers pron* iad, iadsan

thick tiugh, garbh

thicken *v* tiughaich, dòmhlaich, fàs tiugh

thicket *n* doire *m*

thickness *n* tiughad *m*, dòmhlachd *f*

thief *n* meirleach *m*, gadaiche *m*

thieve *v* goid, dèan meirle

thievish *a* bradach

thigh *n* sliasaid *f*, leis *f*

thimble *n* meuran *m*

thin *a* tana, caol; gann

thin *v* tanaich

thine *poss pron* do, leatsa

thing *n* nì *m*, rud *m*; cùis *f*, gnothach *m*

think *v* smaoinich, saoil, meas; thoir fa-near

thinker *n* fear-smaoin *m*

thinking *n* smaoineachadh *m*, saoilsinn *f*

thinness *n* tainead *m*, caoilead *m*; teirc-ead *m*

third *n* trian *m*, treas cuid *f*

third *a* treas

thirdly *adv* anns an treas àite

thirst *n* pathadh *m*, tart *m*, ìota *m*

thirst *v* bi pàiteach/tartmhor

thirstiness *n* pàiteachd *f*, tartmhorachd *f*

thirsty *a* pàiteach, tartmhor, ìotach

thirteenth *a* treas-deug

thirteen *n and a* trì-deug

thirty *n and a* deich ar fhichead

this *demon pron* seo, an nì seo

thistle *n* cluaran *m*, fòghnan *m*

thither *adv* chun a sin, don àite sin

thitherto *adv* chun na crìche sin

Thomas *n* Tòmas *m*

thong *n* iall *f*

thorn *n* dris *f*, droigheann *m*

thorny *a* driseach, droighneach

thorough *a* iomlan, domhainn; (*complete*) dearg; *a t. fool*, dearg amadan

those *demon pron* iad sin/siud

thou *pers pron* tu, thu; *are you going?*, a bheil thu dol?; *is it you who* ———? an tu tha ———?

though *conj* ge, ged; *as t.*, mar gu(m/n); *as t. you were to say*, mar gun canadh tu

thought *n* smaoin *f*, smuain *f*; aire *f*, cùram *m*; dùil *f*

thoughtful *a* smaointeachail, cùramach

thoughtless *a* neo-smaointeachail

thousand *n and a* mìle

thrall *n* tràill *m*, *f*

thrash *v* slaic; (*of grain*) buail

thread *n* snàthainn *m*, snàithlean *m*

thread *v* cuir snàthainn/snàithlean troimh

threadbare *a* lom

threat *n* bagairt *f*, maoidheadh *m*

threaten *v* bagair, maoidh

threatening *n* bagradh *m*

three *n and a* trì; (*of persons*) triùir

three-legged *a* trì-chasach

three-ply *a* trì-dhualach

three-quarters *n* trì chairtealan *pl*

threefold *a* trì-fillte

threescore *n* trì fichead

thresh *v* buail

threshing-machine *n* muileann-bhualaidh *m*, *f*

threshold *n* stairs(n)each *f*

thrice *adv* trì uairean

thrift *n* cùmhntachd *f*

thrifty *a* glèidhteach, cùramach

thrill *n* gaoir *f*

thrill *v* cuir gaoir ann

thrilling *a* gaoireil

thrive *v* soirbhich, cinn

throat *n* amhach *f*, sgòrnan *m*

throb *n* plosgadh *m*

throb *v* dèan plosgartaich

throe *n* èiginn *f*, saothair *f*

thrombosis *n* trombòis *f*

throne *n* rìgh-chathair *f*

throng *n* mòr-shluagh *m*, dòmhladas *m*

throng *v* dòmhlaich

throttle *v* tachd, mùch

through *prep* tre, troimh, trìd; *t. me etc.*, tromham *etc.*

throughout *adv* o cheann gu ceann, feadh gach àite

throw *n* tilgeadh *m*

throw *v* tilg; leag

thrum *n* fuidheag *f*

thrush *n* smeòrach *f*

thrust *n* sàthadh *m*, sparradh *m*

thrust *v* sàth, spàrr

thumb *n* òrdag *f*

thumb *v* làimhsich

thump *n* buille *f*, slaic *f*

thump *v* buail, thoir slaic do

thunder *n* tàirneanach *m*

thunderbolt *n* beithir *m*

thunderous *a* torrannach

Thursday *n* Diardaoin *m*

thus *adv* mar seo, air an dòigh seo

thwart *n* tobhta *m*

thwart *v* cuir/bi an aghaidh

thy *poss pron* do, d', t'

tiara *n* coron *m*

tick *n* (*of clock*) buille *f*, diog *m*; (*moment*) diog; (*mark on paper*) strìochag *f*; (*sheep t.*) mial-chaorach *f*

ticket *n* bileag *f*, ticeard *f*

ticket-collector *n* fear *m* togail bhileagan/thiceardan

tickle *v* diogail

tide *n* seòl-mara *m*, tìde-mhara *f*; *high t.*, làn(-mara) *m*

tidings *n* naidheachd *f*

tidy *a* sgiobalta, cuimir

tidy *v* sgioblaich

tie *n* bann *m*

tie *v* ceangail

tier *n* sreath *m*

tiger *n* tìgeir *m*

tight *a* teann

tighten *v* teannaich

tightness *n* teinnead *m*

tights *n* stocainnean-àrda *pl*

tile *n* crèadh-leac *f*

till *n* cobhan *m*

till *prep* gu, gus, gu ruig

till *v* àitich, treabh

tillage *n* treabhadh *m*, àr *m*

tiller *n* (*of soil*) treabhaiche *m*; (*naut.*) ailm/failm *f*

tilt *v* aom; cathaich

timber *n* fiodh *m*

timbered *a* fiodha

time *n* ùine *f*, àm *m*, aimsir *f*, uair *f*, tìm *f*, tràth *m*; *what's the t.?*, dè 'n uair a tha e?; *there is plenty of t.*, tha ùine/tìde gu leòr ann; *there is a t. for rejoicing*, tha aimsir ann airson subhachais; *behind the times*, air chùl an t-seanchais; *for a long t.*, o chionn fhada; *from t. to t.*, bho àm gu àm

time *v* tomhais tìm

time-exposure *n* nochdadh-seala *m*

timeless *a* neo-thìmeil

timely *adv* an deagh àm

timid *a* gealtach

timidity *n* gealtachd *f*, athadh *m*

timorous *a* eagalach, sgàthach

tin *n* staoin *f*; (*t. can*) canastair *m*

tin-opener *n* fosglair *m* chanastair

tincture *n* dath *m*, lìth *m*

tinder *n* spong *m*

tinge *v* dath

tingle *v* fairich gaoir

tinker *n* ceàrd *m*

tinkle *v* dèan/thoir gliong

tinsel *n* tinsil *f*

tint *n* dath *m*, tuar *m*

tiny *a* crìon, meanbh, biodach

tip *n* bàrr *m*; (*of money*) duais *f*

tipple *v* dèan pòit

tippler *n* misgear *m*, pòitear *m*

tipsy *a* air leth-mhisg, froganach

tiptoe *n* corra-biod *m*

tire *v* sgìthich, sàraich; fàs sgìth

tired *a* sgìth

tiresome *a* sgìtheachail

tissue *n* eadar-fhighe *m*, stuth *m*; *nerve t.*, stuth-nearbhaichean *m*

tit *n* sine *f*; (*orn.*) gocan *m*, smutag *f*

tithe *n* deachamh *m*, deicheamh *m*

titillation *n* diogladh *m*

title *n* tiotal *m*, ainm *m*; (*leg.*) còir *f*, dligh *f*

title-page *n* clàr-ainme *m*

titular *a* san ainm

to *prep* do, gu, chun, ri, aig, an aghaidh, a; *he gave a shilling to the boy*, thug e tasdan don bhalach; *they went to a ceilidh*, chaidh iad gu cèilidh; *up to the knees in sand*, chun nan glùinean ann an gainmhich; *he said to him*, thuirt e ris; *physician to the King*, lèigh aig an Rìgh; *three to one*, triùir an aghaidh aoin; *he came to see me*, thàinig e a shealltainn orm; *to me etc.*, dhomh/thugam *etc.*

to *adv* to and fro, a-null 's a-nall
toad *n* muile-mhàg *f*
toast *n* tost *m*; (*drink*) deoch-slàinte *f*
toast *v* caoinich; òl deoch-slàinte
tobacco *n* tombaca *m*
today *adv* an-diugh
toe *n* òrdag *f*
toffee *n* toifidh *m*
together *adv* le chèile, còmhla, maraon
toil *n* saothair *f*
toil *v* saothraich
toilet *n* taigh-beag *m*; sgeadachadh *m*; *he went to the t.*, chaidh e don taigh-bheag; *she is attending to her t.*, tha i ga sgeadachadh fhèin
toilsome *a* saothrachail
token *n* comharradh *m*
tolerable *a* so-fhulang; meadhonach (math)
tolerance *n* fulangas *m*; ceadachas *m*
tolerant *a* ceadach
tolerate *v* ceadaich
toleration *n* ceadachas *m*
toll *n* càin *f*
toll *v* buail clag
tomato *n* tomàto *m*
tomb *n* tuam *m*
tomboy *n* caile-bhalach *m*
tombstone *n* leac *f* uaghach
tomcat *n* cat *m* fireann
tome *n* leabhar *m* mòr
tomorrow *adv* a-màireach
ton *n* tonna *f*
tonal *a* tònail
tone *n* fonn *m*, fuaim *m*, gleus *m*, *f*; tòna *f*
tone-deaf *a* ceòl-bhodhar
tongs *n* clobha *m*
tongue *n* teanga *m*; cainnt *f*
tongue-twister *n* amalladh-cainnte *m*
tonic *n* deoch *f* bhrìgheach; togail *f*
tonight *adv* a-nochd
tonnage *n* tonnachas *m*
tonsil *n* tonsail *f*
tonsure *n* bearradh *m*
too *adv* cuideachd, mar an ceudna; *with adjs.*, ro; *he went there t.*, chaidh e ann cuideachd; *too black*, ro dhubh; *too*

much, cus, tuilleadh 's a' chòir
tool *n* inneal *m*, ball-acainn *m*
tooth *n* fiacail *f*
toothache *n* an dèideadh *m*
toothpaste *n* uachdar-fhiaclan *m*
top *n* mullach *m*, bàrr *m*, uachdar *m*; (*spinning t.*) gille-mirein *m*
top *v* thoir bàrr air; còmhdaich mullach
top-heavy *a* bàrr-throm
toper *n* pòitear *m*, misgear *m*
topic *n* ceann *m*, cuspair *m*, adhbhar *m*, ceann-còmhraidh *m*
topical *a* co-aimsireil
topmost *a* uachdrach
topography *n* tìr-chùnntas *m*
topsy-turvy *a and adv* bun-os-cionn
torch *n* leus *m*
torment *n* cràdh *m*, pian *m*
torment *v* cràidh, pian
tormentor *n* fear-pianaidh *m*, fear-lèiridh *m*
torpedo *n* toirpead *m*
torpid *a* gun chlì
torpor *n* marbhantachd *f*
torrent *n* bras-shruth *m*, beum-slèibhe *m*
torrid *a* loisgeach
torso *n* colann *f*
tortoise *n* sligeanach *m*
tortuous *a* snìomhach, lùbach
torture *n* cràdh *m*, pianadh *m*
torture *v* cràidh, cuir an cràdh
Tory *n* Tòraidh *m*
toss *v* luaisg; tilg; (*of a coin*) cuir croinn
total *a* iomlan, uile
totalitarian *a* tur-smachdach
totally *adv* gu lèir
totter *v* thoir ceum critheanach
touch *n* beantainn *m*, suathadh *m*; beagan *m*, rudeigin *m*
touch *v* bean do, suath ann, buin ri, làimhsich; drùidh air
touching *a* drùidhteach
touchstone *n* clach-dhearbhaidh *f*
touchy *a* frithearra
tough *a* righinn; buan
toughen *v* rìghnich
toughness *n* rìghnead *m*
tour *n* turas *m*, cuairt *f*
tourism *n* turasachd *f*
tourist *n* fear-turais *n*; *pl* luchd-t.

187

tournique *n* casg-fala *m*

tow *n* slaod *m*

towards *prep* a chum, a dh'ionnsaigh; mu thimcheall, faisg air

towel *n* tubhailte *f*, sear(bh)adair *m*

tower *n* tùr *m*, turaid *f*

town *n* baile *m*, baile-mòr *m*

town-council *n* comhairle *f* a' bhaile

town-hall *n* talla *m* a' bhaile

townclerk *n* clèireach *m* baile

toy *n* dèideag *f*

toy *v* cluich, dèan sùgradh

trace *n* lorg *f*

trace *v* lorg, comharraich

track *n* lorg *f*, frith-rathad *m*

trackless *a* gun slighe

tract *n* (*of country*) clàr *m*; (*pamphlet*) leabhran *m*; (*anat.*) bealach *m*

tractable *a* soitheamh, aontachail

traction *n* tarraing *f*

tractor *n* tractor *m*

trade *n* ceàird *n*; malairt *f*

trade *v* dèan malairt/ceannachd

trade-mark *n* comharradh *m* malairt

trade-union *n* aonadh-ceirde *m*, ceàrd-chomann *m*

trader *n* fear-malairt *m*

tradesman *n* fear-ceàirde *m*

tradition *n* beul-aithris *m*; tradisean *m*

traditional *a* beul-aithriseach

traduce *v* cùl-chàin

traffic *n* trafaic *f*

tragedy *n* bròn-chluich *f*

trail *n* lorg *f*, slighe *f*

trail *v* slaod; rach air lorg

trailer *n* slaodair *m*

train *n* (*railway t.*) trèana *f*; (*company etc.*) muinntir *f*, cuideachd *f*

train *v* àraich, teagaisg, ionnsaich

training *n* ionnsachadh *m*, oilean *m*, cleachdadh *m*

trait *n* trèithe *f*

traitor *n* fear-brathaidh *m*

traitorous *a* brathach, fealltach

trammel *v* rib, grab

tramp *n* cas-cheuman *pl* troma; (*of person*) fear-siubhail *m*

trample *v* saltair

trance *n* neul *m*

tranquil *a* ciùin, sìochail

tranquillity *n* ciùineas *m*

tranquillizer *n* ciùineadair *m*

transact *v* dèan gnothach, cuir air dòigh

transaction *n* gnothach *m*; *transactions*, cùisean *pl*

transcend *v* rach thairis air, thoir bàrr air

transcendent *a* tar-dhìreadhail

transcribe *v* ath-sgrìobh

transcriber *n* ath-sgrìobhair *m*

transcript, transcription *n* ath-sgrìobhadh *m*, tair-sgrìobhadh *m*

transfer *n* malairt *f*, toirt *f* thairis

transfer *v* thoir/cuir thairis

transfiguration *n* cruth-atharrachadh *m*

transfigure *v* cruth-atharraich

transfix *v* troimh-lot, sàth ann

transform *v* cruth-atharraich

transformer *n* tar-chruthair *m*

transfuse *v* coimeasg

transgress *v* rach thairis

transgression *n* cionta *m*

transient *a* diombuan, neo-mhaireann

transit *n* trasnadh *m*

transition *n* imeachd *f*

transitional *a* trasdach

transitive *a* (*gram.*) aistreach

translate *v* eadar-theangaich; atharraich

translation *n* eadar-theangachadh *m*

translator *n* eadar-theangair *m*

translucent *a* tre-shoillseach

transmigration *n* cian-imrich *f*

transmission *n* tar-chur *m*

transmit *v* tar-chuir

transmitter *n* tar-chuirear *m*, crann-sgaoilidh *m*

transmute *v* tar-chaochail

transparent *a* trìd-shoilleir

transpire *v* thig am follais

transplant *n* ath-chur *m*

transplant *v* ath-chuir

transport *n* giùlan *m*

transport *v* giùlain, iomchair

transpose *v* atharraich; (*mus.*) gleus-atharraich

trap *n* ribe *f*

trap *v* rib, glac

trash *n* nì *m* gun fheum, truileis *f*

trashy *a* suarach, gun fhiù

travail *n* saothair *f*, claoidheadh *m*

travail *v* sàraich

travel *n* taisdeal *m*, siubhal *m*

travel *v* triall, siubhail

traveller *n* fear-siubhail *m*, taisdealaiche *m*

travelling *n* siubhal *m*

traverse *a* tarsainn

traverse *v* triall

trawl *v* sgrìob

trawler *n* bàta-sgrìobaidh *m*, tràlair *m*

tray *n* sgàl *m*

treacherous *a* mealltach

treachery *n* ceilg *f*

treacle *n* trèicil *m*

tread *n* ceum *m*; (*of tyre*) corrachas *m*

tread *v* saltair; (*copulate*) cliath

treadle *n* cas *f*

treason *n* brathadh *m*

treasure *n* ionmhas *m*, ulaidh *f*

treasure *v* taisg

treasurer *n* ionmhasair *m*

treasury *n* ciste *f* an ionmhais

treat *n* cuirm *f*, fleagh *m*

treat *v* thoir aoigheachd do, riaraich; (*discuss*) labhair air, làimhsich

treatise *n* tràchdas *m*

treatment *n* làimhseachadh *m*

treaty *n* cùmhnant *m*, còrdadh *m*

treble *a* trì-fillte; (*of voice*) àrd

tree *n* craobh *f*, crann *m*

trefoil *n* trì-bhileach *m*

trellis *n* obair-chliath *f*

tremble *v* criothnaich, bi air chrith

trembling *n* criothnnachadh *m*, crith *f*

trembling *a* critheanach

tremendous *a* uabhasach, eagalach

tremor *n* crith *f*, ball-chrith *f*

tremulous *a* critheanach

trench *n* clais *f*

trench *v* cladhaich

trenchant *a* geur, cumhachdach

trencher *n* truinnsear *m*

trend *n* claonadh *m*

trepidation *n* geilt-chrith *f*

trespass *n* cionta *m*, peacadh *m*; briseadh-chrìochan *m*

trespass *v* peacaich; rach thar chrìochan

tress *n* ciabh *f*, bachlag *f*

trestle *n* sorchan *m*

trews *n* triubhas *m*

triad *n* trithear *m*

trial *n* deuchainn *f*, dearbhadh *m*

triangle *n* trì-cheàrnag *f*

triangular *a* trì-cheàrnach

tribe *n* treubh *f*, sliochd *m*, seòrsa *m*

tribulation *n* trioblaid *f*, àmhghar *f*

tribunal *n* mòd-ceartais *m*

tributary *n* leas-abhainn *f*

tribute *n* càin *f*; ùmhlachd *f*

trick *n* car *m*, cleas *m*, cuilbheart *f*

trick *v* meall, thoir an car á

trickle *n* beag-shileadh *m*

trickle *v* sil, sruth

tricycle *n* trì-rothach *m*

triennial *a* trì-bhliannail

trifle *n* faoineas *m*

trifling *a* beag, suarach

trigger *n* iarunn-leigidh *m*

trigonometry *n* tomhas *m* trì-cheàrnach

trilateral *a* trì-shliosach

trill *n* coireall *m*

trim *n* gleus *m*, *f*, òrdugh *m*

trim *a* sgiobalta, cuimir

trim *v* uidheamaich, snasaich

Trinity *n* Trianaid *f*

trinket *n* seud *m*

trio *n* triùir; (*mus.*) ceòl-triùir *m*

trip *n* turas *m*, cuairt *f*; tuisleadh *m*

trip *v* tuislich

tripartite *a* trì-earrannach

tripe *n* maodal *f*

triphthong *n* trì-fhoghar *m*

triple *a* trì-fillte

triplets *n* triùir

triplicate *v* trìthich

tripod *n* trì-chasach *m*

trisyllabic *a* trì-shiollach

trite *a* sean-ràite

triumph *n* gàirdeachas *m*, buaidh-chaithream *m*

triumph *v* thoir buaidh, dèan buaidh-chaithream

triumphant *a* caithreamach

trivial *a* suarach, gun fhiù

Trojan *n and a* Traoidheanach *m*

trolley *n* troilidh *f*

trollop *n* sgliùrach *f*

troop *n* buidheann *f*, cuideachd *f*, trùp *m*

troop *v* triall

trooper *n* trùpair *m*

trophy *n* duais *f*

trombone *n* trombòn *m*

tropic *n* tropaig *f*, cearcall *m* grian-stad

tropical *a* tropaigeach

trot *n* trotan *m*

trot v dèan trotan
trotter n cas f caorach
trouble n dragh f, saothair f, trioblaid f; buaireas m
trouble v cuir dragh air, buair; *he is troubled with sciatica,* tha e a' gearain air siataig
troublesome a draghail, buaireasach
trough n amar m
trounce v lunndrainn
trousers n briogais f; triubhas m
trout n breac m; *sea t.,* bànag f
trowel n sgreadhail f
truant a èalaidheach
truce n fosadh m
truck n truca f
truck v dèan malairt
truculent a cogail, garg
trudge v triall air èiginn
true a fìor, fìrinneach; dìleas; ceart
truly adv fìrinneach, gu dearbh, gu deimhinn; *yours t.,* le dùrachd
trump n (*cards*) buadh-chairt f, trumpa f; (*mus.*) trombaid f
trumpet n trombaid f
trundle v cuir car ma char
trunk n stoc m, bun-craoibhe m; (*box*) ciste f; (*animal's t.*) sròn f, gnos m
truss n crios m trusaidh
truss v trus, ceangail
trust n earbsa f, creideas m
trust v earb á, cuir muinghinn ann, thoir creideas do
trustee n cileadair m, urrasair m
trusteeship n urrasachd f
truth n fìrinn f
try v feuch; dearbh; cuir gu deuchainn
tryst n dàil f
tub n balan m, cùdainn f, tuba f
tube n pìob f, pìoban m, feadan m
tubercular a eitigeach
tuberculosis n a' chaitheamh f
tubular a pìobach, pìobanach
tubule n pìobag f
tuck v trus
Tuesday n Dimàirt m
tuft n dos m, babag f, badan m
tufty a dosach, badanach
tug v tarraing, dragh, spìon
tug n tarraing f, draghadh m; (*naut.*) tuga f

tuition n teagasg m, ionnsachadh m
tulip n tiuilip f
tumble n tuiteam m, leagadh m
tumble v tuit, leag; tilg sìos
tumbler n còrn m
tumorous a fluthach
tumour n at m, màm m, meall m, fluth m
tumult n iorghail f
tumultuous a iorghaileach
tun n tunna f
tune n fonn m, port m
tune v gleus
tuneful a fonnmhor
tuneless a neo-fhonnmhor
tuner n fear-gleusaidh m
tungsten n tungstan m
tunic n casag f
tuning-fork n gobhal-gleusaidh m
tunnel n tunail f
tup n reithe m
turban n turban m
turbid a ruaimleach
turbine n roth-uidheam f
turbo-generator n roth-ghineadair m
turbot n bradan-leathann m
turbulence n buaireas m, luaisgeachd f
turbulent a buaireasach, luaisgeach
turf n sgrath f, fàl m, fòd f
turgid a air at; trom, iom-fhaclach
Turk n Turcach m
turkey n eun-Frangach m
Turkey n An Tuirc f
Turkish a Turcach
turmoil n troimhe-chèile f
turn n tionndadh m, car m, lùb f; tilleadh m; tùrn m, gnìomh m; cuairt f
turn v tionndaidh, cuir mun cuairt; till, cuir air falbh; fàs, cinn
turn-out n àireamh-vòtaidh f
turn-over n bathar-luach m
turn-table n clàr-tionndaidh m
turner n tuairnear m
turning n tionndadh m; car m, lùb f
turnip n snèap f
turpentine n turpantain m
turquoise n and a tuirc-ghorm m
turret n turaid f
turtle n turtur f
tusk n sgor-fhiacail f
tussle n tuasaid f
tut! interj thud!

190

tutelage *n* oideas *m*
tutor *n* oid-ionnsaich *m*; (*in clan polity*) taoitear *m*
tutorial *n and a* buidheann-teagaisg *f*; teagasgach
twain *n* dithis *m*, càraid *f*
twang *n* srann *f*
twang *v* dèan srann
tweak *v* teannaich, cuir car de
tweed *n* clò *m*, clò-mòr *m*
tweezers *n* greimiche *m*
twelfth *a* dara-deug
twelve *n and a* d(h)à-dheug; *t. men*, dà-fhear-dheug
twentieth *a* ficheadamh
twenty *n and a* fichead
twenty-first *a* aona ——— ar fhichead
twice *adv* dà uair
twig *n* faillean *m*, slat *f*
twilight *n* eadar-sholas *m*, camhanaich *f*
twin *n* leth-aon *m*
twin-engined *a* dà-einnseanach
twin-screw *a* dà-sgriubhach
twine *n* toinntean *m*
twine *v* toinn
twinge *n* biorgadh *m*
twinkle, twinkling *n* priobadh *m*
twinkle *v* priob
twirl *v* ruidhil mun cuairt
twist, twisting *n* toinneamh *m*, car *m*, snìomh *m*

twister *n* snìomhaire *m*, snìomhadair *m*
twist *v* toinn, toinneamh, snìomh
twit *v* mag, dèan fochaid
twitch *n* priobadh *m*, biorgadh *m*
twitter *n* ceilear *m*
two *n and a* dà, (a) dhà; (*of persons*) dithis, càraid
two-dimensional *a* dà-mheudach
two-edged *a* dà-fhaobharach
two-faced *a* beulach, leam-leat
two-fold *a* dà-fhillte
two-handed *a* dà-làmhach
two-legged *a* dà-chasach
two-ply *a* dà-dhualach
two-stroke *n and a* dà-bhuilleach *m*
tycoon *n* taidh-cùn *m*
type *n* seòrsa *m*; (*typog.*) clò *m*
typescript *n* clò-sgrìobhadh *m*
typewriter *n* clò-sgrìobhadair *m*
typhoid *n* fiabhras *m* breac
typhus *n* fiabhras *m* ballach
typical *a* coltach, dualach
typify *v* dualaich
typist *n* clò-sgrìobhaiche *m*
typographer *n* clò-bhuailtear *m*
typographical *a* clò-bhuailteach
typography *n* clò-bhualadh *m*
tyrannical *a* aintighearnail
tyranny *n* aintighearnas *m*
tyre *n* taidhr *f*
tyro *n* foghlamaiche *m*
Tyrone *n* Tìr *f* Eòghainn

U

ubiquitous *a* uile-làthaireach
udder *n* ùth *m*
ugliness *n* grànndachd *f*
ugly *a* grànnda
ulcer *n* neasgaid *f*, lot-iongarach *m*
ulcerate *v* iongraich
ulceration *n* iongrachadh *m*
ulcerous *a* iongarach, neasgaideach
Ulster *n* Ulaidh *f*
ulterior *a* ìochdarach, falaich
ultimate *a* deireannach, deiridh
ultimatum *n* fògradh *m* deiridh
ultra- *pref* ro-, sàr
ultra-violet *n* ultra-violait *f*
umber *a* òmair
umbilical *a* imleagach
umbrage *n* corraich *f*, fearg *f*; mìo-
  thlachd *f*
umbrella *n* sgàilean *m*
umpire *n* breitheamh *m*
un- *pref* neo-, mì-, an-, ás-, do-, eu-,
  gun
unable *a* neo-chomasach, eu-comasach;
  he is u. to do it, tha e neo-chomasach/
  eu-comasach dha a dhèanamh
unaccompanied *a* gun chompàirt
unaccountable *a* do-innse, do-chur-an-
  cèill
unaccustomed *a* neo-chleachdte, neo-
  ghnàthach
unacquainted *a* aineolach
unadorned *a* neo-sgeadaichte
unaffected *a* còir, sìmplidh
unaided *a* gun chuideachadh
unalterable *a* neo-chaochlaideach
unanimity *n* aon-inntinn *f*
unanimous *a* aon-inntinneach
unanswerable *a* do-fhreagairt
unappetizing *a* neo-bhlasda
unarmed *a* neo-armaichte
unasked *a* gun iarraidh
unattainable *a* do-ruigsinn
unattended *a* gun chuideachd
unauthorised *a* gun ùghdarras
unavailing *a* gun stàth
unavoidable *a* do-sheachanta

unaware *a* gun fhios/fhaireachadh
unbalanced *a* air mhì-chothrom,
  corrach
unbeatable *a* do-shàraichte
unbeaten *a* neo-chìosnaichte
unbefitting *a* neo-fhreagarrach
unbelief *n* ana-creideamh *m*
unbeliever *n* ana-creideach *m*
unbend *v* maothaich
unbiased *a* neo-leatromach
unbidden *a* gun iarraidh
unbind *v* fuasgail
unbolt *v* thoir an crann de
unborn *a* gun bhreith
unbounded *a* neo-chrìochnach
unbreakable *a* do-bhriste
unceasing *a* gun sgur
uncertain *a* neo-chinnteach
uncertainty *n* neo-chinnteachd *f*
unchanging *a* neo-chaochlaideach
uncharitable *a* neo-charthannach
unchaste *a* neo-gheanmnaidh
unchristian *a* ana-crìosdail
uncircumcised *a* neo-thimcheall-
  gheàrrte
uncivil *a* borb
uncivilized *a* neo-shìobhalta, borb
uncle *n* bràthair *m* athar/màthar
unclean *a* neòghlan
uncleanliness *n* neòghloine *f*
unclouded *a* gun neul
uncollected *a* neo-chruinnichte
uncoloured *a* neo-dhaite
uncombed *a* neo-chìrte
uncomely *a* mì-chiatach
uncomfortable *a* anshocrach
uncommon *a* neo-ghnàthach
unconcealed *a* gun cheilt
unconcerned *a* neo-chùramach
unconditional *a* gun chùmhnantan
unconfirmed *a* neo-dhaingnichte
uncongealed *a* neo-reòta
uncongenial *a* neo-bhàigheil
unconquerable *a* do-cheannsachadh
unconscious *a* neo-fhiosrach
unconstitutional *a* neo-reachdail

uncontested *a* gun chòmhstri
uncontrollable *a* do-smachdaichte
unconventional *a* neo-ghnàthach
unconvinced *a* neo-dheimhinnte
uncooked *a* amh
uncork *v* ás-àrcaich
uncorrected *a* neo-cheartaichte
uncourteous *a* mì-shuairce
uncouth *a* aineolach
uncrossed *a* gun chrosadh
unction *n* ungadh *m*
uncultivated *a* neo-àitichte, fiadhaich
uncultured *a* neo-chulturach
uncut *a* neo-gheàrrte
undated *a* gun cheann-latha
undaunted *a* neo-ghealtach
undeceived *a* neo-mheallta
undecided *a* neo-chinnteach
undefiled *a* neo-thruaillte
undefined *a* neo-mhìnichte
undelivered *a* neo-lìrichte
undeniable *a* do-àicheadh
under *prep* fo
under-secretary *n* fo-rùnaire *m*
underclothes *n* fo-aodach *m*
undercurrent *n* fo-shruth *m*
underdeveloped *a* neo-leasaichte
underfed *a* neo-bheathaichte
undergo *v* fuiling, giùlain, faigh
undergraduate *n* fo-cheumaiche *m*
underground *a* fo thalamh, fon talamh
underhand *a* cealgach
underline *v* cuir loidhne fo, neartaich
undermanned *a* aotrom (a thaobh
  luchd-obrach)
undermine *v* cladhaich fo, thoir an
  stèidh air falbh o
underneath *prep* fo
underneath *adv* fodha
underrate *v* dì-mheas
under-skirt *n* fo-sgiorta *f*
understand *v* tuig
understanding *n* tuigse *f*, ciall *f*
understanding *a* tuigseach
undertake *v* gabh os làimh
undertaker *n* fear-adhlacaidh *m*
undertaking *n* gnothach *m*, obair *f*
undervalue *v* dì-mheas
underwear *n* fo-aodach *m*
underwrite *v* fo-sgrìobh
undeserved *a* neo-thoillteanach

undeserving *a* neo-airidh
undigested *a* neo-mheirbhte
undiminished *a* neo-lùghdaichte
undiscernible *a* neo-fhaicsinneach
undiscerning *a* neo-thuigseach
undisciplined *a* neo-smachdte
undisguised *a* nochdte
undisturbed *a* neo-bhuairte
undivided *a* neo-roinnte
undo *v* mill; fuasgail
undone *a* caillte, sgrioste
undoubted *a* cinnteach, gun teagamh
undoubtedly *adv* gu cinnteach, gun
  teagamh
undress *v* rùisg
undressed *a* rùisgte
undulation *n* tonn-luasgadh *m*
undutiful *a* mì-dhleasanach
unearned *a* neo-shaothraichte
uneasiness *n* anshocair *f*
uneasy *a* anshocrach
uneducated *a* neo-fhoghlamte
unemployed *a* dìomhain, gun obair
unenlightened *a* neo-fhiosrach
unentertaining *a* neo-aighearach
unequal *a* neo-ionnan
unequivocal *a* dìreach, gun amharas
unerring *a* neo-mhearachdach
uneven *a* neo-chòmhnard, neo-rèidh
unevenness *n* neo-chòmhnardachd *f*,
  neo-rèidhe *f*
unexpected *a* gun dùil
unexperienced *a* neo-chleachdte
unexplored *a* neo-rannsaichte
unextinguishable *a* do-mhùchadh
unfailing *a* neo-fhàillinneach
unfair *a* mì-cheart, eu-còir
unfaithful *a* neo-dhìleas
unfashionable *a* neo-fhasanta
unfathomable *a* do-thomhas
unfavourable *a* neo-fhàbharrach
unfed *a* neo-bhiata
unfeeling *a* neo-fhaireachail
unfertile *a* neo-thorrach
unfettered *a* neo-chuibhrichte
unfinished *a* neo-chrìochnaichte
unfirm *a* neo-sheasmhach
unfit *a* neo-iomchaidh; bochd
unfledged *a* gun itean
unfold *v* fosgail, foillsich
unforeseen *a* gun sùil ris

unforgiving *a* neo-mhathach
unformed *a* neo-chumadail
unfortunate *a* mì-shealbhach
unfounded *a* gun bhunait
unfrequent *a* ainmig, tearc
unfriendly *a* neo-chàirdeil
unfruitful *a* neo-tharbhach
unfurl *v* sgaoil
unfurnished *a* gun àirneis
ungainly *a* neo-eireachdail
ungenerous *a* neo-fhialaidh
ungenial *a* neo-bhàigheil
ungentle *a* neo-shuairce
ungodliness *n* ain-diadhachd *f*
ungodly *a* ain-diadhaidh
ungovernable *a* do-riaghladh
ungrammatical *a* droch-ghràmarach
ungrateful *a* mì-thaingeil
unguarded *a* neo-dhìonta
unhappiness *n* mì-shonas *m*
unhappy *a* mì-shona
unharmonious *a* neo-fhonnmhor
unhealthy *a* euslainteach
unheard *a* gun èisdeachd ri
unheeded *a* gun sùim
unholy *a* mì-naomha
unhospitable *a* neo-aoidheil
unhurt *a* gun dochann/bheud
unhusk *v* plaoisg
unicellular *a* aoncheallach
unification *n* co-aonachadh *m*
uniform *n* culaidh *f*, èideadh *m*
uniform *a* aon-dealbhach, aon-ghnèitheach, cothrom
uniformity *n* co-ionnanachd *f*
unilateral *a* aon-taobhach
unimaginable *a* do-smuaineachadh
unimpaired *a* neo-mhillte
unimportant *a* neo-chudromach
unimproved *a* neo-leasaichte
uninformed *a* aineolach, gun eòlas
uninhabitable *a* do-àiteachadh
uninhabited *a* neo-àitichte
uninjured *a* gun chiorram
uninspired *a* neo-bhrosnaichte, gun bhlas
unintelligible *a* do-thuigsinn
unintentional *a* do-runaichte
uninterested *a* gun ùidh, gun spèis, coma
uninvited *a* gun chuireadh

union *n* aonadh *m*
Union Jack *n* Seoc *m* an Aonaidh
unionist *n* aonadair *m*
unique *a* air leth
unison *n* seinn *f* aon-ghuthach
unit *n* aon *m*, aonad *m*
unite *v* aontaich, ceangail
unity *n* aonachd *f*, co-chòrdadh *m*
universal *a* coitcheann
universe *n* domhan *m*
university *n* oilthigh *m*
unjust *a* mì-cheart, eu-còir
unkind *a* neo-choibhneil
unkindness *n* neo-choibhneas *m*
unknown *a* neo-aithnichte
unladen *a* neo-luchdaichte
unlawful *a* mì-laghail
unlearned *a* neo-fhoghlamaichte
unleavened *a* neo-ghoirtichte
unless *conj* mur, mura; nas lugha na gu; ach
unlicensed *a* neo-cheadaichte
unlike *a* neo-choltach
unlikelihood *n* eu-coltas *m*
unlikely *a* eu-coltach
unlimited *a* neo-chrìochach
unload *v* thoir an luchd dhe, aotromaich
unlock *v* fosgail (glas)
unlooked-for *a* gun dùil ri
unloose *v* fuasgail
unloving *a* neo-ghaolach
unlucky *a* mì-shealbhach
unmanageable *a* do-cheannsachadh
unmanly *a* neo-fhearail
unmannerly *a* mì-mhodhail
unmarried *a* gun phòsadh
unmask *v* rùisg, leig ris
unmatchable *a* gun choimeas
unmeasured *a* neo-thomhaiste
unmelted *a* neo-leaghte
unmerciful *a* an-tròcaireach
unmindful *a* dì-chuimhneach, neo-aireil
unmixed *a* neo-mheasgte
unmoved *a* neo-ghluaiste
unmusical *a* neo-cheòlmhor
unnamed *a* neo-ainmichte
unnatural *a* mì-nàdurach
unnavigable *a* do-sheòladh
unnecessary *a* neo-fheumail, neo-riatanach
unneighbourly *a* neo-nàbachail**

unnerve *v* thoir misneach/a mhisneach bho
unnumbered *a* do-àireamh
unobservant *a* neo-shuimeil
unobtainable *a* do-fhaotainn
unoccupied *a* bàn
unoffending *a* neochoireach
unofficial *a* neo-oifigeach
unopposed *a* neo-bhacte
unorderly *a* mì-riaghailteach
unorthodox *a* neo-ghnàthach
unpack *v* fosgail
unpaid *a* neo-phàighte, gun phàigheadh/ tuarasdal
unpalatable *a* neo-bhlasda
unparalleled *a* gun choimeas
unpardonable *a* gun leisgeul
unpardoned *a* neo-mhathte
unparliamentary *a* neo-phàrlamaideach
unpatriotic *a* gun ghràdh dùthcha
unpensioned *a* gun pheinnsean
unperceived *a* gun fhios
unphilosophical *a* neo-fheallsanta
unpitying *a* neo-thruacanta
unplayable *a* do-iomairt; do-chluiche
unpleasant *a* mì-thaitneach
unpleased *a* mì-thoilichte
unpleasing *a* mì-thaitneach
unpoetical *a* neo-fhileanta
unpolished *a* neo-lìomhte
unpopular *a* neo-ionmhainn
unpractised *a* neo-chleachdte
unprecedented *a* gun choimeas
unprejudiced *a* neo-leth-bhreitheach
unpremeditated *a* gun roi-smuain
unprepared *a* neo-ullamh
unprincipled *a* neo-chogaiseach
unproclaimed *a* neo-ghairmte
unprofessional *a* neo-ghairmeil
unprofitable *a* neo-tharbhach
unpropitious *a* mì-shealbhach
unprosperous *a* neo-shealbhar
unprotected *a* gun dìon
unpublished *a* neo-fhoillsichte
unqualified *a* neo-uidheamaichte
unquestionable *a* gun cheist
unravel *v* fuasgail, rèitich
unreal *a* neo-fhìor
unreasonable *a* mì-reusanta
unrecorded *a* neo-sgrìobhte
unreformed *a* neo-leasaichte

unrehearsed *a* gun ullachadh
unrelated *a* gun bhuntainn; gun chàird-eas
unreliable *a* neo-mhuinghinneach
unreserved *a* neo-ghlèite
unrest *n* mì-shuaimhneas *m*, aimhreit *f*
unrestricted *a* gun bhacadh
unrewarded *a* neo-dhuaisichte
unrightful *a* neo-dhligheach
unripe *a* an-abaich
unrivalled *a* gun choimeas
unruly *a* aimhreiteach
unsafe *a* mì-shàbhailte
unsalted *a* neo-shaillte
unsatisfactory *a* mì-shàsail
unsavoury *a* mì-bhlasda
unscholarly *a* neo-sgoileireil
unscientific *a* neo-shaidheansail
unseal *v* fosgail
unseasonable *a* neo-thràthail
unseat *v* cuir ás àite
unseaworthy *a* neo-acfhainneach
unseemly *a* mì-chiatach
unseen *a* neo-fhaicsinneach
unselfish *a* neo-fhèineil
unsettled *a* neo-shuidhichte, guanach
unshaken *a* neo-ghluasadach, daing-eann
unsheathe *v* rùisg, nochd
unsheltered *a* gun fhasgadh
unshorn *a* neo-bheàrrte
unsightly *a* duaichnidh
unskilful *a* mì-theòma
unskilled *a* neo-ionnsaichte
unsociable *a* neo-chaidreach, neo-chuideachdail
unsoiled *a* neo-shalaichte
unsold *a* neo-reicte
unsophisticated *a* sìmplidh
unsought *a* gun iarraidh
unsound *a* mì-fhallain
unspeakable *a* do-labhairt
unspecified *a* neo-ainmichte
unspoiled *a* neo-mhillte
unspotted *a* gun smal
unstable *a* neo-sheasmhach
unstamped *a* gun stampa
unsteady *a* corrach
unstinted *a* neo-ghann, pailt
unsuccessful *a* mì-shealbhar

unsuitable *a* neo-iomchuidh
unsullied *a* gun truailleadh
unsupported *a* neo-chuidichte
unsuspecting *a* gun amharas
unsweetened *a* gun mhìlseachadh
unsystematic *a* gun eagar
untamed *a* neo-chàllaichte
untaught *a* neo-ionnsaichte
untenanted *a* neo-àitichte
untested *a* gun fheuchainn
unthankful *a* mì-thaingeil
unthinking *a* gun smaoineachadh
unthrifty *a* sgapach
untidy *a* luideach, troimhe-chèile
untie *v* fuasgail
untied *a* fuasgailte
until *adv* gu, gus, gu ruig
untilled *a* neo-àitichte
untimely *a* neo-thràthail
unto *prep* do, gu, chum, thun, a dh'ionn-saigh, gu ruig
untouched *a* gun bheantainn ri
untraced *a* neo-lorgaichte
untrained *a* neo-ionnsaichte
untroubled *a* neo-bhuairte
untrue *a* neo-dhìleas
untruth *n* breug *f*
untutored *a* neo-ionnsaichte
unused *a* neo-chleachdte
unusual *a* neo-àbhaisteach
unvalued *a* gun mheas
unvanquished *a* neo-cheannsaichte
unvaried *a* gun atharrachadh
unveil *v* leig ris, nochd
unversed *a* neo-eòlach
unwanted *a* gun iarraidh
unwary *a* neo-fhaiceallach
unwashed *a* salach
unwed *a* gun phòsadh
unwelcome *a* gun fàilte
unwholesome *a* mì-fhallain
unwieldy *a* trom, liobasda
unwilling *a* aindeònach
unwind *v* thoir ás an toinneamh
unwise *a* neo-ghlic
unworldly *a* neo-shaoghalta
unworthy *a* neo-airidh
unwritten *a* neo-sgrìobhte
unyoke *v* neo-bheartaich
up *prep* suas
up *adv* (*motion to*) suas, an àirde;

(*motion from below*) a-nìos; (*rest in*) shuas, gu h-àrd; *what's up with him?*, dè tha ceàrr air?; *up to the knees*, chun nan glùinean
up-to-date *a* nuadh-aimsireil
upbraid *v* troid
upbringing *n* togail *f*
uphill *a* ri bruthach
uphold *v* cùm suas
upholder *n* fear-taice *m*
upholstery *n* còmhdachadh *m*
upland *n* aonach *m*, mullach *m*
uplift *v* tog suas, àrdaich
upmost *a* as àirde
upon *prep* air, air muin
upper *a* uachdrach, shuas, as àirde
uppermost *a* as uachdraiche
upraise *v* àrdaich
upright *a* dìreach, onorach
uprise *n* èirigh *f*
uproar *n* gleadhar *m*, othail *f*
uproot *v* spìon á bun
upset *n* cur *m* troimhe-chèile
upshot *n* crìoch *f*, co-dhùnadh *m*
upside *n* uachdar *m*
upstairs *adv* (*rest*) shuas staidhre; (*motion*) suas staidhre
upward *adv* suas
uranium *n* urànium *m*
urban *a* cathaireil
urbane *a* furmailteach, suairce
urchin *n* gàrlach *m*
urge *v* spàrr, brosnaich, stuig
urgency *n* dèine *f*, cabhag *f*
urgent *a* dian, cabhagach
urinal *n* ionad-mùin *m*
urine *n* mùn *m*, fual *m*
urn *n* poit-tasgaidh *f*
us *pers pron* sinn, sinne
usage *n* àbhaist *f*, nòs *m*
use *n* feum *m*, math *m*, stàth *m*; cleachdadh *m*, àbhaist *f*
use *v* gnàthaich, cuir gu feum, dèan feum de
used *a* gnàthaichte, cleachdte; caithte
useful *a* feumail, freagarrach
usefulness *n* feumalachd *f*
useless *a* gun fheum
usher *v* thoir a-steach
usual *a* àbhaisteach, gnàthach
usually *adv* mar as trice, gu minig

usurer *n* riadhadair *m*
usurious *a* riadhach
usurp *v* gabh/glèidh gun chòir
usury *n* riadhadaireachd *f*
utensil *n* ball-acfhainn *m*
uterus *n* machlag *f*
utilitarian *a* feumachail
utility *n* feum *m*, math *m*

utilize *v* dèan feum de
utmost *a* as motha, as àirde
utter *v* abair, labhair
utterance *n* labhairt *f*
utterly *adv* gu tur, gu lèir
uttermost *n* a' chuid *f* as mò
uvula *n* cìoch-shlugain *f*
uxorious *a* mùirneach mu mhnaoi

V

vacancy *n* beàrn *m*, àite *m* falamh; falmhachd *f*
vacant *a* falamh, fàs
vacate *v* falmhaich, fàg
vacation *n* saor-làithean *pl*
vaccination *n* cur *m* breac-a-chruidh air
vaccinate *v* cuir breac-a-chruidh air
vacillate *v* luaisg
vacuity *n* failmhe *f*
vacuous *a* fàs, faoin
vacuum *n* falmhachd *f*
vacuum-cleaner *n* glanadair *m* falmhaidh, vàcuum *m*
vacuum-flask *n* buideal-vàcuum *m*
vagabond *n* fear-fuadain *m*
vagina *n* faighean *m*
vagrant *n* fear-siubhail *m*
vagrant *a* siùbhlach
vague *a* neo-dheimhinn
vain *a* dìomhain, faoin; uaibhreach, mòr á(s)
vain-glorious *a* glòir-dhìomhain
vale *n* srath *m*
valet *n* gille-coise *m*
valiant *a* calma, foghainnteach
valid *a* tàbhachdach, èifeachdach
validate *v* èifeachdaich
validity *n* tàbhachd *f*, èifeachd *f*
valley *n* gleann *m*, srath *m*
valorous *a* gaisgeanta
valour *n* gaisge *f*
valuable *a* luachmhor, prìseil
valuation *n* meas *m*
value *n* luach *m*, fiach *m*
value *v* meas, cuir meas air
valueless *a* gun luach
valve *n* pìob-chòmhla *f*, duilleag-dhoras *m*
van *n* (*motor*) vana *f*; (*front*) toiseach *m*, tùs *m*
vandal *n* vandal *m*
vanguard *n* tùs-feachda *m*
vanilla *n* faoineag *f*
vanish *v* rach ás an t-sealladh
vanity *a* dìomhanas *m*, faoineas *m*
vanquish *v* buadhaich, ceannsaich

vantage *n* cothrom *m*
vapid *a* neo-bhrìgheil
vaporous *a* smùideach
vapour *n* deatach *f*, smùid *f*
variable *a* caochlaideach
variableness *n* caochlaideachd *f*
variant *n* malairt *f*
variation *n* atharrachadh *m*, diofarachadh *m*
varicose vein *n* fèith *f* bhorrtha
variegated *a* breac, ballach
variety *n* atharrachadh *m*, caochladh *m*
various *a* iomadh, iomadach, eugsamhail
varnish *n* falaid *m*
varnish *v* falaidich
vary *v* caochail, atharraich
vase *n* vàsa *f*
vaseline *n* vasalain *m*
vassal *n* ìochdaran *m*
vast *a* ro-mhòr, aibhseach
vat *n* dabhach *f*
Vatican *n* Am Vatacain *m*
vaticinate *v* fàisnich
vault *n* seilear *m*; tuam *m*
vault *v* leum, geàrr sùrdag
vaunt *v* dèan bòsd
veal *n* laoigh-fheòil *f*
vector *n* veactair *m*
veer *v* tionndaidh, claon
vegetable(s) *n* glasraich *f*
vegetarian *n* feòil-sheachnair *m*
vegetation *n* fàs *m*
vehemence *n* dèineas *m*
vehement *a* dian, dealasach
vehicle *n* inneal-giùlain *m*, carbad *m*
veil *n* gnùis-bhrat *m*, sgàile *f*
veil *v* còmhdaich, ceil
vein *n* cuisle *f*, fèith *f*; gnè *f*, dòigh *f*
veined *a* cuisleach, fèitheach
velar *a* vealarach
vellum *n* craiceann-sgrìobhaidh *m*
velocity *n* luas *m*
velvet *n* meileabhaid *f*
venal *a* so-cheannach
vend *v* reic

vender n reiceadair m
vendetta n faltanas m
veneer n fiodh-chraiceann m
veneer v fiodh-chraiceannaich
venerable a urramach, measail
venerate v urramaich
veneration n àrd-urram m
venereal a drùiseil
vengeance n dìoghaltas m
vengeful a dìoghaltach
venial a so-mhathadh
Venice n Veanas m
venison m sitheann f
venom n nimh m, puinnsean m
venomous a nimheil
venous a fèitheach
vent n luidhear m; fosgladh m
vent v leig a-mach, leig ruith le
ventilate v fionnaraich
ventilation n fionnarachadh m
ventilator n clais-fionnarachaidh f
ventricle n bolgan m
ventriloquist n brù-chainntear m
venture n tuaiream m
venture v dùraig, thoir ionnsaigh
venturesome a misneachail
venue n làthair f
Venus n Vènas f, Bhènas f
veracity n fìreantachd f
verb n gnìomhair m; defective v., g.
    neo-iomlan; auxiliary v., g. taiceil
verbal a faclach; v. noun, ainmear
    briathair
verbatim adv facal air an fhacal
verbose a briathrach
verbosity n briathrachas m
verdant a gorm, feurach
verdict n breith f
verdigris n meirg-umha f
verdure n glasradh m
verge n oir f, iomall m
verge v aom, claon, teann ri
verification n fìreanachadh m
verify v dearbh, fìrinnich
verily adv gu deimhinn/cinnteach
verisimilitude n cosmhalachd f
veritable a fìor, cinnteach
verity n fìrinn f dhearbhte
vermilion n flann-dhearg m, bhermilean
    m
vermin n mìolan pl

vermouth n burmaid f
vernacular n cainnt f na dùthcha
vernacular a dùchasach
vernal a earraich
vers libre n vers libre
versatility n iol-dànachas m
verse n rann m, earrann f; (poetry) dàn
    m, dànachd f, bàrdachd f
versed eòlach, fiosrach
versification n ranntachd f
versifier n bàrd m
versify v cuir an dàn
version n innse f, seòrsa m; eadar-
    theangachadh m
verso n cùl m
versus prep an aghaidh
vertebral a druim-altach
vertebrate n druim-altach m
vertex n binnean m
vertical a dìreach
vertigo n tuaineal m
very a fìor, ceudna, ceart, dearbh
very adv fìor, ro-, glè, ceart
vespers n feasgarain pl
vessel n soitheach m, long f
vest n peitean m
vestibule n for-dhoras m
vestige n lorg f, comharradh m
vestment n aodach m, trusgan m
vestry n veastraidh m
vet n doctair m bheathach, veat m
vetch n peasair f nan each
veteran n seann-saighdear m
veto n crosadh m
vex v buair, sàraich
vexation n buaireadh m, farran m
vexatious a draghail, farranach
viable a so-obrachadh
vial n searrag f ghloinne
viand n biadh m, lòn m
vibrate v crith, cuir air chrith, triobhuail
vibration n crith f, triobhualadh m
vicar n biocair m
vicarious a ionadach
vice n dubhailc f, droch-bheart f; (in-
    strument) teanchair m
vice- pref iar-, leas-; vice-president, iar-
    cheann-suidhe m; vice-chairman,
    leas-chathairleach
viceroy n fear-ionaid m rìgh
vicinity n coimhearsnachd f

vicious *a* dubhailceach
vicissitude *n* cor *m*, tuiteamas *m*
victim *n* ìobairteach *m*
victor *n* buadhair *m*
Victoria *n* Bhioctoria *f*, Victoria *f*
victorious *a* buadhach
victory *n* buaidh *f*
victual *n* lòn *m*, biadh *m*
victuals *n* biotailt *m*
vie *v* dèan strì/spàirn
view *n* sealladh *m*; beachd *m*, dùil *f*
view *v* gabh sealladh, faic; beachdaich, gabh beachd, bi den bheachd
view-finder *n* lorgan-seallaidh *m*
vigil *n* faire *f*
vigilance *n* furachras *m*
vigilant *a* furachail
vigorous *a* calma, lùthor
vigour *n* spionnadh *m*, treòir *f*
vile *a* gràineil, suarach
vileness *n* gràinealachd *f*
vilify *v* màb, càin
villa *n* taigh *m* air leth
village *n* baile *m*, baile-beag *m*
villager *n* fear *m* ás a' bhaile
villain *n* slaoightear *m*
villanous *a* slaoighteil
villany *n* slaoightearachd *f*
vindicate *v* dearbh, fìreanaich
vindication *n* dearbhadh *m*, fìreanachadh *m*
vindictive *a* dìoghaltach
vine *n* fìonan *m*, crann-fìona *m*
vinegar *n* fìon-geur *m*
vineyard *n* fìon-lios *m*
vine-press *n* fìon-amar *m*
vinous *a* fìonach
vintage *n* fìon-fhoghar *m*
vintner *n* fìon-òsdair *m*
violate *v* mill, bris
violation *n* milleadh *m*, briseadh *m*, èigneachadh *m*
violence *n* fòirneart *m*, ainneart *m*
violent *a* fòirneartach, ainneartach
violet *n* sail/dail-chuach *f*
violin *n* fidheall *f*, fiodhall *f*
violinist *n* fidhleir *m*
violoncello *n* beus-fhidheall *f*
viper *n* nathair-nimhe *f*
virago *n* bàirseach *f*
virgin *n* maighdeann *f*, òigh *f*

virgin *a* maighdeannail, òigheil
virginal *n* òigh-cheòl *m*
virginal *a* òigheil, banail
virginity *n* maighdeannas *m*
virile *n* fearail, duineil
virility *n* fearachas *m*
virtual *a* dha-rìribh
virtue *n* subhailc *f*, beus *f*, deagh-bheus *f*; buaidh *f*
virtuoso *n* maighistir *m*
virtuous *a* beusach, subhailceach
virulence *n* nimhe *f*, gèire *f*
virus *n* vìoras *m*
vis-à-vis *adv* aghaidh ri aghaidh, a thaobh
virulent *a* nimhneach, geur
visa *n* vìosa *f*
visage *n* aghaidh *f*, gnùis *f*
viscid *a* tiugh
viscount *n* biocant *m*
viscous *a* glaodhach
visibility *n* lèireas *m*
visible *a* lèir, faicsinneach
vision *n* fradharc *m*; sealladh *m*; bruadar *m*, aisling *f*; taibhs *f*
visionary *n* bruadaraiche *m*
visionary *a* taisbeanach, bruadarach
visit *n* tadhal *m*, cèilidh *m*
visit *v* tadhail, dèan cèilidh
visitant *n* fear-cèilidh *m*
visitation *n* cuairt *f*, tadhal *m*
visitor *n* aoigh *m*
vista *n* sealladh *m*, lèireas *m*
visual *a* fradharcach, lèirsinneach
visualize *v* faic, nochd don t-sùil
vital *a* beò, beathail
vitality *n* beathalachd *f*
vitalize *v* beothaich
vitals *n* buill-beatha *pl*
vitamin *n* vitimin *f*
vitiate *v* mill, truaill
vitreous *a* gloinneach
vitrify *v* fàs/dèan mar ghloinne
vitriol *n* searbhag *f* loisgeach
vituperation *n* aithiseachadh *m*
vivacious *a* aigeannach, beothail
vivacity *n* beothalas *m*
vivisection *n* beò-ghearradh *m*
vivid *a* beò, boillsgeanta
vivify *v* beothaich
vixen *n* sionnach *m* boireann

viz *adv* is e sin, sin ri ràdh
vocabulary *n* faclair *m*
vocal *a* guthach
vocalic *a* guthach
vocalist *n* amhranaiche *m*
vocation *n* gairm *f*, ceàird *f*
vocational *a* gairmeach, ceàirdeach
vocative *a* gairmeach; *v. case*, a' chùis ghairmeach
vociferous *a* sgairteach, glaodhach
vodka *n* vodca *m*
vogue *n* fasan *m*
voice *n* guth *m*; guth-taghaidh *m*; (*gram.*) guth; *active v.*, g. spreigeach; *passive v.*, g. fulangach
void *n* fàsalachd *f*
void *a* falamh, fàs
void *v* falmhaich
volatile *a* beothail, siùbhlach, caochlaideach
volatility *n* beothalachd *f*, caochlaideachd *f*
volcanic *a* bolcànach
volcano *n* beinn-theine *f*, bolcàno *m*
volition *n* toil *f*
volley *n* làdach *m*
volt *n* volt *m*
voltage *n* voltachd *f*
voluble *a* deas-chainnteach
volume *n* leabhar *m*; tomhas-lìonaidh *m*

voluminous *a* toirteil
voluntary *a* toileach, saor-thoileach
volunteer *n* (fear) deònach *m*
voluptuous *a* sòghail
vomit(ing) *n* sgeith *m*, dìobhairt *m*
vomit *v* sgeith, dìobhair, cuir a-mach, tilg
voracious *a* gionach, craosach
voracity *n* cìocras *m*, gionaiche *m*
vortex *n* cuairt-shlugan *m*, cuairteag *f*
votary *n* fear-bòide *m*
vote *n* guth-taghaidh *m*, vòta *f*
vote *v* thoir guth-taghaidh, dèan vòtadh, thoir vòta
voter *n* fear-taghaidh *m*, fear-vòtaidh *m*
vouch *v* dearbh, thoir fianais
voucher *n* fianais *f*, teisteanas *m*
vouchsafe *v* deònaich
vow *n* bòid *f*, gealladh *m*
vow *v* bòidich, mionnaich
vowel *n* fuaimreag *f*
voyage *n* turas-mara *m*, bhòidse *f*
voyager *n* taisdealaich *m*
vulcanize *v* bolcanaich
vulgar *a* coitcheann, gràisgeil
vulgarity *n* gràisgealachd *f*
vulgarization *n* sgaoileadh *m*, craobh-sgaoileadh *m*; truailleadh *m*
Vulgate *n* Am Bìoball *m* Laidinn
vulnerable *a* so-leònte
vulture *n* fang *f*

W

wad(ding) *n* cuifean *m*
waddle *v* dèan tunnacail
wade *v* siubhail troimh
wafer *n* abhlan *m*
waffle *n* baoth-chòmhradh *m*
waft *v* giùlain
wag *n* fear *m* an-cheairdeach
wag *v* crath, bog
wage(s) *n* tuarasdal *m*, duais *f*; *wages slip*, bileag *f* tuarasdail
wage *v* dèan, thoir ionnsaigh
wager *n* geall *m*
wager *v* cuir geall
waggish *a* an-cheairdeach
waggon *n* cairt *f*
wagtail *n* breac-an-t-sìl *m*, breacan-buidhe *m*
waif *n* faodalach *m*
wail(ing) *n* caoineadh *m*, gal *m*
wail *v* dèan caoineadh
waist *n* meadhan *m*
waistcoat *n* peitean *m*, siosacot *m*
wait *n* feitheamh *m*, stad *m*
wait *v* feith, fuirich, stad; fritheil
waiting-room *n* seòmar-feitheamh *m*
waiter *n* gille-frithealaidh *m*
waitress *n* caileag-fhrithealaidh *f*
waive *v* cuir gu taobh
wake *n* taigh-fhaire *m*
wake(n) *v* dùisg, mosgail
wakeful *a* 'na dhùisg *etc.*; furachair
Wales *n* A' Chuimrigh *f*
walk *n* cuairt *f*, sràid-imeachd *f*; rathad *m*
walk *v* coisich, gabh ceum
walker *n* coisiche *m*
walking-stick *n* bata *m*
wall *n* balla *m*
wall *v* cuartaich le balla
wall-paper *n* pàipear-balla *m*
wallet *n* màileid *f*; màileid-pòca *f*
wallow *v* (dèan) aonagraich
walnut *n* gall-chnò *f*
walrus *n* each-mara *m*
Walter *n* Bhaltair *m*
waltz *n* vals *f*

wan *a* glas-neulach
wand *n* slat *f*, slatag *f*
wander *v* rach air seachran
wanderer *n* seachranaiche *m*, fear-allabain *m*
wandering *n* seacharan *m*, faontradh *m*
wane *n* (*of moon*) eàrr-dhubh *f*
wane *v* lùghdaich, crìon, searg
want *n* uireasbhaidh *f*, dìth *m*; bochdainn *f*
want *v* iarr; bi a dhìth, bi a dh'easbhaidh; thig geàrr
wanton *a* drùiseil, aotrom
war *n* cogadh *m*
war *v* cog, cathaich
war-correspondent *n* tuairisgear-cogaidh *m*
warble *v* ceileirich
warbler *n* ceileiriche *m*
ward *n* dìon *m*; leanabh *m* fo dhìon
ward *v* dìon; cùm air falbh
warden *n* fear-gleidhidh *m*
warder *n* maor-coimhid *m*
wardrobe *n* preas-aodaich *m*
warehouse *n* taigh-tasgaidh *m*
wares *n* bathar *m*
warfare *n* cogadh *m*, cath *m*
warily *adv* gu faicilleach
warlike *a* coganta
warm *a* blàth; coibhneil
warm *v* blàthaich, teothaich
warmth *n* blàths *m*; dealas *m*
warn *v* thoir rabhadh
warning *n* rabhadh *m*, bàirlinn *f*
warp *n* dlùth *m*
warp *v* claon, seac; dlùthaich
warrant(y) *n* barrantas *m*
warrant *v* barrantaich, urrasaich
warrantable *a* barrantach
warren *n* broclach *f*
warrior *n* mìlidh *m*, laoch *m*
warship *n* long-chogaidh *f*
wart *n* foinne *m*
warty *a* foinneach
wary *a* faicilleach, cùramach
was *v* bha

202

wash n nighe m, glanadh m
wash v nigh, ionnlaid
wash-hand-basin n mias f ionnlaid
wash-house n taigh-nighe m
washer n nigheadair m; (mech.) cear-clan m
wasp n speach f, connspeach f
waspish a speachanta
wassail n pòit f
waste n ana-caitheamh m; sgrios m; milleadh m; w. of time, cosg m tìde
waste a fàs; gun stàth
waste v cosg, caith; mill
waste-paper-basket n basgaid f truileis
wasteful a caithteach, strùidheil
waster n strùidhear m
watch n faire f, caithris f; (timekeeper) uaireadair m; keep a w., cùm sùil
watch v dèan/cùm faire, cùm sùil; glèidh, coimhead; (be careful) bi faicilleach
watch-dog n cù m faire
watchful a faicilleach, faireil
watching n caithris f, faire f; sealltainn m, cumail f sùil air
watchmaker n fear-càireadh m uaireadairean
watchman n fear-faire m, gocaman m
watchword n facal-faire m
water n uisge m, bùrn m
water v uisgich, fliuch
water-biscuit n briosgaid-uisge f
water-colours n uisge-dhathan pl
water-cooled a uisg-fhuaraichte
water-level n àird f an uisge
water-lily n duilleag-bhàite f
water-mill n muileann-uisge m, f
water-pipe n pìob-uisge f
water-power n neart-uisge m
watercress n biolaire f
waterfall n eas m, leum-uisge m
Waterford n Port m Làirge
waterfowl n eun-uisge m
watermark n àirde f an làin; comharr-adh-uisge m
waterproof a uisge-dhìonach
watershed n uisge-dhruim m
watertight a dìonach
watery a fliuch, uisgidh
watt n watt m
wattle n slat-chaoil f

waulk v luaidh
waulking n luadhadh m
waulking-song n òran-luadhaidh m
wave n tonn m, stuadh f
wave v crath, luaisg; w. (to a person) smèid
waverer n fear-imcheist m
wavy a tonnach, stuadhach
wax n cèir f
wax v cèirich; (grow) fàs
waxen a cèireach
way n slighe f; seòl m, dòigh f; w. of life, seòl beatha
wayfarer n fear-astair m
waylay v dèan feall-fhalach
wayward a frithearra
we pers pron sinn, sinne
weak a lag, fann
weaken v lagaich, fannaich
weakling n truaghan m
weakness n laigse f, anfhannachd f
wealth n beairteas m, saidhbhreas m
wealthy a beairteach, saidhbhir
wean v cuir bhàrr na cìche
weapon n ball-airm m, ball-deise m
wear n caitheamh m; (clothes) aodach m
wear v caith, cosg; sàraich; cuir um
wearer n fear-caitheamh m
wearied a sgìth, claoidhte
weariness n sgìos f, claoidh(e) f
wearisome a sgìtheil
weary a sgìth, claoidhte
weary v sgìthich, claoidh; sàraich
weasel n neas f
weather n aimsir f, sìde f
weather v seas/cùm ri; cùm fuaradh; faigh seachad air; (of stone etc.) caoinich
weather-beaten a le dath nan sìon
weave v figh
weaver n breabadair m, figheadair m
web n eige f, lìon m
webbed a eigeil
wed v pòs
wedded a pòsda
wedding n banais f, pòsadh m
wedge n geinn m
wedge v teannaich le geinn
wedlock n ceangal-pòsaidh m
Wednesday n Diciadain m

203

wee *a* beag
weed *n* luibh *m, f*
weed *v* glan, priog
week *n* seachdain *f; this w. (coming)* an t-s. seo tighinn; *last w.*, an t-s. seo chaidh
week-end *n* deireadh *m* seachdanach
weekly *a* gach seachdain, seachdaineil
weep *v* guil, caoin; dèan gal/caoineadh
weeping *n* gal *m*, gul *m*, caoineadh *m*
weeping *a* deurach, galach
weevil *n* raodan *m*
weft *n* inneach *m*
weigh *v* cothromaich; breithnich
weighed *a* cothromaichte
weight *n* cudthrom *m*
weightiness *n* truimead *m*
weightless *a* aotrom
weighty *a* trom, cudromach
weird *a* neònach
welcome *n* fàilte *f*, furan *m*
welcome, welcoming *a* fàilteach, furanach; *you are w.*, 'se do bheatha
welcome *v* fàiltich, cuir fàilte air
weld *v* tàth
welding *n* tàthadh *m*
welfare *n* leas *m*, sochair *f*
well *n* tobar *m, f*, fuaran *m*
well *a* math, gasda, fallain
well *adv* gu math
well-favoured *a* eireachdail, maiseach
well-known *a* iomraiteach
wellbeing *n* soirbheas *m*
wellbred *a* modhail
wellington *n* (*boot*) bòtann *m*
wellwisher *n* fear *m* deagh-rùin
Welsh *a* Cuimreach
Welshman *n* Cuimreach *m*
Welshwoman *n* ban-Chuimreach *f*
welt *n* balt *m*
welter *n* troimhe-chèile *f*
welter-weight *a* trom-chudromach
wen *n* fluth *m*
wench *n* caile *f*
were *v* bha
wend *v* imich
west *n* an iar *f*, an àirde *f* an iar; an taobh *m* siar
west *a* siar, suas
west *adv* an iar
westerly *a* on iar, ás an àirde an iar

western *a* siar; *the W. Isles*, Na h-Eileanan Siar
westward *adv* chun na h-àirde an iar
wet *n* fliuiche *f*
wet *a* fliuch
wet *v* fliuch
wether *n* molt *m*
wetness *n* fliuichead *m*
wettish *a* meadhanach fliuch
whale *n* muc-mhara *f*
whaler *n* sealgair *m* na muice; bàta-seilg *m* na muice
wharf *n* laimrig *f*
what *interr pron* ciod?, dè?; what ——— for?, carson?
what *rel pron* an rud a, na
what (*exclam*) abair!; *w. a crowd*, abair sluagh!
what(so)ever *pron* ciod air bith; as bith, ge be air bith; idir
wheat *n* cruineachd *m*
wheaten *a* cruineachd
wheedle *v* meall le brìodal
wheel *n* cuibhle *f*, roth *m*
wheel *v* cuibhil, ruidhil; tionndaidh mun cuairt
wheel-house *n* taigh-cuibhle *m*, taigh *m* na cuibhle
wheelbarrow *n* bara *m*, bara-roth *m*
wheeze *n* pìochan *m*
wheeze *v* dèan pìochan
wheezing *a* pìochanach
whelk *n* faochag *f*
whelp *n* cuilean *m*
when *interr* cuin?
when *conj* nuair, an uair a, a
whence *adv* cia/co ás, cia/co uaithe
whenever *adv* gach uair, ge be uair, àm air bith
where *interr* càite
where *rel pron* san àite, far
whereas *adv* do bhrìgh gu/gum/gun/gur; a chionn 's gu/gum/gun/gur
whereby *adv* leis, leis am bheil, leis an do
wherever *adv* ge be ar bith càite
wherefore *interr* carson? cuige?
wherefore *rel pron* uime sin
wherein *interr* ce ann?
wherein *rel pron* far an, anns an/am
whereof *interr* ciod ás?

204

whereof *rel pron* de, leis
wheresoever *adv* ge be àite
whereupon *adv* leis (a) sin, an sin
whet *v* geuraich, faobharaich
whether *pron* co aca, co dhiù
whether *adv* co-dhiù, ge be
whetstone *n* clach-lìomhaidh *f*
whey *n* meug *n*
which *interr pron* cia?, ciod?
which *rel pron* a; (*neg.*) nach
whichever *pron* cia/ciod air bith
whiff *n* oiteag *f*
Whig *n* Cuigse *f*
Whiggish *a* Cuigseach
while *n* tacan *m*, greis *f*; *for a w.*, airson greis
while *v* cuir seachad (an) ùine
while *adv* am feadh, am fad, fhad 's
whim *n* neònachas *m*, saobh-smuain *m*
whimper *n* cnead *m*
whimsical *a* neònach
whin *n* (*bush*) conasg *m*
whine *v* caoin, dèan caoidhearan
whinny *v* dèan sitrich
whip *n* cuip *f*, sgiùrsair *m*
whip *v* sgiùrs
whiphand *n* làmh *f* an uachdair
whirl *n* cuairt *f*, cuartag *f*
whirl *v* cuairtich, ruidhil
whirligig *n* gille-mirein *m*
whirlpool *n* cuairt-shlugan *m*
whirlwind *n* ioma-ghaoth *f*
whisk *n* sguabag *f*, sgiotag *f*
whisk *v* sguab, sgiot
whisker(s) *n* feusag *f*
whisky *n* uisge-beatha *m*
whisper *n* cagar *m*
whisper *v* cagair
whisperer *n* fear-cagarsaich *m*
whist *n* whist *f*
whistle *n* fead *f*; (*instrument*) feadag *f*
whistle *v* dèan fead/feadarsaich
whit *n* mìr *m*, dad
Whit *n* Caingis *f*
white *a* geal, bàn, fionn
whiten *v* gealaich
whiteness *n* gile *f*, gilead *m*, bàine *f*
whitewash *n* aol-uisg *m*
whither *interr* càite?, cia 'n taobh?
whiting *n* cùiteag *f*
Whitsuntide *n* Caingis *f*

whittle *v* snaigh
whiz *n* srann *f*
who *interr pron* cò
who *rel pron* a; (*neg*) nach
whoever *pron* cò air bith
whole *n* an t-iomlan *m*
whole *a* slàn, iomlan, uile, gu lèir; fallain
wholesale *n* mòr-dhìol *m*, mòr-reic *m*
wholesome *a* slàn, fallain
wholly *adv* gu h-iomlan/lèir/buileach
whoop *n* glaodh *m*, iolach *f*
whooping-cough *n* an triuthach *f*
whore *n* siùrsach *f*
whoredom *n* strìopachas *m*
whorish *a* strìopachail
whose *interr pron* co leis?; *w. house is that?*, co leis tha 'n taigh sin?
whosoever *pron* co air bith
why *interr* carson?, cuine
wick *n* buaic *f*, siobhag *f*
wicked *a* olc, aingidh
wickedness *n* aingidheachd *f*
wicker *a* slatach
wicket *n* caol-dhoras *m*
wickets *n* (*cricket*) stoban *pl*
wide *a* farsaing, leathann
widen *v* leudaich, fàs farsainn
widespread *a* sgaoilte
widow *n* banntrach *f*
widower *n* banntrach *m*
widowhood *n* banntrachas *m*
width *n* leud *m*
wield *v* làimhsich, oibrich
wife *n* bean *f*, bean-phòsda *f*, cèile *f*
wig *n* gruag *f*
wild *a* fiadhaich, allaidh
wild-cat *n* cat *m* fiadhaich
wild-goose *n* cadhan *m*
wilderness *n* fàsach *m*
wildness *n* fiadh, fiadhaichead *m*
wile *n* car *m*, cuilbheart *f*
wilful *a* ceann-làidir
will *n* toil *f*, rùn *m*, deòin *f*; (*testament*) tiomnadh *m*
will *v* rùnaich, deònaich
will-power *n* neart *m* toile
will o' the wisp *n* sionnachan *m*
willing *a* toileach, deònach
William *n* Uilleam *m*
willow *n* caol *m*, seileach *m*

willy-nilly *adv* a dheòin no dh'aindeoin
wily *a* seòlta, sligheach
wimble *n* tora *m*
win *v* coisinn, buidhinn, buannaich
winch *n* crangaid *f*
wind *n* gaoth *f*; (*breath*) anail *f*
wind *v* tionndaidh, toinn, fill
wind-bag *n* (*of pipes*) màla *f*; (*of a person*) gaothaire *m*
winder *n* toinneadair *m*
windfall *n* turchairt *m*
winding *n* lùbadh *m*, fiaradh *m*
winding-sheet *n* marbh-fhaisg *f*
windmill *n* muileann-gaoithe *m, f*
window *n* uinneag *f*
window-pane *n* leòsan *m* na h-uinneige
window-sill *n* sòl *m* na h-uinneige
windpipe *n* pìob *f* sgòrnain
windscreen *n* gaothsgàth *m*
windward *n* fuaradh *m*
windy *a* gaothach
wine *n* fìon *m*
wine-list *n* liosta *f* fìona, clàr *m* fìona
wine-press *n* fìon-amar *m*
wing *n* sgiath *f*; (*of house*) leas-thaigh *m*
wing *v* falbh air iteig
winged *a* sgiathach
winger *n* sgiathaire *m*
wink *n* priobadh *m*, caogadh *m*
wink *v* caog, priob; leig seachad
winner *n* fear-buannachaidh *m*
winning *n* cosnadh *m*, buidhinn *f*
winning *a* mealltach, ionmhainn
winnow *v* fasgain
winter *n* geamhradh *m*
winter *v* geamhraich
wintry *a* geamhrachail
wipe *v* suath, siab, sguab
wiper *n* suathair *m*
wire *n* teud *m*, uèir *f*
wireless *n* rèidio *f*
wiry *a* seang
wisdom *n* gliocas *m*, crìonnachd *f*
wise *a* glic, crìonna
wish *n* miann *m, f*, togradh *m*, dùrachd *f*
wish *v* miannaich, togair, rùnaich; *I w.*, is miann leam, b'fheàrr leam
wishful *a* miannach, togarrach
wisp *n* sop *m*, muillean *m*
wistful *a* cumhach

wit *n* toinisg *f*; eirmse *f*, geur-labhairt *f*, geòiread *m*
witch *n* bana-bhuidseach *f*
witchcraft *n* buidseachd *f*
with *prep* le, maille ri, mar ri, cuide ri, còmhla ri; (+ *art.*) leis; *w. me*, leam; *part w.*, dealaich ri
withdraw *v* thoir air ais/falbh; teich
withdrawal *n* togail *f*, ais-tharraing *f*
withe *n* gad *m*
wither *v* searg, seac, crìon
withering *n* seargadh *m*, seacadh *m*, crìonadh *m*
withhold *v* cùm air ais
within *adv* a-staigh
without *prep* gun, ás eugmhais
without *adv* (*outside*) a-muigh
withstand *v* seas ri
witless *a* gòrach
witness *n* fianais *f*
witness *v* thoir/dèan fianais; *give w.*, tog fianais
witticism *n* eirmseachd *f*, abhcaid *f*
witty *a* eirmseach, sgaiteach
wizard *n* draoidh *m*
woeful *a* muladach
wolf madadh-allaidh *m*, faol *m*
wolfdog *n* faolchu *m*
woman *n* bean *f*, boireannach *m*
womanly *a* banail
womb *n* brù *f*, machlag *f*
wonder *n* iongnadh *m*; iongantas *m*
wonder *v* gabh iongantas
wonderful *a* iongantach
wondrous *a* neònach
wont *n* gnàths *m*
wonted *a* gnàthaichte
woo *v* dèan suirghe
wood *n* fiodh *m*; (*trees*) coille *f*
woodbine *n* iadhshlat *f*
woodcock *n* crom-nan-duilleag *m*
wooded *a* coillteach
wooden *a* fiodha
woodland *n* fearann *m* coillteach
woodlouse *n* reudan *m*
woodpecker *n* snagan-daraich *m*
woodpulp *n* glaodhan-fiodha *m*
woodsorrel *n* feada-coille *f*
woodwind *n* gaoth-ionnstramaidean *pl*
woodwork *n* saoirsneachd *f*
woody *a* coillteach

wooer *n* suirghiche *m*
woof *n* snàth-cuir *m*
wool *n* clòimh *f*, olann *f*
woollen *a* de chlòimh
word *n* facal *m*, briathar *m*; (*promise*) gealladh *m*
wording *n* briathran *pl*
wordy *a* briathrach, faclach
work *n* obair *f*, saothair *f*; *works*, saothair, sgrìobhaidhean *pl*
work *v* oibrich, saoithrich
work-bench *n* being-obrach *f*
workable *a* so-oibreachadh
worker *n* oibriche *m*
workman *n* fear-oibre *m*, oibriche *m*; *pl* luchd obrach
workmanship *n* ealain *f*
workshop *n* bùth-oibre *f*
world *n* saoghal *m*
worldly *a* saoghalta
worm *n* cnuimh *f*, durrag *f*, daolag *f*, baoiteag *f*
worm *v* snìomh
wormwood *n* burmaid *f*
worn *a* caithte
worried *a* fo iomaguin
worry *n* dragh *m*, iomaguin *f*
worry *v* buair, dèan dragh do, cuir imnidh air
worse *a* nas miosa
worsen *v* fàs nas miosa
worship *n* adhradh *m*
worship *v* dèan adhradh
worst *a* as miosa
worsted *n* abhras *m*
worth *n* fiach *m*, luach *m*
worth *a* fiù, airidh air
worthiness *n* toillteanas *m*
worthless *a* gun fhiù
worthlessness *n* neo-fhiùghalachd *f*
worthy *a* airidh, fiùghail, fiachail
wound *n* lot *m*, creuchd *f*
wound *v* leòn, lot, creuchd
wound *a* toinnte
wounded *a* leònte
woven *a* fighte

wrangle *n* connsachadh *m*, trod *m*
wrangle *v* connsaich, troid
wrap *v* paisg, fill; *w. round*, suain
wrapper *n* còmhdach *m*, filleag *f*
wrath *n* corraich *f*, fearg *f*
wrathful *a* feargach
wreath *n* blàth-fhleasg *f*; (*of snow*) cuidhe *f*
wreathe *v* toinn, snìomh
wreck *n* long-bhriseadh *m*, lèirsgrios *m*
wreck *v* sgrios, mill
wren *n* dreadhan-donn *m*
wrench *v* spìon
wrest *v* spìon, èignich
wrestle *v* gleac
wrestler *n* gleacadair *m*, caraiche *m*
wrestling *n* gleac *m*
wretch *n* truaghan *m*; crochaire *m*
wretched *a* truagh; doilgheasach
wretchedness *n* truaighe *f*
wriggling *n* lùbairnich *m*
wright *n* saor *m*
wring *v* fàisg
wrinkle *n* preas *m*, preasadh *m*, roc *f*
wrinkle *v* preas, liurc
wrinkled *a* preasach, liurcach, rocach
wrist *n* caol *m* an dùirn
wristband *n* bann-dùirn *m*
wristlet watch *n* uaireadair *m* làimhe
writ *n* sgrìobtar *m*; reachd *m*
write *v* sgrìobh; *w. up*, dèan cùnntas air; *w. off*, cuir ás a' chùnntas
writer *n* sgrìobhadair *m*, sgrìobhaiche *m*
written *a* sgrìobhte
writhe *v* snìomh
writing *n* sgrìobhadh *m*
writing-paper *n* pàipear-sgrìobhaidh *m*
wrong *n* eucoir *f*, euceart *m*
wrong *a* ceàrr; coireach, eucoireach
wrong *v* dèan eucoir air
wrongful *a* eucoireach
wrongheaded *a* baoghalta, rag
wroth *a* feargach
wrung *a* fàisgte
wry *a* càm, fiar, claon

X

x-ray *n* x-ghath *m*
x-ray *v* x-ghathaich

xenophobia *n* gall-ghamhlas *m*
xylophone *n* sèileafon *m*

Y

yacht *n* sgoth-long *f*
yank *v* slaod, srac
yap *v* dèan comhart; bleadraig
yard *n* gàrradh *m*, lios *f*; slat *f*
yarn *n* (*wool*) snàth *m*, abhras *m*; (*story*) sgeulachd *f*, naidheachd *f*
yarrow *n* eàrr-thalmhainn *f*
yawl *n* geòla *f*
yawn *n* mèanan *m*, mèaran *m*
yawn *v* dèan mèananaich/mèaranaich
yawning *n* mèananaich *f*, mèaranaich *f*
yawning *a* mèananach, mèaranach
ye *pers pron* sibh, sibhse
yeanling *n* uan *m*, uanan *m*
year *n* bliadhna/blianna *f*; *this y.*, am blianna; *next y.*, an ath bhlianna; *last y.*, an uiridh; *the y. before last*, a' bhòn/bhèan-uiridh
yearling *n* bliadhnach/bliannach *m*
yearly *adv* gach bliadhna/blianna
yearn *v* bi air a lèireadh, gabh cianalas, iarr gu làidir
yearning *n* iarraidh *m*, *f*
yeast *n* beirm *f*
yeasty *a* beirmeach
yell *n* sgal *m*, glaodh *m*, sgairt *f*
yell *v* glaodh, dèan sgairt
yellow *n* and *a* buidhe *m*; *The Y. Pages*, Na Duilleagan Buidhe
yellowness *n* buidhneachd *f*
yelp *n* tathann *m*
yelp *v* dèan tathann
yen *n* ien *f*
yeoman *n* tuathanach *m*

yes *adv* seadh, 'se, tha, *verb repeated in answer*
yes-man *n* seadh-fhear *m*
yesterday *adv* an-dè; *the day before y.*, a' bhòn-dè
yet *conj* gidheadh, an dèidh sin, ach
yet *adv* fhathast; *y. again*, uair eile
yew *n* iubhar *m*
Yiddish *a* Iùdhach
yield *n* toradh *m*
yield *v* gèill, strìochd
yoga *n* iòga *f*
yoke *n* cuing *f*
yoke *v* beartaich, cuingich
yoke-fellow *n* co-oibriche *m*
yolk *n* buidheagan *m*
yon(der) *adv* thall, ud, an siud
yore *adv* of *y.*, o chian
Yorkshire *n* Siorrachd *f* Iorc
you *pers pron* thu, thusa; (*pl*) sibh, sibhse
young *n* àl *m* (òg); òigridh *f*
young *a* òg
younger *a* nas òige
youngest *a* as òige
youngster *n* òganach *m*
your *poss pron* do, d', t'; (*pl*) bhur, ur
yours *poss pron* leibh, leibhse
yourself *pron* thu fhèin
yourselves *pron* sibh fhèin
youth *n* (*abstr.*) òige *f*; (*person*) òigear *m*, òganach *m*; (*coll.*) òigridh *f*
youthful *a* òg, ògail
Yugoslavia *n* Iùgoslabhia *f*
Yule *n* Nollaig *f*

Z

zany *a* cleasach
zeal *n* eud *m*, dealas *m*
zealot *n* fear *m* dealasach
zealous *a* eudmhor, dealasach
zebra *n* asal-stiallach *f*
zenith *n* bàrr *m*
zephyr *n* tlàth-ghaoth *f*
zero *n* neoni *f*
zest *n* fonn *m*
zigzag *a* lùbach
zinc *n* sinc *m*

zincograph *n* sinceagraf *m*
zip *n* sip *f*
Zion *n* Sion *f*
zodiac *n* grian-chrios *m*
zone *n* crios *m*, cearcall *m*, bann *m*
zoo *n* sutha *f*
zoological *a* ainmh-eòlach
zoologist *n* ainmh-eòlaiche *m*
zoology *n* ainmh-eòlas *m*
zoom *n* claon-ruathar *m*
zoomorphic *a* ainmh-chruthach

ERRATA

A number of errata, mainly small misprints, are noted here.

afresh *adv* ás ùr . . .
alone . . . 'na aonar
anew *adv* ás ùr
answer . . . be suitable, 'do the trick' . . .
arithmetic . . . àireamhachd *f*
associate . . . cuir ás leth . . .
asunder . . . ás a chèile
burst . . . ás a chèile
comprehensive . . . foghlam . . .
conservation . . . dìon
decent . . . loinneil . . .
delete *v* dubh ás . . .
deletion . . . ás . . .
diminish *v* lùghdaich
discharge . . . saor o dhreuchd
empress *n* ban-iompaire
forenoon . . . mheadhan . . .

genitive *n. g. case*, an tuiseal seilbheach
heart . . . meadhan
hem . . . fàitheam
hum *v* dèan torman
indiscernible *a* do-fhaicsinneach
Jupiter *n* Iupiter *m*
kidney *n* dubhag . . .
medicine . . . ìocshlaint
nominative *n* (tuiseal) *f* ainmneach
oily *a* ùilleach
overhear *v* dèan farchluais
Sabbath Day *n* Là . . .
sill *n* sòl *f*
sizable *a* meadhanach mòr
unintentional *a* do-rùnaichte
when *conj* nuair, an uair a

(It is hoped to provide a Supplement of new words and expressions in the next printing of the Dictionary.)

211